会计信息化

主　编　张玺亮　刘洪星
副主编　邵雪敏　丁俊杰　付　玮
参　编　夏真真　朱庆荣　马　昕　苏　君

北京时代华文书局

图书在版编目(CIP)数据

会计信息化 / 张玺亮主编. —北京：北京时代华文书局，2021.2 （2021. 12重印）
ISBN 978-7-5699-4099-2

Ⅰ. ①会… Ⅱ. ①张… Ⅲ. ①会计信息—财务管理系统 Ⅳ. ①F232

中国版本图书馆 CIP 数据核字(2021)第 037085 号

会计信息化

Kuaiji Xinxihua

主　　编 | 张玺亮

出 版 人 | 陈　涛
责任编辑 | 李　兵
装帧设计 | 付云锋
责任印制 | 訾　敬

出版发行 | 北京时代华文书局　http://www.bjsdsj.com.cn
北京市东城区安定门外大街 138 号皇城国际大厦 A 座 8 楼
邮编：100011　　电话：010-64267955　　64267677
印　　刷 | 北京盛通印刷股份有限公司，010-52249888
(如发现印装质量问题，请与印刷厂联系调换)
开　　本 | 787mm×1092mm　1/16　　**印　　张** | 17.75　　**字　　数** | 426 千字
版　　次 | 2021 年 9 月第 1 版　　**印　　次** | 2021 年 12 月第 2 次印刷
书　　号 | ISBN 978-7-5699-4099-2
定　　价 | 68.00 元

前　　言

在会计信息化环境下，会计职能已发生了巨大的变化，会计人员已经从过去烦琐的手工账务处理工作中解脱出来，会计管理工作已经从过去的记账、算账、报账等事后服务，转变为及时提供信息，积极参与企业经营决策的事前控制。企业信息化建设对会计人员的专业素质和知识结构提出了全新的要求。会计人员不仅仅是会计软件的操作员和使用者，同时也应该了解并适当参与企业信息系统的分析、设计与实施工作。社会迫切需要既全面掌握会计知识又具备信息技术能力的高级应用型会计人才。信息技术的发展对会计人才提出了新的挑战。

为了适应社会的发展及企业信息化的需要，经过多年的教学实践与课程体系改革，“会计信息化”课程构建了多层次的知识模块，形成了以培养会计软件应用技能和会计信息系统分析设计与开发能力为导向的课程体系。与之配套的《会计信息化》系列教材，在内容设计与编写上充分体现了这一教学理念。

尽管作者尽了最大的努力，但因水平有限，难免会有疏漏和不足之处，希望使用本书的读者批评指正。

编者

2020 年 5 月

目　录

会计信息化概述

【学习目标】

目标要求	重点和难点
(1) 了解会计信息化的概念。 (2) 了解会计信息化的特征。 (3) 了解企业会计信息化规划和工作规范。 (4) 了解会计软件的分类标准和功能模块。 (5) 明确会计信息化各功能模块及其关系。 (6) 了解会计软件的安装要求和安装过程。	(1) 会计信息化的工作规范。 (2) 会计信息化各模块功能及其关系。

【知识结构】

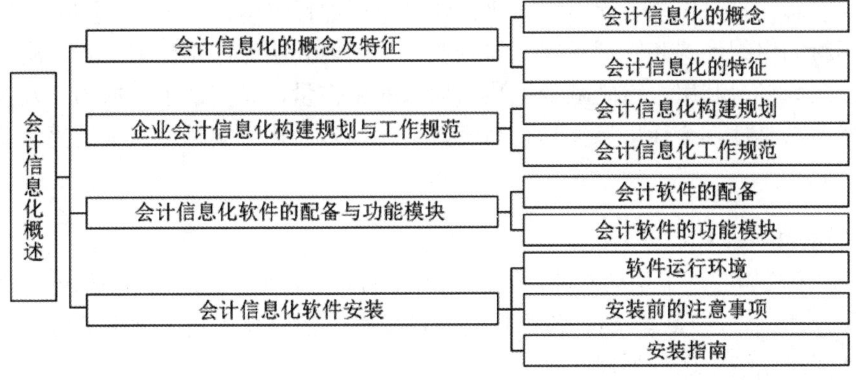

第一节　会计信息化的概念和特征

经济和科学技术的发展，不断推动会计的自身改革与发展。当今世界，信息技术日新月异，以数字化、网络化、智能化为特征的信息化蓬勃兴起。会计工作为适应和引领经济发展新常态，需要将信息化融入并成为开展各项会计工作的基础环境。因此，会计信息化建设是实现会计工作转型升级的重要基础。

一、会计信息化的概念

会计信息化是指将会计信息作为管理信息资源，全面运用以计算机、网络通信技术为主的信息技术对其进行数据提取、加工处理、传输、决策应用等会计数据处理工作，实时的数据共享为企业经营管理、控制决策和经济运行提供充足的、及时的、全方位的信息。

注意：会计电算化是指利用会计软件，代替人工记账、算账和报账，完成对部分会计信息的分析、预测、决策的过程，实现会计数据处理的自动化、查询的便捷化，使传统的手工会计信息系统发展成为电算化会计信息系统。

相对于会计电算化而言，会计信息化不仅包括事务处理，还包括信息管理、决策支持等，是会计工作一次质的飞跃。

二、会计信息化的特征

1. 集成性

会计信息化将对传统会计组织和业务处理流程进行重构，以支持“虚拟企业”“数据银行”等新的组织形式和管理模式。与企业有关的内外所有原始数据只要一次输入，就能做到分次或多次利用。这既减少了数据输入的工作量，又实现了数据的一致性，还保证了数据的共享性。会计信息化具有高度数字化、多元化、实时化、个性化、动态化等优势。

2. 动态性

(1) 会计数据的采集是动态的。无论是企业的外部数据(如发票、订单)还是企业的内部数据(如入库单、产量记录)，各种数据一旦发生，都将存入相应的服务器，并及时传递到会计信息系统中进行处理。

(2) 会计数据的处理是实时的。在会计信息系统中，会计数据一经输入系统，就会立即触发相应的处理模块，对数据进行分类、计算、汇总、更新、分析等一系列操作，以保证信息动态地反映企业的财务状况和经营成果。

(3) 会计数据采集和处理的实时化、动态化。这使会计信息的发布、传输和利用能够实时化、动态化，会计信息的使用者也能够及时地做出管理决策。

3. 渐进性

现代信息技术对会计模式重构具有主观能动性，但这种能动性是一个渐进的过程。具体应分为以下三个步骤：

(1) 以信息技术去适应传统会计模式，即建立核算型会计信息系统，实现会计核算的信息化。

(2) 现代信息技术与传统会计模式相互适应，实现会计管理的信息化。

(3) 以现代信息技术去重构传统会计模式，以形成现代会计信息系统，实现包括会计核算信息化、会计管理信息化和会计决策信息化在内的会计信息化。

4. 普遍性

从会计信息化的要求来看，首先就是现代信息技术在会计理论、会计工作、会计管理、会计教育诸多领域的广泛应用，并形成完整的应用体系。

第二节　企业会计信息化构建规划和工作规范

一、会计信息化构建规划

1. 会计信息化规划总体目标

(1) 建立统一、全面、实时、共享的财务业务管理信息平台。

(2) 实现资金流、信息流和业务流的统一。实现业务处理流程规范化、财务与业务流程自动接口、财务管理向业务层面延伸。

(3) 实现业务流程、财务核算与决策支持等信息的高度融合。

(4) 注重会计信息化系统的适用性和可扩展性。

2. 会计信息化规划的基本原则

(1) 安全、可靠、易用，可以进行二次开发。

(2) 设计规范合法，流程简约优化，风险控制有效。

(3) 系统性原则。加强会计信息化系统内部联系和外部联系，实现模块之间资源整合高效、接口合理。

3. 会计信息化规划内容

(1) 会计信息化工作的规划根据企业发展的总体目标和管理信息系统的总体目标，明确会计信息化的总体目标；根据企业实际情况确定会计信息系统的总体结构，划分子系统，并确认它们之间的联系；确定会计信息化工作目标实现的阶段和步骤，以及建立各子系统的先后顺序；确定会计信息化管理体制及组织机构方案，以及资金来源与预算等内容。

(2) 会计信息化信息系统的建立包括人员组织的实施、会计软件的取得、硬件环境的购置安装、系统软件的配置、新旧系统内容的转换等内容。

(3) 会计信息化信息系统的管理包括人员管理、使用操作管理、维护管理、档案管理等内容。

会计信息化的内容非常丰富，它不仅是一项复杂的系统工程，还是一个人机系统，忽略任一方面的内容，都会造成对会计信息化的片面认识，给会计信息化的实施带来不利的影响。

二、会计信息化工作规范

1. 企业会计信息化建设要求

(1) 企业应当充分重视会计信息化工作，加强组织领导和人才培养，不断推进会计信息化在本企业的应用。

(2) 企业应当指定专门机构或者岗位负责会计信息化工作，应当根据发展目标和实际需要，合理确定建设内容，避免投资浪费。

(3) 企业应当注重信息系统与经营环境的结合，通过信息化推动管理模式、组织架构、业务流程的优化与革新，建立健全适应信息化工作环境的制度体系。

(4) 企业应当注重整体规划，统一技术标准、编码规则和系统参数，实现各个系统的有机整合，消除信息孤岛。

(5) 企业应当促进会计信息系统与业务信息系统的一体化发展，通过业务的处理直接驱动会计记账，减少人工操作，提高业务数据与会计数据的一致性，实现企业内部信息资源共享。

(6) 企业应当按照内部控制规范体系要求，加强对会计信息系统规划、设计、开发、运行、维护全过程的控制，将控制过程和控制规则融入会计信息系统，实现对违反控制规则情况的自动防范和监控，提高内部控制水平。

(7) 处于会计核算信息化阶段的企业，应当结合自身情况，逐步实现资金管理、资产管理、预算控制、成本管理等财务管理信息化；处于财务管理信息化阶段的企业，应当结合自身情况，逐步实现财务分析、全面预算管理、风险控制、绩效考核等决策以支持信息化。

2. 会计资料管理

(1) 实行会计工作集中的企业及企业分支机构，应当为外部会计监督机构及时查询和调阅异地储存的会计资料提供必要条件。

(2) 企业会计信息系统数据服务器的部署应当符合国家有关规定。数据服务器部署在境外的，应当在境内保存会计资料备份，备份频率不得低于每月一次。

(3) 企业应当建立电子会计资料备份管理制度，确保会计资料的安全、完整和会计信息系统的持续、稳定运行。

(4) 企业不得在非涉密信息系统中存储、处理和传输涉及国家秘密、关系国家经济信息安全的电子会计资料；未经有关主管部门批准，不得将其携带、寄运或者传输至境外。

(5) 企业会计资料的归档管理，应遵循国家有关会计档案管理的规定。

第三节　会计信息化软件的配备和功能模块

一、会计信息化软件的配备

1. 会计软件分类

(1) 按提供会计信息层次的不同，会计软件可分为核算型会计软件和管理决策型会计软件。

① 核算型会计软件，是指专门用于会计核算工作的计算机应用软件，是具备相对独立完成会计数据输入、处理和输出功能模块的软件，如账务处理、固定资产核算、工资核算等软件。

② 管理决策型会计软件，是指在核算型会计软件的基础上，综合会计管理的职能，包括事前的预测与决策、事中的控制与管理、事后的核算与分析的计算机应用软件。

(2) 按软件适用范围不同，会计软件可分为通用会计软件和专用会计软件。

① 通用会计软件，是指由专业软件公司研发、公开市场销售，以适应不同行业、不同单位的需求，可根据使用单位特点进行二次开发的商品化软件，包括各行业通用会计软件和某一行业通用会计软件。

② 专用会计软件，是指由企业根据自身特点和管理需要，自行开发或委托开发的，专供本企业使用的会计软件。

(3) 按硬件结构不同，会计软件可分为单用户会计软件和多用户会计软件。

① 单用户会计软件，是指将会计软件安装在一台或几台计算机上，每台计算机中的会计软件单独运行，生成的数据只存储在本台计算机中，各计算机之间不能直接进行数据交换和共享的会计软件。

② 多用户会计软件，是指将会计软件安装在一个多用户系统的主机(服务器)上，系统中各终端(工作站)可以同时运行，不同终端(工作站)的会计人员能够共享会计信息的会计软件。

2. 会计软件安全使用要求

(1) 严格管理账套使用权限。在使用会计软件时，用户应对账套使用权限进行严格管理，防止数据外泄；用户不能随意让他人使用计算机；在离开计算机时，必须立即退出会计软件，以防止他人偷窥系统数据。

(2) 定期打印备份重要的账簿和报表数据。为防止硬盘上的会计数据遭到意外或人为破坏，用户需要定期将硬盘数据备份到其他磁性介质上(如 U 盘、光盘等)。在月末结账后，对本月重要的账簿和报表数据还应该打印备份。

(3) 严格管理软件版本升级。对会计软件进行升级的原因主要有因改错而升级版本；因功能改进和扩充而升级版本；因运行平台升级而升级版本。经过对比审核，如果新软件更能满足实际需要，企业应对其进行升级。

(4) 计算机病毒防范。计算机病毒是一个程序、一段可执行码，具有自我繁殖、互相传染及激活再生等生物病毒特征，能够快速蔓延病毒，感染其他程序，从而对计算机资源进行破坏，窃取财务机密，对用户的危害性巨大。因此要加强对计算机病毒的防范，可采取的措施主要有：规范使用 U 盘；使用正版软件；谨慎下载与接收网络上的文件和电子邮件；经常升级杀毒软件；在计算机上安装防火墙；经常检查系统内存；计算机系统要专机专用，会计软件尽量不要与其他软件共同使用，以免发生冲突。

二、会计信息化软件的功能模块

1. 账务处理模块

账务处理模块是以凭证为数据处理入口，通过凭证输入和处理，完成记账、银行对账、结账、账簿查询及打印输出等工作模块。

2. 固定资产管理模块

固定资产管理模块主要以固定资产卡片和固定资产明细账为基础，实现固定资产的会计核算、计提折旧和分配、资产变动等功能，同时提供对固定资产按类别、使用情况、所属部门和价值结构等进行分析、统计和各种条件下的查询、打印功能，以及该模块与其他模块的数据接口管理。

3. 工资管理模块

工资管理模块是进行工资核算和管理的模块，该模块以人力资源管理提供的员工及其工资的基本数据为依据，完成员工工资数据的收集，员工工资的核算，工资发放，工资费用的汇总和分摊，个人所得税计算和按照部门、项目、个人等条件进行工资分析、查询和打印输出，以及该模块与其他模块的数据接口管理。

4. 应收、应付管理模块

应收、应付管理模块以发票、费用单据、其他应收单据、应付单据等原始单据为依据，记录销售、采购业务所形成的往来款项，处理应收、应付款项的收回、支付和转账，进行账龄分析和坏账估计及冲销，并对往来业务中的票据、合同进行管理，同时提供统计分析、打印和查询输出功能，以及与采购管理、销售管理、账务处理等模块进行数据传递的功能。

5. 成本管理模块

成本管理模块主要提供成本核算、成本分析、成本预测功能，以满足会计核算的事前预测、事后核算分析的需要。此外，成本管理模块还具有与生产模块、供应链模块，以及账务处理、工资管理、固定资产管理和核算管理等模块进行数据传递的功能。

6. 报表管理模块

报表管理模块与其他模块相连，可以根据会计核算的数据，生成各种内部报表、外部报表、汇总报表，并根据报表数据进行分析，以及生成各种分析图等。在网络环境下，很多报表管理模块可以同时提供远程报表的汇总、数据传输、检索查询和分析处理等功能。

7. 核算管理模块

核算管理模块以供应链模块产生的入库单、出库单、采购发票等核算单据为依据，核算存货的出入库和库存金额、余额，确认采购成本，分配采购费用，确认销售收入、成本和费用，并将核算完成的数据，按照需要分别传递到成本管理模块、应付管理模块和账务处理模块。

8. 财务分析模块

财务分析模块从会计软件的数据库中提取数据，运用各种专门的分析方法，完成对企业财务活动的分析，实现对财务数据的进一步加工，生成各种分析和评价企业财务状况、经营成果和现金流量的信息，为决策提供正确依据。

第四节　会计信息化软件安装

会计软件安装是实现会计信息化的第一步，本书以畅捷通 T3 软件为例简要介绍会计信息化软件的安装。

一、会计信息化软件运行环境

现行计算机硬件配置基本能满足软件要求，软件运行的系统环境如表 1-1 所示。

表 1-1　软件运行的系统环境

操作系统(简体中文)	服务器	客户端	单机模式
Windows XP SP3	不支持	支持	支持
Windows 7(企业版和旗舰版)	不支持	支持	支持
Windows 8(32 位)	不支持	支持	支持(数据库密码为空)
Windows Server 2003(32 位)+SP2	支持	支持	支持
Windows Server 2003(64 位)+SP2	支持	支持	支持
Windows Server 2008(32 位)	支持	支持	支持
Windows Server 2008 R2(64 位)	支持	支持	支持

二、会计信息化软件安装注意事项

(1) 计算机设备名称，建议以大写字母开头，名称中不能带有“_”“？”“*”等特殊字符。

(2) 畅捷通 T3 软件不能和用友其他版本的软件安装在同一个操作系统中。

(3) 安装时将杀毒软件的防火墙和实时监控系统关闭。

三、会计信息化软件安装步骤

1. 环境检测

(1) 打开安装包，双击目录下的“AutoRun.exe”，打开“安装向导”界面，如图 1.1 所示。

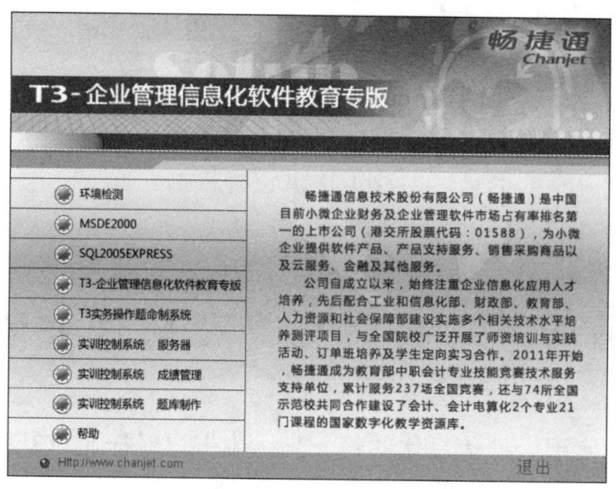

图 1.1 “安装向导”界面

(2) 进行安装环境检测。选择“环境检测”选项，打开“环境检测”对话框，如图 1.2 所示，根据提示安装数据库及修改计算机名称；若无问题，单击“退出检测”按钮。

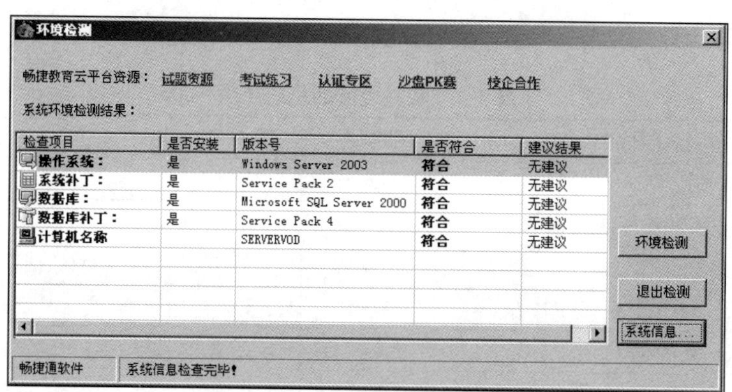

图 1.2 “环境检测”对话框

2. SQL Server 数据库安装(以 MSDE 2000 安装为例)

(1) 在“安装向导”界面选择“MSDE2000”选项，进入安装界面。

(2) 系统自动完成安装过程。

(3) 安装完成后，重启计算机。

3. 畅捷通 T3 软件安装

(1) 在“安装向导”界面，选择“T3-企业管理信息化软件教育专版”选项，打开“欢迎”界面。

(2) 在“欢迎”界面单击“下一步”按钮，打开“许可协议”窗口，接受协议。

(3) 单击“下一步”按钮，设置用户名和公司名称。

(4) 单击“下一步”按钮，选择安装路径。

(5) 单击“下一步”按钮，按默认安装选项设置。产品安装默认安装所有组件，客户端组件是必须安装的，如果不安装服务端组件，则取消其前面的勾选状态。

(6) 单击“下一步”按钮，准备安装。

(7) 单击“下一步”按钮，进入安装状态，开始复制文件。

(8) 系统安装到最后，单击“是，立即重启计算机。”单选按钮，单击“完成”按钮，完成用友畅捷通 T3 软件安装。

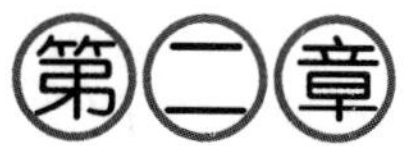

系统管理和基础档案

【学习目标】

目标要求	重点和难点
(1) 了解系统管理的作用和功能。 (2) 能够区分账套和年度账的概念。 (3) 明确系统管理员(admin)和账套主管两者权限的不同。 (4) 熟练操作核算账套的建立。 (5) 熟练操作操作员设置及权限分配。 (6) 熟练掌握账套的备份与恢复、年度账的备份与恢复。 (7) 了解基础档案设置的主要内容。 (8) 掌握基础档案设置方法和操作。 (9) 理解各基础档案对日常业务的影响和意义。	(1) 账套的建立、修改、备份与恢复。 (2) 操作员的权限分工。 (3) 基础档案的设置方法和操作。 (4) 基础档案的设置与日常业务的关系。

【知识结构】

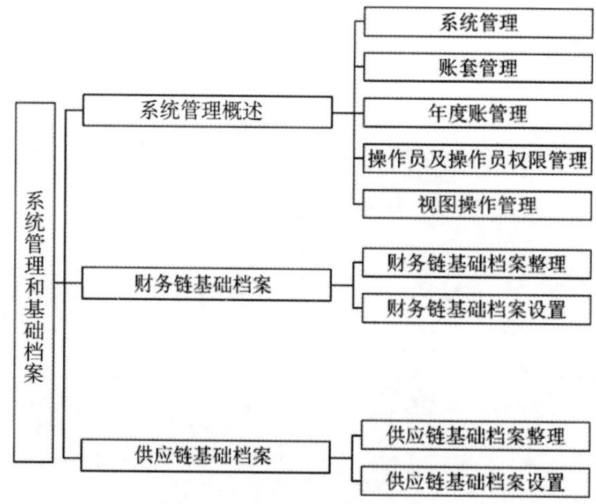

第一节 系统管理概述

畅捷通 T3 软件是由多个模块组成，各个模块之间相互联系、数据共享，完整实现财务、业务一体化的管理要求的会计软件。系统管理就是畅捷通 T3 软件为各个子系统提供的一个公共管理平台，它可以对整个系统的公共任务进行统一管理。

一、系统管理

1. 系统管理的功能

系统管理是畅捷通 T3 软件中一个特殊的模块，其主要功能是对畅捷通 T3 软件的其他模块进行统一的操作管理和数据维护，主要包括以下几个方面。

(1) 账套管理。账套是一组相互联系的数据。每一个独立核算的会计主体都有一套完整的账簿数据集合，这个数据集合包括独立、完整的系统控制参数，用户权限，基本档案，会计信息，账表查询等。畅捷通 T3 软件可以为多个企业建立多个账套，最多允许建立 999 个账套，各账套数据之间相互独立，互不影响。账套管理包括账套建立、修改、备份、恢复与删除等。

(2) 年度账管理。年度账是指一年所发生业务的账簿。年度账是账套的基本单元，账套则包含企业所有的年度账数据。年度账管理包括年度账的建立、年度账的备份与恢复、结转上年数据和清空年度数据等。

(3) 操作员及操作员权限管理。初次建账时，除了软件默认的系统管理员和账套主管(demo、SYSTEM、UFSOFT)外，根据企业财务管理需进行操作员的设置，如制单人员、出纳等。系统提供了操作员设置功能，以便在计算机系统上进行操作分工及权限控制。

以系统管理员的身份进行操作可指定或取消某一账套的账套主管；以系统管理员和账套主管的身份可对系统操作的分工和权限进行管理，一方面可避免业务无关人员对系统的操作，另一方面可以对系统所含的各个子产品的操作进行协调，以保证系统的安全与保密。

操作员及操作员权限管理包括操作员的增加、修改、删除及操作员的权限分配等。

(4) 建立统一的安全机制。系统管理的一个很重要的用途就是对各个子系统的运行实施适时的监控。为此，系统将正在登录系统管理的子系统及其正在执行的功能在界面上列示出来，以便系统管理员用户或账套主管用户进行监控。

必须保证系统运行安全、数据存储安全。设立统一的安全机制包括设置系统运行的监控机制、数据自动备份、清除运行中的异常任务等。

(5) 系统启用。用户创建一个新账套后，自动打开“系统启用”界面，用户可以顺畅地完成创建账套和系统启用。只有启用后的子系统才能登录。

各个系统的启用会计期间均必须大于或等于账套的启用期间；如果总账优先启用，

购销存的启用月应大于总账的已结账月；如果总账优先启用，工资、固定资产的启用月必须大于或等于总账的未结账月。

2. 操作员

系统管理在畅捷通 T3 软件中的地位和重要性决定了需要对登录系统管理的操作员在功能权限上进行严格的界定。允许登录系统管理的操作员只有两类，即系统管理员和账套主管。

(1) 系统管理员。系统管理员负责整个会计信息化系统的安全运行和数据维护工作。以系统管理员的身份注册进入，可以进行账套的管理(包括建立账套、备份与恢复账套、启用系统模块等)，操作员及操作员权限的设置，系统运行监控及异常任务清除等。

(2) 账套主管。账套主管负责本账套的维护工作。以账套主管的身份注册进入系统，可以对本账套信息进行修改和对所含年度账的管理，包括年度账的创建、清空、恢复、备份，各个子系统的期末结转，对所管辖账套的操作员权限的分配，以及该账套启用的所有模块的所有操作权限。

(3) 系统管理员和账套主管在系统管理操作权限中的区别，如表 2-1 所示。

表 2-1 系统管理员和账套主管在系统管理操作权限中的区别

系统管理员	账套主管
软件系统自带	由系统管理员增加并赋权
建立账套并立即启用各个系统模块	修改本账套信息，可后期启用系统模块
删除账套	删除该账套年度账
账套全部数据的备份和恢复	该账套年度账的数据备份和恢复
设置操作员	为该账套操作员赋权
赋予某操作员某账套的相应权限	新建本账套年度账
清除异常任务	结转该账套上年数据
清除所有锁定	清空该账套年度数据

二、账套管理

1. 账套建立

(1) 建立账套操作流程。第一次使用系统管理，可按照图 2.1 所示的流程进行操作。

(2) 建立账套工作内容。

① 账套信息。用于记录新建账套的基本信息，包括系统已存账套、账套号、账套名称、账套路径、启用会计期和会计期间设置。

A. 系统已存账套：以下拉列表框的形式表示，用户只能参照，而不能输入或修改。

B. 账套号：用来输入新建账套的编号，用户必须输入。

C. 账套名称：用来输入新建账套的名称，用户必须输入。

D. 账套路径：用来输入新建账套所要被放置的路径，用户必须输入，可以参照输入。

E. 启用会计期：用来输入新建账套将被启用的时间，具体到“月”，用户必须输入。

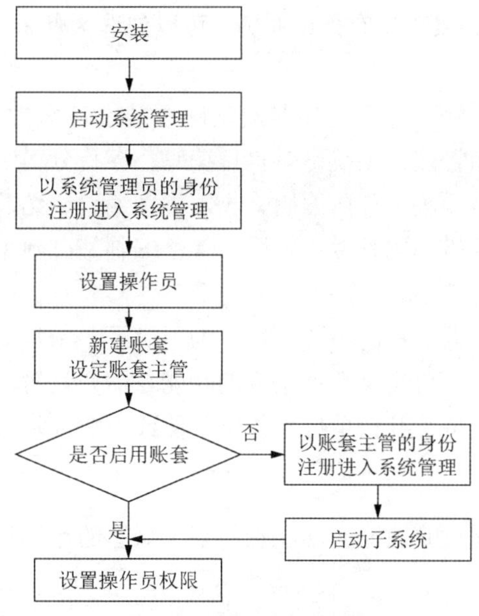

图 2.1　建立账套操作流程

F. 会计期间：用来设置会计期间的起始日和结束日。系统默认自然月份的起始日和结束日。

② 单位信息。用于记录本单位的基本信息，包括单位名称、单位简称、单位地址、法人代表、邮政编码、联系电话、传真、电子邮件、税号、备注。

A. 单位名称为用户单位的全称，必须输入。企业全称只在发票打印时使用，其余情况下使用企业的简称。

B. 单位简称、单位地址、法人代表、邮政编码、联系电话、传真、电子邮件、税号、备注一、备注二等可以不输入。

③ 核算信息。用于记录本单位的基本核算信息，包括本位币代码、本位币名称、账套主管、行业性质、企业类型、是否按行业性质预置科目等。

A. 本位币代码、本位币名称，系统默认为人民币，用户可修改。

B. 账套主管用来输入新建账套主管的姓名，用户必须从操作员下拉列表框中选择。

C. 企业类型和行业性质，用户必须从下拉列表框中选择。

D. 如果用户希望预置所属行业的标准一级科目，则可勾选“按行业性质预置科目”复选框；否则可以不进行处理，只对科目进行预览。

④ 基础信息。

A. 存货是否分类：如果存货较多，且类别繁多，可以勾选“存货是否分类”复选框，进行存货的分类管理；若有存货分类，则必须先设置存货分类，然后才能设置存货档案；反之可直接设置存货档案。

B. 客户分类：如果客户较多，可勾选“客户是否分类”复选框对客户进行分类管理；若有客户分类，则必须先设置客户分类，然后才能设置客户档案，反之可直接设置客户档案。

C. 供应商分类：设置要求同客户分类。

D. 有无外币核算：如果单位有外币业务，可以勾选“有无外币核算”复选框；否则可以不进行设置。

⑤ 编码方案与数据精度。编码方案是对基础数据的编码进行分级设置。为了便于用户进行分级核算、统计和管理，系统可对科目编码、存货分类编码、地区分类编码、客户分类编码、供应商分类编码、部门编码、收发类别编码、结算方式编码和货位编码等进行设置。编码级次和各级编码长度决定用户单位编制基础数据的编号，进而构成用户分级核算、统计和管理的基础。

数据精度就是定义数据保留的小数位数。为了满足各用户对数量、单价的核算精度的不一致要求，系统提供了自定义数据精度的功能。需要设置的数据精度主要有存货数量小数位、存货单价小数位、开票单价小数位、件数小数位和换算率小数位。

2. 账套修改

账套主管不仅可以通过修改账套功能查看某个账套的账套信息，也可以修改这些账套信息。

3. 账套备份与恢复

在财务软件使用过程中，财务数据的安全性是第一要务，众多的不可预知因素可能会导致会计数据丢失，这些损失对企业的影响是不可估量的。因此，定期将财务数据备份到另外的存储介质上是十分必要的，系统也提供了相应的备份与恢复功能。当遇到一些不可控的损坏数据时，良好的备份习惯会起到至关重要的作用。

备份账套功能是指将所选的账套数据从本系统中备份到用户指定的位置，以确保财务数据的安全。

恢复账套功能是指将系统已经备份到外部存储介质的账套数据恢复到本系统中，是账套备份的对应操作。当系统发生问题时，可利用账套的恢复功能恢复原已备份的账套数据，将损失降到最低。该功能有利于集团公司的操作，子公司的账套数据可以定期被恢复到母公司系统中，以便进行有关账套数据的分析与合并。

4. 账套启用

账套启用是指畅捷通 T3 软件中各个子系统开始使用的时间，只有启用相应的系统后才能登录该系统进行操作。账套启用有两种方法：一是由系统管理员创建账套完成后立即进行系统启用设置；二是账套创建完成后，由相应的账套主管登录系统管理进行账套中某些模块的启用操作。

三、年度账管理

在系统中，用户不仅可以建立多个账套，且每一个账套中可以存放不同年度的会计数据，使系统的结构清晰、含义明确、可操作性强，对不同核算单位、不同时期数据的操作只需通过设置相应的系统路径即可进行，而且由于系统自动保存了不同会计年度的历史数据，在利用历史数据进行查询和比较分析时也特别方便。

1. 年度账建立

以账套主管的身份注册，并且选定账套，打开“系统管理”界面，建立新年度核算体系。

2. 年度账的备份与恢复

年度账的备份与恢复和账套操作中的备份与恢复的含义基本一致，不同的是年度账操作中的备份与恢复不是针对某个账套，而是针对账套中的某一个年度的年度账进行的。

3. 结转上年数据

一般情况下，企业是持续经营的，因此企业的会计工作是一个连续性的工作。每到年末，启用新年度账时，就需要将上一年度的相关账户的余额及其他信息结转到新年度账中。结转前先备份整个账套，以账套主管的身份登录系统管理，执行“年度账”|“建立”命令，根据提示建立下一年度的年度账套，然后注销，重新以账套主管的身份注册并选择新建立的年度登录系统管理，最后执行“年度账”|“结转上年度数据”命令。

4. 清空年度数据

如果用户发现某年度账中错误太多，或不希望将上一年度的余额或其他信息全部结转到下一年度，便可使用清空年度数据的功能。清空并不是指将年度账的数据全部清空，而要保留一些信息，主要有基础信息、系统预置的科目报表等。保留这些信息主要是为了方便用户使用清空后的年度账重新做账。

四、操作员及操作员权限管理

为了保证系统及数据的安全与保密，本系统提供操作员设置功能，以便在计算机系统中进行操作分工及权限控制。系统管理员和账套主管通过对系统操作的分工和权限的管理，对操作员的使用权限进行明确与赋权，一方面，可以避免业务无关人员对系统的操作；另一方面，可以对系统所含的各个子系统的操作进行协调，以保证系统的安全与保密。

1. 操作员管理

操作员是有权登录系统并进行相应操作的人员，操作员登录系统时要进行操作员身份的合法性检查。操作员管理包括操作员的增加、修改、删除和注销等，由系统管理员管理。

(1) 增加操作员。增加操作员需要设置的信息有操作员全名、操作员 ID、部门和口令。其中，操作员 ID 是用来标识所设置的操作员的编号，操作员必须输入且唯一。

(2) 修改、删除和注销操作员。操作员增加完成时可以对所增加操作员的姓名、口令进行修改。尚未被引用的操作员可以删除；操作员一旦被引用且本账套不再需要该操作员时，则要对其进行注销操作。

2. 操作员权限设置

按照企业内部控制要求，在增加用户后一般还应该根据用户在企业核算工作中所担任的职务、分工来设置、修改其对各个功能模块的操作权限。通过设置权限，用户不能进行没有权限的操作，也不能查看没有权限的数据。各个操作员要妥善保管并定期修改自己的登录密码，以确保系统数据安全有效。

(1) 分配操作员权限。操作员权限可以由系统管理员或对本账套具有管理权限的账套主管进行权限分配。系统提供了对各个子系统按组选择本组全部权限的方式和按各具体明细权限进行详细赋权的操作，这两种方式也可以组合使用。

(2) 删除操作员权限。系统管理员或账套主管可以对非账套主管的操作员用户已拥有的权限进行删除。

五、视图操作管理

视图的主要操作有清除异常任务、消除单据锁定、上机日志和系统日志。清除异常任务及单据锁定就是及时排除因死机、网络阻断等引起的系统异常，释放占用的系统资源，使其尽快恢复系统正常运转。上机日志就是随时对各个子系统或模块的每个操作员的上下机时间、操作的具体功能等情况进行登记，形成上机日志，以便使所有的操作都有所记录、有迹可循。与上机日志相比，系统日志则是对系统的运行情况进行监控，方便开发人员进行系统问题的诊断。

【任务操作】

1. 任务资料

(1) 建立新账套。

① 账套信息。

账套号：777；账套名称：山东文心办公设备有限公司；账套路径：默认；启用会计期：2018 年 7 月；会计期间设置：7 月 1 日—12 月 31 日。

② 单位信息。

单位名称：山东文心办公设备有限公司；单位简称：文心办公；单位地址：滨海市振兴路 888 号；法人代表：鲁文心；邮政编码：276500；联系电话及传真：6626937；电子邮件：sdwenxinbangong@163.com；税号：91371100251354621L。

③ 核算类型。

企业的记账本位币：人民币(RMB)；企业类型：工业；行业性质：2007 年新会计准则；账套主管：demo；勾选“按行业性质预置科目”复选框。

④ 基础信息。

企业有外币核算，进行经济业务处理时，需要对存货、客户、供应商进行分类。

⑤ 业务流程。

企业采购流程、销售流程均采用标准流程。

⑥ 分类编码方案。

科目编码级次：42222；存货分类编码级次：1222；客户和供应商分类编码级次：222；收发类别编码级次：11；部门编码级次：12；结算方式编码级次：12；地区分类编码级次：222。

⑦ 数据精度。

数据精度：除换算率为 4 位小数外，其他小数位数定为 2。

⑧ 账套启用模块。

账套启用模块：总账、工资管理、固定资产、核算管理、购销存管理；启用日期：2018 年 7 月 1 日。

(2) 操作人员设置及分工。

操作人员设置及分工如表 2-2 所示。(为方便练习，所有操作员密码设置为空)

表 2-2　操作人员设置及分工

编号	姓名	岗位	职责
wx01	坤芳	账套主管	全部权限
wx02	瑞霞	会计员	拥有权限：公用目录设置、固定资产、工资、往来、财务报表、项目管理、应收、应付、核算、采购、销售、库存、总账中除“审核凭证”“出纳签字”“恢复记账前状态”“记账”外所有的权限
wx03	加营	出纳员	现金管理和总账中的出纳签字

2. 任务实施

(1) 以系统管理员的身份登录系统管理，建立一套新的单位账套，暂启用总账系统。

(2) 增加新账套的具体操作人员，并按工作岗位的需要进行财务分工、分配权限。

(3) 以“wx01 坤芳”的身份登录系统管理修改账套并启用其他系统。

(4) 备份与恢复账套。

3. 操作指导

(1) 以系统管理员的身份登录系统管理。

① 执行“开始”|“程序”|“T3-企业管理信息化软件教育专版”|“T3”|“系统管理”命令，或在桌面上双击“系统管理”图标。

② 执行“系统”|“注册”命令，打开“注册【控制台】”界面，如图 2.2 所示。

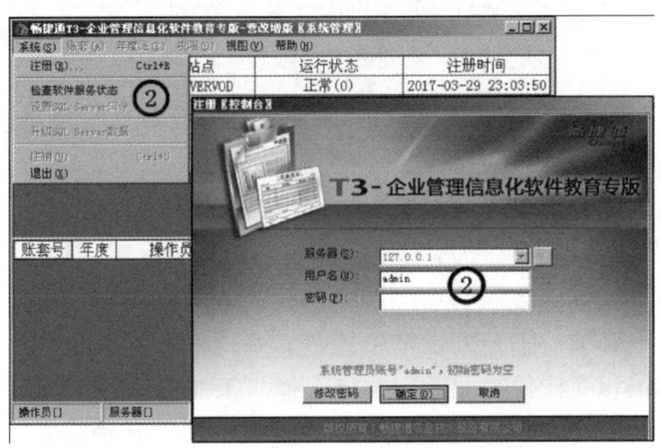

图 2.2　打开“注册【控制台】”界面

③ 单击“确定”按钮，以系统管理员的身份登录管理系统。系统中预先设定一个系

统管理员“admin”，第一次运行时，系统管理员密码为空。

注意：为了保证系统的安全性，在“注册【控制台】”界面可以设置或更改系统管理员密码。单击“修改密码”按钮，打开“设置操作员口令”对话框，输入和确认新口令，最后单击“确定”按钮。

一定要牢记设置的系统管理员密码，否则将无法以系统管理员的身份登录系统管理，也就不能执行账套数据的备份和恢复。

考虑实际教学环境，建议不要设置系统管理员密码。软件运行期间禁止修改计算机操作系统日期。

(2) 建立账套。

① 执行“账套”|“建立”命令，打开“创建账套”界面。

② 输入账套信息。系统将已存的账套显示在下拉列表框中，用户只能查看，不能输入或修改。

输入账套号“777”，账套名称“山东文心办公设备有限公司”；采用系统的默认路径。系统默认启用会计期为计算机的系统日期，更改为2018年7月，如图2.3所示。输入完成后，单击“下一步”按钮，进行单位信息设置。

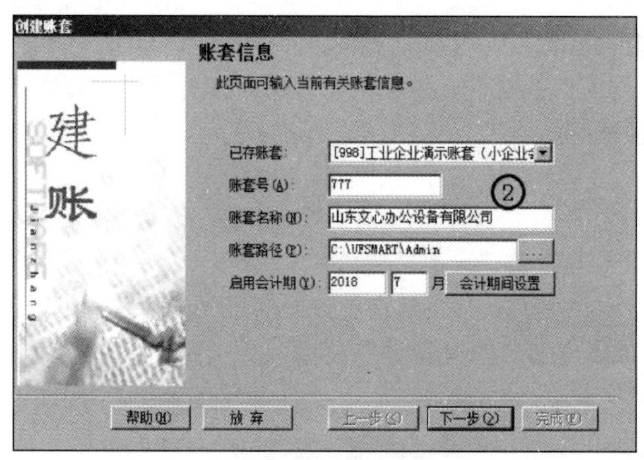

图2.3 “创建账套—账套信息”界面

③ 输入单位信息。输入单位名称“山东文心办公设备有限公司”、单位简称“文心办公”。其他栏目属于任选项，参照任务清单输入即可，如图2.4所示。输入完成后，单击“下一步”按钮，进行核算类型设置。

④ 输入核算类型。相关设置内容如下。

本币代码和本币名称：必须输入，采用系统默认值。

企业类型：用户必须从下拉列表框中选择。系统提供了工业、商业两种类型。商业模式可处理委托代销和受托代销业务，此处选择“工业”。

行业性质：用户必须从下拉列表框选择，系统提供了30种行业的会计制度。系统按照所选择的行业性质预置科目，选择行业性质为“2007年新会计准则”。

账套主管：由于尚未增加除系统自带外的其他操作员，故选择“demo”。

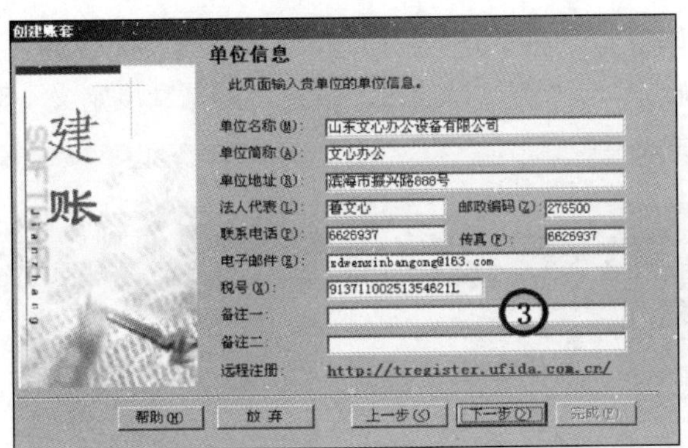

图 2.4　“创建账套—单位信息”界面

按行业性质预置科目：勾选“按行业性质预置科目”复选框，如图 2.5 所示。输入完成后，单击“下一步”按钮，进行基础信息设置。

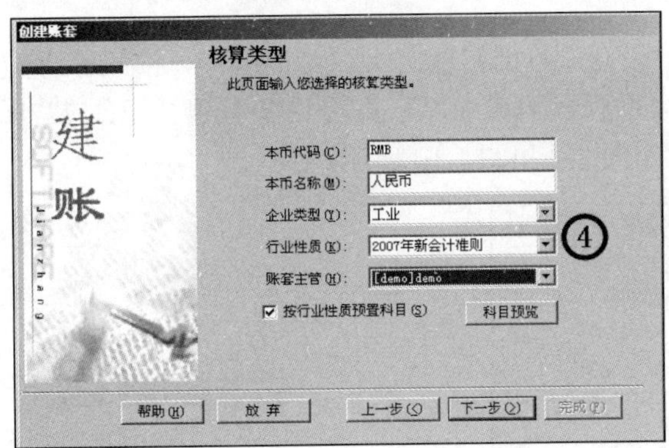

图 2.5　“创建账套—核算类型”界面

⑤ 设置基础信息。按照任务清单，勾选“存货是否分类”“客户是否分类”“供应商是否分类”“有无外币核算”4 个复选框，如图 2.6 所示。单击“下一步”按钮，进行业务流程设置。

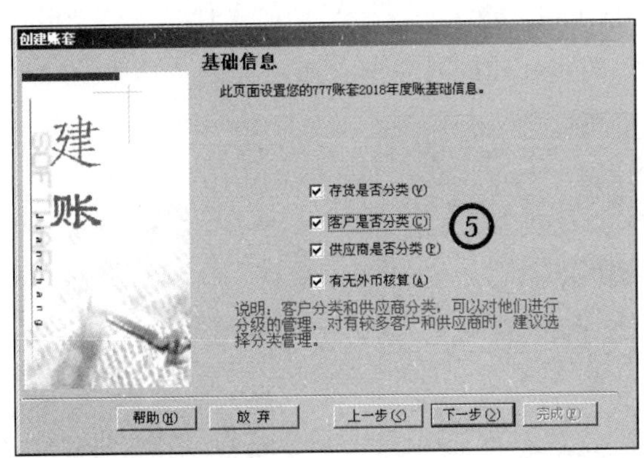

图 2.6　“创建账套—基础信息”界面

⑥ 设置业务流程。采用默认流程，单击“完成”按钮，如图 2.7 所示。系统打开“可以创建账套了么？”提示对话框，单击“是”按钮，打开“分类编码方案”对话框。

⑦ 设置分类编码方案。在“分类编码方案”对话框(图 2.8)中，按照任务清单所给内容修改系统默认值，单击“确认”按钮。打开“数据精度定义”对话框。

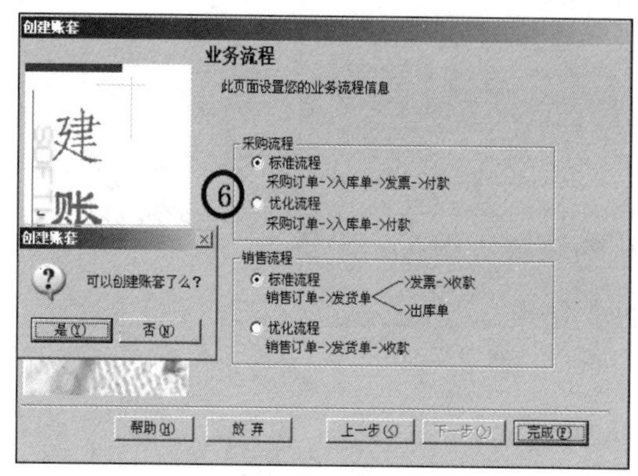

图 2.7 “创建账套—业务流程”界面

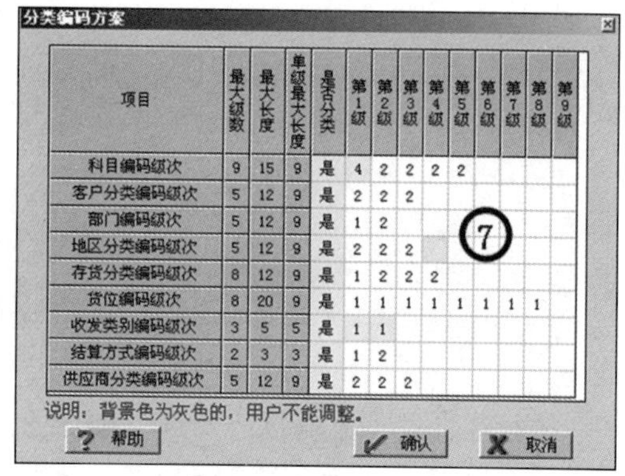
分类编码方案

项目	最大级数	最大长度	单级最大长度	是否分类	第1级	第2级	第3级	第4级	第5级	第6级	第7级	第8级	第9级
科目编码级次	9	15	9	是	4	2	2	2	2				
客户分类编码级次	5	12	9	是	2	2	2						
部门编码级次	5	12	9	是	1	2							
地区分类编码级次	5	12	9	是	2	2	2						
存货分类编码级次	8	12	9	是	1	2	2	2					
货位编码级次	8	20	9	是	1	1	1	1	1	1	1	1	
收发类别编码级次	3	5	5	是	1	1							
结算方式编码级次	2	3	3	是	1	2							
供应商分类编码级次	5	12	9	是	2	2	2						

说明：背景色为灰色的，用户不能调整。

帮助　确认　取消

图 2.8 “分类编码方案”对话框

⑧ 定义数据精度。在“数据精度定义”对话框中，按任务清单设置相关参数，单击“确认”按钮，打开“创建账套{山东文心办公设备有限公司：[777]}成功。”提示对话框，单击“确定”按钮，如图 2.9 和图 2.10 所示。

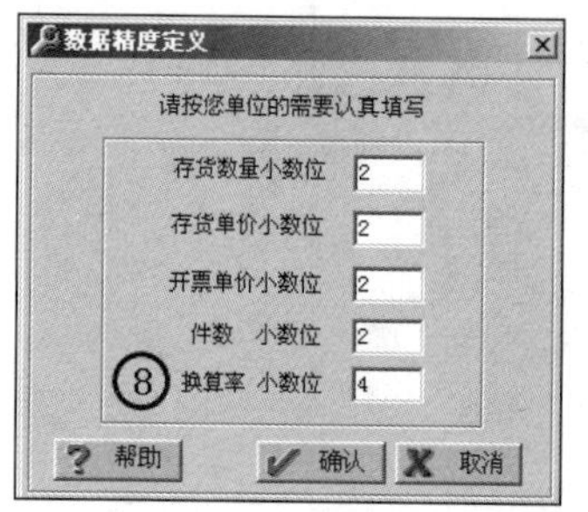

图 2.9 “数据精度定义”对话框

图 2.10 “创建账套”提示对话框

⑨ 账套启用。打开“系统启用”对话框，勾选“GL-总账”复选框，打开“日历”界面，选择 2018 年 7 月 1 日，单击“确定”按钮。打开“确实要启用当前系统吗？”提示对话框，单击“是”按钮，此处只启用总账，如图 2.11 和图 2.12 所示。

图 2.11 “系统启用”对话框

图 2.12 “提示信息”对话框

(3) 增加操作员。

① 执行“权限”|“操作员”命令，如图 2.13 所示。打开“操作员管理”界面，如图 2.14 所示，窗口中显示系统预设的几位操作员：demo、SYSTEM、UFSOFT、1、2。

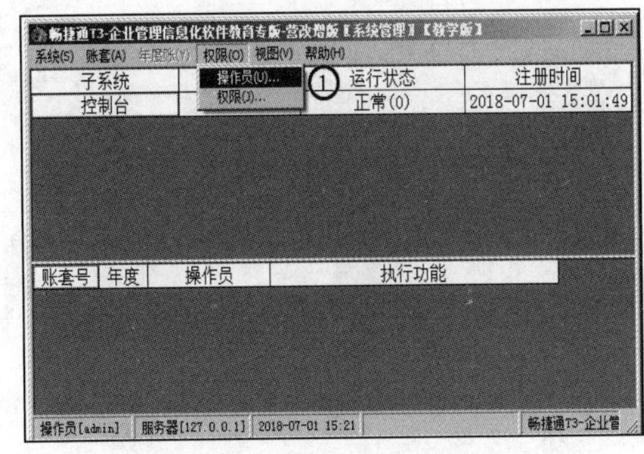

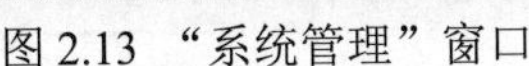
图 2.13 “系统管理”窗口

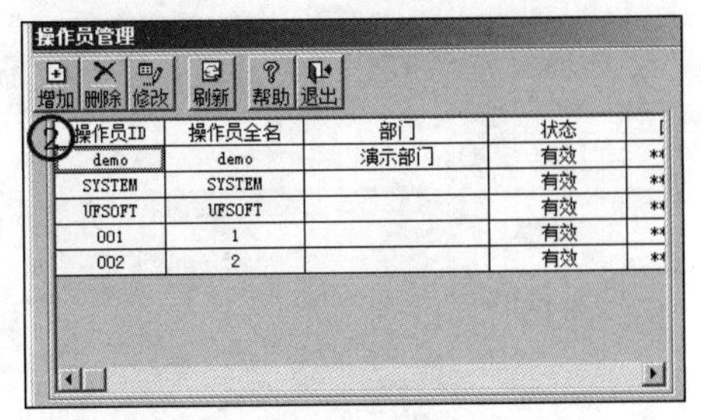

图 2.14 “操作员管理”界面

② 在“操作员管理”界面，单击“增加”按钮，打开“增加操作员”界面，如图 2.15 所示，依次输入操作员编号、姓名、口令等信息。单击“增加”按钮，输入下一条操作员信息。

③ 单击“退出”按钮，返回“操作员管理”界面，所有操作员以列表方式显示，再单击工具栏中的“退出”按钮。

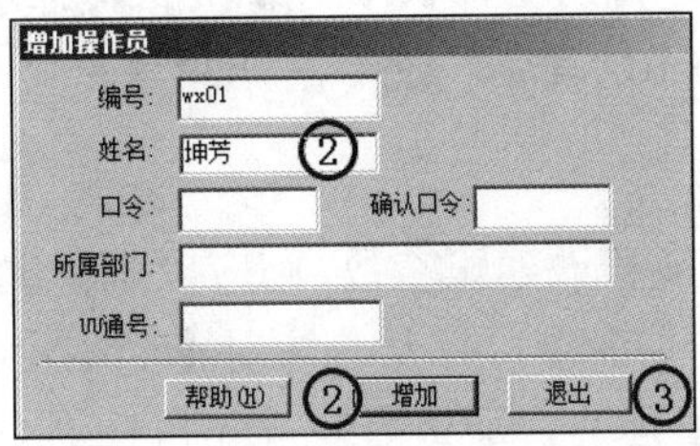

图 2.15 “增加操作员”界面

注意: 只有系统管理员才有权限设置操作员。

操作员编号在系统中必须唯一，即使是不同账套，操作员的编号也不能重复。未使用的操作员可以从系统中删除。

设置操作员口令时，为保密起见，输入的口令以“*”在屏幕上显示。

所设置的操作员一旦被引用，便不能被修改和删除，已注销的操作员不允许再登录本系统。

(4) 分配操作员权限。

① 执行“权限”|“权限”命令，打开“操作员权限”界面，如图 2.16 所示。

② 选择[777]山东文心办公设备有限公司、2018 年度。

③ 从操作员下拉列表中选择“wx01 坤芳”，勾选“账套主管”复选框，打开“设置操作员：[wx01]账套主管权限吗？”提示对话框，单击“是”按钮，确定坤芳具有账套主管权限。

④ 在操作员下拉列表中选择“wx02 瑞霞”，单击“增加”按钮，打开“增加权限——[wx02]”

界面，如图 2.17 所示，双击左侧要增加权限的模块，使之变为蓝色；根据任务清单要求在右侧中双击需取消的权限，使之变为白色，单击“确定”按钮。同理，设置操作员“wx03 加营”的权限。所有操作员权限分配完毕，单击工具栏中的“退出”按钮，返回系统管理。

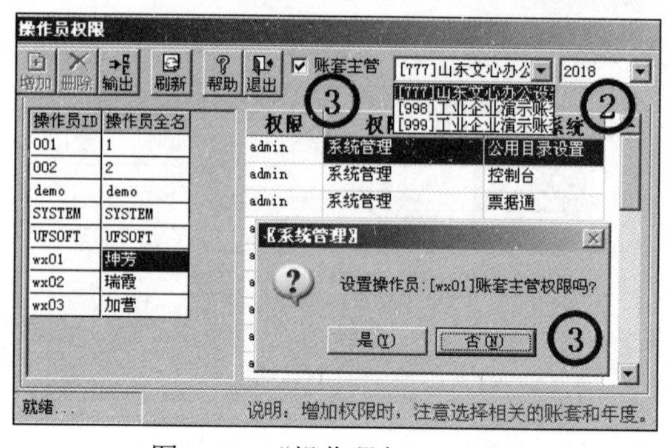

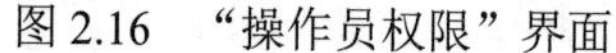
图 2.16 “操作员权限”界面

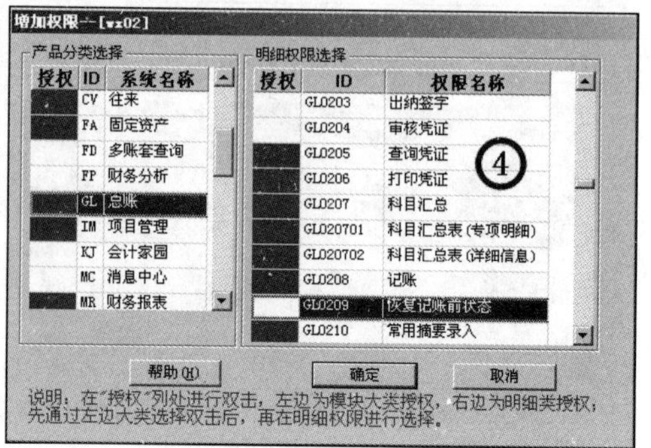

图 2.17 “增加权限——[wx02]”界面

注意： 一个账套可以设定多个账套主管。账套主管自动拥有该账套的所有权限。拥有不同权限的操作员进入系统，所看到的系统界面及可操作的功能是不同的。

在同一账套中，对操作员的权限设置分为几个级别。第 1 个级别为账套主管，拥有该账套的所有权限；第 2 个级别可以为某个操作员设置一个或多个模块的全部操作权限，如“wx02 瑞霞”就拥有固定资产的全部权限；第 3 个级别可以为某个操作员设置某个模块中的部分操作权限，如“wx02 瑞霞”没有总账模块中“恢复记账前状态”的权限。

(5) 账套修改与启用。

如果账套启用后，用户需要修改建账参数，则应以账套主管的身份注册进入系统管理。

① 执行“系统”|“注册”命令，打开“注册【控制台】”界面。如果此前是以系统管理员的身份注册进入系统管理的，那么需要首先执行“系统”|“注销”命令，注销当前系统操作员，再以账套主管“wx01 坤芳”的身份登录。

② 执行“账套”|“修改”命令，打开“修改账套”对话框，可修改的账套信息以白色显示，不可修改的账套信息以灰色显示。

③ 修改完成后，单击“完成”按钮，打开“确认修改账套了吗？”提示对话框，单击“是”按钮，确定“分类编码方案”和“数据精度定义”，单击“确认”按钮，打开“修改账套成功！”提示对话框。

注意： 只有账套主管才能修改账套。修改账套时，很多参数不能修改，对于不能修改的账套参数，只能将账套删除并重新建立账套。因此，在建立账套时要先确定好各参数并谨慎输入。

④ 执行“账套”|“启用”命令，打开“系统启用”界面，选择要启用的模块，启用时间调整为 2018-07-01。

(6) 备份账套数据。

① 以系统管理员的身份注册进入系统管理。

② 执行“账套”|“备份”命令，打开“账套输出”界面，如图 2.18 所示，选择需

要备份的账套号“[777]山东文心办公设备有限公司”。

③ 单击“确认”按钮，打开“拷贝进程…”界面，如图 2.19 所示。

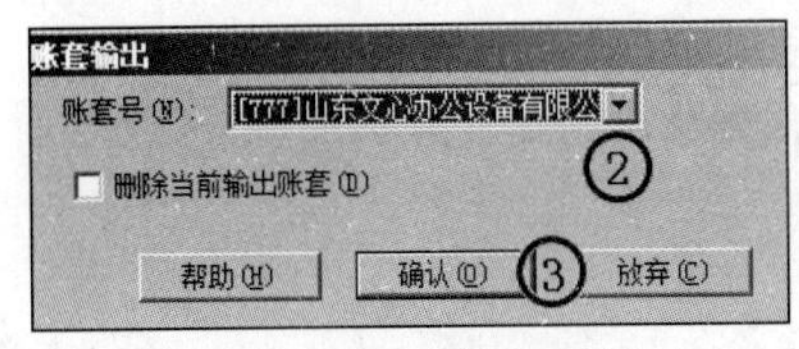

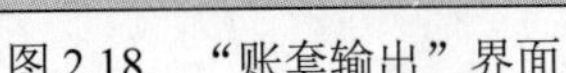
图 2.18　“账套输出”界面

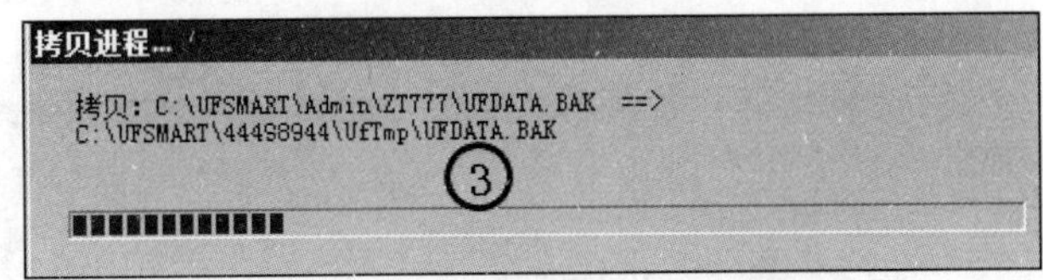

图 2.19　“拷贝进程…”界面

④ 系统压缩完成所选账套数据后，打开“选择备份目标:”界面，如图 2.20 所示。在该界面的下拉列表框中，选择需要将账套数据输出的分区及所在目录。

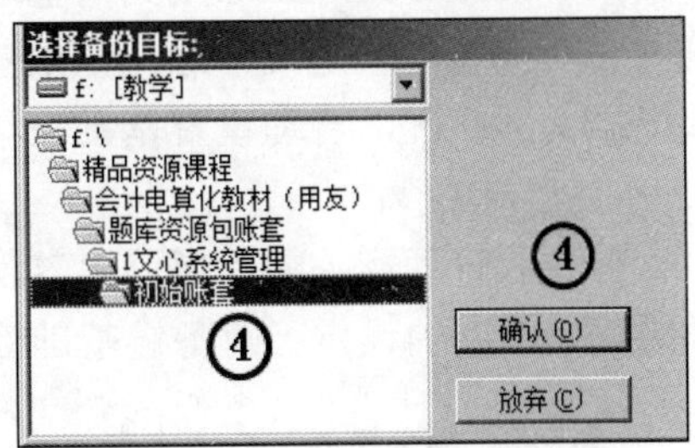

图 2.20　“选择备份目标:”界面

⑤ 单击“确认”按钮，系统开始进行备份，备份完成后，打开“硬盘备份完毕!”提示对话框，单击“确定”按钮返回。

注意：只有系统管理员才能备份和恢复账套数据，备份的账套数据名为“UFDATA.BA_”。

若要删除账套，在“账套备份”对话框中勾选“删除当前输出账套”复选框，但正在使用的账套不能删除。

账套数据必须先备份输出到本地硬盘上，然后根据需要复制到 U 盘或移动硬盘上，以便妥善保存。

(7) 恢复账套数据。

① 执行“账套”|“恢复”命令，打开“恢复账套数据”对话框。

② 打开相应的账套路径，选择账套文件“UF2KACT.LST”。

③ 单击“打开”按钮，或者直接双击该备份文件。

④ 打开“正在恢复[777]的 2018 年度账套，请等待……”提示对话框，最后打开“账套 777 恢复成功!”提示对话框，单击“确定”按钮。

注意：只有系统管理员才有权限引入和输出一个账套；如果系统要恢复的账套已经存在，则会提示是否覆盖。

第二节 基础档案概述

一、财务链基础档案

1. 财务链基础档案整理

财务链基础档案是财务人员日常业务处理必须用到的基础档案，是整个系统运行的基础。账套包含多个子系统，它们共用一套基础信息。如果基础信息设置不完整，日常业务就无法处理。企业应该根据实际情况，合理设置基础档案，这样才能保证日常业务的顺利开展。

基础档案设置的内容包含与企业管理相关的大部分内容，基础档案设置之前必须遵守分类编码方案中级次和各级编码长度的设定。财务链基础档案内容如表 2-3 所示。

表 2-3 财务链基础档案内容

基础档案类别	基础档案项目	有关联的业务(或操作)点	设置该档案的前提条件(都必须遵循各自的编码方案)
机构设置	部门档案	职员档案所属部门，部门核算属性的会计科目，工资公式设置，工资分摊，固定资产卡片、资产变动与计提折旧，费用分摊，采购(销售)发票，出入库单等	先设置部门档案
	职员档案	部门档案负责人、个人核算属性的会计科目、工资系统、采购(销售)发票、出入库单等	
往来单位	客户分类	对客户分类管理，方便业务数据的统计分析等	建立账套时先设定
	客户档案	销售发票，销售出库单，客户往来期初等与客户管理和业务相关的数据录入、统计与分析等	若需要分类管理，则先分类
	供应商分类	对供应商分类管理，方便业务数据的统计分析	建立账套时先设定
	供应商档案	采购发票、入库单，供应商往来期初等与供应商管理和业务相关的数据录入、统计与分析等	若需要分类管理，则先分类
	地区分类	可对客户(供应商)往来进行按地区管理等	
	存货分类	方便对存货的分类管理、统计分析等	建立账套时先设定
	存货档案	各类出入库单、采购销售发票、库存业务、项目目录定义、存货盘点、期初存货余额等	若需要分类管理，则先分类
财务	会计科目	凭证类别，项目核算，工资分摊、固定资产增减与折旧，核算系统的科目设置，客户供应商往来期初等	若有外币核算，则先定义外币

(续表)

基础档案类别	基础档案项目	有关联的业务(或操作)点	设置该档案的前提条件(都必须遵循各自的编码方案)
财务	凭证类别	设置凭证类型	若设置凭证必有必无，则先设置好会计科目
	外币种类	汇兑损益结转，有外币核算要求的科目等	建账套时先设定
	项目目录	需进行项目核算和管理的项目、存货核算、成本对象、现金流量等	先设置具有项目核算属性的会计科目
收付结算	结算方式	资金收付款结算业务等	
	付款条件	收付款结算业务确定的现金折扣优惠条件等	
	开户银行	收付款结算中的银行信息等	

2. 财务链基础档案设置

财务链基础档案设置是我们通常所说的初始化设置的一部分，是日常业务工作的基础，关系到会计信息化工作的效果。

(1) 机构设置。

① 部门档案。部门档案主要用于设置企业各个职能部门的信息，部门指某使用单位下辖的具有分别进行财务核算或业务管理要求的单元体，不一定是实际中的部门机构。部门档案需按照已定义的部门编码级次原则输入，包括部门编码、部门名称、负责人、部门属性等信息。其中部门编码和部门名称是必须输入的项目，其他可以为空。

② 职员档案。职员档案主要用于记录本单位使用系统的职员列表，包括职员编号、职员名称、所属部门及职员属性等，如要进行个人核算的往来个人的名称及其他模块所涉及的职员名称。编号必须输入且唯一，名称必须输入但可重复。

(2) 往来单位。

① 客户(供应商)分类。如果企业的客户(供应商)众多、分布面广，需要对客户(供应商)进行分类管理，可以通过客户(供应商)分类功能将其按行业、地区等进行划分，建立客户(供应商)分类体系。在客户(供应商)档案设置中所需要设置的客户(供应商)，应先行在本功能中设定。已被引用的分类不能被删除。没有对客户(供应商)进行分类管理需求的用户可以不使用本功能。客户(供应商)分类编码唯一，客户(供应商)分类名称可以是汉字或英文字母，不能为空。

② 客户档案。如果需要进行往来管理，则须将客户的详细信息输入客户档案。客户档案的建立直接关系到对客户数据的统计、汇总和查询等分类处理。在销售管理等业务中需要处理的客户档案资料，应先行在本功能中设定，如有变动应及时进行调整。客户档案包括“基本”“联系”“信用”“其他”4个选项卡。

A.“基本”选项卡：用来记录客户编号、客户名称、客户简称、所属分类码、所属地区码、税号、开户银行、银行账号等信息。

B.“联系”选项卡：用来记录地址、邮政编码、联系人、发货仓库等信息。

C.“信用”选项卡：用来记录应收余额、信用等级、账期管理、付款条件等信息。

D.“其他”选项卡：用来记录分管部门、专营人员、发展日期、使用频度等信息。

③ 供应商档案。供应商档案与客户档案相似，供应商档案的建立直接关系到对供应商数据的统计、汇总和查询等分类处理。在采购管理等业务中需要处理的供应商档案资料，应先行在本功能中设定，如有变动应及时进行调整。

④ 地区分类。在采购管理、销售管理、库存管理和应收、应付管理系统中，都会使用到供应商档案、客户档案。如果企业需要对供货单位或客户按地区进行统计，则可以建立地区分类体系。

(3) 存货。

① 存货分类。根据企业管理要求，对于存货可采用合理的分类方式进行分类管理。存货分类用于设置存货的分类编码、分类名称。例如，工业企业的存货可以分为 3 类：材料、产成品、应税劳务等。用户可以在此基础上继续分类，如将材料继续分类，按材料属性可以分为钢材类、木材类等。商业企业的存货分类的第一级一般可以分为两类，即商品、应税劳务，也可以根据需要细分。

② 存货档案。对存货目录的设立和管理，随同发货单或发票一起开具的应税劳务等也应设置在存货档案中。存货档案包含“基本”“成本”“控制”“其他”4 个选项卡。

A.“基本”选项卡：包含必须输入的“存货编码”“存货名称”“计量单位”“所属分类码”“税率”“存货属性”。

存货设置了 6 种属性可供选择，下面分别说明。

◆ 销售：具有该属性的存货可用于销售。发货单、发票、销售出库单等与销售有关的单据参照的都是具有销售属性的存货。开在发货单或发票上的应税劳务，也应设置为销售属性，否则开具发货单或发票时无法参照。

◆ 外购：具有该属性的存货可用于采购。采购发票、采购入库单等与采购有关的单据参照的都是具有外购属性的存货。开具在采购专用发票、普通发票、运费发票等票据上的采购费用，也应设置为外购属性，否则开具采购发票时无法参照。

◆ 生产耗用：具有该属性的存货可用于生产耗用，如生产产品耗用的原材料、辅助材料等。具有该属性的存货可用于材料的领用，材料出库单参照的都是具有生产耗用属性的存货。

◆ 自制：具有该属性的存货可由企业生产自制，如工业企业生产的产成品、半成品等存货。具有该属性的存货可用于产成品或半成品的入库，产成品入库单参照的都是具有自制属性的存货。

◆ 在制：尚在加工中的存货。

◆ 劳务费用：开具在采购发票上的运费、包装费等采购费用或开具在销售发票或发货单上的应税劳务、非应税劳务等。

B.“成本”选项卡：包含“计划价/售价”“参考成本”“最新成本”“参考售价”“最低售价”“最高进价”“主要供货单位”等成本控制参数。

C.“控制”选项卡：主要用于存货存量控制。其中，货位是存货的默认存放货位。若有批次管理，在录入入库单据时，系统将要求用户录入批号；录入出库单据时，系统将要求用户选择出库的批次。若有保质期管理，在录入入库单据时，系统将要求用户录入该批存货的失效日期。

D.“其他”选项卡：主要是一些补充信息的设置，包括单位重量、单位体积、启用(停用)日期等，也可以对存货进行自由项的定义，如存货的颜色等。

(4) 财务。

① 设置会计科目。设置会计科目是会计核算方法之一，它用于分门别类地反映企业经济业务核算资料，为登记账簿、编制财务会计报表奠定基础，便于提供详细、总括的核算信息，便于经营管理者做出经营决策，制订经营目标。企业可根据自身特点和管理需要，利用计算机处理的优势，对原有手工科目进行优化组合。系统已预设了一级会计科目，在满足核算和管理要求及报表数据来源的基础上，自行修改科目属性和增设下一级明细科目。会计科目设置原则有以下几点。

A. 会计科目的设置必须满足会计报表的编制要求，凡是报表所用数据，需要从总系统中取数的，都必须设立相应的科目。

B. 会计科目的设置必须保持科目与科目间的协调性和体系的完整性。既要设置总账科目又要设置明细科目，以便用来提供总括和详细的会计核算资料。

C. 会计科目名称的设置，一级会计科目名称按国家会计制度的规定，明细科目的名称要通俗易懂，具有普遍的适用性。

D. 会计科目的设置要考虑与各个子系统的衔接。在总账系统中，只有末级会计科目才允许有发生额，才能接收各个子系统转入的数据，因此，要将各个子系统中的核算科目设置为末级科目。

E. 对一些科目结构进行优化调整。根据企业规模和管理需要，确定是将有单位、个人、部门、项目核算要求的设为明细科目，还是设为辅助核算目录。如果设为明细科目，则按明细科目查询；如果设为辅助核算目录，则按辅助目录项目进行辅助明细账的查询。使用明细科目核算和使用辅助核算目录的区别如表 2-4 所示。

表 2-4　使用明细科目核算和使用辅助核算目录的区别

使用明细科目核算		使用辅助核算目录		
科目编码	科目名称	科目编码	科目名称	辅助核算
1221	其他应收款	1221	其他应收款	个人往来 使用李明、王鑫、张晓 个人档案
122101	李明			
122102	王鑫			
122103	张晓			
……	……	……	……	……
1403	原材料	1403	原材料	存货核算项目 A 材料、B 材料
140301	A 材料			
140302	B 材料			
……	……	……	……	……
6602	管理费用	6601	管理费用	

(续表)

使用明细科目核算		使用辅助核算目录		
科目编码	科目名称	科目编码	科目名称	辅助核算
660201	办公费	660101	办公费	部门核算 使用办公室、财务部、销售部部门档案
66020101	办公室			
66020102	财务部			
66020102	销售部			

② 增加会计科目。系统预置了行业一级会计科目，企业需要增加部分明细科目。新增科目需要输入的内容如下。

A. 科目编码：科目编码必须唯一；科目编码必须按其级次的先后次序建立。科目编码可以使用数字和字母，但必须符合编码规则，建议使用纯数字，系统默认增加一个新科目时编码自动在前一编码的基础上加 1。

B. 科目名称：分为科目中文名称和科目英文名称，可以是汉字、英文字母或数字，也可以是减号(-)、正斜杠(\)，但不能输入其他字符。科目中文名称最多可输入 20 个汉字，科目英文名称最多可输入 100 个英文字母。

C. 科目类型：根据科目性质进行划分。当行业性质为企业时，科目类型分为资产、负债、所有者权益、成本、损益，没有成本类的企业可不设置。

D. 账页格式：定义该科目在账簿打印时为默认打印格式。系统提供了金额式、外币金额式、数量金额式、外币数量式 4 种账页格式以供选择。一般情况下，有外币核算的科目可设为外币金额式，有数量核算的科目可设为数量金额式，既有外币又有数量核算的科目可设为外币数量式，既无外币又无数量核算的科目可设为金额式。

E. 辅助核算：也称辅助账类，用于说明本科目是否有其他核算要求，系统除完成一般的总账、明细账核算外，还提供 5 种专项核算功能供用户选用，即部门核算、个人往来核算、客户往来核算、供应商往来核算、项目核算。

一个科目可同时设置两种专项核算，如管理费用既要核算各部门的使用情况也要了解各项目的使用情况，那么可以同时设置部门核算和项目核算。

辅助核算必须设置在末级科目上，但为了查询或出账方便，有些科目也可以在末级和上级设置。若只在上级科目上设置，其末级科目没有设置该账类，系统将不承认，也就是说当上级科目设有某账类时，其末级科目中必设有该账类，只在上级设账类系统将不予处理。

在设置辅助核算时应慎重，因为如果科目已有数据，而又对该科目的辅助核算进行修改，那么很可能造成总账与辅助账对账不平的情况。

辅助核算一般只针对末级科目，如果上级科目想设置辅助核算，下级科目也必须设置辅助核算。

F. 银行账、日记账：一般情况下，现金科目要设为日记账，银行存款科目要设为银行账和日记账。

G. 科目性质(余额方向)：一般情况下，资产类科目的科目性质为借方，负债类科目的科目性质为贷方。

H. 外币核算：用于设定该科目核算的是否有外币核算，以及核算的外币名称，一个科目只能核算一种外币。

I. 数量核算：用于设定该科目是否有数量核算，以及数量计量单位。计量单位可以是任何汉字或字符，如千克、件等。

J. 受控系统：为了加强系统间的无缝连接，在本企业其他系统中将可以使用账务系统的会计科目，这些会计科目就是其他系统的受控科目，而其他系统为该科目的受控系统。例如，应收系统的受控科目可能是“应收账款”科目。

K. 汇总打印：在同一张凭证中当某科目或有同一上级科目的末级科目有多笔同方向的分录时，如果希望将多笔分录按科目汇总为一笔打印，则需要将该科目设置为汇总打印，汇总的科目设置成该科目的本身或其上级科目。

③ 修改会计科目。修改会计科目功能主要体现在两个方面：一是修改系统预置科目的某些属性，如辅助账类的调整；二是更正增加会计科目时出现的设置错误。

④ 删除会计科目。如果某些科目目前暂时不用或不适合企业科目体系的特点，可以将其删除。删除会计科目应遵循“自下而上”的原则，先删除末级科目再删除上一级科目。

⑤ 指定会计科目。指定会计科目是指定出纳的专管科目。一般情况下，“库存现金”科目要设为现金总账科目；“银行存款”科目要设为银行总账科目。指定的现金、银行存款科目供出纳管理使用，所以在查询现金、银行存款日记账前，必须指定现金、银行存款总账科目。

⑥ 凭证类别。在会计信息化方式下同手工方式下一样，可根据企业管理和核算要求，将会计凭证进行分类编制，系统提供了设置凭证类别的功能，便于管理、记账和汇总。

第一次使用总账系统首先应正确选择凭证类别的分类方式。系统已预置了 4 种凭证分类(记账凭证，收款、付款、转账凭证，现金、银行、转账凭证，现金收款、现金付款、银行收款、银行付款、转账凭证)可供选择，也可以由用户自定义凭证类别。

为防止凭证类别选用错误，设置凭证类别时，系统允许设置相应的限制类型和限制科目，如果所使用的凭证类别有限制，可以相应地设置该种凭证的限制条件，以便提高凭证处理的准确性。限制条件中的“借方必有”“贷方必有”“凭证必有”“凭证必无”，限制了在填制凭证分录时应该使用或不应该使用的会计科目。

⑦ 项目目录。企业项目核算的种类多种多样，如生产成本、在建工程、管理费用等，因此应允许企业定义多个种类的项目核算，可以将具有相同特性的一类项目定义为一个项目大类。一个项目大类可以核算多个项目，为了便于管理，还可以对这些项目进行分类分级管理，将各个项目大类中的具体项目输入系统。具体输入的内容又取决于项目栏目中所定义的栏目名称或数据。项目目录设置包括增加、修改、删除项目大类，指定项目核算科目，项目分类，项目结构和项目目录的维护。

A. 项目大类：定义项目核算的类别。项目大类的名称是该项目的总称，而非会计科目名称，如设置生产成本项目大类，大类名称是“成本对象”而非“生产成本”。

B. 指定项目核算科目：凡是设置了项目辅助核算的科目都会在待选科目列表框中列示，可由用户指定建立项目与核算科目之间的对应关系。

C. 项目分类：为了便于统计，可对同一项目大类下的项目进行进一步划分，这就需要进行项目分类的定义。

D. 一个项目除了项目名称外，有时还应加一些其他备注说明栏目，项目结构就是用来定义这些栏目的类型、字符长度等相关信息的。

E. 项目目录维护：项目大类及项目分类定义完成后，则可打开“项目目录维护”界面中输入各个项目的名称及定义的其他数据，如项目目录有变动应及时在此界面中进行调整。在每年年初应将已结算或不用的项目删除。

⑧ 外币种类设置。外币种类是专为外币核算服务的，填制凭证时所用的汇率应先在此进行定义，以便制单时调用，减少输入汇率的次数和差错；当汇率变化时，应预先在此进行定义，否则填制凭证时将不能正确输入汇率；对于使用固定汇率(使用月初或年初汇率)作为记账汇率的用户，在填制每月的凭证前，应预先在此输入该月的记账汇率，否则在填制该月外币凭证时，将会出现汇率为零的错误；对于使用变动汇率(使用当日汇率)作为记账汇率的用户，在填制该天的凭证前，应预先在此输入该天的记账汇率。

外币种类设置的内容包括币符及币名、汇率小数位、折算方式、外币最大误差、固定汇率与浮动汇率、记账汇率与调整汇率等。

(5) 收付结算。

① 结算方式。结算方式功能用来建立和管理用户在经营活动中所涉及的结算方式。它与财务结算方式一致，如现金结算、支票结算等。目的是提高银行对账效率，特别是在收付款结算自动生成凭证时可以识别相关的科目。结算方式编码和结算方式名称是必须输入项，且输入值必须唯一。

② 付款条件。付款条件也称现金折扣，是指企业为了鼓励客户偿还货款而允诺在一定期限内给予规定的折扣优待的条件。折扣条件通常可表示为 2/10，1/20，n/30。付款条件将主要在采购订单、销售订单、采购结算、销售结算、客户目录、供应商目录中引用。系统最多同时支持 4 个时间段的折扣。

③ 开户银行。开户银行功能用于维护及查询使用单位的开户银行信息，支持多个开户银行及账号。

【任务操作】

1. 任务资料

(1) 设置部门档案，如表 2-5 所示。

表 2-5 部门档案

编号	部门名称	部门属性	编号	部门名称	部门属性
1	行政部门	行政	201	采购部	采购
101	办公室	管理	202	销售部	销售
102	财务部	财务	3	生产车间	生产
2	业务部门	业务	4	研发部	研发

(2) 设置职员档案，如表 2-6 所示。

表 2-6　职员档案

编号	姓名	所属部门	职员属性	编号	姓名	所属部门	职员属性
101	鲁文心	办公室	管理人员	302	王娟	生产车间	生产人员
102	万年	办公室	管理人员	303	任勇	生产车间	生产人员
103	秋玲	办公室	管理人员	304	张剑国	生产车间	生产人员
104	坤芳	财务部	管理人员	305	刘莹	生产车间	生产人员
105	瑞霞	财务部	管理人员	306	李贤	生产车间	生产人员
106	加营	财务部	管理人员	307	徐阳	生产车间	管理人员
201	亚玲	采购部	采购人员	308	李彬平	生产车间	生产人员
202	丽君	采购部	采购人员	309	乔冬冬	生产车间	生产人员
203	邹伟	采购部	采购人员	310	王妍	生产车间	生产人员
204	唐妮	销售部	销售人员	311	田静	生产车间	生产人员
205	晓红	销售部	销售人员	401	王晓华	研发部	研发人员
206	叶彬	销售部	销售人员	402	郑海荣	研发部	研发人员
301	李鹏	生产车间	管理人员				

(3) 设置客户分类及客户档案。

① 设置客户分类，如表 2-7 所示。

表 2-7　客户分类

客户分类编码	客户分类名称
01	本地客户
02	省内客户
03	省外客户

② 设置客户档案，如表 2-8 所示。

表 2-8　客户档案

客户编码	客户名称	所属分类码	社会信用代码(纳税人识别号)	地址、电话	开户银行	开户账号
0101	滨海明珠有限公司	01	91371122R11234567A	滨海市江南西路 66 号，88778891	中国建设银行滨海支行	37001717108050123456
0102	滨海大学城管委	01	91371101R12345678L	滨海市海曲路 109 号，85769078	中国银行滨海支行	371128887200111002
0203	济南梦丽有限公司	02	91370101J895411229	济南市历山路 93 号，87955201	齐鲁银行济南支行	282612348765
0304	南京金茂商行	03	91320101L234569871	南京市中山南路 123 号，62123357	中国工商银行南京鼓楼支行	3234876298359862101
0305	英国凯特公司	03		Kate Electronics Co. Ltd.,GBR, 004402075678123	CITIBANK N.A., London	123456789

(4) 设置供应商分类及供应商档案。

① 设置供应商分类，如表 2-9 所示。

表 2-9 供应商分类

供应商编号	供应商名称
01	原材料供应商
02	配件供应商
03	办公用品供应商

② 设置供应商档案，如表 2-10 所示。

表 2-10 供应商档案

供应商编码	供应商名称	所属分类码	社会信用代码(纳税人识别号)	地址、电话	开户银行	开户账号
0101	日钢滨海销售有限公司	01	91371102R273648233	滨海市日照路 6 号，73298833	中国建设银行滨海支行	37001717108061156199
0102	青岛科贸物资有限公司	01	91370205Q333300002	青岛市栈桥路 12 号，88237621	中国银行青岛市南支行	370235550002221139
0203	济南才安有限公司	02	91370103J848880009	济南市工业南路 221 号，85986732	中国农业银行济南东城支行	150028772660001
0304	郑州永利办公有限公司	03	91448775599911112M	郑州市瑞达路 90 号，67760342	中国工商银行郑州中原支行	41982302299993332018

(5) 设置存货分类与存货档案。

① 设置存货分类，如表 2-11 所示。

表 2-11 存货分类

存货类别编码	存货类别名称
1	原材料
101	原料及主要材料
102	外购配件
2	产成品
3	办公用具
9	应税劳务

② 设置存货档案，如表 2-12 所示。存货档案设置之前应先在存货系统设置中勾选“有批次管理”“有组装拆卸业务”复选框。

表 2-12　存货档案

存货编码	存货名称	规格型号	计量单位	所属分类	税率/%	存货属性	批次管理	参考成本/元
10101	低碳钢板	6mm	千克	101	16	销售、外购、生产耗用	有	6.00
10102	合金钢板	4mm	千克	101	16	销售、外购、生产耗用	有	8.00
10103	防钻钢板	3mm	千克	101	16	销售、外购、生产耗用		10.00
10104	PM 隔热夹层	GR	千克	101	16	销售、外购、生产耗用		80.00
10201	脚轮		个	102	16	销售、外购、生产耗用		15.00
10202	电子密码锁		个	102	16	销售、外购、生产耗用		90.00
10203	指纹锁		个	102	16	销售、外购、生产耗用		120.00
10204	操控面板		个	102	16	销售、外购、生产耗用		80.00
10205	电子报警器		个	102	16	销售、外购、生产耗用		50.00
201	保管箱	WX01	个	2	16	自制、在制、销售		608.00
202	保险柜	WX02	个	2	16	自制、在制、销售		1 126.00
301	文件柜	塑质立式	个	3	16	外购、销售		20.00
302	收纳盒	木刻	个	3	16	外购、销售		25.00
303	便签盒	12×8	个	3	16	外购、销售		10.00
304	屏风	中国梦	个	3	16	外购、销售		30.00
305	办公组合		个	3	16	外购、销售		
901	运输费		次	9	10	外购、劳务费用		
902	保险费		次	9	6	外购、劳务费用		
903	装卸费		次	9	6	外购、劳务费用		

(6) 设置凭证类别：记账凭证。

(7) 录入会计科目及余额(借、贷方累计略)，如表 2-13 所示。

表 2-13 会计科目及余额

科目编号	总账账户	明细账户	借方余额/元	贷方余额/元	说明
1001	库存现金		4 202.00		日记账
1002	银行存款				
100201		工行存款	656 940.00		日记账银行账(币别人民币)
100202		中行存款			日记账银行账(币别英镑)
1012	其他货币资金				
1101	交易性金融资产		40 000.00		
1121	应收票据		10 000.00		
1122	应收账款				
112201	应收境内货款		132 800.00		客户往来，受控系统：应收
112202	应收外汇款				客户往来，受控系统：应收，外币核算
1123	预付账款		20 000.00		供应商往来，受控
1221	其他应收款				
122101		个人	4 500.00		个人核算
1402	在途物资		89 800.00		
1403	原材料				
140301		原料及主要材料	136 200.00		项目核算(核算管理)数量核算，计量单位：千克
140302		外购配件	159 000.00		项目核算(核算管理)数量核算，计量单位：个
1405	库存商品		446 760.00		项目核算(核算管理)数量核算，计量单位：个
1511	长期股权投资		100 000.00		
1601	固定资产		6 942 000.00		
1602	累计折旧			357 102.27	
1701	无形资产				
170101		WX02 保险柜专利	200 000.00		
1702	累计摊销			100 000.00	
1901	待处理财产损溢				

(续表)

科目编号	总账账户	明细账户	借方余额/元	贷方余额/元	说明
190101		待处理流动资产损溢			
190102		待处理非流动资产损溢			
2001	短期借款			150 000.00	
2201	应付票据			120 000.00	
2202	应付账款				
220201		应付采购款		92 568.00	供应商往来，受控系统：应付
220202		暂估应付款		16 000.00	供应商往来，不受控
220203		其他应付账款			
2203	预收账款			10 000.00	客户往来，受控
2211	应付职工薪酬				
221101		职工工资		137 402.45	
221102		职工福利费		39 370.00	
221103		社会保险费		49 668.75	
221104		住房公积金		19 072.80	
221105		教育经费		2 384.10	
221106		工会经费		3 178.80	
221107		其他			
2221	应交税费				
222101		应交增值税			
22210101		应交增值税(进项税额)			
22210102		应交增值税(已交税金)			
22210106		应交增值税(销项税额)			
22210107		应交增值税(进项税额转出)			
222102		未交增值税		68 270.00	
222103		待抵扣进项税额		-26 400.00	
222106		应交企业所得税		40 399.00	
222108		应交城市维护建设税		3 448.90	
222112		应交个人所得税		2 641.35	
222113		应交教育费附加		1 478.00	
222114		应交地方教育费附加		985.50	
222115		应交堤围防护费		771.84	
2241	其他应付款				

(续表)

科目编号	总账账户	明细账户	借方余额/元	贷方余额/元	说明
224101		社会保险费		17 483.40	
224102		住房公积金		19 072.80	
224103		包装物押金			
224104		其他			
2501	长期借款			800 000.00	
4001	实收资本			5 200 000.00	
4002	资本公积			620 000.00	
4101	盈余公积				
410101		法定盈余公积		300 000.00	
410102		任意盈余公积		200 000.00	
4104	利润分配				
410402		提取法定盈余公积			
410409		提取任意盈余公积			
410410		应付利润			
410415		未分配利润		760 344.04	
5001	生产成本				
500101	保管箱		72 960.00		项目核算，成本对象核算
500102	保险柜		90 080.00		项目核算，成本对象核算
6001	主营业务收入				项目核算(核算管理)数量核算，单位：个
6401	主营业务成本				项目核算(核算管理)数量核算，单位：个
合计			9 105 242.00	9 105 242.00	

① 增加“6601 销售费用”的明细科目，如表 2-14 所示。

表 2-14 增加“6601 销售费用”的明细科目

科目编码	660101	660102	660103	660104	660105	660106	660107
科目名称	工资	福利费	社会保险费	公积金	办公费	广告费	运费
科目编码	660108	660109	660110	660111	660112	660113	660114
科目名称	保险费	折旧费	水电费	差旅费	工会经费	职工教育经费	销售赠送

② 增加“6602 管理费用”的明细科目，如表 2-15 所示。

表 2-15 增加“6602 管理费用”的明细科目

科目编码	660201	660202	660203	660204	660205	660206	660207
科目名称	工资	福利费	社会保险费	公积金	办公费(部门辅助核算属性)	修理费	招待费
科目编码	660208	660209	660210	660211	660212	660213	
科目名称	研发费用	折旧费	水电费	差旅费	工会经费	职工教育经费	

③ 财务费用。设置“财务费用”科目为项目核算属性。

④ 指定会计科目。指定“库存现金”为“现金总账”科目，“银行存款”为“银行总账”科目。

(8) 设置外币及汇率。币名：英镑；币符：£；固定汇率：1∶8.8；折算方式：外币×汇率＝本位币。

(9)定义项目目录，如表 2-16 所示。

表 2-16 项目目录

项目设置步骤	设置内容 1	设置内容 2	设置内容 3
项目大类名称	核算管理(使用存货目录定义项目)	成本对象(使用成本对象)	财务费用项目
核算科目	140301，140302，1405，6001，6401	保管箱(500101) 保险柜(500102)	财务费用 6603
项目分类		①保管箱；②保险柜	财务费用
项目名称		项目编号 项目名称 所属分类码 101 直接材料 1 102 直接人工 1 103 制造费用 1 104 其他费用 1 201 直接材料 2 202 直接人工 2 203 制造费用 2 204 其他费用 2	项目编号 项目名称 分类码 101 利息收入 1 102 利息支出 1 103 汇兑损失 1 104 手续费 1 105 现金折扣 1

(10) 设置结算方式，如表 2-17 所示。

表 2-17 结算方式

结算方式编码	结算方式名称	票据管理	结算方式编码	结算方式名称	票据管理
1	现金结算		5	银行汇票	
2	支票		6	商业汇票	
201	现金支票	是	7	托收承付	
202	转账支票	是	8	委托收款	
3	电汇		9	其他	
4	银行本票		0	国际结汇通知	

(11) 设置付款条件，如表 2-18 所示。

表 2-18 付款条件

编码	信用天数	优惠天数 1	优惠率 1/%	优惠天数 2	优惠率 2/%	优惠天数 3	优惠率 3/%
01	30	5	2	10	1		
02	60	5	4	15	2	30	1
03	90	5	4	20	2	45	1

(12) 设置开户银行。编号：01；开户银行：中国工商银行滨海支行；账号：370003118334992 0487。

2. 任务实施

以“wx01 坤芳”的身份登录系统管理，恢复“任务 2.1 认知系统管理”账套数据，并登录畅捷通 T3 软件(登录时间为 2018-07-01)进行如下操作。

(1) 设置部门档案、增加职员档案。

(2) 设置客户(供应商)分类和客户(供应商)档案。

(3) 设置存货分类和存货档案。

(4) 增加和修改会计科目，设置凭证类别、外币种类、项目目录档案。

(5) 设置结算方式、付款条件和开户银行。

3. 操作指导

(1) 机构设置。

① 启动与注册畅捷通 T3 软件。

A. 执行“开始”|“程序”|“T3-企业管理信息化软件教育专版”|“T3”命令，或在桌面上双击“T3-企业管理信息化软件教育专版”图标，打开“注册【控制台】”界面。

B. 在“注册【控制台】”界面(图 2.21)输入用户名“wx01”，密码为空，选择账套“[777] 山东文心办公设备有限公司”、会计年度“2018”，输入操作日期“2018-07-01”，单击“确定”按钮。

② 设置部门档案。

A. 执行“基础设置”|“机构设置”|“部门档案”命令，打开“部门档案”窗口，如图 2.22 所示。

B. 在“部门档案”窗口中，单击“增加”按钮。

C. 输入部门编码“1”、部门名称“行政部门”、部门属性“行政”等信息。

D. 单击“保存”按钮。

E. 同理，增加其他部门档案信息。

注意：部门编码应符合编码规则，编码和名称必须唯一。部门负责人信息需在职员档案完成后，通过“修改”功能补充负责人信息。

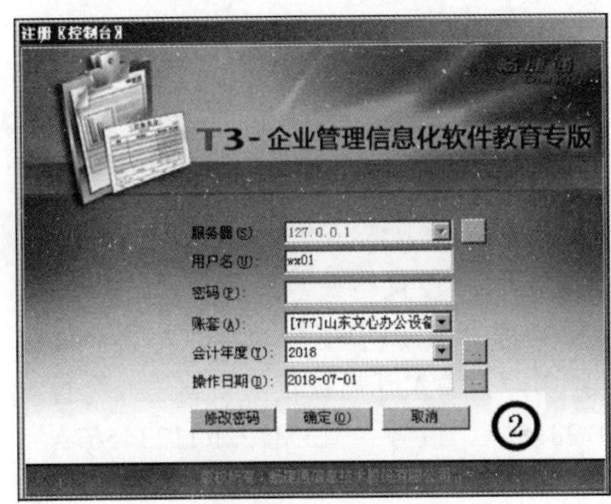

图 2.21　“注册【控制台】”界面

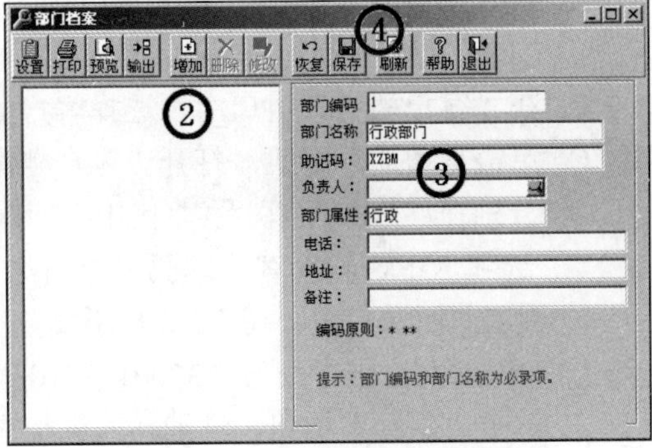

图 2.22　“部门档案”对话框

③ 设置职员档案。

A. 执行“基础设置”|“机构设置”|“职员档案”命令，打开“职员档案”窗口。

B. 在“职员档案”窗口中，输入职员编码“101”、职员名称“鲁文心”、所属部门“办公室”、职员属性“管理人员”等信息。

C. 单击“增加”按钮，输入其他职员档案信息。

注意：职员编码唯一，姓名可重复，输入最后一位职员信息时，必须增加一空行，才能将此职员的信息保存起来。通过单击“刷新”按钮，用户可看到输入的其他职员信息。

(2) 往来单位设置。

① 设置客户分类。

A. 执行“基础设置”|“往来单位”|“客户分类”命令，打开“客户分类”窗口，如图 2.23 所示。

B. 在“客户分类”窗口中，单击“增加”按钮。

C. 输入类别编码“01”、类别名称“本地客户”等信息。

D. 单击“保存”按钮。

E. 同理，增加其他客户分类信息。

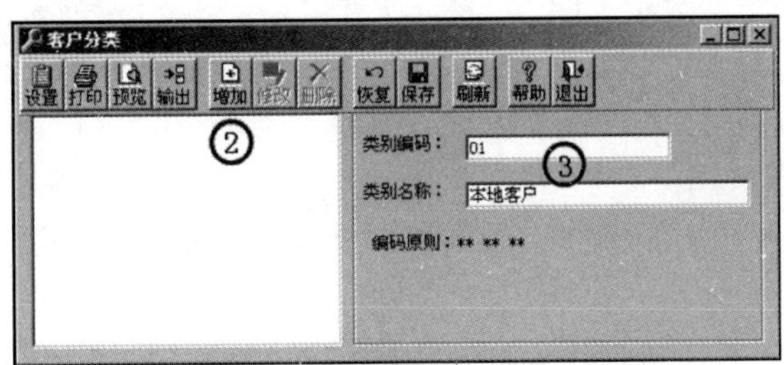

图 2.23　“客户分类”窗口

注意：在建立账套时如果选择了“客户分类”，在此必须进行客户分类，否则将不能输入客户档案。已被引用的客户分类不能被删除。

② 设置供应商分类。供应商分类操作同客户分类。

③ 设置客户档案。

A. 执行“基础设置”|“往来单位”|“客户档案”命令，打开“客户档案”窗口，如图2.24所示。

B. 在“客户档案”窗口中，选择客户分类下的“01本地客户”选项。

C. 单击“增加”按钮，打开“客户档案卡片”对话框。

D. 分别在“基本”“联系”“信用”“其他”选项卡中设置相关客户信息。在“基本”选项卡中，输入客户编码“0101”、客户名称“滨海明珠有限公司”、客户简称“滨海明珠有限公司”，选择所属分类码“01”，输入开户银行“中国建设银行滨海支行”、银行账号“37001717108050123456”、税号“91371122R11234567A”。

E. 单击“保存”按钮，继续输入其他客户档案，单击“退出”按钮。

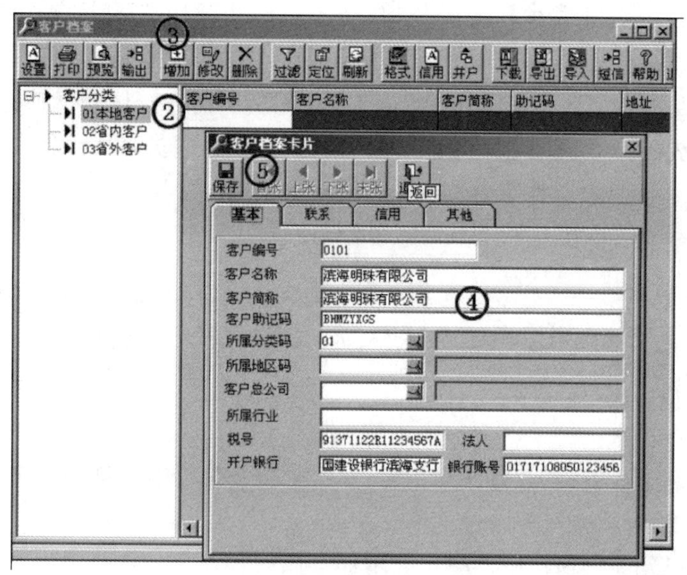

图2.24 设置客户档案

注意： 客户档案必须建立在最末级分类下。已经使用的客户不能被删除。

客户编号必须唯一，客户名称用于销售发票的打印，客户简称用于业务单据和账表的屏幕显示。在填制业务单据时，为更方便区分客户，本任务的简称也可以使用全称进行设置。

④ 设置供应商档案。

供应商档案的输入方法和操作步骤同客户档案，此处不再赘述。

⑤ 设置地区分类。

如果有地区分类要求，可按以下操作步骤进行。

A. 执行“基础设置”|“往来单位”|“地区分类”命令，打开“地区分类”窗口，如图2.25所示。

B. 在“地区分类”窗口中，按地区分类信息要求输入“类别编码”和“类别名称”。

C. 单击“保存”按钮，再输入其他分类信息，输入完毕，单击“退出”按钮。

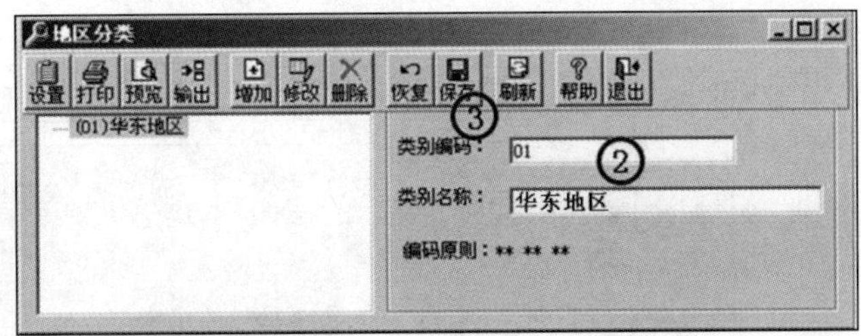

图 2.25　“地区分类”窗口

(3) 存货设置。

① 设置存货分类。

A. 执行“基础设置”|“存货”|“存货分类”命令，打开“存货分类”窗口，如图 2.26 所示。

B. 在“存货分类”窗口中，输入类别编码“1”、类别名称“原材料”。

C. 单击“保存”按钮，单击“增加”按钮，输入其他存货分类信息。

D. 输入所有分类信息后，单击“退出”按钮。

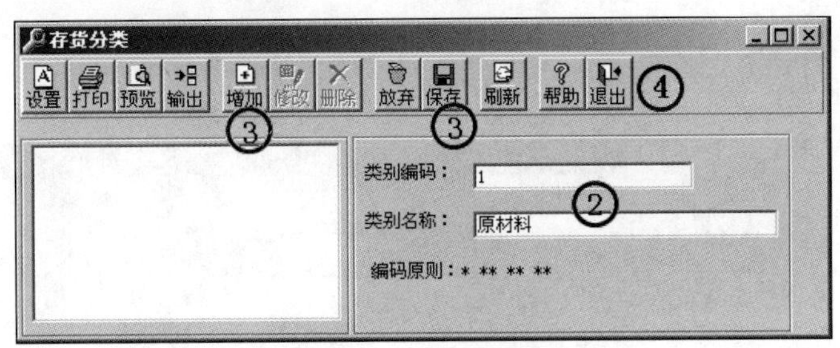

图 2.26　“存货分类”窗口

注意: 分类编码、分类名称中禁止使用“&”“"”“'”“:”等特殊字符；已经使用的存货分类不能删除；非末级存货分类不能删除。

伴随采购业务经常发生采购费用，如果需要将该费用计入采购成本，则在系统中需要将劳务费用也视为一种存货，为了与企业正常存货分开管理、统计，通常将其单独列为一类，如“应税劳务”科目。

② 设置存货档案。

A. 执行“基础设置”|“存货”|“存货档案”命令，打开“存货档案”窗口，如图 2.27 所示。

B. 单击“增加”按钮，打开“存货档案卡片”对话框。

C. 在“基本”选项卡中，依次输入“存货编号”“存货名称”“计量单位”等信息，在“存货属性”区域中勾选“销售”“外购”“生产耗用”复选框。

D. 选择“控制”选项卡，勾选“是否批次管理”复选框。

E. 单击“保存”按钮，重复以上操作，依次输入其他存货信息，最后单击“退出”按钮。

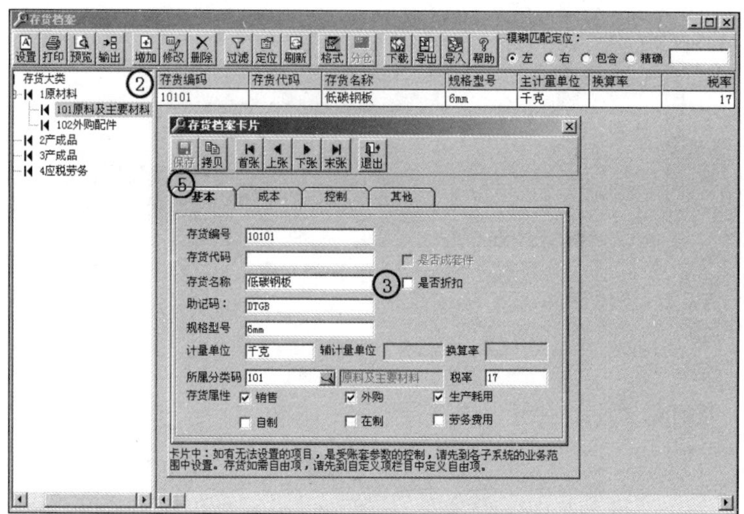

图 2.27 “存货档案”窗口

(4) 财务设置。

① 设置会计科目。

A. 增加明细会计科目，如图 2.28 所示。

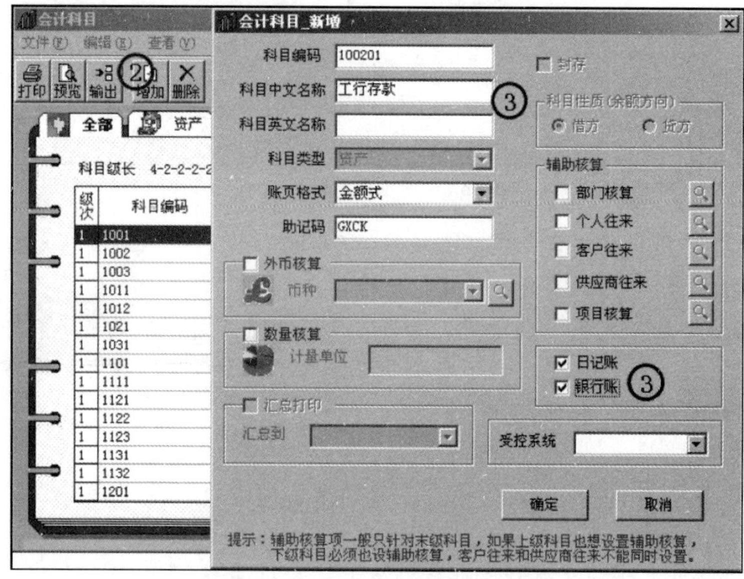

图 2.28 增加明细会计科目

- 执行“基础设置”|“财务”|“会计科目”命令，打开“会计科目”对话框，显示所有“按 2007 年新会计准则”预置的科目。
- 单击“增加”按钮，打开“会计科目-新增”对话框。
- 按任务清单中所给明细科目的相关内容，输入科目编码“100201”、科目中文名称“工行存款”，勾选“日记账”“银行账”复选框。
- 单击“确定”按钮，继续单击“增加”按钮，输入其他明细科目的相关内容。

◆ 全部输入完毕，单击“关闭”按钮。

注意： 增加的会计科目编码长度及每段位数要符合编码规则。

已有期初余额，未填制凭证的科目，增加下一级科目时，期初余额会自动继承到下级科目的第一个科目；科目一经使用，就不能再增设下级科目，只能增加同级科目。

只能在一级科目设置科目性质，下级科目的科目性质与其一级科目的相同，已有数据的科目不能再修改科目性质。

只有末级科目在修改状态下才能设置汇总打印，此设置仅供凭证打印输出，与明细账登记无关。

B. 修改会计科目，如图 2.29 所示。

◆ 在“会计科目”对话框中，单击要修改的会计科目“1001”。
◆ 单击“修改”按钮或双击该科目，打开“会计科目_修改”对话框。
◆ 在“会计科目_修改”对话框中，单击“修改”按钮，单击后，该按钮变成“确定”按钮。
◆ 勾选“日记账”复选框。
◆ 单击“确定”按钮。
◆ 按任务清单修改其他科目的核算属性，修改完成后，单击“返回”按钮。

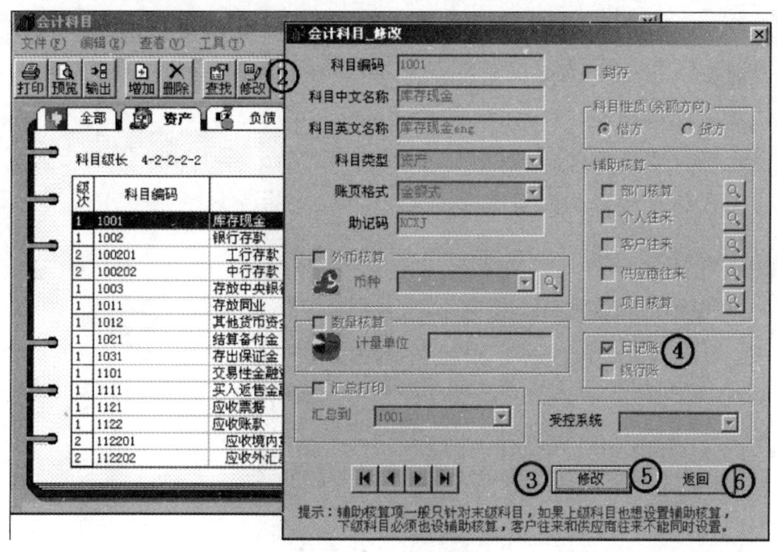

图 2.29　修改会计科目

注意： 已有数据的科目不能修改科目性质。

被封存的科目在制单时不可以使用。

在“会计科目_修改”对话框中，“修改”按钮和“确定”按钮是同一个，当处于编辑状态时，显示为“确定”按钮。

C. 删除会计科目，如图 2.30 所示。

◆ 在“会计科目”对话框中，选择要删除的会计科目。假设选择“1011 存放同业”。

◆ 单击“删除”按钮，打开“记录删除后不能恢复！真的删除此记录吗？”提示对话框。

◆ 单击“确定”按钮，即可删除该科目。

图 2.30　删除会计科目

注意：已录入科目期初余额、制单、记账，已录入辅助账期初余额，已设置凭证类别使用，已在转账凭证定义中使用，已在多栏定义中使用，已在常用摘要定义中使用，已在支票登记簿中使用的科目不能删除。

非末级会计科目不能删除。

被指定为现金科目和银行科目的会计科目不能删除；如想删除，必须先取消指定。

D.指定会计科目，如图 2.31 所示。

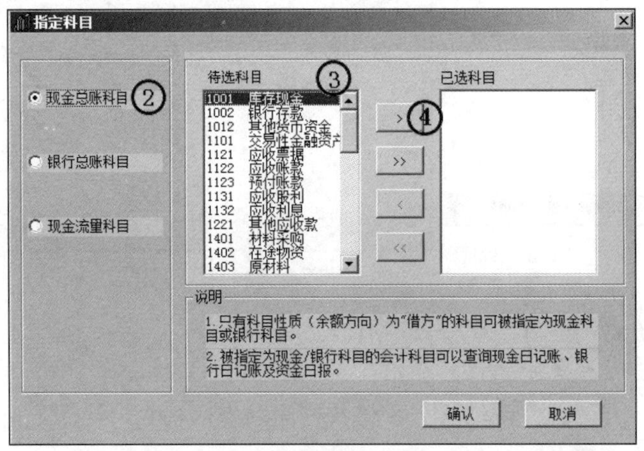

图 2.31　指定会计科目

◆ 在“会计科目”对话框中，执行“编辑”|“指定科目”命令，打开“指定科目”对话框。

◆ 在“指定科目”对话框中，点选“现金总账科目”单选按钮。
◆ 在“待选科目”区域中，选择“1001 库存现金”科目。
◆ 单击“>”按钮，将“1001 库存现金”科目由待选科目选入已选科目。
◆ 同理，将“1002 银行存款”由待选科目选入已选科目。
◆ 单击“确认”按钮。

注意： 只有指定会计科目后，出纳才能执行出纳签字，才能查看现金、银行存款日记账，从而实现现金、银行管理的保密性。

在指定现金科目和银行科目之前，应在建立“库存现金”“银行存款”科目时勾选“日记账”复选框。

② 设置凭证类别。

A. 执行“基础设置”|“财务”|“凭证类别”命令，打开“凭证类别预制”对话框。

B. 点选“记账凭证”单选按钮。

C. 单击“确定”按钮，在“凭证类别”对话框中显示记账凭证的类别字、类别名和限制类型等。

D. 单击“退出”按钮。

注意： 如果要设置其他类型的凭证，还需要设置凭证的限制类型、限制科目。例如，收款凭证限制类型选择“借方必有”，在限制科目栏输入“库存现金”“银行存款”科目及其明细科目的编码。付款凭证的限制类型为“贷方必有”，限制科目同收款凭证。转账凭证的限制类型为“凭证必无”，限制科目同收款凭证。

③ 定义项目目录。

A. 定义项目大类，如图 2.32 所示。

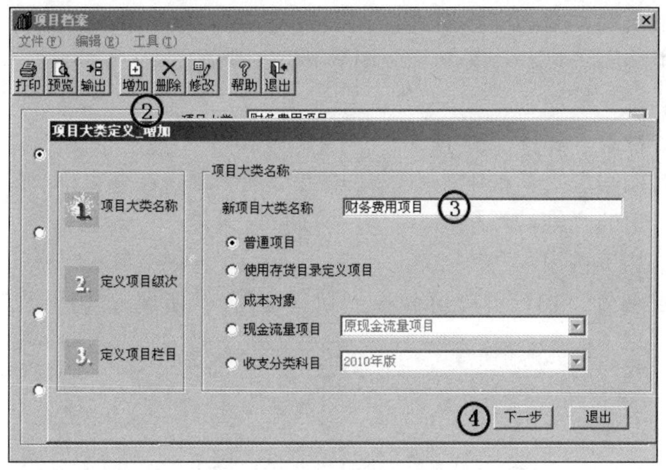

图 2.32　定义项目大类

◆ 执行“基础设置”|“财务”|“项目目录”命令，打开“项目档案”对话框。
◆ 单击“增加”按钮，打开“项目大类定义-增加”界面。
◆ 输入新项目大类名称“财务费用项目”。

◆ 单击“下一步”按钮，输入要定义的项目级次，采用系统默认值。
◆ 单击“下一步”按钮，输入要修改的项目栏目，采用系统默认值。
◆ 单击“完成”按钮，返回“项目档案”对话框。

B. 指定核算科目，如图 2.33 所示。

◆ 在“项目档案”对话框中，点选“核算科目”单选按钮。
◆ 选择项目大类“财务费用项目”。
◆ 在“待选科目”区域选择参加核算的科目，单击“⌄”按钮，单击“确定”按钮。

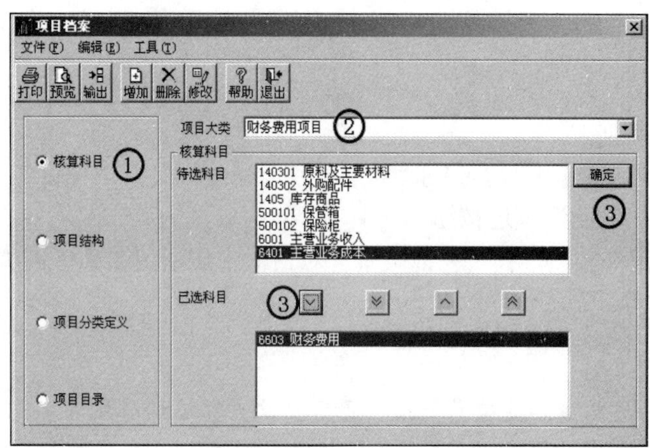

图 2.33 指定核算科目

注意：一个项目大类可指定多个科目，但一个科目只能指定一个项目大类。

C. 定义项目分类。

◆ 在“项目档案”对话框中，点选“项目分类定义”单选按钮。
◆ 单击右下角的“增加”按钮。
◆ 输入分类编码“1”、分类名称“财务费用”。
◆ 单击“确定”按钮。

D. 定义项目目录，如图 2.34 所示。

◆ 在“项目档案”对话框中，点选“项目目录”单选按钮。
◆ 单击右下角的“维护”按钮，打开“项目目录维护”对话框。
◆ 单击“增加”按钮。
◆ 输入项目编号“101”、项目名称“利息收入”、所属分类码“1”。

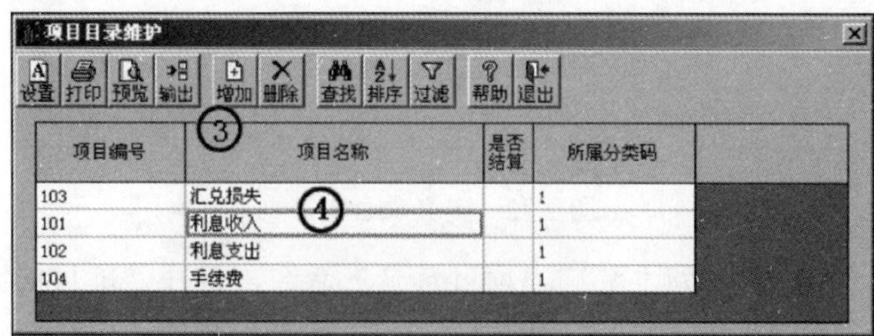

图 2.34 定义项目目录

◆ 同理，继续增加其他项目档案。

注意：打上结算标志“Y”后将不能再使用该目录。

④ 设置外币及汇率。

A. 执行“基础设置”|“财务”|“外币种类”命令，打开“外币设置”对话框，如图2.35所示。

B. 在“外币设置”对话框中，输入币符“£”、币名“英镑”。

C. 单击“确认”按钮。

D. 在“2018.07”栏中输入“8.80000”，按Enter键确认。

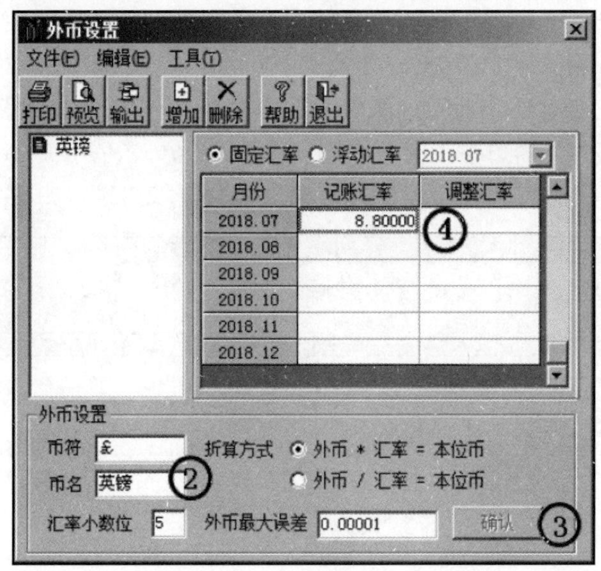

图2.35　“外币设置”对话框

注意：“外币设置”对话框中只能输入固定汇率与浮动汇率值，但并不决定在制单时是使用固定汇率还是浮动汇率，在总账参数“账簿”选项卡的“外币核算”中设置制单是使用固定汇率还是浮动汇率。

如果使用固定汇率，则应在每月月初输入记账汇率(期初汇率)，月末计算汇总损溢时输入调整汇率(期末汇率)；如果使用浮动汇率，则应每天在此输入当日汇率。

(5) 设置收付结算。

① 设置结算方式。

A. 执行“基础设置”|“收付结算”|“结算方式”命令，打开“结算方式”窗口，如图2.36所示。

B. 单击“增加”按钮。

C. 输入类别编码“1”、类别名称“现金结算”。

D. 单击“保存”按钮。

E. 依次输入其他结算方式。对于“现金支票”“转账支票”要勾选“票据管理方式”复选框。

F. 设置完成后，单击“退出”按钮。

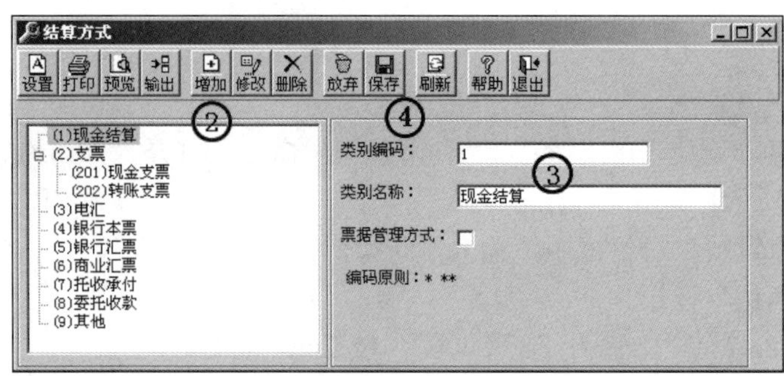

图 2.36 “结算方式”窗口

② 设置付款条件。

A. 执行“基础设置”|“收付结算”|“付款条件”命令，打开“付款条件”窗口。

B. 在“付款条件”窗口中，输入付款条件编码“01”、信用天数“30”、优惠天数 1 “5”、优惠率 1 “2”、优惠天数 2 “10”、优惠率 2 “1”，如图 2.37 所示。

图 2.37 设置付款条件

C. 按 Enter 键，继续输入下一条付款条件。

注意：输入完最后一个付款条件后，按 Enter 键，增加一空行后退出，否则最后一个付款条件将不能被保存。

③ 设置开户银行。

A. 执行“基础设置”|“收付结算”|“开户银行”命令，打开“开户银行”窗口。

B. 在“开户银行”窗口中，输入编码“01”、名称“中国工商银行滨海支行”、账号“3700031183349920487”。

C. 输入完毕后，按 Enter 键增加一空行，单击“退出”按钮。

二、供应链基础档案

1. 供应链基础档案整理

供应链基础档案是购销存业务处理中必须用到的基础档案，为采购管理、销售管理、存货管理和核算管理提供基础信息支撑，与购销存业务的处理、查询统计、财务连接相关的基础信息，具体如表 2-19 所示。

表 2-19　供应链基础档案

供应链基础档案	有关联的业务(或操作)点	设置该档案的前提条件(都必须遵循各自的编码方案)
仓库档案	存货的存放仓库信息，提供发出存货的计价，涉及存货的收发、购销发票的货物明细等	
收发类别	存货出入库类型，结合存货对方科目对出入库分类汇总，以便自动生成凭证时带出相应会计科目	
采购与销售类型	采购或销售存货的业务类型	先设定好收发类别
产品结构	用于生产加工单和组装与拆卸业务，方便配比出库和成本计算	先设定好存货档案、仓库档案
费用项目	使用销售发票中代垫费用和支出项目时，应先行在本功能中设定这些费用项目	
发运方式	采购订单、销售订单、发货单	
货位档案	对存货进行货位管理，以便在实物出入库时确定存货的货位，采购入库单、销售出库单、其他出(入)库单	先在仓库档案中设置
非合理损耗类型	采购结算对应非合理损耗类型，并根据结算时的非合理损耗类型自动生成凭证	

2. 供应链基础档案设置

(1) 仓库档案。存货一般是由仓库保管的，企业要对存货进行核算管理，首先应对仓库进行管理，因此进行仓库设置是购销存管理的重要基础准备工作之一。第一次使用本系统时，应先将本单位使用的仓库预先输入系统之中，即进行仓库档案设置。相关栏目说明：仓库编码必须输入，且必须唯一；仓库名称必须输入；所属部门，当核算管理系统选择“按部门核算”时，必须输入；计价方式为必选项，系统提供 5 种计价方式，即计划价法、全月平均法、移动平均法、先进先出法、个别计价法；如有货位管理需要，可选择货位管理项。

(2) 收发类别。收发类别是为了方便用户对材料的出入库情况进行分类汇总统计而设置的，表示材料的出入库类型，用户可根据各单位的实际需要自由灵活地进行设置。

收发标志，即收和发，用户可选择，不可输入；类别编码和类别名称为用户必须输入项且唯一。

(3) 采购与销售类型。采购类型是由用户根据企业需要自行设定的项目，用户在使用用友采购管理模块填制采购入库单等单据时，会涉及采购类型栏目。如果企业需要按采购类型进行统计，那么应该建立采购类型项目。

用户在处理销售业务时，可以根据自身的实际情况自定义销售类型，以便按销售类型对销售业务数据进行统计和分析。本功能完成对销售类型的设置和管理，用户可以根据业务的需要增加、修改、删除、查询、打印销售类型。

(4) 产品结构。定义产品结构，即产品的组成，以便用于配比出库、消耗定额、产品材料成本、采购计划、成本核算等。产品结构中引用的物料必须首先在存货档案中定义，然后才能在产品结构中引用。

有多级结构的产品需要按级次输入。例如，计算机由显示器、主机、键盘、鼠标组成；主机由机箱、光驱、硬盘、主板、CPU 等组成。假设在存货档案中已经定义好这些物料的编号、名称、规格型号等，那么在输入产品结构时需要先输入计算机的下一层结构，然后输入主机的下一层结构。

(5) 费用项目。当处理销售业务中的代垫费用、销售支出费用时，应先行设定这些费用项目。本功能完成对费用项目的设置和管理，企业可以根据业务的需要增加、修改、删除、查询、打印费用项目。

(6) 发运方式。用户在处理采购业务或销售业务中的运输方式时，应先行在本功能中设定这些运输方式。本功能完成对运输方式的设置和管理，用户可以根据业务的需要增加、修改、删除、查询、打印发运方式。

(7) 货位档案。货位档案就是设置企业各仓库所使用的货位。对存货进行货位管理的企业，在录入期初结存或进行日常业务处理之前，首先应对本企业各仓库所使用的货位进行定义，以便在实物出入库时确定存货的货位。

(8) 非合理损耗类型。在企业的采购业务中，由于运输、装卸等原因，采购的货物会发生短缺毁损，应根据不同情况，做出相应的账务处理。属于定额内合理损耗的，应视同提高入库货物的单位成本，不做处理；运输部门或供货单位造成的短缺毁损，属于定额外非合理损耗的，应根据不同情况分别进行账务处理。因此，企业应事先设置本企业可能发生的非合理损耗类型及对应的入账科目，以便采购结算时根据具体的业务选择相应的非合理损耗类型，并由核算管理模块根据结算时记录的非合理损耗类型自动生成凭证。

【任务操作】

1. 任务资料

(1) 设置仓库档案，如表 2-20 所示。

表 2-20 仓库档案

仓库编码	仓库名称	计价方式	是否货位管理
01	原材料仓	移动平均法	否
02	配件仓	先进先出法	否
03	办公用品仓	先进先出法	是(采购入库单设计中增加“货位”)
04	产成品仓	全月平均法	否

(3) 设置收发类别，如表 2-21 所示。

表 2-21 收发类别

收发类别编码	收发类别名称	收发标志	收发类别编码	收发类别名称	收发标志
1	入库类别	收	2	出库类别	发
11	采购入库	收	21	销售出库	发
12	产成品入库	收	22	材料领用出库	发
13	退料货入库	收	25	其他出库	发

(续表)

收发类别编码	收发类别名称	收发标志	收发类别编码	收发类别名称	收发标志
15	其他入库	收	26	盘亏出库	发
16	委托加工入库	收	27	委托加工出库	发
17	盘盈入库	收			

(3) 设置采购类型与销售类型，采购类型如表 2-22 所示。

表 2-22　采购类型

采购类型编码	采购类型名称	入库类别	是否默认值
01	普通采购	采购入库	否

销售类型如表 2-23 所示。

表 2-23　销售类型

销售类型编码	销售类型名称	出库类别	是否默认值
01	普通销售	销售出库	否

(4) 设置产品结构。

产品结构 1 的基本信息如表 2-24 所示。

表 2-24　产品结构 1 的基本信息

父项编码	父项名称	生产部门	子项编码	子项名称	规格型号	单位	定额数量	存放仓库
201	保管箱	3 生产车间	10101	低碳钢板	6mm	千克	8	原材料仓
			10103	防钻钢板	3mm	千克	6	原材料仓
			10202	电子密码锁		个	1	配件仓
			10204	操控面板		个	1	配件仓
			10205	电子报警器		个	1	配件仓
202	保险柜	3 生产车间	10102	合金钢板	4mm	千克	12	原材料仓
			10103	防钻钢板	3mm	千克	9	原材料仓
			10104	PM 隔热夹层	GR	千克	2	原材料仓
			10201	脚轮		个	4	配件仓
			10203	指纹锁		个	1	配件仓
			10204	操控面板		个	1	配件仓
			10205	电子报警器		个	1	配件仓

产品结构 2 的基本信息如表 2-25 所示。

表 2-25 产品结构 2 的基本信息

存货编号	存货名称	单件编码	单件名称	单件数量	存放仓库
305	办公组合	301	文件柜	2	办公用品仓
		302	收纳盒	1	办公用品仓
		303	便签盒	2	办公用品仓
		304	屏风	1	办公用品仓

(5) 设置费用项目，如表 2-26 所示。

表 2-26 费用项目

费用项目编号	费用项目名称	备注
01	运输费	卖方承担的费用
02	包装费	
03	装卸费	
04	租赁费	
05	展览费	

(6) 设置发运方式，如表 2-27 所示。

表 2-27 发运方式

发运方式编码	发运方式名称	发运方式编码	发运方式名称
1	公路	3	水运
2	铁路	4	航空

(7) 设置货位档案管理，如表 2-28 所示。

表 2-28 货位档案管理

货位编码	货位名称	货位编码	货位名称
1	文件柜位	3	便签盒位
2	收纳盒位	4	屏风位

(8) 设置非合理损耗类型，如表 2-29 所示。

表 2-29 非合理损耗类型

非合理损耗类型编号	非合理损耗类型名称	是否默认
01	运输保管不当	否
02	失窃	否
03	霉变	否
04	人为原因	否

2. 任务实施

以“wx01 坤芳”的身份登录系统管理，恢复“财务链基础档案”账套数据，并登录畅捷通 T3 软件(登录时间为 2018-07-01)进行如下操作。

(1) 设置仓库档案。

(2) 设置收发类别。

(3) 设置采购与销售类型。

(4) 设置产品结构。

(5) 设置费用项目与发运方式。

(6) 设置货位档案。

(7) 设置非合理损耗类型。

3. 操作指导

(1) 设置仓库档案。

① 执行“基础设置”|“购销存”|“仓库档案”命令，打开“仓库档案”窗口，如图 2.38 所示。

② 单击“增加”按钮，打开“仓库档案卡片”对话框。

③ 输入仓库编码“01”、仓库名称“原材料仓”，选择计价方式“移动平均法”。

④ 单击“保存”按钮。

⑤ 同样，依次输入其他出库的档案信息，最后单击“退出”按钮。

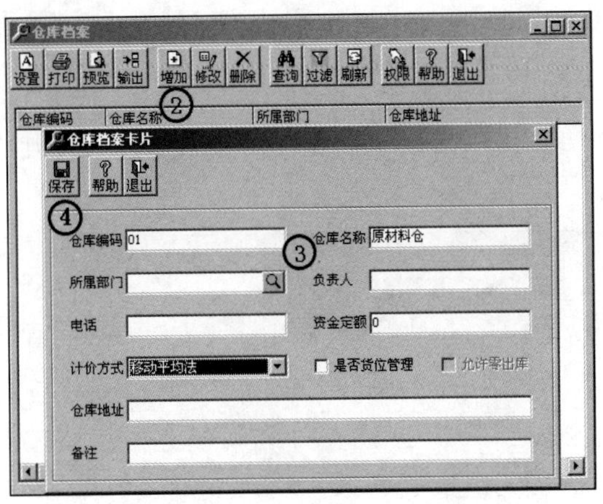

图 2.38　“仓库档案”窗口

(2) 设置收发类别。

① 执行“基础设置”|“购销存”|“收发类别”命令，打开“收发类别”窗口，如图 2.39 所示。

② 单击“增加”按钮。

③ 输入类别编码“11”、类别名称“采购入库”，在“收发标志”区域点选“收”单选按钮。

④ 单击“保存”按钮。

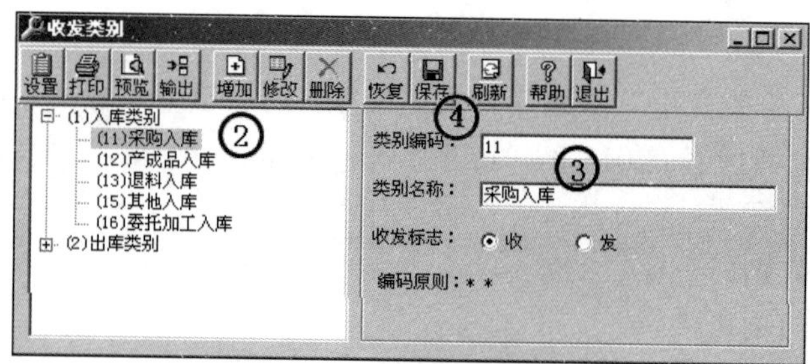

图 2.39 “收发类别”窗口

⑤ 依次输入其他的收发类别。

(3) 设置采购与销售类型。

① 执行“基础设置”|“购销存”|“采购类型”命令，打开“采购类型”窗口。

② 在新的空行中分别输入“采购类别编码”“名称”“入库类别”等信息。

③ 按 Enter 键或单击“增加”按钮，输入下一条类型信息。

④ 输入完毕退出。

注意：销售类型的定义操作同采购类型一致。定义采购类型和销售类型，可对采购业务数据、销售业务数据进行统计和分析。

是否默认值，即填制单据默认的采购类型，对于经常发生的采购类型，可以设定该采购类型为默认的采购类型。

系统预置的采购类型为“普通采购”，入库类别默认为“采购入库”，是否默认值为“否”；销售类型为“普通销售”，出库类别默认为“销售出库”，是否默认值为“否”。

(4) 设置产品结构。

① 执行“基础设置”|“购销存”|“产品结构”命令，打开“产品结构”窗口，如图 2.40 所示。

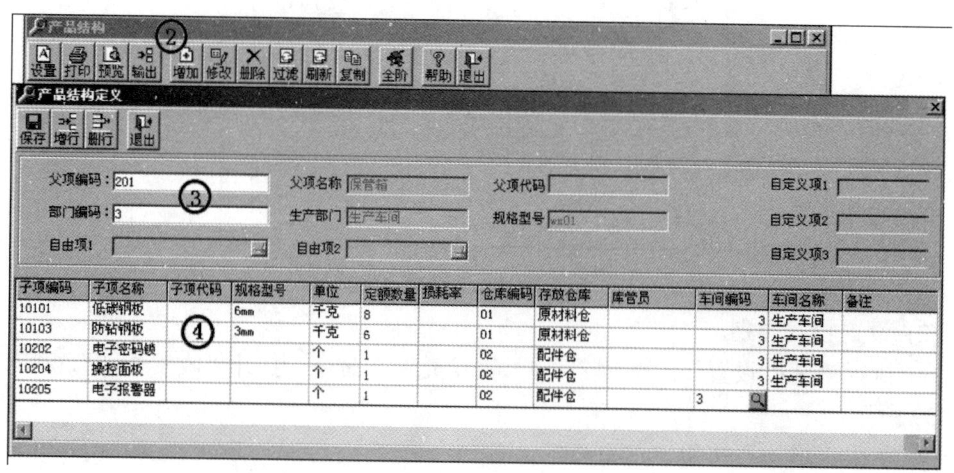

图 2.40 “产品结构”窗口

② 单击“增加”按钮，打开“产品结构定义”对话框。

③ 输入父项编码“201”、部门编码“3”。

④ 输入子项编码、定额数量、仓库编码和车间编码等信息，单击“增行”按钮，输入下一条子项信息。

⑤ 单击“保存”按钮，继续输入下一个产品结构。

(5) 设置费用项目。

① 执行“基础设置”|“购销存”|“费用项目”命令，打开“费用项目”窗口。

② 单击“费用项目”窗口的空行处，分别输入项目费用编号和项目费用名称，输入完毕后按Enter键，继续输入下一条信息。最后一条记录输入完毕，按Enter键确认。

③ 单击“刷新”按钮，查看所输入的记录。

④ 单击“退出”按钮。

(6) 设置发运方式。

① 执行“基础设置”|“购销存”|“发运方式”命令，打开“发运方式”窗口。

② 单击“发运方式”窗口的空行处，分别输入发运方式编号和发运方式名称，输入完毕后按Enter键，继续输入下一条信息。最后一条记录输入完毕后，按Enter键确认。

③ 单击“刷新”按钮，查看所输入的记录。

④ 单击“退出”按钮。

(7) 设置货位档案管理。

① 执行“基础设置”|“购销存”|“货位档案”命令，打开“货位档案”窗口，如图2.41所示。

② 在“货位档案”窗口单击“增加”按钮，分别输入货位编码“1”、货位名称“文件柜位”，选择所属仓库为“办公用品仓”，输入完毕单击“保存”按钮，继续输入下一条。

③ 最后一条记录输入完毕后，单击“退出”按钮退出。

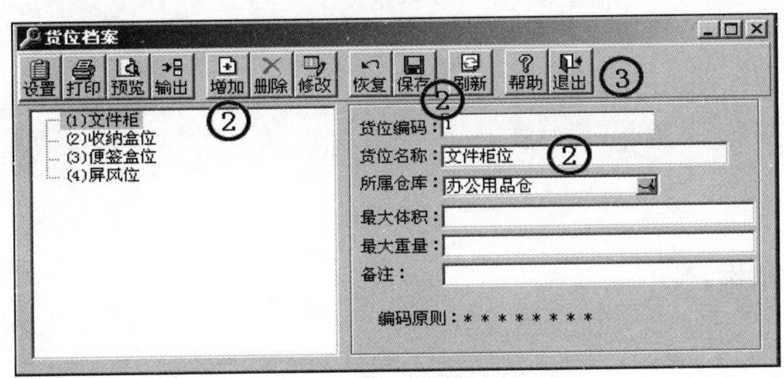

图2.41　“货位档案”窗口

(8) 设置非合理损耗类型。

① 执行“基础设置”|“购销存”|“非合理损耗类型”命令，打开“非合理损耗类型”窗口。

② 单击“非合理损耗类型”窗口的空行处，分别输入非合理损耗类型编号和非合理损耗类型名称，选择是否默认值，输入完毕后按Enter键，继续输入下一条信息。

③ 最后一条记录输入完毕，按Enter键确认，单击“退出”按钮。

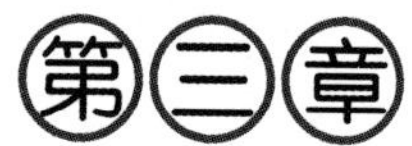

总 账 系 统

【学习目标】

目标要求	重点和难点
(1) 明确总账系统在整个软件系统中的地位与作用。 (2) 了解总账系统的主要功能及操作流程。 (3) 理解总账系统初始设置的意义。 (4) 掌握会计信息系统中总账系统初始设置的具体内容和操作方法。 (5) 掌握总账系统日常业务所涉及的凭证内容及账簿数据等查询操作。 (6) 掌握总账系统中各辅助核算的作用及操作。 (7) 掌握自定义转账凭证及期末业务的操作。	(1) 出纳管理。 (2) 凭证修改及自定义凭证。 (3) 凭证辅助核算及期末业务处理。

【知识结构】

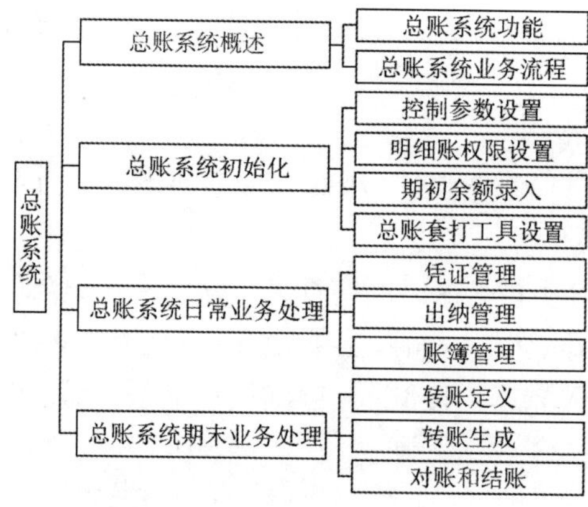

第一节 认知总账系统概述

一、总账系统的功能

账务处理系统是整个会计核算软件的核心，它以会计凭证为原始数据，通过凭证的输入和处理，完成记账、算账、对账、转账、结账、账簿查询及数据管理等操作。该系统包括总账系统、现金管理系统、往来管理系统、项目管理系统等。

总账系统接收固定资产系统、工资管理系统、核算管理系统生成的凭证；向报表系统、决策支持系统、财务分析系统提供财务数据生成财务报表及其他财务分析表；财务分析系统向系统提供预算数，对总账系统中的填制凭证进行预算控制。

1. 初始设置

建立核算账套并设置基础信息后，启用总账系统，设置各项业务参数，设置明细账查询等权限，录入期初余额，将通用的总账系统设置成适合本单位实际需要的专用系统。

2. 凭证管理

凭证管理包括记账凭证的输入、修改、删除、查询、审核、汇总、记账、出纳签字、打印输出等，通过严密的制单控制，保证填制凭证的正确性，加强对发生业务的及时管理与控制，提供资金赤字控制、支票控制、预算控制、外币折算误差控制及查看最新余额等功能。

3. 账簿管理

账簿管理随时提供总账、余额表、序时账、明细账、多栏账等数据查询，并可查询包含未记账凭证的最新数据，能够同时查询上级科目总账数据及末级科目明细数据的月份综合明细账。

4. 现金管理

现金管理为出纳人员提供了一个集成办公环境，加强对现金及银行存款的管理。它包括查询打印银行日记账、现金日记账、资金日报表，支票登记管理，银行对账，编制银行存款余额调节表。

5. 辅助核算

辅助核算提供个人往来管理、部门核算、客户往来管理、供应商往来管理和项目管理等功能。

6. 期末业务处理

期末业务处理包括自定义转账凭证，自动生成月末分摊、计提、对应转账、销售成本、汇兑损益、期间损益结转等会计凭证，可进行试算平衡、对账、结账，包括月结和年结等工作。

二、总账系统的业务流程

总账系统业务流程如图 3.1 所示。

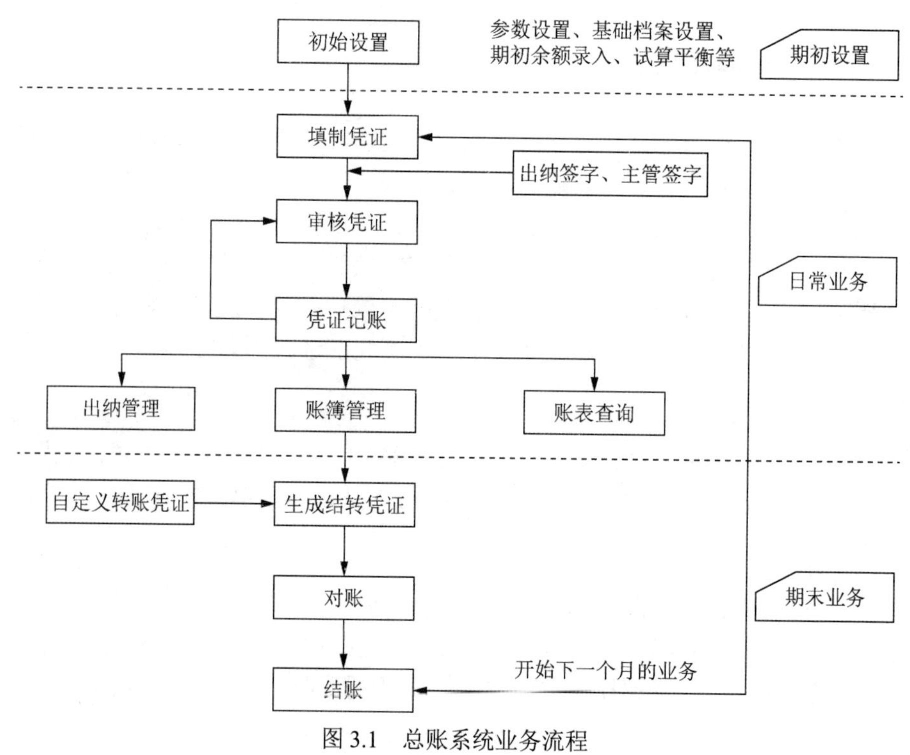

图 3.1 总账系统业务流程

第二节 总账系统初始化

总账系统初始化的内容包括控制参数设置、明细账权限设置、期初余额录入和总账套打工具设置等。

一、控制参数设置

总账系统初始化时首先进行业务处理控制参数设置，它决定了系统的数据输入、处理、输出的内容和形式。在总账系统初始化中需要设置的业务控制参数包括制单控制、凭证控制、外币核算、预算控制、账簿打印格式控制、会计日历控制及其他参数控制。企业应根据实际情况，在建立账套之前选择适合本企业的各种参数，以达到会计核算和财务管理的目的。

总账系统中控制参数设置包含“凭证”“账簿”“会计日历”“其他”4个选项卡，如图3.2所示。

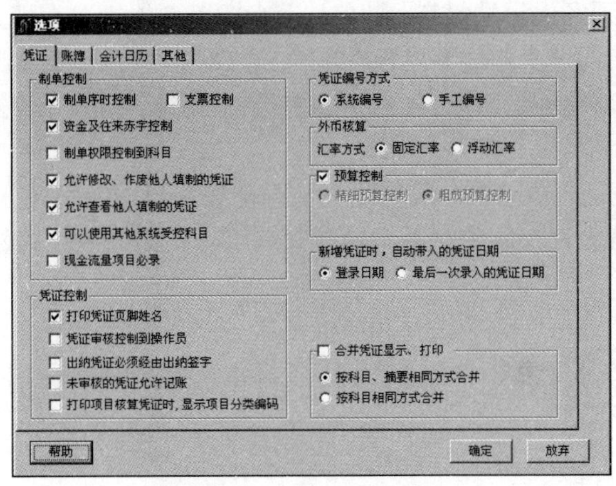

图3.2　“选项”对话框

总账系统控制参数相关内容说明如下。

1. “凭证”选项卡

(1) 制单控制。

① 制单序时控制：系统规定制单的凭证编号应按时间顺序排列，即制单序时，如有特殊需要可将其改为不按序时制单，若勾选了此复选框，则在制单时凭证编号必须按日期顺序排列。

② 支票控制：若勾选了此复选框，在制单时输入了未在支票登记簿中登记的支票号，系统将提供登记支票登记账簿的功能。

③ 资金及往来赤字控制：若勾选了此复选框，则在制单时，当现金科目、银行科目的最新余额出现负数时，系统将予以提示。

④ 制单权限控制到科目：若勾选了此复选框，在制单时，操作员只能使用具有相应制单权限的科目制单。

⑤ 允许修改、作废他人填制的凭证：若勾选了此复选框，在制单时可修改或作废别人填制的凭证，否则不能修改或作废。

⑥ 允许查看他人填制的凭证：默认为勾选状态；不勾选时非账套主管只可以查看本人填制的凭证。

⑦ 可以使用其他系统受控科目：一般来说，为了防止重复制单，某些受控科目(如客户往来科目为应收系统的受控科目)只允许其受控系统来使用该科目进行制单，总账系统是不能使用此科目进行制单的，如果希望在总账系统中也能使用这些科目填制凭证，则应选择此项。

⑧ 现金流量项目必录：若勾选了此复选框，当前是现金流量科目时则必录现金流量项目。

(2) 凭证控制。

① 凭证审核控制到操作员：如果希望对审核权限做进一步细化，如只允许某操作员

审核其本部门的操作员填制的凭证，而不能审核其他部门操作员填制的凭证，则应选择此选项。可通过系统菜单“设置”|“明细权限”去设置操作员审核权限。

② 出纳凭证必须经由出纳签字：若勾选了此复选框，则含有现金科目、银行科目的凭证必须由出纳人员通过“出纳签字”功能对其核对签字后才能记账。

③ 未审核的凭证允许记账：若勾选了此复选框，则未经过审核的凭证可以进行记账。

(3) 凭证编号方式。

系统在“填制凭证”功能中一般按照凭证类别按月自动编制凭证编号，即系统编号，但有的企业需要系统允许在制单时手工输入凭证编号，即“手工编号”。

(4) 外币核算。

如果企业有外币业务，则应选择相应的汇率方式——固定汇率、浮动汇率。采用固定汇率制单时，一个月只按一个固定的汇率折算本位币金额。采用浮动汇率制单时，按当日汇率折算本位币金额。

2. “账簿”选项卡

(1) 打印位数宽度：定义正式账簿打印时各栏目的宽度，包括摘要、金额、外币、数量、汇率、单价。

(2) 明细账查询权限控制到科目：如果希望对查询和打印权限做进一步细化，如只允许某操作员查询或打印某科目明细账，而不能查询或打印其他科目的明细。

3. “会计日历”选项卡

“会计日历”选项卡仅能查看会计日历的信息，如需修改须到系统管理中进行。

4. “其他”选项卡

(1) 数量小数位、单价小数位：在制单与查账时，按此处定义的小数位输出小数，不足位数用“0”补齐。

(2) 部门排序方式、个人排序方式、项目排序方式：在查询部门账(个人、项目)或参照部门(个人、项目)目录时，是按编码排序还是按名称排序，可根据需要在此设置。

二、明细账权限设置

明细账权限功能主要提供明细账科目权限设置、凭证审核权限设置和制单科目权限设置。

1. 明细账科目权限设置

明细账科目权限设置功能是查询和打印明细账权限的一个补充，如果希望对某些科目的查询和打印权限做进一步细化，可以通过此功能进行设置。

2. 凭证审核权限设置

凭证审核权限设置功能是凭证审核权限的一个补充，如只允许某操作员审核其本部门操作员填制的凭证，而不能审核其他部门操作员填制的凭证，这种情况下，可以通过此功能进行设置。

3. 制单科目权限设置

制单科目权限设置功能是制单权限的一个补充，如只允许某操作员使用某些科目填制凭证，这种情况下，可以通过此功能进行设置。

三、期初余额录入

为了保证会计数据连续完整，并与手工账簿数据衔接，账务系统第一次投入使用前还需要将各种基础数据录入系统。录入期初余额功能用于年初录入余额或调整余额及核对期初余额，并进行试算平衡。

如果是第一次使用账务处理系统，必须使用此功能录入科目余额。如果系统中已有上年的数据，在使用“结转上年余额”账户后，上年各账户余额将自动结转到本年。如果是年初建账，只需录入年初余额；如果是年中建账，除了录入期初余额外，还要录入年初至建账月份的借方、贷方累计发生额，系统自动计算年初余额。

四、总账套打工具设置

总账套打工具设置用来设置表单的打印格式，与实际教学涉及较少，故此处不做具体说明。

【任务操作】

1. 任务资料

(1) 选项参数设置，如表 3-1 所示。

表 3-1 选项参数设置

选项卡	参数设置
凭证	制单序时控制；支票控制；资金及往来赤字控制；打印凭证页脚姓名；凭证审核控制到操作员；出纳凭证必须经由出纳签字；凭证编号由系统编号；外币核算采用固定汇率；进行预算控制；可以使用其他系统受控科目
账簿	账簿打印位数、每页打印行数按默认；明细账查询权限控制到科目；明细账打印按年排页
会计日历	会计日历为 1 月 1 日～12 月 31 日
其他	数量小数位为 4，单价小数位为 2，部门、个人、项目按编码方式排序

(2) 明细权限(略)。

(3) 录入期初余额。

期初余额数据参见表 2-13。有关辅助账余额如下。

① 原材料及配件期初余额，如表 3-2 所示。

表 3-2 原材料及配件期初余额

类别	明细账户	账页格式	方向	单位	数量	月初单价/元	金额/元
原材料及主要材料	低碳钢板	数量金额	借	千克	2 400	6.00	14 400.00
	合金钢板		借	千克	3 600	8.00	28 800.00
	防钻钢板		借	千克	4 500	10.00	45 000.00
	PM 隔热夹层		借	千克	600	80.00	48 000.00
	合计				11 100		136 200.00
外购配件	脚轮	数量金额	借	个	1 200	15.00	18 000.00
	电子密码锁		借	个	300	90.00	27 000.00
	指纹锁		借	个	300	120.00	36 000.00
	操控面板		借	个	600	80.00	48 000.00
	电子报警器		借	个	600	50.00	30 000.00
	合计				3 000		159 000.00

② 库存商品期初余额，如表 3-3 所示。

表 3-3 库存商品期初余额

类别	明细账户	账页格式	方向	单位	数量	单位成本/元	金额/元
产成品	保管箱	数量金额	借	个	200	608.00	121 600.00
	保险柜		借	个	160	1 126.00	180 160.00
	合计				360	—	301 760.00
办公用具	文件柜	数量金额	借	个	1 500	20.00	30 000.00
	收纳盒		借	个	2 200	25.00	55 000.00
	便签盒		借	个	3 000	10.00	30 000.00
	屏风		借	个	1 000	30.00	30 000.00
	合计				7 700	—	145 000.00
合计					8 060		446 760.00

③ 生产成本期初余额，如表 3-4 所示。

表 3-4 生产成本期初余额

明细账户	直接材料/元	直接人工/元	制造费用/元	其他	合计/元	期初数量/个
保管箱	39 360.00	26 400.00	7 200.00		72 960.00	120
保险柜	52 480.00	30 400.00	7 200.00		90 080.00	80
合计	91 840.00	56 800.00	14 400.00		163 040.00	200

④ 往来账期初余额。

A. 其他应收款余额。会计科目：122101 其他应收款——个人；余额：借 4 500.00

元。其他应收款余额如表 3-5 所示。

表 3-5　其他应收款余额

日期	凭证表	部门	个人	摘要	方向	期初余额/元
2018-06-26	记-58	办公室	万年	出差借款	借	3 000.00
2018-05-28	记-69	销售部	唐妮	出差借款	借	1 500.00

B. 应收账款余额。会计科目：112201 应收账款——应收境内货款；余额：借 132 800.00 元。应收账款——应收境内货款余额如表 3-6 所示。

表 3-6　应收账款——应收境内货款余额

日期	客户	摘要	方向	金额/元
2018-06-25	滨海明珠有限公司	期初	借	58 000.00
2018-06-26	南京金茂商行	期初	借	34 800.00
2018-05-03	滨海大学城管委	期初	借	40 000.00

C. 预付账款期初余额。会计科目：1123 预付账款。预付账款期初余额如表 3-7 所示。

表 3-7　预付账款期初余额

单据日期	供应商	摘要	金额/元
2018-06-22	青岛科贸物资有限公司	期初	20 000.00

D. 应付账款——应付采购款明细期初余额。会计科目：220201 应付账款——应付采购款；余额：92 568.00 元。应付账款——应付采购款明细期初余额如表 3-8 所示。

表 3-8　应付账款——应付采购款明细期初余额

日期	供应商	摘要	方向	金额/元
2018-06-23	日钢滨海销售有限公司	期初	贷	80 968.00
2018-06-19	济南才安有限公司	期初	贷	11 600.00

E. 应付账款——暂估应付款明细期初余额。会计科目：220202 应付账款——暂估应付款；余额：16 000.00 元。应付账款——暂估应付款明细期初余额如表 3-9 所示。

表 3-9　应付账款——暂估应付款明细期初余额

日期	供应商	摘要	方向	金额/元
2018-05-22	日钢滨海销售有限公司	上期暂估	贷	16 000.00

F. 预收账款明细期初余额。会计科目：2203 预收账款；余额：10 000.00 元。预收账款明细期初余额如表 3-10 所示。

表 3-10　预收账款明细期初余额

日期	供应商	摘要	方向	金额/元
2018-05-22	济南梦丽有限公司	期初	贷	10 000.00

2. 任务实施

以“wx01 坤芳”的身份登录系统管理，恢复“供应链基础档案”中的账套数据，并登录畅捷通 T3 软件(登录时间为 2018-07-01)进行如下操作。

(1) 设置总账控制参数(选项设置)。

(2) 录入总账科目期初余额。

(3) 录入存货及生产成本明细科目余额。

(4) 录入供应商和客户往来明细期初余额。

3. 操作指导

(1) 设置总账选项。

① 执行“设置”|“选项”命令，打开“选项”对话框。

② 分别打开“凭证”“账簿”“会计日历”“其他”选项卡，按照任务清单的要求进行相应的设置。

③ 设置完成后，单击“确定”按钮。

(2) 明细账权限设置。

“明细账权限设置”对话框中有 3 个选项卡，即“明细账科目权限设置”选项卡、“凭证审核权限设置”选项卡和“制单科目权限设置”选项卡。相应的功能意义已在界面给出文字提示，如图 3.3 和图 3.4 所示。

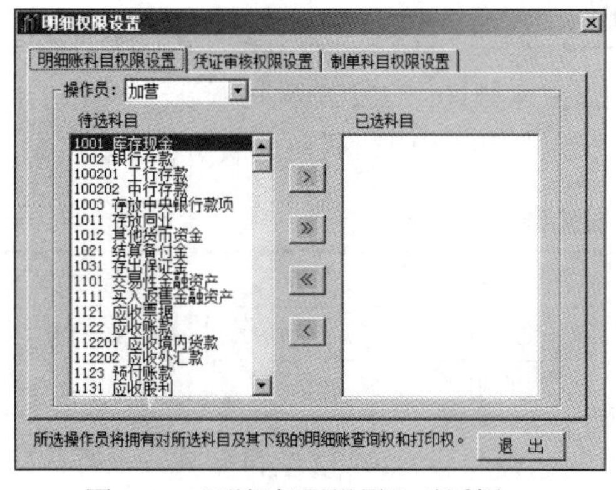

图 3.3 “明细权限设置”对话框(1)

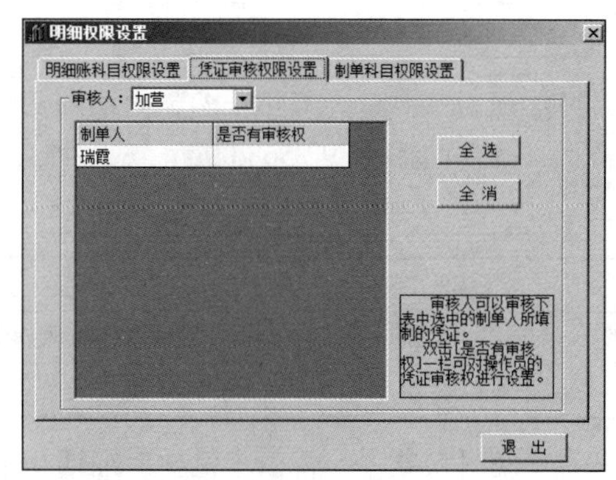

图 3.4 “明细权限设置”对话框(2)

注意：若希望每个操作员都可以查询所有科目的明细账，可在“选项”对话框中的“账簿”选项卡中，取消勾选“明细账查询权限控制到科目”复选框即可。

若希望凡是拥有凭证审核权限的操作员都可以审核其他所有操作员填制的凭证，可在“选项”对话框中的“凭证控制”选项卡中，取消勾选“凭证审核控制到操作员”复选框即可。只有在“选项”对话框中的“凭证控制”选项卡中，勾选了“凭证审核控制到操作员”复选框，此处的设置才能起作用。

若希望每个操作员都可以使用所有科目制单，可在“选项”对话框中的“凭证”选项卡中，取消勾选“制单权限控制到科目”复选框即可。

(3) 录入期初余额。

① 录入期初余额——总账期初余额。

A. 执行“总账”|“设置”|“期初余额”命令，打开“期初余额录入”对话框，如图 3.5 所示。

B. 输入“1001 库存现金”栏期初余额“4 202.00”，按 Enter 键确认。同理，输入任务清单中其他总账科目的期初余额。

期初余额录入

设置 打印 预览 输出 方向 刷新 试算 查找 对账 清零 帮助 退出　□ 非末级科目　□ 辅助科目　□ 末级科目

科目编码	科目名称	方向	币别/计量	年初余额	累计借方	累计贷方	期初余额
1001	库存现金	借		4,202.00		②	4,202.00
1002	银行存款	借					
100201	工行存款	借					
100202	中行存款	借					
		借	英镑				
1003	存放中央银行款项	借					
1011	存放同业	借					
1012	其他货币资金	借					
1021	结算备付金	借					
1031	存出保证金	借					
1101	交易性金融资产	借					
1111	买入返售金融资产	借					
1121	应收票据	借					
1122	应收账款	借					
112201	应收境内货款	借					

提示："科目余额录入从明细科目录入，如遇有辅助科目核算，则先完成辅助科目余额的初始"完成期初余额录入后，应进行"对账"和"试算"二个功能操作，在系统已经记账后，不能进行期初余额的修改操作。

期初：2018年07月

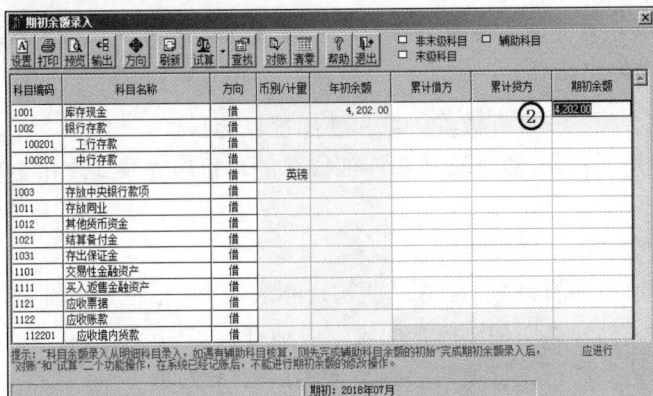

图 3.5　“期初余额录入”对话框(1)

注意：总账科目余额是指无辅助核算科目的期初余额。

② 录入期初余额——含有明细科目的期初余额。

期初余额只能在最末级的明细科目上录入，上级科目的期初余额将自动计算并录入。录入方法同总账期初余额。

③ 录入期初余额——辅助账期初余额。

A. 执行“总账”|“设置”|“期初余额”命令，打开“期初余额录入”对话框，如图 3.6 所示。

B. 双击“112201 应收境内货款”的期初余额栏，打开“客户往来期初”窗口。

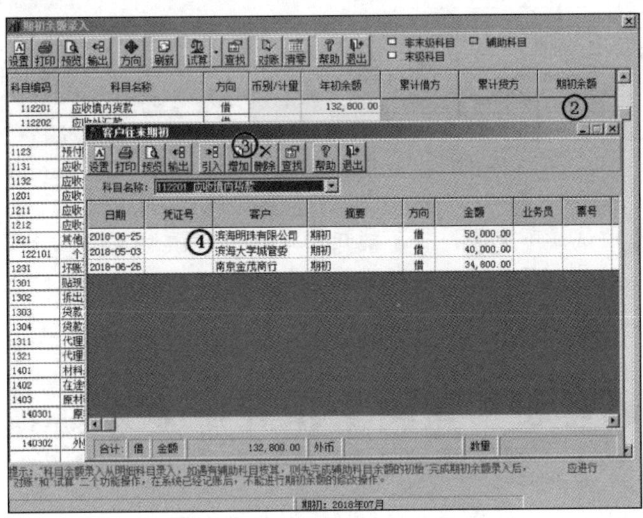

图 3.6　“期初余额录入”对话框(2)

C. 单击“增加”按钮。

D. 输入“日期”“客户”“摘要”“方向”“金额”等相关辅助核算信息。

E. 单击“增加”按钮，进行下一条期初余额信息录入。

注意：当不想录入某项内容而系统又提示必须录入时，可按 Esc 键取消录入。此操作在用友软件中很多地方是适用的。

设置了辅助核算的科目底色显示为蓝色，其累计发生额可直接录入，但期初余额录入要到相应的辅助账中进行。

④ 录入期初余额——含有数量核算和外部核算的科目。

录入期初余额——含有数量核算和外部核算的科目应先录入本币金额，再录入数量或外币金额数量。

⑤ 录入期初余额——试算平衡。

A. 录入完毕所有科目余额后，在“期初余额录入”对话框，如图 3.7 所示，单击“试算”按钮，打开“期初试算平衡表”对话框。

B. 单击“确认”按钮。若期初余额不平衡，则修改期初余额直到平衡。

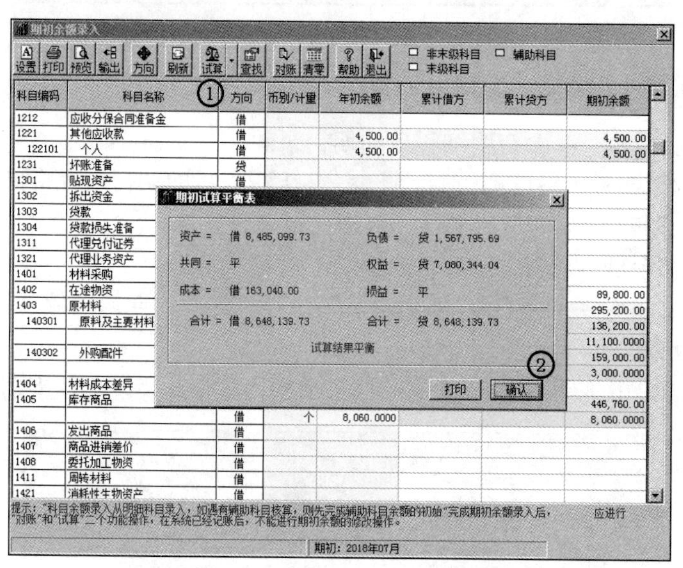

图 3.7 “期初余额录入”对话框(3)

注意：期初余额试算不平衡，将不能记账，但可以填制凭证。

已经记过账，则不能再录入、修改期初余额，也不能执行“结转上年余额”命令。

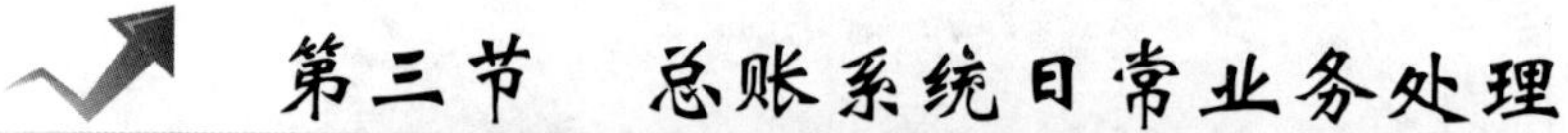

第三节　总账系统日常业务处理

总账系统日常业务处理的任务是通过输入和处理各种记账凭证、审核凭证、记账，查询和打印输出各种凭证、日记账、明细账和总分类账，进行月末对账和结账，最终生成和输出各种常用报表等。

在总账系统中，当初始化设置完成后，就可以进行日常业务处理了。本节以一般的会计业务流程为线索，结合具体业务介绍日常会计业务处理的各项基本操作。

一、凭证管理

凭证管理包括填制凭证、修改凭证、作废及删除凭证、冲销凭证、出纳签字、审核凭证、查询凭证、科目汇总、记账等。

1. 填制凭证

根据审核无误准予报销的原始凭证填制记账凭证，是最基础和最频繁的工作。记账凭证一般包括 3 个部分：一是凭证头部分，包括凭证类别、凭证编号、凭证日期、附单据数和凭证自定义项等。二是凭证正文部分，包括摘要、会计科目、辅助信息和金额等。如果输入会计科目有辅助核算要求，则应输入辅助核算内容；如果一个科目同时兼有多种辅助核算，则同时要求输入各种辅助核算的有关内容。三是凭证尾部分，主要是标识与该凭证相关的操作员姓名，如制单、复核等。各栏目要点如下。

(1) 凭证类别：单击放大镜或按 F2 键，参照选择一个凭证类别，确定后按 Enter 键，系统将自动生成凭证编号，并将光标定位在制单日期上。

(2) 凭证编号：有“系统编号”“手工编号”两种方式，系统编号从 0001 开始，按时间和凭证顺序序时编号。每页凭证有 5 笔分录，当某凭证编号不只一页时，系统将自动在凭证编号后标上几分之一，如收-0001 号 0002/0003 表示为收款凭证第 0001 号凭证共有 3 张分单，当前分录在第二张分单上。

(3) 制单日期：新增凭证时自动带入的凭证日期可设定为登录日期或最后一次凭证的输入日期，也可进行修改。

(4) 附单据数：输入原始单据张数。

(5) 凭证自定义项：是自定义的凭证补充信息，如编制凭证总号，可根据需要自行定义和输入。输入方法为单击凭证右上角的文本框后进行输入即可。

(6) 摘要：输入本笔分录的业务说明，摘要要求简洁明了，或按参照按钮选择常用摘要，各行摘要可以不同。

(7) 会计科目：必须输入末级会计科目。可以输入科目编码、科目中文名称、科目英文名称或助记码。如果输入的科目名称有重名现象，系统会自动提示重名科目以供选择。输入科目时可在科目区中单击放大镜或按 F2 键参照输入。

(8) 辅助信息：根据科目属性输入相应的辅助信息，如部门、个人、项目、客户、供应商、数量、自定义项等。这里输入的辅助信息将在凭证下方的备注中显示。若需要对所输入的辅助项进行修改，则可双击要修改的项目，系统打开相关辅助信息输入窗口，可进行修改。

(9) 金额：该笔分录的借方或贷方本币发生额，金额不能为零，但可以是红字，红字金额以负数形式输入。如果方向不符，可按 Space 键调整金额方向。

2. 修改凭证

如果记账凭证填制错误，必然影响系统的核算结果，为更正错误，可以直接在填制凭证状态下对错误凭证进行修改，修改仅限于未审核的凭证。可修改的内容包括摘要、科目、金额、方向、辅助信息等，凭证类别不可修改。

3. 作废及删除凭证

如果凭证重复或不便修改，可以执行“作废/恢复”命令，将这些凭证作废；如果想恢复已作废的凭证，可以执行“作废/恢复”命令，将已作废的凭证恢复；如果想对已作废的凭证进行删除，可以执行“整理凭证”命令，将已作废的凭证删除。但只能对未记账凭证进行这些操作。

4. 冲销凭证

会计制度要求如果已记账的凭证发现错误，不允许直接修改，可以采用红字凭证冲销法或者补充凭证法进行更正，即有痕迹修改。如果需要冲销某张已记账的凭证，可以执行“制单”|“冲销凭证”命令制作红字冲销凭证。

5. 出纳签字

出纳凭证由于涉及企业现金的收入与支出，因此应加强对出纳凭证的管理。出纳人员可通过出纳签字功能对制单员填制的带有现金银行科目的凭证进行检查核对，主要核对出纳凭证的出纳科目的金额是否正确，审查认为错误或有异议的凭证，应交于填制人员修改后再核对。也可根据实际需要决定是否要对出纳凭证进行出纳签字管理，若不需要此功能，可在“选项”对话框中取消勾选“出纳凭证必须经由出纳签字”复选框。

6. 审核凭证

审核凭证是指由具有审核权限的操作员按照会计制度规定，对制单人填制的记账凭证进行合法性检查的一种审核。审核时，可直接根据原始凭证，对屏幕上显示的记账凭证进行审核，在正确的记账凭证上做审核标记，显示审核人姓名，对错误的凭证进行标错。审核方式有两种，即单张审核和成批审核。

7. 查询凭证

总账系统的填制凭证功能不仅是各个账簿数据的输入口，同时也提供了强大的信息查询功能。在凭证中有些信息是可以直接查看的，如科目、摘要、金额、科目最新余额等，有些信息是通过某些操作间接查看的，如辅助信息、当前分录号、科目自定义项内容、外部系统制单信息、当前科目最新余额可联查明细账、辅助明细和原始单据。

8. 科目汇总

“科目汇总”功能可按条件对记账凭证进行汇总并生成一张科目汇总表。进行汇总的凭证可以是已记账的凭证，也可以是未记账的凭证。

9. 记账

记账是以会计凭证为依据，将经济业务全面、系统、连续地记录到具有账户基本结构的账簿中去的一种方法。在会计信息化方式下，记账是由有记账权限的操作员对审核签字后的记账凭证通过用友软件预先设计的记账程序自动进行合法性检查、科目汇总，并进行总账、明细账、日记账等各类账簿的登记。

二、出纳管理

出纳管理是畅捷通 T3 软件为出纳人员设计的一个管理模块，它主要可以完成现金和银行存款日记账的输出、支票登记簿的管理，进行银行对账，并对长期未达账提供审计报告。

1. 日记账查询

在日常业务处理过程中，通过记账功能就能直接完成对日记账的记账操作。日记账的作用只是查询和输出现金及银行存款的账务资料，不仅可以查询某一天的现金或银行存款日记账，也可以查询某一个月的现金及银行存款日记账。

2. 银行对账

银行对账是企业货币资金管理的重要内容，也是出纳员的基本工作之一。由于凭证传递时间的不同及企业和银行在业务处理上可能存在差错，往往会发生双方账面记录不一致的情况，为了及时发现记账差错，正确掌握银行存款的实际余额，企业必须定期将银行存款日记账与银行出具的对账单进行核对并编制银行存款余额调节表。银行对账一般通过以下几个步骤完成。

(1) 录入银行对账期初数据。第一次使用银行对账功能前，系统要求录入日记账及对账单未达账项，在开始使用银行对账之后不再使用。

(2) 录入银行对账单。要实现计算机自动进行银行对账，在每月月末对账前，必须将银行开具的银行对账单录入计算机，银行对账单为启用日期之后的银行对账单。

(3) 银行对账。银行对账采用自动对账与手工对账相结合的方式。

① 自动对账，是计算机根据对账依据自动进行核对、勾销的一种方式，对账依据由用户根据需要选择。方向、金额相同是必选条件，其他可选条件为票号相同、结算方式相同、日期在多少天之内。对于已核对的银行业务，系统将自动在银行存款日记账和银行对账单双方打上“两清”标志，并视为已达账项，对于在“两清”栏未打上两清符号的记录，系统则视其为未达账项。

② 手工对账，是对自动对账的补充，自动对账后，可能存在有关项目内容输入不规范或不全面的情况，从而造成一些特殊的已达账项没有核对出来，而被视为未达账项，为了保证对账更彻底、正确，可通过手工对账进行调整。

注意：录入完毕单位日记账、银行对账单期初未达账项后，不要随意调整启用日期，尤其是向前调整，这样可能会造成启用日期后的期初数不能再参与对账的情况。

若某银行科目已进行过对账，在期初未达账项录入中，对于已勾选或已核销的记录不能再修改。

银行对账单余额方向为借方时，借方发生表示银行存款增加，贷方发生表示银行存款减少；反之，借方发生表示银行存款减少，贷方发生表示银行存款增加。系统默认银行对账单余额方向为借方，单击“方向”按钮可调整银行对账单余额方向。

在执行“对账”命令之前，应将银行对账期初中的调整后余额调平，否则在对账后编制银行存款余额调节表时，会造成银行存款与单位银行账的账面余额不平。

(4) 编制银行存款余额调节表。对账完成后，系统自动整理汇总未达账和已达账，生成银行存款余额调节表。

注意： 在此查询的余额调节表为截至对账截止日期的余额调节表，若无对账截止日期，则为最新余额调节表。

如果银行存款余额调节表显示账面余额不平，则查看“银行期初录入”对话框中的“调整后余额”是否平衡；银行对账单录入是否正确；“银行对账”中勾选是否正确；对账是否平衡，如不平衡或者不正确则进行调整。

(5) 核销已达账。确认银行对账正确后，已达账项数据已无保留价值，如果想将已达账删除只保留未达账，可执行“核销已达账”命令核销用于对账的银行日记账和银行对账单的已达账项。

3. 支票管理

支票管理就是用来登记支票领用情况，以供其详细登记支票领用人、领用日期、支票用途、是否报销等情况。只有在“会计科目”对话框中设置银行账科目，而且在“结算方式”对话框设置中对需使用支票登记簿的结算方式勾选“票据管理方式”复选框才能使用支票管理。

三、账簿管理

账簿管理包括账簿查询和辅助查询两个部分，账簿查询包括总账、余额表、明细账、序时账、多栏账、综合多栏账、日报表等；辅助查询包括个人往来管理和部门管理。

1. 账簿查询

(1) 总账。总账查询不但可以查询各总账科目的年初余额、各月发生额合计和月末余额，还可查询所有二级至六级明细科目的年初余额、各月发生额合计和月末余额。查询总账时，标题显示为所查科目的一级科目名称+总账，如“应收账款总账”。联查总账对应的明细账时，显示为“应收账款明细账”。

(2) 余额表。余额表是用于查询统计各级科目的本期发生额、累计发生额和余额等。传统的总账，是以总账科目分页设账，而余额表则可输出某月或某几个月的所有总账科目或明细科目的期初余额、本期发生额、累计发生额、期末余额，在实行计算机记账后，建议用余额表代替总账。

(3) 明细账。明细账用于平时查询各账户的明细发生情况，以及按任意条件组合查询明细账。在查询过程中可以包含未记账凭证。明细账功能提供了 3 种明细账的查询格式：普通明细账、按科目排序明细账、月份综合明细账。查询明细账时，标题显示为所查科目的一级科目名称+明细账，如“应收账款明细账”。联查明细账对应的总账时，总账标题显示为“应收账款总账”。

(4) 序时账。序时账就是以流水账的形式按时间顺序排列每笔业务的明细数据，详细反映单位经济业务。

(5) 多栏账。查询多栏账之前，必须先定义多栏账的查询格式。在“多栏账”窗口中，单击“增加”按钮，打开“多栏账定义”窗口。在“核算科目”下拉列表框中选择“多栏账核算科目”，系统根据科目自动显示多栏账名称，也可以在“多栏账名称”处直接修改。系统提供两种定义多栏账分析栏目的方式：自动编制栏目、手动编制栏目。建议先进行自动编制再进行手动调整，可提高输入效率。

(6) 综合多栏账。综合多栏账是在原多栏账的基础上新增的一个账簿查询方式，除了可以以科目为分析栏目查询明细账外，也可以以辅助项及自定义项为分析栏目查询明细账，并可完成多组借贷栏目在同一账表中的查询。其目的主要是完成商品销售、库存、成本明细账的横向联合查询，并提供简单的计算功能，以便用户及时了解商品的购销存状况。

(7) 日报表。日报表用于查询输出某日除现金、银行存款科目以外的其他科目的发生额及余额情况，同时还提供与现金流量有关的报表查询。

2. 辅助查询

(1) 个人往来管理。企业与内部职工发生的往来业务称为个人往来。个人往来业务不多的单位，可直接将个人作为“其他应收款”“其他应付款”等科目的明细科目进行设置。个人往来业务频繁的单位则应该将“其他应收款”“其他应付款”等核算个人往来的科目设置为个人往来辅助账类，以加强对个人往来的管理。个人往来管理的功能主要有个人往来余额表查询、个人往来明细账查询、个人往来清理、个人往来催款单打印、个人往来账龄分析等。

(2) 部门管理。为了更好地反映、检查、监督各经济业务，控制费用支出，需要对分部门提供会计信息的科目设置为部门辅助核算账类，无须在科目下面按部门设置明细账，涉及部门辅助核算的业务发生后，可以通过部门总账、部门明细账和部门收支分析，进行全方位的统计、查询与分析。

【任务操作】

1. 任务资料

(1) 凭证管理。

① 2018 年 7 月 1 日，办公室秋玲报销招待费，增值税专用发票注明餐费为 600.00 元，增值税税额为 36.00 元，以现金支付。

② 2018 年 7 月 2 日，采购部丽君购买办公用品，增值税专用发票注明价款为 800.00 元，增值税税额为 128.00 元；其中财务部领用为 200.00 元，办公室领用为 260.00 元，采购部领用为 140.00 元，销售部领用为 200.00 元，以现金支付。

③ 2018年7月2日，开出现金支票，加营提取现金300.00元，现金支票号为10101001。

④ 2018年7月2日，支付前欠济南才安有限公司部分款项8 000.00元，电汇号为20100001。

⑤ 2018年7月3日，收到外企英伦公司投资资金50 000英镑，全部计入“实收资本”账户，汇率为1∶8.8，电汇凭证号为20200001。

⑥ 2018年7月4日，销售部唐妮报销差旅费2 100.00元，冲销原差旅费预借款，不足部分以现金支付。

⑦ 2018年7月4日，向郑州永利办公有限公司采购，增值税专用发票(发票号为37112201)注明收纳盒100个，单价为26.00元；便签盒200个，单价为9.00元，已验收入办公用品仓，入库单号为031001，货款已付，电汇凭证号为20111001。

⑧ 2018年7月5日，收到滨海大学城管委货款20 000.00元，转账支票号为10222001。

⑨ 2018年7月8日，收到上月银行存款利息856.12元(财务费用项目为101利息收入)。

⑩ 2018年7月15日，办公室购买办公用品，收到收据一张，注明办公用品一宗，金额为620.00元，现金付讫。

⑪ 2018年7月16日，对2018年7月3日购建投入使用的仓库进项税额进行第二次抵扣处理(原值为600 000.00元，增值税税率为11%，购进时已认证并按规定抵扣)。

⑫ 修改2018年7月2日现金支票误录300.000元为3 000.00元。

⑬ 因2018年7月15日收到的收据是不合法凭证，故应不予受理该笔业务，对7月15日所做的凭证进行删除处理。

(2) 凭证签字审核与记账。

① 由“wx03 加营”对涉及库存现金和银行存款的业务凭证进行签字。

② 由“wx01 坤芳”进行凭证审核并记账。

(3) 其他日常业务处理。

① 由“wx01 坤芳”查询“管理费用——办公费”部门科目明细账；查询所有总账科目当前余额表。

② 由“wx03 加营”查询资金日报表。

2. 任务实施

(1) 以“wx01 坤芳”的身份登录系统管理，恢复“3.2 总账系统初始化”账套数据。

(2) 以“wx02 瑞霞”的身份登录畅捷通T3软件(登录时间为2018-07-31)，按照上述任务清单填制记账凭证(假定附单据数均为1)，并进行修改与删除操作。

(3) 以“wx03 加营”的身份登录畅捷通T3软件(登录时间为2018-07-31)，对记账凭证进行出纳签字，现金、银行存款日记账和资金日报表的查询，支票登记操作。

(4) 以“wx01 坤芳”的身份登录畅捷通T3软件(登录时间为2018-01-31)，进行凭证审核、记账及账簿查询。

3. 操作指导

(1) 凭证管理。

① 填制凭证。假定附单据数均为1。

A. 总账业务无辅助，如图 3.8 所示。

◆ 执行“总账”|“凭证”|“填制凭证”命令，打开“填制凭证”窗口。

◆ 单击“增加”按钮，增加一张空白凭证。

◆ 选择凭证类型“记账凭证”，输入制单日期“2018.07.01”，附单据数“1”。

◆ 输入摘要“报销招待费”、科目名称“管理费用/招待费”、借方金额“636.00”，按 Enter 键；摘要自动转到下一行，输入科目编码“1001”、贷方金额“636.00”。

◆ 单击“保存”按钮，打开“凭证已成功保存！”提示对话框，单击“确定”按钮。

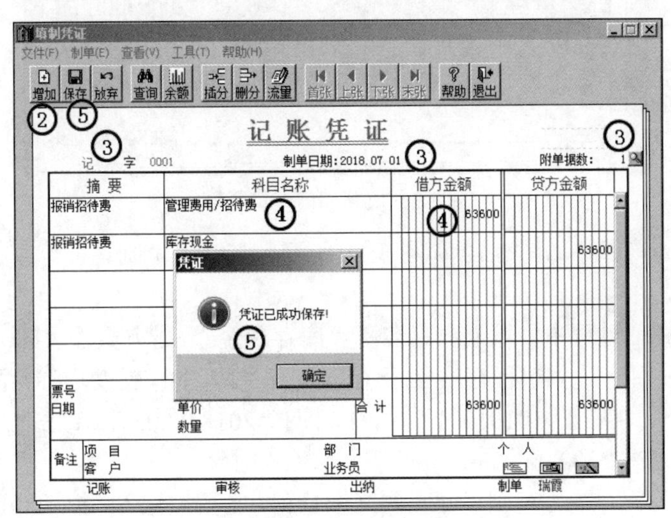

图 3.8 填制总账业务无辅助凭证

注意： 采用序时控制时，凭证日期应大于或等于启用日期，但不能超出业务日期。凭证一旦保存，其凭证类别、凭证编号便不能再修改。

不同行的摘要可相同也可不同，但不能为空。每行摘要将随相应的会计科目在明细账、日记账中出现。

科目编码必须是末级的，金额不能为“0”；红字以“－”表示。可按＝键取当前凭证借贷方金额的差额到当前光标位置，按 Space 键调整方向。

B. 部门辅助核算，如图 3.9 所示。

◆ 执行“总账”|“凭证”|“填制凭证”命令，打开“填制凭证”窗口。

◆ 单击“增加”按钮，增加一张空白凭证。

◆ 选择凭证类型“记账凭证”，输入制单日期“2018.07.02”、附单据数“1”。

◆ 输入摘要“报销办公费”、科目名称“管理费用/办公费”、部门“采购部”、金额“140.00”，按 Enter 键；摘要自动转到下一行，按相同的方法输入其他部门和金额。

◆ 所有分录设置完毕，单击“保存”按钮，打开“凭证已成功保存！”提示对话框，单击“确定”按钮。

注意： 输入部门信息，可输入代码或部门名称，也可参照输入。

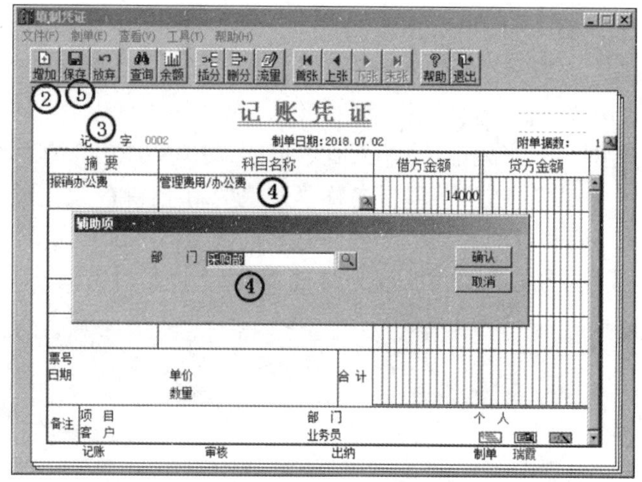

图 3.9 填制部门核算凭证

C. 银行辅助核算，如图 3.10 和图 3.11 所示。打开“填制凭证”窗口，步骤同部门辅助核算。

◆ 在填制凭证过程中，输入科目名称“库存现金”、借方金额“300.00”；输入第二条分录科目名称“银行存款/工行存款”，在打开的“辅助项”界面中输入结算方式“201”、票号“10101001”、发生日期“2018.07.02”，单击“确认”按钮，输入贷方金额“300.00”。

◆ 单击“保存”按钮，打开“此支票尚未登记，是否登记？”提示对话框，单击“是”按钮则进行支票登记，单击“否”按钮则跳过登记，保存凭证。

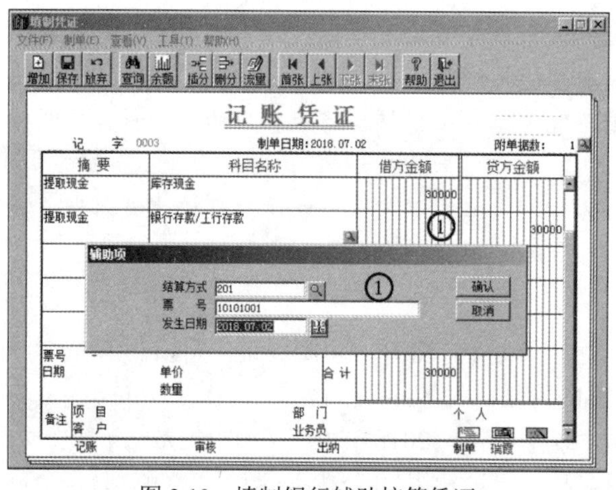

图 3.10 填制银行辅助核算凭证

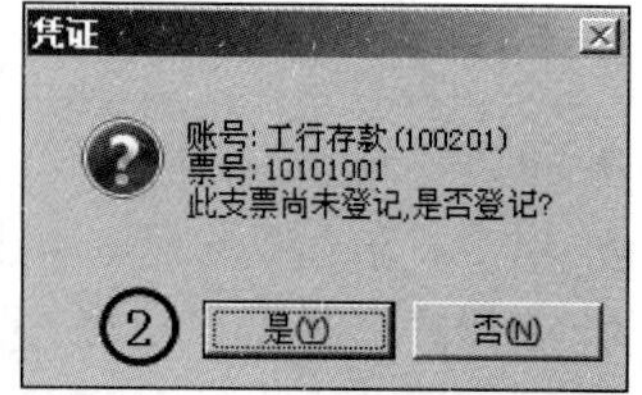

图 3.11 “凭证”提示对话框

注意：若科目为银行科目，那么“辅助项”界面提示用户输入“结算方式”“票号”“发生日期”。其中，“结算方式”为银行往来结算方式，“票号”为结算号或支票号，“发生日期”为该笔业务发生的日期，“发生日期”主要用于银行对账。

若有支票登记要求，在制单时，如果所输的结算方式需使用支票登记簿，在输入支票号后，系统则会自动勾销支票登记簿中未报销的支票，并将报销日期填上制单日期，所以在支票领用时，尽量在支票登记簿中予以登记，以便系统能自动勾销未报销的支票。若支票登记簿中未登记该支票，系统将显示支票输入窗口以供用户将该支票内容登记到支票登记簿中，同时填上报销日期。

D. 供应商往来辅助核算，如图 3.12 所示。

◆ 打开“填制凭证”窗口，步骤同部门辅助核算。

◆ 在填制凭证过程中，输入科目名称“应付账款/应付采购款”，在打开的“辅助项”界面中输入供应商相关信息，单击“确认”按钮，输入借方金额“8 000.00”；输入第二条分录科目名称“银行存款/工行存款”，在打开的“辅助项”界面中输入结算方式“3”、票号“20100001”、发生日期“2018.07.02”，单击“确认”按钮，输入贷方金额“8 000.00”。

◆ 单击“保存”按钮，保存凭证。

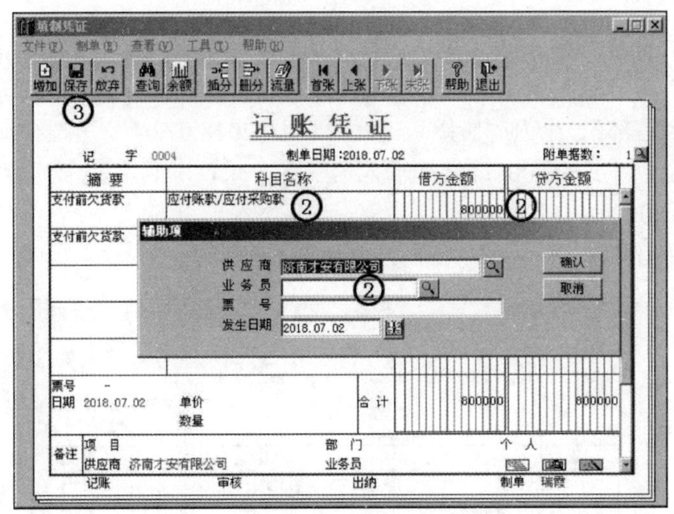

图 3.12 填制供应商往来辅助核算凭证

注意：若使用具有供应商往来属性的科目，则“辅助项”界面提示用户输入“供应商”“业务员”“票号”等信息。“供应商”可输入代码或供应商简称，也可通过参照功能输入；“业务员”可输入该笔业务的销售或采购人员；“票号”可输入往来业务的单据号。

E. 外币核算业务，如图 3.13 所示。打开“填制凭证”窗口，步骤同部门辅助核算。

◆ 在填制凭证过程中，输入外币科目名称“银行存款/中行存款”，输入结算方式及支票号，输入外币金额“50 000.00”，自动显示外币汇率“8.800 00”，按 Enter 键自动计算并显示本币金额“440 000.00”。按两次 Enter 键输入下一条分录。

◆ 全部输入完毕，单击“保存”按钮。

注意：汇率栏中的内容是固定的，不能输入或修改。如使用浮动汇率，汇率栏显示最近一次的汇率，可以直接在汇率栏中修改。

F. 个人辅助核算业务，如图 3.14 所示。打开“填制凭证”窗口，步骤同部门辅助核算。

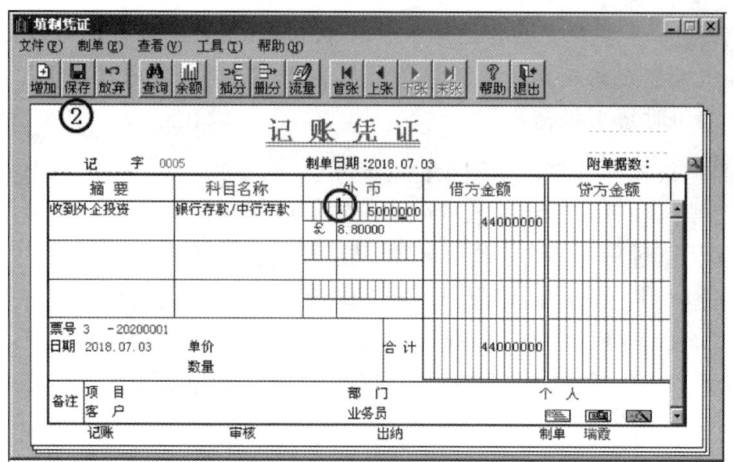

图 3.13 填制外币核算凭证

◆ 在填制凭证过程中，输入科目名称“销售费用/差旅费”、借方金额“2 100.00”；输入第二条分录科目名称“其他应收款/个人”，在打开的“辅助项”界面中输入部门“销售部”、个人“唐妮”、发生日期“2018.07.04”，单击“确认”按钮，输入贷方金额“1 500.00”；继续输入第三条分录，科目名称“库存现金”、贷方金额“600.00”。

◆ 单击“保存”按钮，保存凭证。

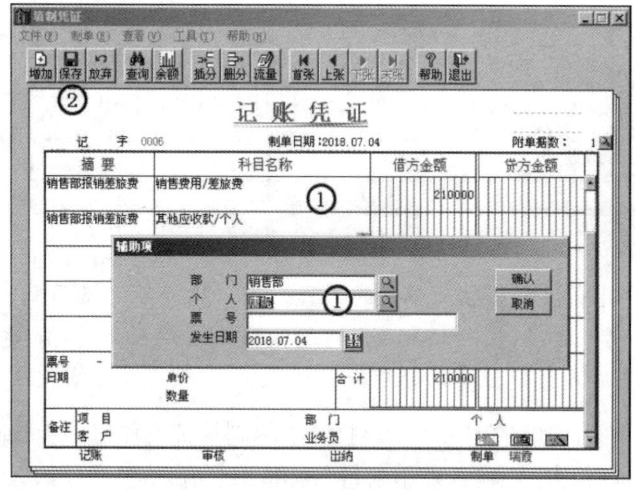

图 3.14 填制个人辅助核算凭证

注意：当输入一个不存在的个人姓名时，应先编辑该人姓名及其他资料。当输入个人信息时，若不输入“部门名称”而只输入“个人名称”，系统将根据输入的个人名称自动输入其所属的部门。

G. 数量核算业务，如图 3.15 所示。打开“填制凭证”窗口，步骤同部门辅助核算。

◆ 在填制凭证过程中，输入科目名称“库存商品”，在打开的“辅助项”界面中输入数量“100.00”、单价“26.00”、存货名称“收纳盒”，单击“确认”按钮；按

Enter 键，同第一条分录一样，输入便签盒相关信息。

◆ 在第三条分录输入科目名称“应交税款/应交增值税/进项税额”、借方金额“704.00”，按 Enter 键，输入第四条分录的科目名称“银行存款/工行存款”，输入相应结算方式和票号信息，在贷方金额处按“=”键。

◆ 单击“保存”按钮，保存凭证。

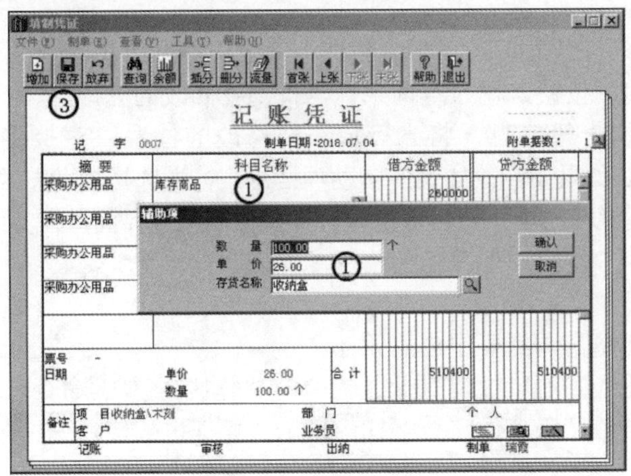

图 3.15 填制数量核算凭证

注意：科目要进行数量核算，则“辅助项”界面提示用户输入“数量”“单价”。系统根据“数量×单价”自动计算金额，并将金额先放在借方，如果方向不符，可按 Space 键调整金额方向。

H. 客户往来辅助核算。操作方法同供应商往来辅助核算。

I. 项目辅助核算，如图 3.16 所示。打开“填制凭证”窗口，步骤同部门辅助核算。

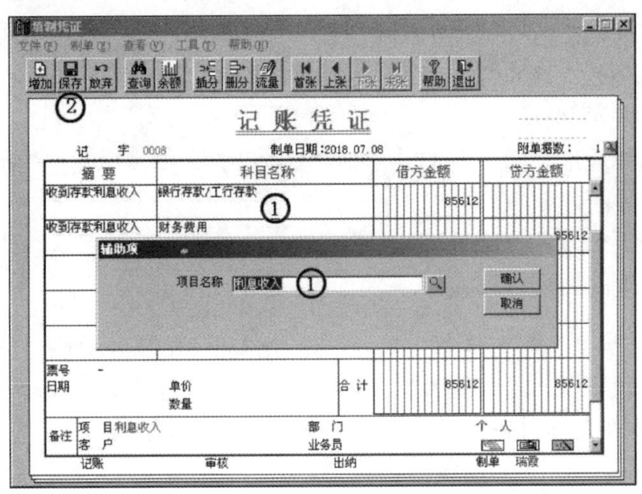

图 3.16 填制项目辅助核算凭证

◆ 在填制凭证过程中，输入科目名称“银行存款/工行存款”，在打开的“辅助项”界面中输入结算方式“其他”，单击“确认”按钮，输入金额“856.12”，按 Enter

键；输入科目名称“财务费用”，在打开的“辅助项”界面中输入项目名称“利息收入”，单击“确认”按钮，输入金额“856.12”(也可以在借方输入-856.12)。

◆ 单击“保存”按钮，保存凭证。

J. 总账一般业务。操作方法同总账业务无辅助。

K. 一般业务。此业务由学生自己完成。

② 修改凭证。

A. 执行“总账”|“凭证”|“填制凭证”命令，打开“填制凭证”窗口。

B. 单击“查询”按钮，输入查询条件，找到要修改的凭证。

C. 对于凭证的一般信息，将光标放在要修改的位置，直接将“300.00”修改为“3 000.00”；如果要修改凭证的辅助项信息，首先选择辅助核算科目行，然后将光标置于备注栏辅助项，然后双击，打开“辅助项”界面，在界面中修改相关信息。

D. 单击“保存”按钮，保存相关信息。

③ 删除凭证。

A. 作废凭证。先查询到要作废的凭证。

◆ 在“填制凭证”窗口中，执行“制单”|“作废/恢复”命令。

◆ 凭证的左上角显示“作废”字样，表示该凭证已作废。

注意：作废凭证仍保留凭证内容及编号，只显示“作废”字样。作废凭证不能修改、审核。

在记账时，已作废的凭证应参与记账，否则月末无法结账，但不对作废凭证做数据处理，其相当于一张空白凭证。

账簿查询时，查询不到作废凭证的数据。

若当前凭证已作废，可执行“编辑”|“作废/恢复”命令，取消作废标志，并将当前凭证恢复为有效凭证。

B. 整理凭证(删除凭证)，如图 3.17 所示。

◆ 在“填制凭证”窗口中，执行“制单”|“凭证整理”命令，打开“选择凭证期间”对话框。

◆ 在“请选择凭证期间:”区域中选择“2018.07”，单击“确定”按钮，打开“作废凭证表”界面。

◆ 选择真正要删除的作废凭证，单击“确定”按钮，系统将这些凭证从数据库中删除并对剩下的凭证重新编号。

注意：如果作废凭证不想保留，则可以通过“凭证整理”功能，将其彻底删除，并对未记账凭证重新编号。“凭证整理”只能对未记账凭证做凭证整理。若已记账凭证想进行凭证整理，应先恢复本月月初的记账前状态，再做凭证整理。

(2) 凭证签字审核与记账。

① 出纳签字。

A. 以“wx03 加营”的身份登录畅捷通 T3 软件，执行“总账”|“凭证”|“出纳签字”命令，打开“出纳签字”界面，如图 3.18 所示。

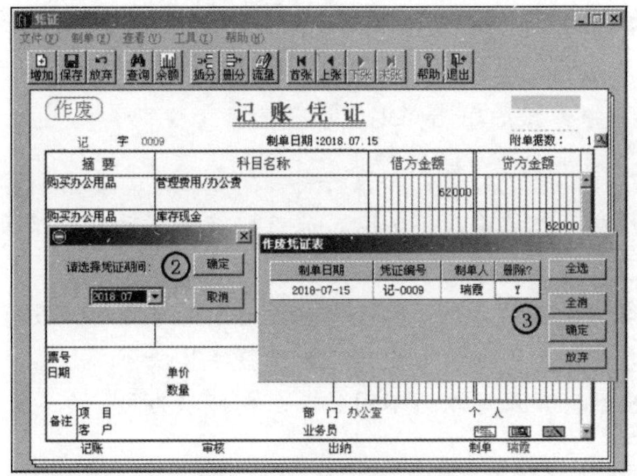

图 3.17 删除已作废凭证

出纳签字

凭证共 9 张 已签字 0 张 未签字 9 张

制单日期	凭证编号	摘要	借方金额合计	贷方金额合计	制单人	签字人
2018.07.01	记 - 0001	报销招待费	636.00	636.00	瑞霞	
2018.07.02	记 - 0002	报销办公费	928.00	928.00	瑞霞	
2018.07.02	记 - 0003	提取现金	300.00	300.00	瑞霞	
2018.07.02	记 - 0004	支付前欠货款	8,000.00	8,000.00	瑞霞	
2018.07.03	记 - 0005	收到外企投资	440,000.00	440,000.00	瑞霞	
2018.07.04	记 - 0006	唐妮报销差旅费	2,100.00	2,100.00	瑞霞	
2018.07.04	记 - 0007	采购办公用品	51,040.00	51,040.00	瑞霞	
2018.07.05	记 - 0008	收到前欠货款	20,000.00	20,000.00	瑞霞	
2018.07.08	记 - 0009	收到存款利息收入	856.12	856.12	瑞霞	

③ 确定 退出

图 3.18 “出纳签字”界面

B. 输入查询条件，点选“全部”单选按钮，选择月份“2018.07”。单击“确认”按钮，打开“出纳签字”界面，所有与出纳有关的凭证都在此显示。

C. 双击某一个要签字的凭证或者单击“确定”按钮，打开“出纳签字”窗口，如图 3.19 所示。

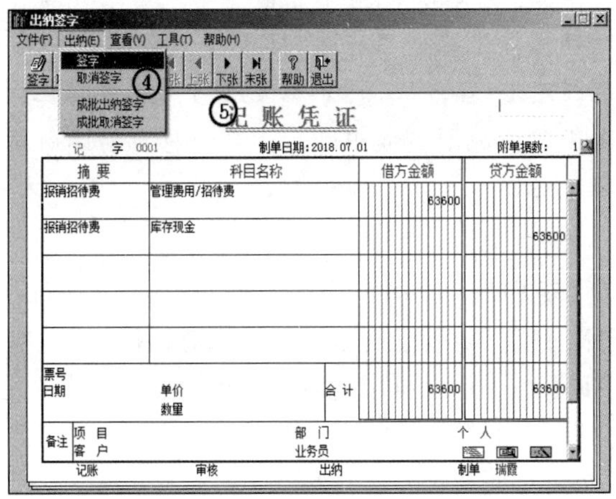

图 3.19 “出纳签字”窗口

D. 单击“签字”按钮，凭证底部的“出纳”位置自动签上出纳人姓名。

E. 单击“下张”按钮，对其他凭证签字，也可以执行“出纳”|“成批出纳签字”命令实现凭证签字，最后单击“退出”按钮。

注意：只有涉及指定为现金科目和银行科目的凭证才需要出纳签字。

凭证一经签字，就不能被修改、删除，只有取消签字后才可以修改或删除，取消签字只能由出纳人自己进行。

凭证签字并非审核凭证的必要步骤。若在设置总账参数时，没有勾选“出纳凭证必须经由出纳签字”复选框，则可以不执行“出纳签字”命令。

凭证填制人和出纳签字人可以为不同的人，也可以为同一个人。

② 审核凭证。操作步骤参考出纳签字。

注意：审核人必须具有审核权。当通过“凭证审核权限”设置了明细审核权限时，还需要有对制单人所制凭证的审核权。

作废凭证不能被审核，也不能被标错。

审核人和制单人不能是同一个人，凭证一经审核，就不能被修改、删除，只有取消审核签字后才可修改或删除，已标记作废的凭证不能被审核，需先取消作废标志后才能审核。

③ 记账。

A. 执行“总账”|“凭证”|“记账”命令，打开“记账”窗口。

B. 选择要进行记账的凭证范围，单击“下一步”按钮。

C. 显示记账报告，如果需要打印记账报告，可单击“打印”按钮。如果不打印记账报告，则单击“下一步”按钮。

D. 单击“记账”按钮，打开“试算平衡表”对话框，单击“确认”按钮，系统开始登记有关的总账、明细账和辅助账。登记完后，打开“记账完毕”提示对话框。单击“确定”按钮，记账完毕。

注意：第一次记账时，若期初余额试算不平衡，不能记账。上月未记账，本月不能记账。未审核凭证不能记账，记账范围应小于或等于已审核范围。

作废凭证不需审核可直接记账。不勾选“记账范围”复选框表示选择全部，“1～4，7，8～11”表示凭证范围是1～4号、7号和8～11号凭证参与记账。

记账过程一旦断电或其他原因造成中断后，系统将自动调用“恢复记账前状态”功能恢复数据，然后重新记账。

④ 取消记账。

A. 执行“总账”|“期末”|“对账”命令，打开“对账”窗口，按Ctrl＋H组合键，打开“恢复记账前状态功能已被激活”提示对话框。

B. 单击“确认”按钮，打开“对账”对话框单击“退出”按钮。

C. 执行“凭证”|“恢复记账前状态”命令，打开“恢复记账前状态”对话框。

D. 点选“最近一次记账前状态”单选按钮。

E. 单击“确定”按钮，输入账套主管口令，打开“恢复记账完毕”提示对话框，单击“确定”按钮。

注意：如果退出系统后又重新进入系统或在“对账”窗口中按Ctrl+H组合键将重新隐藏“恢复记账前状态”功能。已结账月份的数据不能取消记账；要取消记账必须先取消结账。取消记账后，一定要重新记账。

(3) 账簿查询。

① 查询“管理费用——办公费”部门科目明细多栏账。

A. 执行“总账”|“辅助查询”|“部门明细账”|“部门科目明细账”命令，打开“部门科目明细账条件”界面，如图3.20所示。

B. 选择科目“660205 办公费”；选择所有部门，月份“2018.07～2018.07”，单击“确定”按钮，打开“部门科目明细账”窗口，如图3.21所示。

C. 将光标置于多栏账的某笔业务上，单击“凭证”按钮，可以联查该笔业务的凭证。

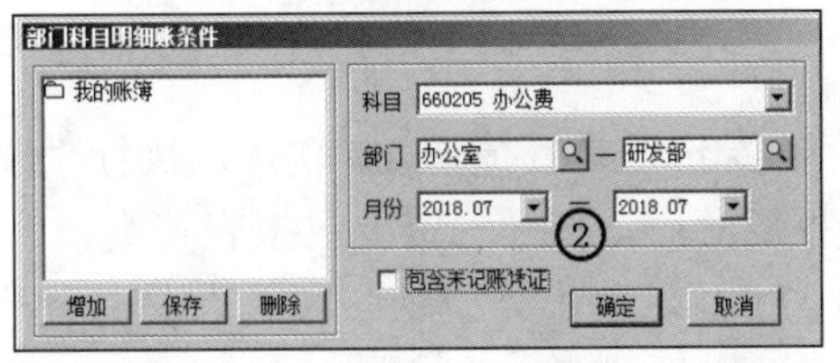

图3.20　“部门科目明细账条件”界面

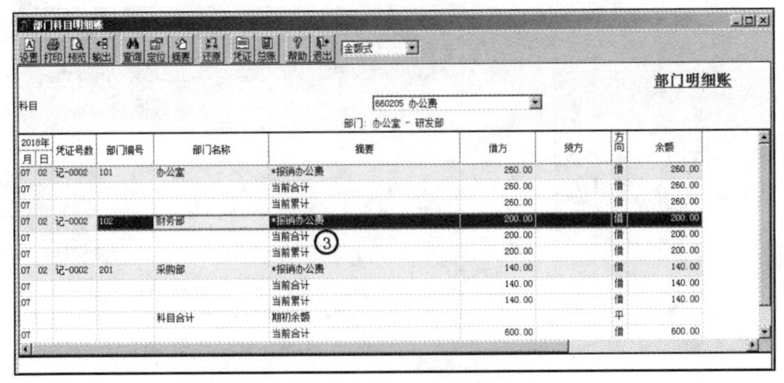

2018年 月	日	凭证号数	部门编号	部门名称	摘要	借方	贷方	方向	余额
07	02	记-0002	101	办公室	*报销办公费	260.00		借	260.00
07					当前合计	260.00		借	260.00
07					当前累计	260.00		借	260.00
07	02	记-0002	102	财务部	*报销办公费	200.00		借	200.00
07					当前合计	200.00		借	200.00
07					当前累计	200.00		借	200.00
07	02	记-0002	201	采购部	*报销办公费	140.00		借	140.00
07					当前合计	140.00		借	140.00
07					当前累计	140.00		借	140.00
				科目合计	期初余额			平	
07					当前合计	600.00		借	600.00

图3.21　“部门科目明细账”窗口

② 查询科目余额表。

A. 执行“总账”|“账簿查询”|“余额表”命令，打开“发生额及余额查询条件”界面，如图3.22所示。

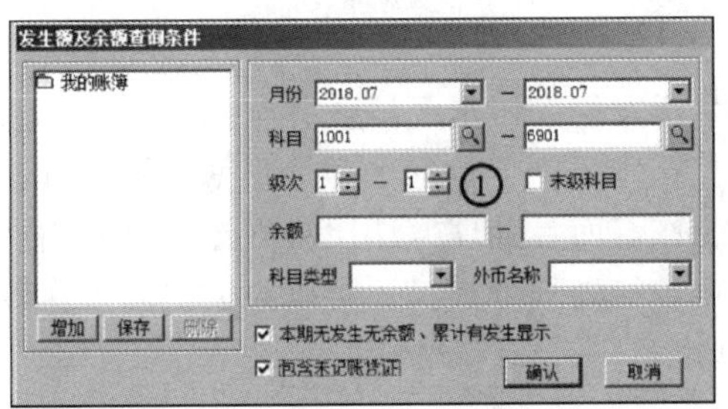

图3.22　“发生额及余额查询条件”界面

B. 选择查询条件，单击“确认”按钮，打开“发生额及余额表”窗口，如图 3.23 所示。

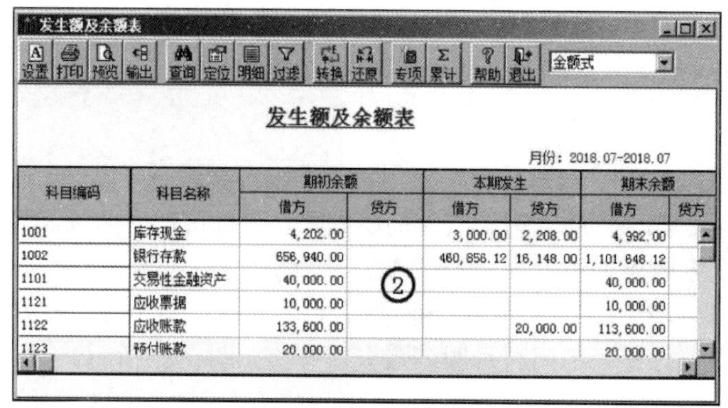

科目编码	科目名称	期初余额		本期发生		期末余额	
		借方	贷方	借方	贷方	借方	贷方
1001	库存现金	4,202.00		3,000.00	2,208.00	4,992.00	
1002	银行存款	656,940.00		460,856.12	16,148.00	1,101,648.12	
1101	交易性金融资产	40,000.00				40,000.00	
1121	应收票据	10,000.00				10,000.00	
1122	应收账款	133,600.00			20,000.00	113,600.00	
1123	预付账款	20,000.00				20,000.00	

图 3.23 “发生额及余额表”窗口

③ 查询资金日报表。

A. 以“wx03 加营”的身份登录畅捷通 T3 软件，执行“现金”|“现金管理”|“日记账”|“资金日报”命令，打开“资金日报表查询条件”界面，如图 3.24 所示。

B. 输入日期“2018.07.02”，单击“确认”按钮，打开“资金日报表”窗口，如图 3.25 所示，单击“退出”按钮。

图 3.24 “资金日报表查询条件”界面

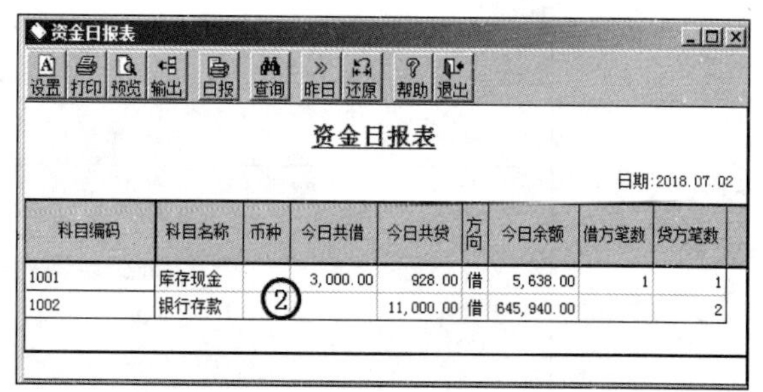

科目编码	科目名称	币种	今日共借	今日共贷	方向	今日余额	借方笔数	贷方笔数
1001	库存现金		3,000.00	928.00	借	5,638.00	1	1
1002	银行存款			11,000.00	借	645,940.00		2

图 3.25 “资金日报表”窗口

第四节 总账系统期末业务处理

期末业务是指将本月所发生的日常经济业务全部登记入账后，在每个会计期末都需要完成的一些特定的会计工作。由于数据来源于账簿记录，具有较强的规律性，基本属于每个会计期重复性的工作，而且处理方法比较固定，因此由计算机来处理期末会计业务，不但可以规范会计业务的处理方式，还可以大大提高工作效率。期末业务主要包括期末转账定义、转账生成、对账、结账等。

一、转账定义

转账凭证的定义包含自定义转账、对应结转、销售成本结转、售价(计划价)销售成本结转、汇兑损益结转及期间损益结转等内容。

1. 自定义转账

企业可以自行定义自动转账凭证以完成每个会计期末的固定会计业务的自动转账。可以使用自定义转账的主要业务类型有费用分配的结转、费用分摊的结转、税金计算的结转、提取各项费用的结转等。

若没有启用固定资产系统和工资系统，那么固定资产折旧的计提、工资及其附加费的计提也可通过自定义结转进行期末凭证自动生成。

2. 对应结转

对应结转功能可用于费用结转、费用分摊、应交税金结转、年度利润结转等转账业务，不仅可以进行两个科目的一对一结转，还可以进行科目的一对多结转，对应结转的科目可为上级科目，但与其下级科目(相同明细科目)的结构必须一致。如有辅助核算，则两个科目的辅助账类也必须一一对应。此处只能结转期末余额，若结转发生额则需要在自定义转账中设置。

3. 销售成本结转

销售成本结转功能主要用来辅助没有启用购销存业务模块的企业完成销售成本的计算和结转。月末系统自动计算已销产品的成本，并将该金额从“库存商品”科目的贷方转入“主营业务成本”科目的借方。计算公式为

销售产品的成本=商品销售数量(由主营业务收入数量确定)×库存商品平均单价

要求库存商品、主营业务收入、主营业务成本 3 个科目具有相同结构的明细科目，必须都有数量核算，且这 3 个科目的下级必须一一对应。3 个科目可以有部门、项目核算，但不能有往来核算。

当“库存商品”科目的期末数量余额小于商品“销售收入”科目的贷方数量发生额，若不希望结转后造成“库存商品”科目余额为负数，则可以选择按“库存商品”科目的期末数量余额进行结转。

4. 售价(计划价)销售成本结转

售价(计划价)销售成本结转功能提供按售价(计划价)结转销售成本或调整月末成本，设置时科目的结果必须相同。其允许有辅助核算，但只能是部门或者项目。“库存商品”科目与“销售收入”科目的末级科目必须有数量核算。

5. 汇兑损益结转

汇兑损益结转用于期末自动计算外币账户的汇兑损益，并在转账生成中自动生成汇兑损益转账凭证，汇兑损益只处理外币账户，即外汇存款账户、外币现金、外币结算的

各项债权、债务，不包括所有者权益类账户、成本类账户和损益类账户。

6. 期间损益结转

期间损益结转主要用于在一个会计期间终了将各个损益类科目的余额结转到“本年利润”科目中，从而反映本期企业实现利润的盈亏情况。它主要是对于“管理费用”“销售费用”“财务费用”“销售收入”“营业外收支”等科目的结转。

二、转账生成

在定义完成转账凭证后，每月月末只需执行“转账生成”功能即可快速生成相应的转账凭证，此处生成的转账凭证将自动追加到未记账凭证中去。由于转账数据是按照已记账凭证的数据进行计算的，所以在进行月末转账工作之前，原则上应先将所有未记账凭证进行记账；也可在转账生成中选择包含未记账凭证，从而提取未记账凭证中的数据。

转账生成包含自定义转账、对应结转、销售成本结转、售价(计划价)销售成本结转、汇兑损益结转及期间损益结转。此项操作一定注意转账月份为当前会计月份。根据需要选择要自动生成凭证的转账方式，生成后可直接在当前凭证上进行修改，然后保存。转账凭证每月只生成一次。生成的转账凭证，仍需审核才能记账。在生成凭证时必须注意业务发生的先后次序，顺序错误会导致生成凭证的取数错误，计算金额时就会发生差错。

在生成自定义转账凭证时，除了“包含未记账凭证”选项，还有“按所有辅助项结转”和“按有发生的辅助项结转”选项。前者是按每一个辅助项生成一笔分录，不管该辅助项有没有发生额；后者是按转账科目下每一个有发生的辅助项生成一笔分录。

三、对账和结账

在会计期末，除了对收入、支出、费用类账户余额转入“本年利润”科目外，还要进行对账、结账操作。

1. 对账

对账是对账簿数据进行核对，并检查记账是否正确，以及账簿是否平衡，主要核对总账与明细账、总账与部门账、总账与客商往来账、总账与个人和项目账。会计信息化方式下，只要记账凭证输入正确，系统自动记账后各种账簿都应是正确、平衡的，但由于非法操作或计算机病毒或其他原因有时可能会造成某些数据被破坏，因而引起账账不符，为了保证账证相符、账账相符，应经常进行对账，至少一个月一次，一般可在月末结账前进行。若出现对账错误，应进行检查，可以执行“恢复记账前状态”命令进行修改凭证。

2. 结账

手工方式下，结账就是计算和结转各个账簿各账户的本期发生额和期末余额，并结束本期的账务处理工作。在会计信息化方式下，结账实际就是封账，即结账后禁止操作员在当期继续处理各项业务，如不能对凭证进行相应操作等。

结账只能每月进行一次，要正确地完成结账工作必须符合系统对结账工作的要求。

【任务操作】

1. 任务资料

(1) 自定义结转(按应收账款期末余额的5‰确定坏账准备的计提比例)。

借：资产减值损失(6701)　　　　　QM(1122,月,借)*0.005-qc(1231,月,贷)

　　贷：坏账准备(1231)　　　　　　　　　　　　　　　　　JG()

(2) 期间损益结转。将所有损益类科目的余额结转到“4103 本年利润”科目中。

(3) 系统自动生成上述凭证。

(4) 进行凭证审核、记账、对账和结账。

2. 任务实施

以“wx01 坤芳”的身份登录系统管理，恢复“3.3 总账系统日常业务处理”账套数据，并登录畅捷通T3软件(登录时间为2018-07-31)，进行如下操作。

(1) 以“wx02 瑞霞”的身份进行自定义转账凭证设置。

(2) 以“wx02 瑞霞”的身份进行期间损益结转设置。

(3) 以“wx02 瑞霞”的身份生成坏账准备计提和期间损益结转的凭证自动生成操作。

(4) 以“wx01 坤芳”的身份进行凭证审核、记账、对账和结账操作。

3. 操作指导

(1) 自定义转账。

① 执行“总账”|“期末”|“转账定义”|“自定义转账”命令，打开“自动转账设置”对话框。

② 单击“增加”按钮，打开“转账目录”对话框，如图3.26所示。

图3.26 “转账目录”对话框

③ 输入转账序号“0001”、转账说明“计提坏账准备”，选择凭证类别“记 记账凭证”。

④ 单击“确定”按钮，在“自动转账设置”对话框(图3.27)继续定义转账凭证分录信息。

⑤ 输入借方科目编码“6701”、方向“借”、金额公式“QM(1122,月,借)*0.005-qc(1231,月,贷)”。

⑥ 单击“增行”按钮。

⑦ 输入贷方科目编码“1231”、方向“贷”、金额公式“JG()”。

⑧ 单击“保存”按钮。

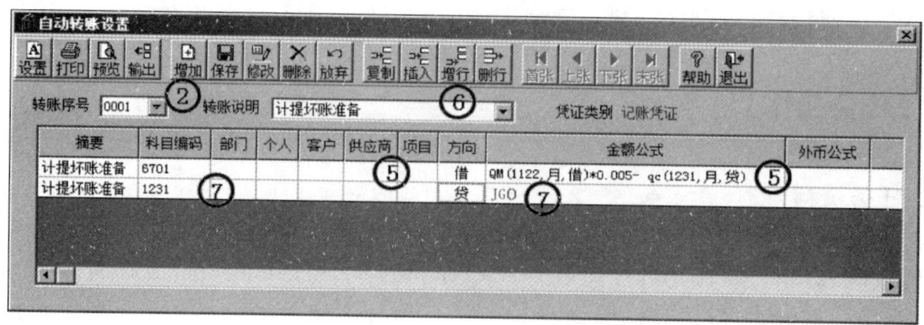

图 3.27 “自动转账设置”对话框

注意： 转账科目可以为非末级科目，部门可为空，表示所有部门。

如果使用应收、应付系统，则在总账子系统中，不能按客户、供应商辅助项进行结转，只能按科目总数进行结转。

输入转账计算公式有两种方法：一是直接选择计算公式；二是引导方式输入公式。

转账序号不是凭证编号，转账凭证的凭证编号在每月转账时自动产生。一张转账凭证对应一个转账序号，转账序号可任意定义，但只能输入数字 1～9，不能重号。

(2) 自定义转账生成。

① 执行“总账”|“期末”|“转账生成”命令，打开“转账生成”对话框，如图 3.28 所示。

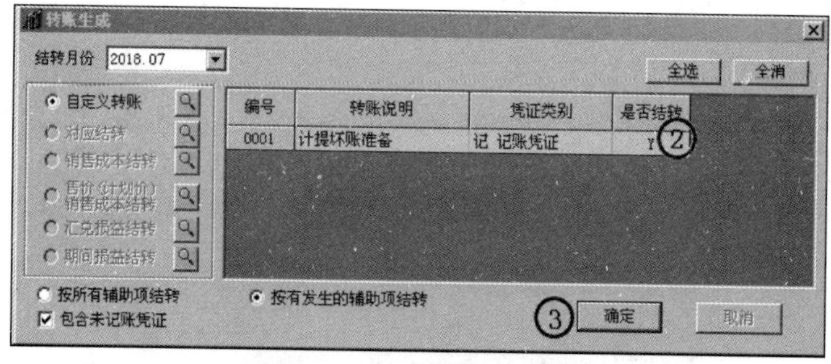

图 3.28 “转账生成”对话框

② 点选“自定义转账”单选按钮，在已定义的自定义转账凭证列表中双击要生成凭证的自定义凭证，在“是否结转”栏打上“Y”标志；或单击“全选”按钮。

③ 单击“确定”按钮，打开“转账生成”窗口，如图 3.29 所示，生成转账凭证。

④ 单击“保存”按钮，系统自动将当前凭证追加到未记账凭证中。

注意： 转账生成之前，注意转账月份为当前会计月份。

进行转账生成之前，先将相关经济业务的记账凭证登记入账。

转账凭证每月只生成一次。

若使用应收、应付系统，则总账子系统中，不能按客户、供应商进行结转。

生成的转账凭证，仍需审核才能记账。

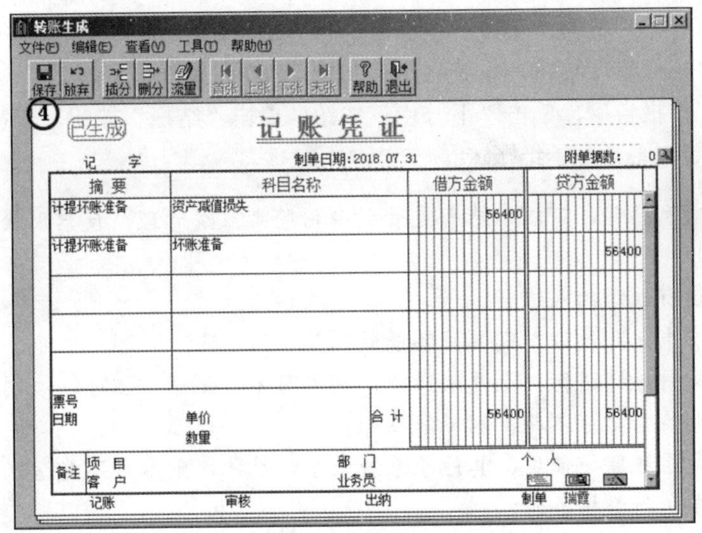

图 3.29 “转账生成”窗口

(3) 期间损益结转设置。

① 执行“总账”|“期末”|“转账定义”|“期间损益”命令，打开“期间损益结转设置”对话框。

② 选择凭证类别“记 记账凭证”、“本年利润”科目“4103”，单击“确定”按钮退出。

注意： 利润科目为空的损益类科目将不参与结转。若损益类科目结转表的每一行中的损益类科目与“本年利润”科目都有辅助核算，则辅助账类必须相同。

(4) 期间损益结转生成。

① 执行“总账”|“期末”|“转账生成”命令，打开“转账生成”对话框。

② 点选“期间损益结转”单选按钮，选择类型“收入(支出)”。

③ 单击“全选”按钮，单击“确定”按钮，生成转账凭证。

④ 单击“保存”按钮，系统自动将当前凭证追加到未记账凭证中。

(5) 对账。

① 执行“总账”|“期末”|“对账”命令，打开“对账”对话框。

② 将光标定位在要进行对账的月份“2018.07”，单击“选择”按钮。

③ 单击“对账”按钮，系统开始自动对账，并显示对账结果。

④ 单击“试算”按钮，可以对各科目类别余额进行试算平衡。

⑤ 单击“确认”按钮返回，单击“退出”按钮退出。

注意： 在“对账”对话框中，按 Ctrl+H 组合键，可看到“恢复记账前状态”菜单栏被激活或隐藏。

(6) 结账。

① 执行“总账”|“期末”|“结账”命令，打开“结账”对话框。

② 单击要结账月份“2018.07”，显示“待结账月份：2018 年 07 月”，单击“下一步”按钮。

③ 单击“对账”按钮，系统对要结账的月份进行账账核对。

④ 单击“下一步”按钮，系统显示“2018 年 07 月工作报告”。

⑤ 查看工作报告后，单击“下一步”按钮，单击“结账”按钮，若符合结账要求，系统将进行结账，否则不予结账。

注意：为顺利结账，可以以账套主管的身份登录系统管理，反启用除总账以外的系统模块。

结账只能由有权限的人进行。

若本月还有未记账凭证，则本月不能结账。

结账必须按月连续进行，上月未结账，则本月不能记账，但可以填制、审核凭证。

若总账与明细账对账不符，则不能结账。

如果与其他系统联合使用，其他子系统未全部结账，则本月不能结账。

结账前，要进行数据备份。

取消结账功能的组合键为 Ctrl + Shift + F6。

财务报表

【学习目标】

目标要求	重点和难点
(1) 了解财务报表模块的功能及基本概念。 (2) 熟悉财务报表的操作流程。 (3) 掌握自定义报表格式及使用报表模板生成会计报表的方法。 (4) 掌握会计报表格式和公式的设计。 (5) 掌握报表数据的处理和表页管理操作。 (6) 使用报表功能处理其他相关业务。	(1) 自定义会计报表格式。 (2) 报表公式设计与编辑。 (3) 报表数据处理与表页管理。

【知识结构】

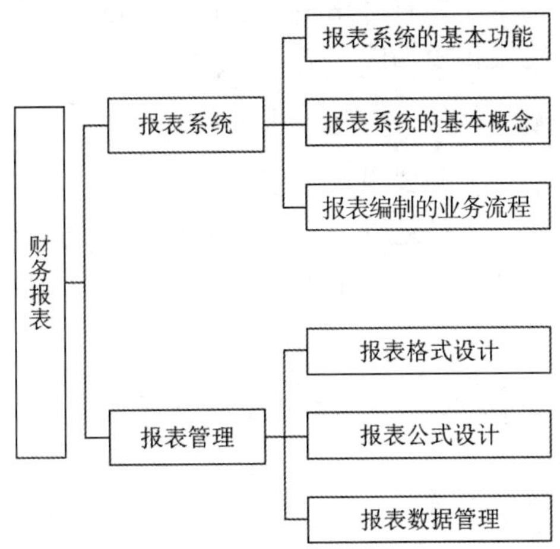

第一节 报表系统

会计报表是以日常会计核算资料为主要依据，总括反映企事业单位财务状况及其经营成果的书面报告文件。在会计信息化方式下，可通过编制记账凭证，登记各种账簿，利用报表处理模块完成会计报表的自动编制工作。报表系统基本操作可分为两个阶段：一是会计报表的初始化阶段，主要是对报表的格式、取数公式及有关数据进行定义；二是日常管理维护阶段，这一阶段需要完成会计报表的数据采集、数据处理、数据分析和报表输出等操作，即会计报表的具体编制阶段。

一、报表系统的基本功能

报表系统要实现的基本功能主要是根据需要设计报表的格式、设置相应的取数公式、对报表有关数据进行处理、编制输出报表、对报表进行审核汇总和生成各种分析图表等。具体有以下几个方面。

1. 文件管理功能

报表系统提供了各类文件管理功能，财务报表的数据文件能够转换为不同的文件格式，如文本文件、MDB 文件、XLS 文件等。此外，通过财务报表提供的“导入”和“导出”功能，可以实现与各种流行财务软件之间的数据交换，支持多个窗口同时显示和处理数据，可同时打开的文件和图形窗口多达 40 个。

2. 格式管理功能

报表系统提供了丰富的格式设计功能，可以设置报表尺寸、组合单元、画表格线、调整行高列宽、设置字体和颜色、设置显示比例等，满足了用户对各种格式报表的设计需求。同时，报表系统还内置了多种套用格式和行业标准财务报表模板，方便用户标准制作报表，此外还提供自定义模板功能。

3. 公式管理功能

报表系统提供了丰富的单元公式设计方案，可以方便、灵活地定义计算公式、审核公式和舍位平衡公式；此外，系统还提供了各种丰富的函数功能，可以直接输入或者在操作向导的引导下轻松实现从其他系统中提取数据并生成财务报表的操作。

4. 数据处理功能

报表系统的数据处理功能可以以固定的格式管理不同的表页中大量的数据，可以将 99 999 张具有相同格式的报表放在一个报表文件中进行管理，并在每张表页之间建立有机的联系。此外，它还提供了表页的排序、查询、审核、舍位平衡、汇总等功能。

5. 预置报表模板

报表系统提供了多个行业标准的财务报表模板，企业可以轻松选择调用，也可根据需要进行修改、定制、自定义模板。

6. 图表功能

报表系统采用图文混排形式，可以很方便地对数据进行图形组织和分析，包括制作直方图、立体图、圆饼图、折线图等 10 种分析图表，并能编辑图表的位置、大小、标题、字体、颜色及打印输出图表。

7. 二次开发功能

二次开发功能分为批命令文件和菜单文件，利用批命令文件，用户可以一次性完成常规的连续操作行为；利用菜单文件，用户可以把同类的多项文件集中到同一个菜单下展示，便于用户进行分类和查询，使系统成为更适合本企业的专用系统。

二、报表系统的基本概念

1. 报表结构

会计报表一般由 4 个基本要素组成，即标题、表头、表体和表尾，报表不同基本要素也有差异。

(1) 标题：用以描述报表的名称，有时会带有副标题。

(2) 表头：一般填写报表编号、编制单位、编制日期及计量单位、栏目等。

(3) 表体：报表的核心，记载报表中的主要数据，是报表的主体。

(4) 表尾：报表下部的附注说明，既有固定文字说明(如编制人、审核人等)，也有少量数值。

2. 格式状态与数据状态

报表操作分为报表格式设计和报表数据处理两个阶段，两个阶段是在两种不同的状态下进行的，即格式状态和数据状态。报表工作区的左下角有一个“格式/数据”按钮，单击此按钮可以在格式状态和数据状态之间切换。

(1) 格式状态：在格式状态下进行有关格式设计，如表尺寸、行高列宽、单元属性、组合单元、关键字，以及定义报表的单元公式、审核公式及舍位平衡公式。在格式状态下看到的是报表的格式，而报表的数据全部隐藏，不能进行数据的输入、计算等。格式状态下的操作对报表的所有表页都有效。

(2) 数据状态：在数据状态下进行报表数据的处理，如输入数据、增加或删除表页、审核、舍位平衡、制作图形、汇总、合并报表等。在数据状态下不能修改报表的格式，看到的是报表的全部内容。数据状态下的操作只对本表页有效。

3. 单元及属性

单元是组成报表的最小单位。单元名称由所在行、列标识。单元类型有数值单元、字符单元、表样单元 3 种。数值单元是报表的数据，字符单元也是报表的数据，表样单元是报表的格式。

4. 组合单元

组合单元由相邻的两个或更多的单元组成，这些单元必须是同一种单元类型(表样、数值、字符)，财务报表在处理报表时将组合单元视为一个单元。它可以组合同一行相邻的几个单元，也可以组合同一列相邻的几个单元，还可以把一个多行多列的平面区域设为一个组合单元。

5. 区域

区域由一张表页上的一组单元组成，自起点单元至终点单元是一个完整的长方形矩阵。在财务报表中，区域是二维的，最大的区域是一个二维表的所有单元(整个表页)，最小的区域是一个单元。区域可分为固定区和可变区。

固定区是组成一个区域的行数和列数的数量，是固定的数目。一旦设定完成，在固定区域内其单元总数是不变的。

可变区是屏幕显示一个区域的行数或列数，是不固定的数字，可变区的最大行数或最大列数是在格式设计中设定的。在一个报表中只能设置一个可变区，即行可变区或列可变区。设置可变区后，屏幕只显示可变区的第一行或第一列，其他可变行或可变列隐藏在表体中。在以后的数据操作中，可变行数或可变列数根据需要而增减。

有可变区的报表称为可变表，没有可变区的报表称为固定表。

6. 关键字

关键字是游离于单元之外的特殊数据单元，可以唯一标识一张表页，可用于在大量表页中快速选择表页。财务报表提供了以下 6 种关键字，关键字的显示位置在格式状态下设置，关键字的值则在数据状态下输入，每个报表可以定义多个关键字。

(1) 单位名称：字符型(最大 30 个字符)，为该报表表页编制单位的名称。

(2) 单位编号：字符型(最大 10 个字符)，为该报表表页编制单位的编号。

(3) 年：数字型(1904～2100)，该报表表页反映的年度。

(4) 季：数字型(1～4)，该报表表页反映的季度。

(5) 月：数字型(1～12)，该报表表页反映的月份。

(6) 日：数字型(1～31)，该报表表页反映的日期。

除此之外，财务报表有自定义关键字功能，可以用于业务函数。

7. 报表和表页

一张财务报表包含多张经济意义类似、格式相同的报表。每张报表是由多个单元组成的可表达一定经济信息的表格，如“资产负债表.rep”可包含 1～12 月的 12 个表页。

一张会计报表最多可容纳 99 999 张表页。一张报表中的所有表页格式相同，各张表页的数据不同。表页在报表中的序号在表页的下方以标签的形式出现，称为页签。页签用第 1～99 999 页表示。

三、报表编制的业务流程

报表编制业务流程如图 4.1 所示。

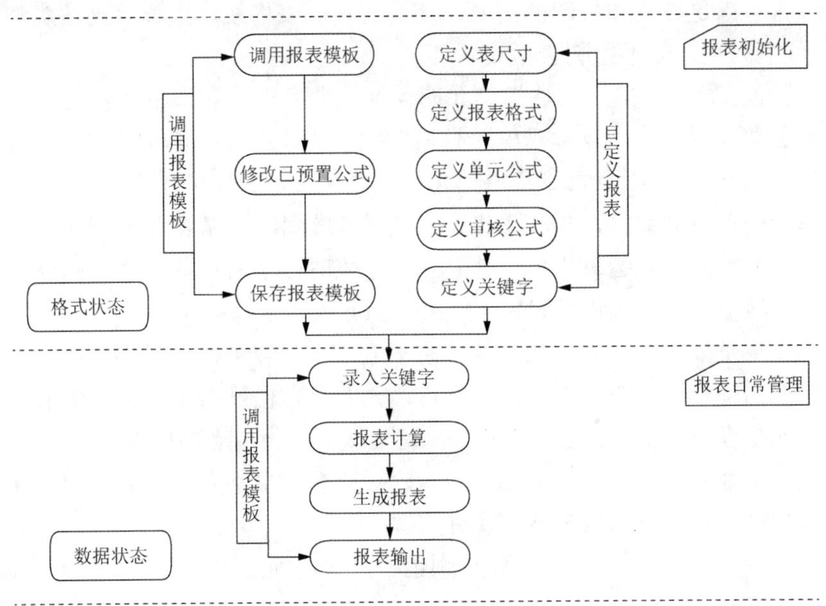

图 4.1　报表编制业务流程

第二节　报 表 管 理

一、报表格式设计

报表的格式设计有两种：一是自行设计更加适合自身特点的各种报表，尤其是内部使用的报表；二是调用系统预置的行业标准报表模板，根据需要进行修改。报表的格式是在格式状态下完成的。

1. 自定义报表格式设计

当用户想自己建立一个新的报表时，应当首先设计该报表的格式，其设计步骤如下。

(1) 创建新报表。在系统中建立一张空白的名为“report1”的报表文件，可以在这张空白报表的基础之上设计报表的格式，在保存文件时用自己的文件名给此报表文件命名。

(2) 定义表尺寸。按照报表的样式，定义报表所需的行数和列数，充分考虑标题和表头所占的行数。设置完成后，当前处理的报表将按照设置的表尺寸显示。行数范围为 1～9 999，默认为 50；列数范围为 1～255，默认为 7。

(3) 定义行高和列宽。如果报表中某些单元的行或列有特殊显示要求，则需要调整该行的行高或该列的列宽。行高范围为0～160毫米，默认为5毫米；列宽范围为0～220毫米，默认为26毫米。

(4) 区域画线。报表的尺寸设置完成之后，在数据状态下，该报表是没有任何表格线的，所以为了满足查询和打印的需要，还需要画上表格线。选择“画线类型”和“样式”，默认线型为空，即不绘制表格线。

(5) 设定单元属性。单元属性指单元的类型、数字格式和边框线，用来定义单元存放的数据类型和显示形式，包含“单元类型”“字体图案”“对齐”“边框”4个选项卡。

① “单元类型”选项卡包含数值单元、字符单元、表样单元3种。

数值单元是报表的数据，内容可以是15位有效数字，在数据状态下可以直接输入或由单元中存放的单元公式运算生成。建立一个新表时，所有单元的类型默认为数值，数值单元可以对数值显示效果进行设定。

字符单元也是报表的数据，在数据状态下输入，内容可以是汉字、字母、数字及各种键盘可输入的符号组成的一串字符，字符单元的内容也可由单元公式生成。

表样单元是报表的格式，是定义一个没有数据的空表所需的所有文字、符号或数字。一旦单元被定义为表样，那么其中输入的内容对所有表页都有效。表样单元在格式状态下允许输入和修改，在数据状态下不允许修改。

② “字体图案”选项卡包含字体、颜色、图案选项，用来显示报表的字体、字形、字号及前景和背景的颜色。

③ “对齐”选项卡提供了多种对齐方式和显示效果，用来调整报表中字符的显示位置，包括水平对齐方式、垂直对齐方式及文字在单元内是否折行显示等。

④ “边框”选项卡包含边框线样式和线型样式。边框线指单元的4条边线。边框线样式有空线、细实线、虚线、粗实线等8种，默认线型为空，即单元没有边框线。

(6) 定义组合单元。有些内容如标题、编制单位、日期及货币单位等信息可能一个单元无法容纳，所以为了实现这些内容的输入和显示，需要定义组合单元。系统提供了整体组合、按行组合、按列组合3种组合方式，已组合的区域、行或列可以取消组合。

(7) 设置关键字及偏移量。报表系统共提供了6个关键字和1个自定义关键字。关键字的显示位置在格式状态下设置，关键字的数值在数据状态下输入，每个报表可以定义多个关键字。关键字的偏移量是调整其显示位置的量的变化。

每个关键字只能定义一次，第二次定义一个已经定义的关键字时，系统自动取消第一次的定义。每个单元中可以设置多个关键字，其显示位置由单元偏移量控制。

2. 调用报表模板

(1) 套用系统预置的报表模板。报表系统提供的报表模板包括多个行业的标准财务报表，也可以包含用户自定义的模板。用户可以根据所在行业挑选相应的报表套用其格式及计算公式。报表模板即建立一张标准格式的会计报表。如果用户需要使用系统内的报表模板，则可以直接调用。

(2) 自定义报表模板。用户除了使用系统中预置的会计报表模板，还可以根据本单位的实际需要定制内部报表模板，并将自定义的模板加入系统提供的模板库内，也可以根据本行业的特征，增加或删除各个行业及其内置的模板。自定义报表模板主要需要定义报表的所属行业及报表名称。

二、报表公式设计

每个月每张报表虽然各个取数单元的值都会发生变化，但其取数来源是一致的，计算方法也相对稳定。因此，一旦完成了各个单元计算公式的定义，计算机就可自动根据已定义的编制方法计算各报表单元的值，生成会计报表。在以后各期利用报表处理软件编制报表时，可以重复这些已定义好的公式和函数，自动提取账簿及报表间的数据。

会计报表公式主要有计算公式和非计算公式。计算公式包括取数公式和单纯的统计计算公式；非计算公式包括审核公式、舍位平衡公式和图形公式。

1. 计算公式

在计算公式中，可以设置财务取数公式、本表页内取数、本表其他表页取数和取他表表页数据 4 种取数公式。

(1) 账务取数公式。账务数据是会计报表数据的主要来源，账务取数公式使报表系统从账簿、凭证采集各种数据中生成会计报表，实现账表统一。

账务函数的基本格式为函数名(〈科目编码〉、〈会计期间〉、〈方向〉、〈账套号〉、〈会计年度〉、〈编码 1〉、〈编码 2〉)。参数说明如下。

① 科目编码：用于确定取哪个科目的数据，科目编码必须是总账系统中已定义的会计科目编码。如果转账凭证明细科目栏的科目与公式中的科目编码相同，则公式中的科目编码可省略。

② 会计期间：可输入“年”或“月”或输入 1，2，…，12。如果输入“年”则按当前会计年度取数；如果输入“月”则按结转月份取数；如果输入“1”“2”等数字表示取此会计月的数据；会计期可以为空，为空时默认为“月”；当输入 1～12 的数字时，代表从 1～12 的会计期，而不是自然月。

③ 方向：余额、发生额函数或累计发生额函数的方向，表示取该科目所选方向的余额、发生额或累计发生额。其意义为取该科目所选方向上的余额，即若余额在相同方向，则返回余额；若余额在相反方向，则返回“0”；若方向为空，则根据科目性质返回余额。例如，“1001 库存现金”科目为借方科目，若余额在借方，则正常返回其余额；若余额在贷方，则返回负数。方向用“借”“贷”表示，为空时表示默认的科目余额方向。

④ 账套号：数字可以为空，为空时默认在会计报表系统中初始的账套。

⑤ 会计年度：4 位数字，可为空，可写“年”字。填写 4 位年份时，指定该年份值；为空时默认账套初始中定义的会计年度；当写“年”字时，取报表关键字“年”的值。

⑥ 编码 1 和编码 2：与科目编码的核算账类有关，可取科目的辅助账，如项目编码、部门编码等，如果没有辅助项，此处可省略。

注意：在编辑公式时，可以按照“函数向导”，逐步完成函数设置；如果对函数比较熟悉也可以直接输入，公式编辑过程中所用的“引号”“逗号”“等号”等均为半角符号。除数学函数、条件取值函数外，其他函数均不允许嵌套使用。

账务取数函数如表 4-1 所示。

表 4-1 账务取数函数

函数名(W 表示外币、S 表示数量)	公式名称	说明
QM( )/WQM( )/SQM( )	期末余额	取某科目的期末余额
QC( )/WQC( )/SQC( )	期初余额	取某科目的期初余额
JE( )/WJE( )/SJE( )	净发生额	取某科目的年净、月净发生额
FS( )/WFS( )/SFS( )	发生额	取某科目结转月份借方、贷方发生额
LFS( )/WLFS( )/SLFS( )	累计发生额	取某科目截至结转月份的累计发生额
JG( )/WJG( )/SJG( )	取对方科目	计算结果取对方科目或所有对方科目的数据之和
CE( )/WCE( )/SCE( )	借贷平衡差额	取凭证的借贷方差额
TY( )	通用转账公式	取 Access 数据库中的数据
常数		取某个指定的数字
UFO( )	UFO 报表取数	取 UFO 报表中某个单元的数据

(2) 本表页内取数。在当前表页中，用户可以直接给数值单元或字符单元赋值，也可以利用当前表页中的单元数据进行求和、求最大值、求平均值等运算得到新的数据。例如，D7=TOTAL (A1:B6)，表示求从 A1 到 B6 这块区域的所有数值的合计。部分函数求值如表 4-2 所示。

表 4-2 部分函数求值

函数	固定区	可变区	立体方向
求和函数	PTOTAL	GTOTAL	TOTAL
平均值函数	PAVG	GAVG	AVG
计数函数	PCOUNT	GCOUNT	COUNT
最小值函数	PMIN	GMIN	MIN
最大值函数	PMAX	GMAX	MAX
方差函数	PVAR	GVAR	VAR

(3) 本表其他表页取数。

① 数据源所在的表页页号明确。可用以下格式取得本表他页的数据：<目标区域>=<数据源区域>@<页号>。例如，使各页 A2 单元均取当前表第 3 页 C6 单元的值，可定义如下公式：A2=C6@3。

② 使用 SELECT( )函数。SELECT( )函数最常用在利润表中求累计值。例如，C5=B5+SELECT(C5,年@=年 and 月@=月+1)，表示为 C5(本月累计额)=B5(本月发生额)+

上月 C5(同年上月累计数)。

(4) 取他表表页数据。可以用以下格式方便地取得已知页号的他表表页数据：<目标区域>=<他表表名>-><数据源区域>[@<页号>]，当<页号>默认时，为本表各页分别取他表各页数据。例如，令当前表页 C2 的值等于表“资金表”第 2 页 A5 的值，则公式为 C2=“资金表”->A5@2。

2. 审核公式

在会计报表中，不仅报表内部存在着某些勾稽关系，而且表与表之间也存在着勾稽关系，实际工作中，为了确保报表数据的准确性，用户可以用这种报表之间或报表之内的勾稽关系对其进行勾稽关系检查。将报表内部及表与表之间的勾稽关系用公式表示出来，即审核公式。其格式为<表达式><逻辑运算符><表达式>[MESS“提示信息”]。例如，C38=F38 MESS“期末资产总额不等于负债加所有者权益总额”，表示当 C38≠F38 时，提示“期末资产总额不等于负债加所有者权益总额”信息。

3. 舍位平衡公式

报表数据在进行汇总时，原来以元为单位的报表在上报时可能会转换为以千元或万元为单位的报表，单位转换后需要进行四舍五入，原来的数据平衡关系可能被破坏，因此需要对数据进行调整。报表经舍位之后，重新调整平衡关系的公式称为舍位平衡公式。例如，原报表数据平衡关系为 122.53+25.24=147.77，若舍掉一位数，即除以 10 后数据平衡关系为 12.25+2.52=14.77，原来的平衡关系被破坏，舍位平衡后应调整为 12.25+2.53=14.78。

三、报表数据管理

1. 报表数据生成

(1) 录入关键字。在数据状态下录入关键字的值，每张表页上的关键字的值尽量不要完全相同。

(2) 报表数据生成。在格式状态下定义了单元公式，进入数据状态之后，进行整表重算、表页重算和表页不计算等操作，实现对报表的生成。

2. 表页管理

(1) 插入表页和追加表页。插入表页是在当前表页前增加新的表页。追加表页是在最后一张表页后增加新的表页。

(2) 交换表页。交换表页是将指定的任何表页中的全部数据进行交换。

(3) 删除表页。删除表页是将指定的整个表页删除，报表的表页数相应减少。

(4) 表页排序。报表系统提供了表页排序功能，可以按照关键字的值或按报表中任何一个单元的值重新排列表页。如果有多个关键字时，则按照关键字的优先级别排序。

(5) 数据透视。在报表系统中，大量的数据是以表页的形式分布的，正常情况下一次只能看到一张表页。因此，可以利用数据透视功能将多张表页的多个区域的数据显示在一个平面上。

(6) 报表汇总。报表汇总是报表数据不同形式的叠加。报表系统提供了表页汇总和可变区汇总两种汇总方式。表页汇总是将整个报表的数据进行立体方向的叠加，汇总数据可以存放在本报表的最后一张表页或生成一个新的汇总报表。可变区汇总是将指定表页中可变区数据进行平面方向的叠加，将汇总数据存放在本页可变区的最后一行或一列。

3. 报表审核

当报表数据输入或生成后，企业应根据事先定义的审核公式进行审核，以检查报表计算编制的正确性，报表审核是在数据状态下进行的。审核以后如果正确，不出现任何提示信息。否则，状态栏会出现用户事先编辑好的错误提示。

4. 舍位平衡

当报表数据输入完毕后，在数据处理状态下，可用舍位平衡公式对报表进行舍位操作。

5. 报表输出

(1) 报表查询。系统提供报表查询功能，可快速查询报表处理子系统生成的各种报表，并将查询结果显示在窗口上，以供使用者浏览。

(2) 报表打印。报表处理系统除了提供查询功能外，还提供报表打印功能。

【任务操作】

1. 任务资料

(1) 自定义报表，如表 4-3 所示。

表 4-3 货币资金表

编制单位： 年 月 日 单位：元

项目	行次	期初数	期末数
库存现金	1		
银行存款	2		
合计	3		

制表人：

① 报表说明。

A.表头：行高为 12 毫米，标题“货币资金表”设置为“黑体、14 号、居中”。编制单位行设置为“楷体、12 号”。编制单位和年、月、日设为关键字。

B.表体：行高为 7 毫米、列宽为 30 毫米，表体中的文字设置为“楷体、12 号、加粗、居中”。关键字偏移量，即年“-90”，月“-70”，日“-50”。

C.表尾：“制表人：”设置为“楷体、12 号、右对齐”。

② 报表公式。

现金期初数：C4=QC(“1001”,月)，现金期末数：D4=QM(“1001”,月)。

银行存款期初数：C5=QC(“1002”,月)，银行存款期末数：D5=QM(“1002”,月)。

期初数合计：C6=C4+C5，期末数合计：D6=D4+D5。

③ 定义审核公式。

定义 C6、D6 的审核公式。

④ 定义舍位平衡公式。

定义舍位平衡公式的舍位位数为 3 位，并进行舍位平衡操作。

(2) 生成资产负债表和利润表。利用报表模板生成资产负债表和利润表。

2. 任务实施

以“wx01 坤芳”的身份登录系统管理，恢复“3.4 总账系统期末业务处理”账套数据，并登录畅捷通 T3 软件进行如下操作。

(1) 按照要求，自定义一张货币资金表并进行相应报表数据处理操作。

(2) 利用系统预置的报表模板生成利润表和资产负债表。

3. 操作指导

(1) 启动财务报表系统。

① 在畅捷通 T3 软件主界面左侧的导航菜单栏，单击“财务报表”菜单项，打开“财务报表”窗口。

② 单击“日积月累”对话框中的“关闭”按钮。

③ 单击工具栏中的“新建”按钮，建立一张空白报表，报表名默认为“report1”。

(2) 账套初始。报表的一些原始数据是取自某个指定账套的，如果在定义单元公式时没有指定某个账套或会计年度，在生成报表数据之前，需要确认单元数据是取自哪一个账套及会计年度，然后才能提取该账套年度的数据，否则将不能提取数据。这种指定报表取数的账套和会计年度的工作叫账套初始。

① 执行“数据”|“账套初始”命令，打开“账套及时间初始”对话框。

② 输入账套号“777”，会计年度“2018”，单击“确认”按钮。

注意： 账套初始工作既可以在格式状态下进行，也可以在数据状态下进行。

第一次账套初始化后，如果想更换账套或会计年度，还可以重复进行账套初始工作。如果不进行账套初始工作，则系统默认为当前年度。

(3) 报表格式定义。

① 设置报表尺寸。

A. 执行“格式”|“表尺寸”命令，打开“表尺寸”对话框。

B. 输入行数“7”、列数“4”。

C. 单击“确认”按钮。

② 定义组合单元。

A. 在“财务报表-[report 1]”窗口中，选择需要合并的区域 A1:D1。

B. 执行“格式”|“组合单元”命令，打开“组合单元”对话框。

C. 选择组合方式“整体组合”或“按行组合”，该单元即合并成一个单元格。

D. 同理，定义区域 A2:D2 为组合单元。

③ 画表格线。

A. 在“财务报表-[report 1]”窗口中，选择报表需要画线的区域 A3:D6。

B. 执行“格式”|“区域画线”命令，打开“区域画线”对话框。

C. 选择“网线”。

D. 单击“确认”按钮，将所选区域画上表格线。

④ 输入报表项目。

A. 在“财务报表-[report 1]”窗口中，选择组合单元 A1。

B. 在该组合单元中输入货币资金表。

C.根据任务清单，输入其他单元的文字内容。

注意：报表项目指报表的文字内容，主要包括表头内容、表体项目、表尾项目等，不包括关键字。编制单位、日期一般不作为文字内容输入，而要设置为关键字。

⑤ 定义报表行高列宽。

A. 在“财务报表-[report1]”窗口中，选择需要调整的组合单元 A1。

B. 执行“格式”|“行高”命令，打开“行高”对话框。

C. 输入行高“7”。

D. 单击“确定”按钮。

⑥ 设置单元风格。

A. 在“财务报表-[report1]”窗口中，选择标题所在的组合单元 A1。

B. 执行“格式”|“单元属性”命令，打开“单元格属性”对话框。

C. 选择“字体图案”选项卡，设置字体“黑体”、字号“14”。

D. 选择“对齐”选项卡，设置对齐方式，水平方向和垂直方向均选择“居中”。

E. 单击“确定”按钮。

F. 同理，设置表体、表尾的单元属性。

⑦ 定义单元属性。

A. 在“财务报表-[report1]”窗口中，选择组合单元 D7。

B. 执行“格式”|“单元属性”命令，打开“单元格属性”对话框。

C. 在“单元格属性”对话框中，选择“单元类型”选项卡，选择“字符”选项卡，单击“确定”按钮。

注意：在格式状态下输入内容的单元均默认为表样单元，未输入数据的单元均默认为数值单元，在数据状态下可输入数值。若希望在数据状态下输入字符，应将其定义为字符单元。

字符单元和数值单元输入后只对本表页有效，表样单元输入后对所有表页有效。

(4) 关键字设置。

① 设置关键字。

A. 选择需要录入关键字的组合单元 A2。

B. 执行“数据”|“关键字”|“设置”命令，打开“设置关键字”对话框。

C. 点选“单位名称”单选按钮，单击“确定”按钮。

D. 同理，设置“年”“月”“日”关键字。

注意：一张报表可以同时定义多个关键字。如果要取消关键字，须执行“数据”|“关键字”|“取消”命令。

② 调整关键字显示位置。

A. 执行“数据”|“关键字”|“偏移”命令，打开“定义关键字偏移”对话框。

B. 在需要调整位置的关键字后面设置偏移量。设置年“-90”、月“-70”、日“-50”，如图 4.2 所示。

C. 单击“确定”按钮。

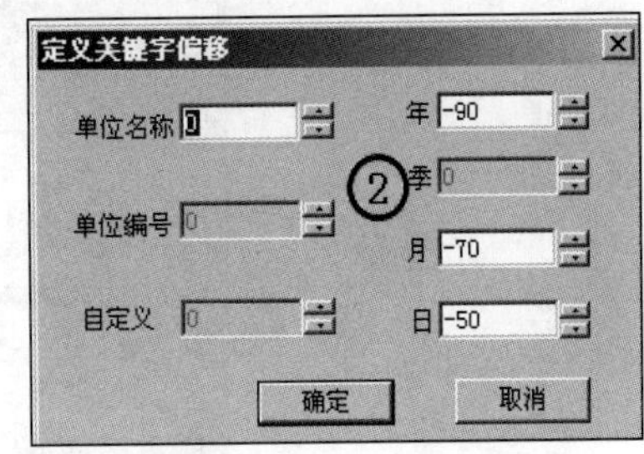

图 4.2 定义关键字偏移

注意：关键字的位置可以用偏移量来表示，可以通过设置正数值和负数值来调整，负数值表示向左移，正数值表示向右移。关键字偏移量单位为像素。报表格式设计中可以使用右键快捷菜单实现部分上述操作。

(5) 定义报表计算公式。

① 直接输入公式。

A. 在“财务报表-[report3]”窗口中，如图 4.3 所示，选择需要定义公式的组合单元 C4，即“库存现金”的期初数。

B. 执行“数据”|“编辑公式”|“单元公式”命令，或单击“*fx*”按钮，打开“定义公式”界面。

C. 在“定义公式”界面内直接输入总账期初函数公式“QC(“1001”,月)”。

D. 单击“确认”按钮。

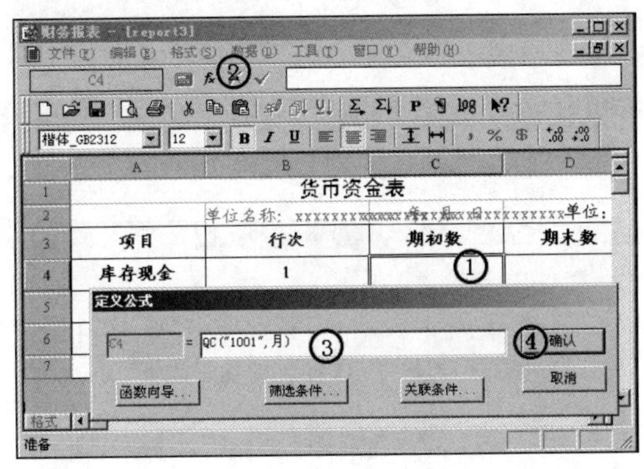

图 4.3 “财务报表-[report 3]”窗口

② 引导输入公式。

A. 在“财务报表-[report 3]”窗口中，选择被定义的组合单元 D4，即“库存现金”期末数。

B. 单击“*fx*”按钮，打开“定义公式”对话框。

C. 单击“函数向导”按钮，打开“函数向导”对话框，如图 4.4 所示。

D. 在函数分类下拉列表框中选择“用友账务函数”，在右侧的函数名下拉列表框中选择“期末(QM)”。

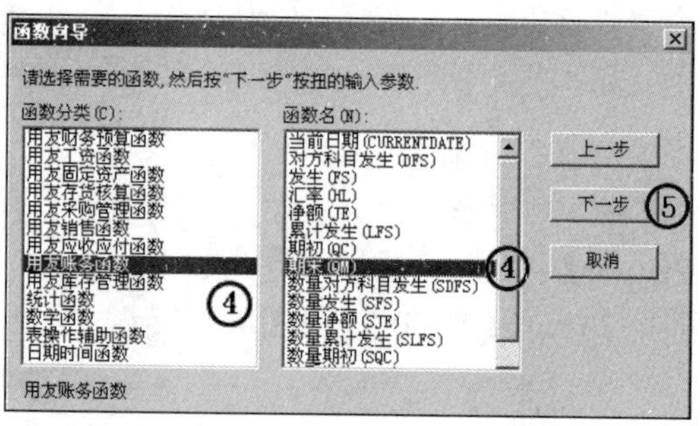

图 4.4　“函数向导”对话框

E.单击“下一步”按钮，打开“用友账务函数”对话框，如图 4.5 所示。

F.单击“参照”按钮，打开“账务函数”对话框，如图 4.6 所示。

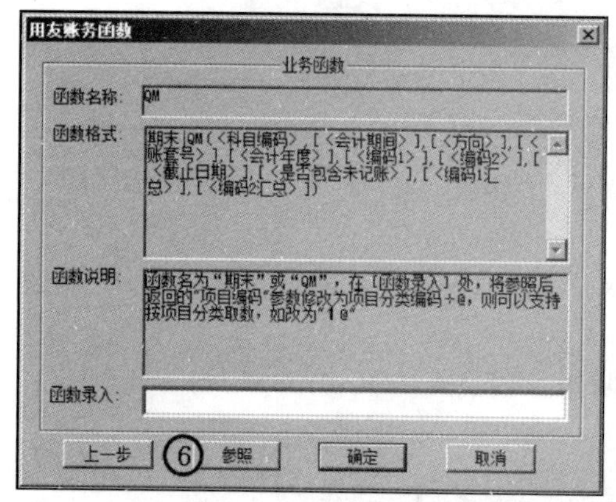

图 4.5　“用友账务函数”对话框(1)

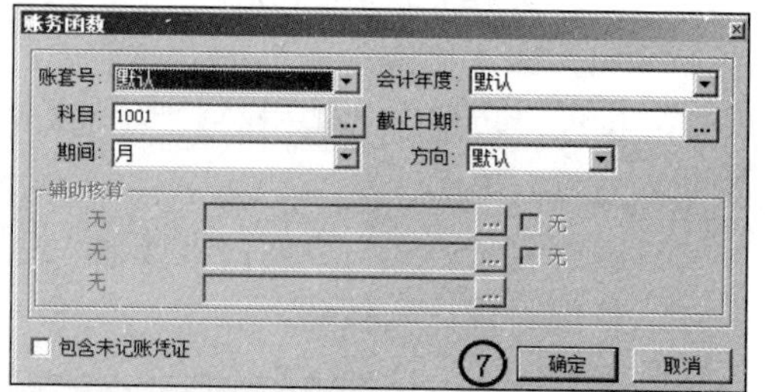

图 4.6　“账务函数”对话框

G. 各项均采用系统默认值，单击“确定”按钮，返回“用友账务函数”对话框，如图 4.7 所示。

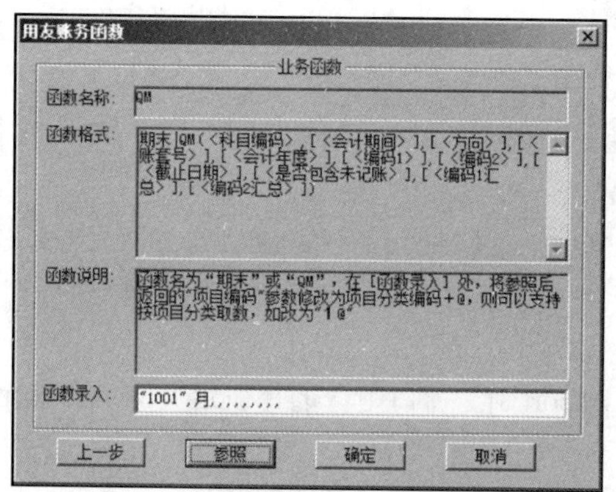

图 4.7　“用友账务函数”对话框(2)

H. 单击“确定”按钮，返回“定义公式”界面，如图4.8所示，单击“确认”按钮。

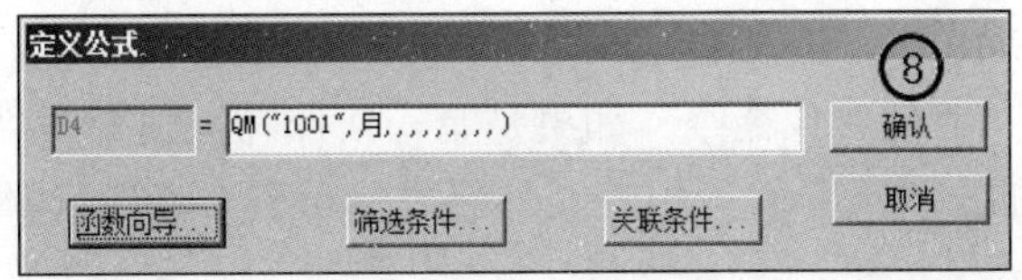

图4.8 “定义公式”界面

I. 根据任务清单，直接或引导输入其他单元公式。

(6) 定义审核公式。

① 执行“数据”|“编辑公式”|“审核公式”命令，打开“审核公式”对话框，如图4.9所示。

② 在“审核关系：”区域中输入“C6=C4+C5；MESS"期初合计错误！"；D6=D4+D5；MESS"期末合计错误！"”。

③ 单击“确定”按钮退出。

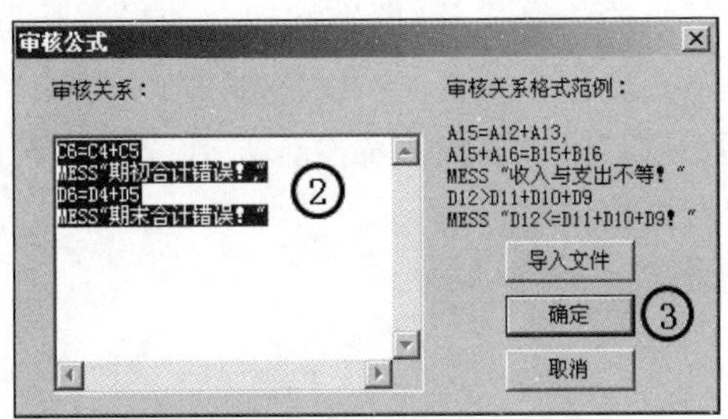

图4.9 “审核公式”对话框

(7) 定义舍位平衡公式。

① 执行“数据”|“编辑公式”|“舍位公式”命令，打开“舍位平衡公式”对话框，如图4.10所示。

② 确定如下信息：输入舍位表名“货币资金表舍位1”，舍位范围“C4:D6”，舍位位数“3”，平衡公式“C6=C4+C5,D6=D4+D5”。

③ 单击“完成”按钮。

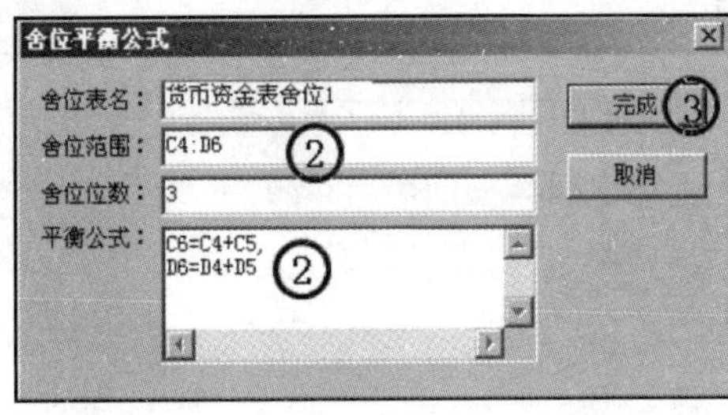

图4.10 “舍位平衡公式”对话框

注意：每个舍位平衡公式一行，各个公式之间用逗号“，”(半角)隔开，最后一条公式不用写逗号，否则公式无法执行。

等号左边只能为一个单元(不带页号和表名)。

舍位平衡公式中只能使用“+”“-”符号，不能使用其他运算符及函数。

(8) 保存报表格式。

① 执行“文件”|“保存”命令，如果是第一次保存，则打开“另存为”对话框。

② 选择要保存的文件夹；输入报表文件名“货币资金表”，选择保存类型“*.rep”。

③ 单击“另存为”按钮。

注意： 报表格式设置完毕后切记要及时将这张报表格式进行保存，以便随时调用。如果没有保存就退出，系统会打开“是否保存报表？”提示对话框，以防止误操作。“.rep”为用友报表文件专用扩展名。

(9) 打开报表。

① 启动UFO报表系统，执行“文件”|“打开”命令。

② 选择保存报表的文件夹，选择报表文件“货币资金表.rep”。

③ 单击“打开”按钮。

④ 单击报表底部左下角的“格式/数据”按钮，使当前状态为数据状态。

(10)增加表页。

① 执行“编辑”|“追加”|“表页”命令，打开“追加表页”对话框。

② 输入需要增加的表页数“1”。

③ 单击“确认”按钮。

(11) 生成报表。

① 录入关键字值。

A. 在“财务报表-[货币资金表]”窗口中，如图4.11所示，执行“数据”|“关键字”|“录入”命令，打开“录入关键字”对话框。

B. 输入单位名称“山东文心办公设备有限公司”、年“2018”、月“7”、日“31”。

C. 单击“确认”按钮，打开“是否重算第2页？”提示对话框。

D. 单击“是”按钮，系统会自动根据单元公式计算7月数据；单击“否”按钮，系统不计算7月数据，以后可利用“表页重算”功能生成7月数据。

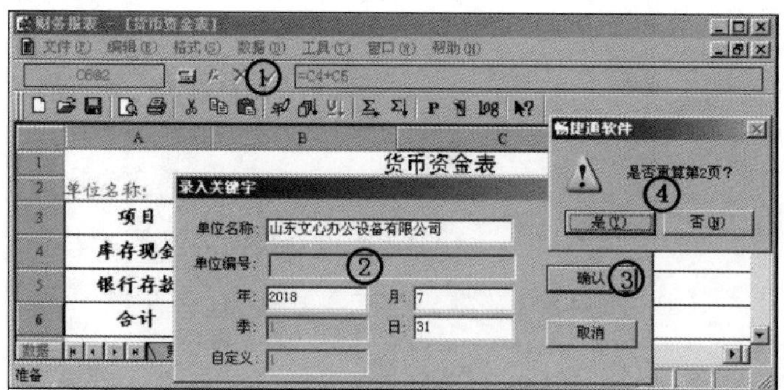

图4.11 “财务报表-[货币资金表]”窗口

注意： 每一张表页均对应不同的关键字值，输出时随同单元一起显示。

日期关键字可以确认报表数据取数的时间范围，即确定数据生成的具体日期。

② 生成报表。

A. 执行“数据”|“表页重算”命令，打开“是否重算第 1 页？”提示对话框。

B. 单击“是”按钮，系统会自动在初始的账套和会计年度范围内根据单元公式计算生成数据。

③ 报表舍位操作。

A. 执行“数据”|“舍位平衡”命令。

B. 系统会自动根据前面定义的舍位平衡公式进行舍位操作，并将舍位后的报表保存在“货币资金表舍位 1.rep”文件中。

注意：舍位操作以后，可以将“货币资金表舍位 1.rep”打开查阅一下。如果舍位平衡公式有误，系统状态栏会出现“无效命令或错误参数!”提示。

(12) 调用模板生成资产负债表。

① 调用报表模板。

A. 在格式状态下，新建一张空白报表。

B. 执行“格式”|“报表模板”命令，打开“报表模板”对话框。

C. 选择所在的行业“一般企业(2007 年新会计准则)”，财务报表“资产负债表”；将“未分配利润”项目的公式修改为“QM("4104",月,,,年,,)+QM("4103",月,,,年,,)”。

D. 单击“确认”按钮，打开“模板格式将覆盖本表格式！是否继续？”提示对话框。

E. 单击“确定”按钮，即可打开“资产负债表”模板。

② 录入关键字生成资产负债表。

操作过程同调用报表模板。

同理，调用利润表模板并生成 7 月利润表。

工 资 管 理

【学习目标】

目标要求	重点和难点
(1) 了解工资管理的主要功能和业务流程。 (2) 熟练掌握工资系统的初始化设置。 (3) 掌握日常工资数据管理。	1) 工资初始化设置。 (2) 工资变动处理。 (3) 工资费用的计提与分摊及期末处理。

【知识结构】

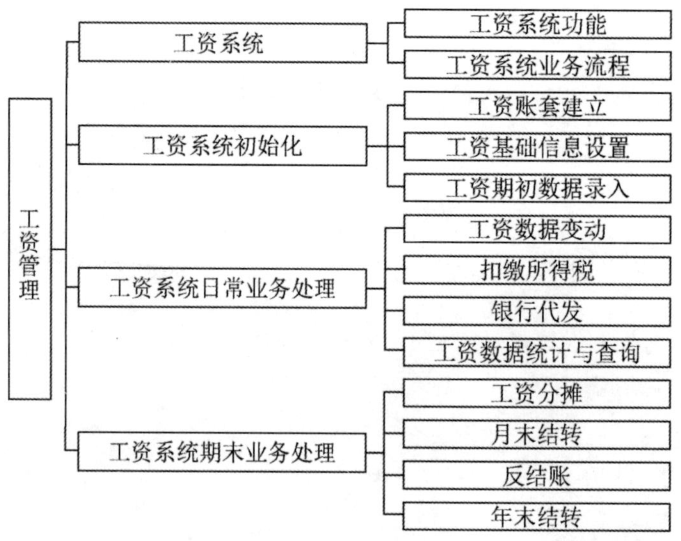

第一节　工资系统

工资管理是企业经常性的工作，既关系职工的利益，也影响费用与成本核算。工资系统的主要任务就是以职工个人的工资数据为基础，进行工资核算、工资发放、工资费用分摊、工资统计分析和个人所得税核算等。

一、工资系统的功能

工资系统与系统管理共享基础数据，工资系统将工资分摊的结果生成转账凭证，传递到总账系统。

1. 工资账套管理

工资账套管理是指首次进入工资系统时根据管理需要进行一系列的参数设置，建立适合本单位实际需要的工资应用环境。设置内容包括工资类别、核算币种、扣税处理、是否进行扣零处理、人员编码长度等。

2. 工资类别管理

工资系统可同时处理多个工资类别。如果将企业中所有人员的工资统一管理，而人员的工资项、工资计算公式全部相同，则可建立单类别工资核算。如果企业按周或月多次发放工资，或者是有多种不同类别的人员，工资发放项目不尽相同，计算公式亦不相同，但需进行统一工资核算管理，则可建立多类别工资核算。该功能主要有工资类别的建立、打开与删除。

3. 基础档案设置

基础档案设置包括部门档案、人员类别、工资项目、公式设置等。

4. 工资日常业务管理

工资日常业务管理主要包括工资数据变动、工资分摊、银行代发、扣缴所得税、计件工资统计、工资汇总、工资分摊、费用计提与数据查询等功能。

5. 工资期末处理

工资期末处理主要是在工资系统生成相应凭证传递到总账系统并将当月数据经过处理后结转至下月的功能。

6. 工资账表管理

工资账表管理主要有工资表查询和各种类型的工资分析表。

二、工资系统的业务流程

工资系统业务流程，如图 5.1 所示。

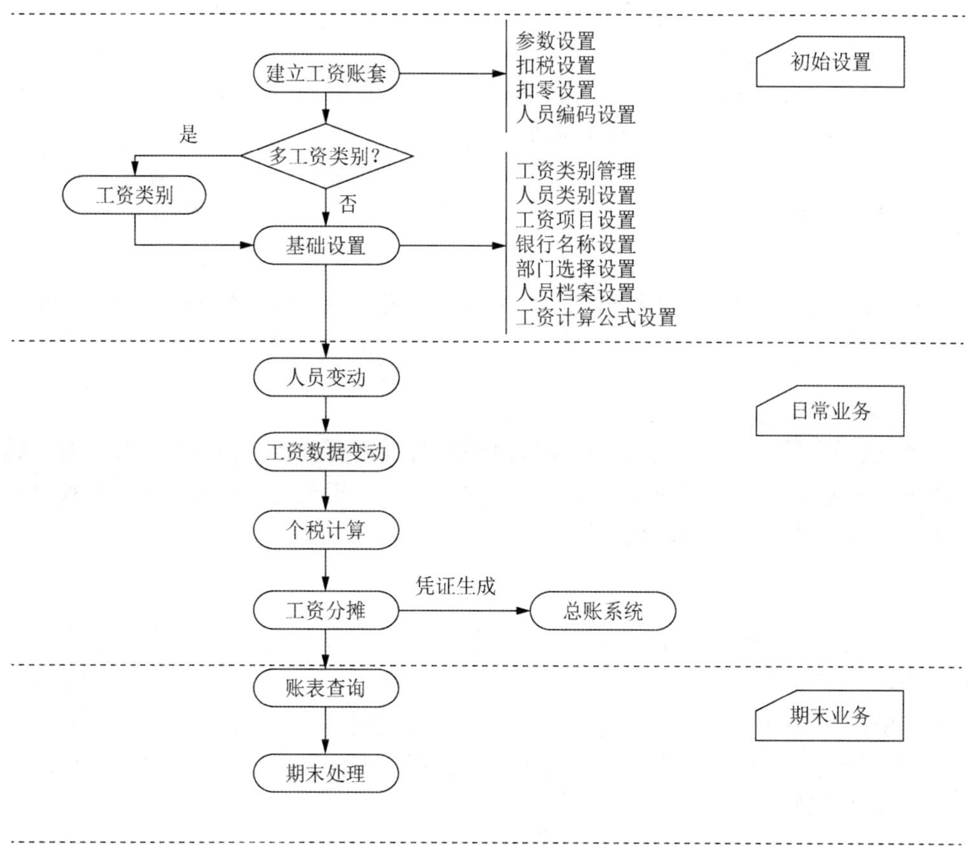

图 5.1　工资系统业务流程

第二节　工资系统初始化

运行工资系统，必须先建立工资账套，并进行必要的基础设置。工资账套与系统管理中的账套是不同的概念，系统管理中的账套是针对整个系统，而工资账套是针对工资系统运行的基础。

一、工资账套建立

建立一个完整的账套，是系统正常运行的根本保证。用户可通过系统提供的建账向导，逐步完成整套工资的建账工作。工资账套的建立可以分为 4 步：参数设置、扣税设置、扣零设置和人员编码设置。

1. 参数设置

(1) 选择本账套处理的工资类别个数。如果单位按周或月多次发放工资，或者是单位中有多种不同类别的人员，工资发放项目不尽相同，计算公式亦不相同，但需进行统一工资管理，应选择“多个”。如果人员统一、工资项目统一、公式统一，则可以设置为“单工资类别”。

(2) 选择账套工资的核算币种。工资系统提供币别参照以供用户选择，若选择账套本位币以外的其他币别，则须在工资类别参数维护中设置汇率。

2. 扣税设置

如要从工资中代扣个人所得税，则选择此选项。

3. 扣零设置

在计算工资时将依据扣零类型进行扣零计算。一旦选择了“扣零处理”，系统将自动在固定工资项目中增加“本月扣零”“上月扣零”两个项目，不必设置有关扣零处理的计算公式，“应发合计”中也不用包括“上月扣零”，“扣款合计”中不用包括“本月扣零”。

4. 人员编码设置

人员编码即单位人员编码长度，以数字作为人员编码。根据需要可自由定义人员编码长度，但总长不能超过10个字符，用户单击“微调”按钮可设置长度。

二、工资基础信息设置

1. 工资类别管理

工资账套建立之后，如果是单工资类别，则可以直接进行基础信息设置；如果是多工资类别，则应先新建工资类别，才能进行基础信息设置。

(1) 新建工资类别。在进入工资系统后，在引导界面单击“新建工资类别”按钮或在工资管理主界面执行“文件”|“新建工资类别”命令，打开“新建工资类别向导”对话框，依次输入工资类别名称，选择新建工资类别所包含的部门。

(2) 删除工资类别。只有账套主管才有权限删除不需要或错误的工资类别，且工资类别删除后数据不可恢复。

(3) 打开工资类别。打开“工资类别”对话框后，才能对该工资类别进行相应的设置。

(4) 关闭工资类别。关闭当前正在使用的工资类别及所有正在进行的功能操作。

2. 人员类别设置

人员类别与工资分配、分摊等工资计算有关。通过人员类别设置可以按人员类别进行工资汇总计算，以实现在同一个账套内跨越各个部门按人员各类别的不同进行综合汇总的目的。

3. 工资项目设置

工资项目设置即定义工资项目的名称、类型、宽度，可根据需要自由设置工资项目，如基本工资、岗位工资、副食补贴、扣款合计等。若选择自动扣税功能，则系统在工资项目中自动生成“代扣税”项目。另外，系统提供了一些工资管理必不可少的固定项目，包括“应发合计”“扣款合计”“实发合计”等。

4. 银行名称设置

银行名称设置即设置发放工资的银行，可以按需要设置多个。例如，同一个工资类别中的人员由于在不同的地方工作，需由不同的银行代发工资，或者不同的工资类别由不同的银行代发工资，均需要设置相应的银行名称。

5. 部门选择设置

当需要按照部门进行工资统计、汇总时，需要预先对部门进行设置。

6. 人员档案设置

人员档案设置用于登记工资发放人员的姓名、职工编号、所在部门、人员类别等信息，员工的增减变动都必须先在本功能中处理，必须打开相应的工资类别才能进行人员类别设置。

7. 工资计算公式设置

工资计算公式设置要符合逻辑，系统将对公式进行合法性检查，不符合逻辑的将给出错误提示。应发合计、扣款合计和实发合计公式不用设置。工资项目中没有的项目不允许在公式中出现。

设置公式时要注意先后顺序，先得到的数据应先设置公式。应发合计、扣款合计和实发合计公式应是公式定义框的最后 3 个公式，并且实发合计的公式要在应发合计和扣款合计公式之后。工资计算公式设置可通过公式框上下箭头调整公式顺序。定义公式时有直接输入公式、参照输入公式、使用函数向导输入公式 3 种方式。

三、工资期初数据录入

职工工资数据由基本不变数据和变动数据两部分组成。第一次使用工资系统必须将所有人员的工资数据录入系统，如果每月人员与工资发生变动也在此进行更改。

【任务操作】

1. 任务资料

(1) 启用工资系统，建立工资账套。

工资类别个数：多个；核算币种：人民币 RMB；要求代扣个人所得税：不进行扣零

处理；人员编码长度：3 位；启用日期：2018 年 7 月；不预置工资项目。

(2) 工资基础信息设置。

① 人员类别设置。人员类别设置为管理人员、采购人员、销售人员、保管箱生产人员、保险柜生产人员、研发人员。

② 银行名称设置。代发工资银行名称为中国工商银行滨海支行，账号定长为 11 位，录入时需要自动带出的账号长度为 8。

③ 工资项目。利用工资系统核算本月工资并委托银行代发职工工资。工资项目一览表如表 5-1 所示。

表 5-1 工资项目一览表

序号	项目名称	类别	长度	小数位数	工资增减项
1	缴费工资	数字	10	2	其他
2	日基本工资	数字	10	2	其他
3	基本工资	数字	10	2	增项
4	津贴补贴	数字	10	2	增项
5	奖金	数字	10	2	增项
6	休息日加班工资	数字	10	2	增项
7	节假日加班工资	数字	10	2	增项
8	应发合计	数字	10	2	增项
9	缺勤扣款合计	数字	10	2	减项
10	应付工资	数字	10	2	其他
11	养老保险	数字	10	2	减项
12	失业保险	数字	10	2	减项
13	医疗保险	数字	10	2	减项
14	住房公积金	数字	10	2	减项
15	计税工资	数字	10	2	其他
16	代扣税	数字	10	2	减项
17	其他代扣款合计	数字	10	2	其他
18	其他代付款合计	数字	10	2	其他
19	实发合计	数字	10	2	增项
20	病假天数	数字	10	2	其他
21	事假天数	数字	10	2	其他
22	休息日加班天数	数字	10	2	其他
23	节假日加班天数	数字	10	2	其他
24	计件工资	数字	10	2	增项
25	产品件数	数字	10	2	其他

④ 工资类别、人员档案及计算公式设置。

A. 工资类别 1：正式人员。

◆ 部门选择：所有部门；工资项目：除计件工资、产品件数外所有工资项目。

◆ 人员档案如表 5-2 所示。

表 5-2 人员档案

编号	姓名	所属部门	人员类别	账号	编号	姓名	所属部门	人员类别	账号
101	鲁文心	办公室	管理人员	66269371101	302	王娟	生产车间	生产保管箱	66269371302
102	万年	办公室	管理人员	66269371102	303	任勇	生产车间	生产保管箱	66269371303
103	秋玲	办公室	管理人员	66269371103	304	张剑国	生产车间	生产保管箱	66269371304
104	坤芳	财务部	管理人员	66269371104	305	刘莹	生产车间	生产保管箱	66269371305
105	瑞霞	财务部	管理人员	66269371105	306	李贤	生产车间	生产保管箱	66269371306
106	加营	财务部	管理人员	66269371106	307	徐阳	生产车间	管理人员	66269371307
201	亚玲	采购部	采购人员	66269371201	308	李彬平	生产车间	生产保险柜	66269371308
202	丽君	采购部	采购人员	66269371202	309	乔冬冬	生产车间	生产保险柜	66269371309
203	邹伟	采购部	采购人员	66269371203	310	王妍	生产车间	生产保险柜	66269371310
204	唐妮	销售部	销售人员	66269371204	311	田静	生产车间	生产保险柜	66269371311
205	晓红	销售部	销售人员	66269371205	401	王晓华	研发部	研发人员	66269371401
206	叶彬	销售部	销售人员	66269371206	402	郑海荣	研发部	研发人员	66269371402
301	李鹏	生产车间	管理人员	66269371301					

◆ 工资计算公式设置如表 5-3 所示。

表 5-3 工资计算公式设置

工资项目	计算要求
基本工资	管理人员(生产车间)为 3 000.00 元，管理人员(行政部门)为 2 600.00 元，保险柜生产人员为 3 200.00 元，保管箱生产人员为 2 800.00 元，采购人员为 2 600.00 元，销售人员为 3 300.00 元，研发人员为 3 100.00 元
津贴补贴	管理人员为 2 000.00 元，采购人员为 1 800.00 元，销售人员为 2 300.00 元，保管箱生产人员和研发人员为 2 200.00 元，保险柜生产人员为 2 100.00 元
日基本工资	(基本工资+津贴补贴)/21.75
休息日加班工资	日基本工资×2×休息日加班天数
节假日加班工资	日基本工资×3×节假日加班天数
养老保险	缴费工资×0.08
失业保险	缴费工资×0.01
医疗保险	缴费工资×0.02
住房公积金	缴费工资×0.12
缺勤扣款合计	病假每天按每人日基本工资的 20%扣款；事假每天按每人日基本工资的 100%扣款，公式为日基本工资×0.2×病假天数+日基本工资×事假天数

(续表)

工资项目	计算要求
应付工资	应发合计-缺勤扣款合计
应发合计	基本工资+津贴补贴+奖金+休息日加班工资+节假日加班工资
计税工资	应付工资-养老保险-失业保险-医疗保险-住房公积金
实发合计	计税工资-代扣税-其他代扣款合计+其他代付款合计

B. 工资类别 2：临时人员。

◆ 部门选择：生产车间；工资项目：基本工资、奖金、计件工资、产品件数、应发合计。

◆ 工资计算公式设置如表 5-4 所示。

表 5-4 工资计算公式设置

工资项目	计算要求
应发合计	基本工资+奖金+计件工资
计件工资	生产保管箱计件工资：产品件数×10.00 生产保险柜计件工资：产品件数×15.00
实发合计	应发合计-代扣税

◆ 人员档案如表 5-5 所示。

表 5-5 人员档案

人员编制	人员姓名	部门名称	人员类别	账号
312	辛润	生产车间	保险柜生产人员	66269371312
313	依琳	生产车间	保管箱生产人员	66269371313

⑤ 权限设置。设置“wx02 瑞霞”为两个工资类别的主管。

(3) 录入工资期初数据。

① 正式人员工资情况如表 5-6 所示。

表 5-6 正式人员工资情况

编号	姓名	缴费工资/元	奖金/元	编号	姓名	缴费工资/元	奖金/元
101	鲁文心	6 840.00	3 000.00	302	王娟	6 480.00	1 900.00
102	万年	5 940.00	2 000.00	303	任勇	6 480.00	1 900.00
103	秋玲	5 940.00	2 000.00	304	张剑国	6 480.00	1 900.00
104	坤芳	6 120.00	2 200.00	305	刘莹	6 480.00	1 900.00
105	瑞霞	5 940.00	2 000.00	306	李贤	6 480.00	1 900.00
106	加营	5 940.00	2 000.00	307	徐阳	6 570.00	2 300.00
201	亚玲	5 670.00	1 900.00	308	李彬平	6 210.00	2 000.00
202	丽君	5 580.00	1 800.00	309	乔冬冬	6 210.00	2 000.00

(续表)

编号	姓名	缴费工资/元	奖金/元	编号	姓名	缴费工资/元	奖金/元
203	邹伟	5 580.00	1 800.00	310	王妍	6 210.00	2 000.00
204	唐妮	7 020.00	2 200.00	311	田静	6 210.00	2 000.00
205	晓红	6 930.00	2 100.00	401	王晓华	7 110.00	2 400.00
206	叶彬	6 930.00	2 100.00	402	郑海荣	7 020.00	2 400.00
301	李鹏	6 570.00	2 300.00				

② 临时人员工资情况如表 5-7 所示。

表 5-7 临时人员工资情况

人员编制	人员姓名	基本工资/元	奖金/元
312	辛润	1 600.00	2 000.00
313	依琳	1 500.00	2 000.00

2. 任务实施

以“wx01 坤芳”的身份登录系统管理，恢复“2.3 认知供应链基础档案”中的账套数据，并登录畅捷通 T3 软件进行如下操作。

(1) 建立工资账套。

(2) 按任务清单要求设置基础信息。

(3) 录入期初余额。

3. 操作指导

(1) 工资账套建立。初次使用工资系统，要求建立工资账套，包括参数设置、扣税设置、扣零设置、人员编码。

① 执行“工资”命令，打开“建立工资套‘一’参数设置”对话框，如图 5.2 所示，点选“多个”单选按钮，默认币别为“人民币 RMB”。

② 单击“下一步”按钮。

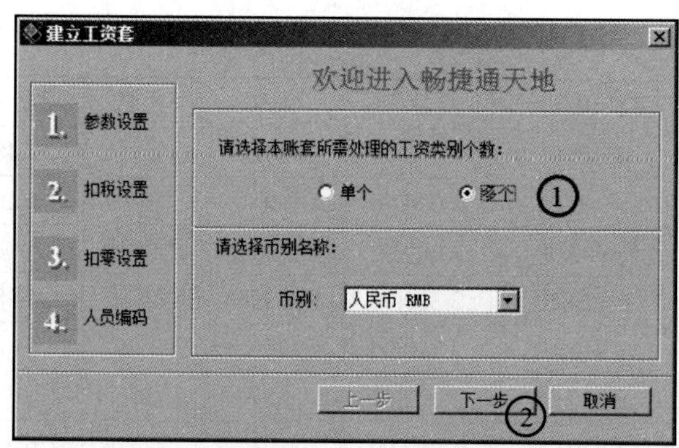

图 5.2 “建立工资套‘一’参数设置”对话框

③ 在“建立工资套—扣税设置”对话框中勾选“是否从工资中代扣个人所得税”复

选框，如图 5.3 所示。

④ 单击“下一步”按钮。

⑤ 在“建立工资套—扣零设置”对话框中不做选择，直接单击“下一步”按钮。

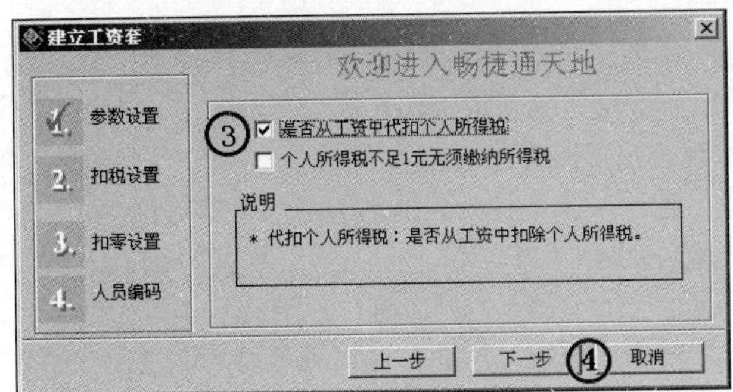

图 5.3 “建立工资套—扣税设置”对话框

⑥ 在“建立工资套—人员编码”对话框中，如图 5.4 所示，设置“人员编码长度”为 3。

⑦ 单击“完成”按钮，单击“确定”按钮，打开“未建立工资类别”提示对话框；单击“确定”按钮，打开“建立工资类别向导”对话框；单击“取消”按钮，后期再建立工资类别。

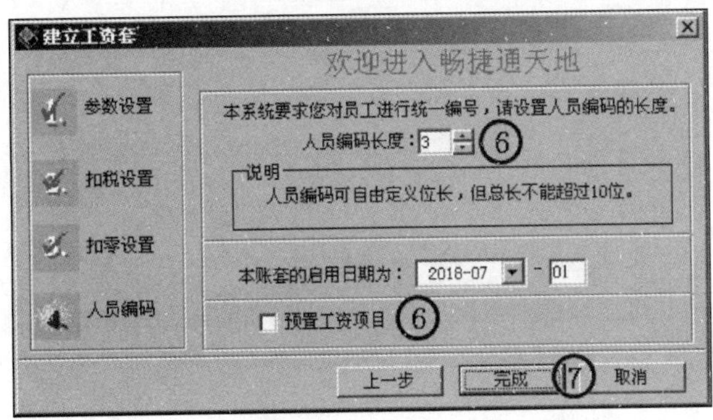

图 5.4 “建立工资套—人员编码”对话框

注意：如果是“单工资类别”则不会打开“未建立工资类别”提示对话框。

选择代扣个人所得税后，系统将自动生成工资项目“代扣税”，并自动进行代扣税金的计算。

扣零设置是指每次发放工资时零头扣下，积累取整，于下次发放工资时补齐。

(2) 工资基础信息设置。

① 人员类别设置。

A. 执行“工资”|“设置”|“人员类别设置”命令，打开“类别设置”对话框，如图 5.5 所示。

B. 输入类别“管理人员”，单击“增加”按钮。

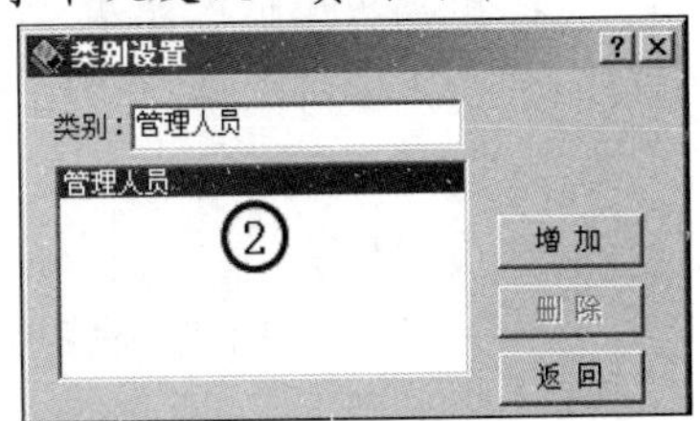

图 5.5 “类别设置”对话框

C. 以此类推，输入其他人员类别。全部增加完毕后，单击“返回”按钮。

② 工资项目设置。

A. 执行“工资”|“设置”|“工资项目设置”命令，打开“工资项目设置”界面，如图 5.6 所示。

B. 单击“增加”按钮，工资项目列表中增加一空行。

C. 在“工资项目”区域，输入工资项目名称“基本工资”或在“名称参照”下拉列表框中选择系统预置的名称选项(如果有)。

D. 双击“类型”栏，从其下拉列表框中选择“数字”选项。

E. 选择长度“10”、小数“2”。

F. 双击“增减项”栏，选择下拉列表框，从下拉列表框中选择“增项”选项。

G. 同理，单击“增加”按钮，增加其他工资项目。

H. 所有项目增加完成后，单击“工资项目设置”界面中的“▲”和“▼”按钮按照任务清单所给顺序调整工资项目的排列位置。

I. 单击“确认”按钮，打开“工资项目已经变动，请确认各工资类别的公式是否正确。否则计算结果可能不正确”提示对话框，单击“确定”按钮。

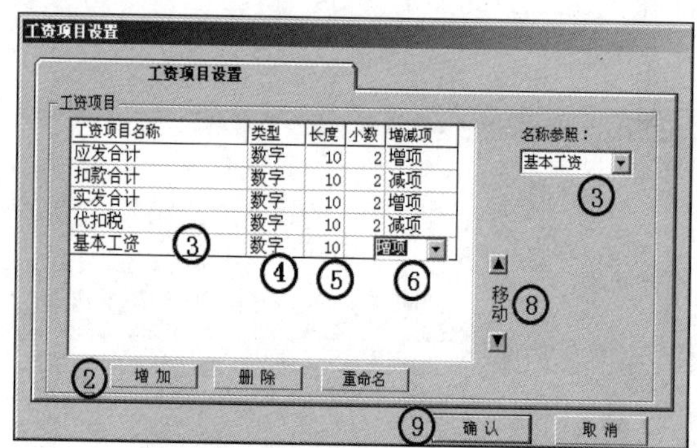

图 5.6 “工资项目设置”界面

注意：新建工资类别或关闭所有工资类别后，此处设置的工资项目可在所有的工资类别中参照使用。

③ 银行名称设置。

A. 执行“工资”|“设置”|“银行名称设置”命令，打开“银行名称设置”对话框，如图 5.7 所示。

B. 单击“增加”按钮。

C. 输入银行名称“中国工商银行滨海支行”。

D. 勾选“账号定长”复选框；输入账号长度“11”、录入时需要自动带出的账号长度“8”。

E. 单击列表中的其他银行，单击“删除”按钮，打开“删除银行将相关文件及设置一并删除。是否继续？”提示对话框，单击“是”按钮，同此删除其他无效银行。

F. 单击“返回”按钮。

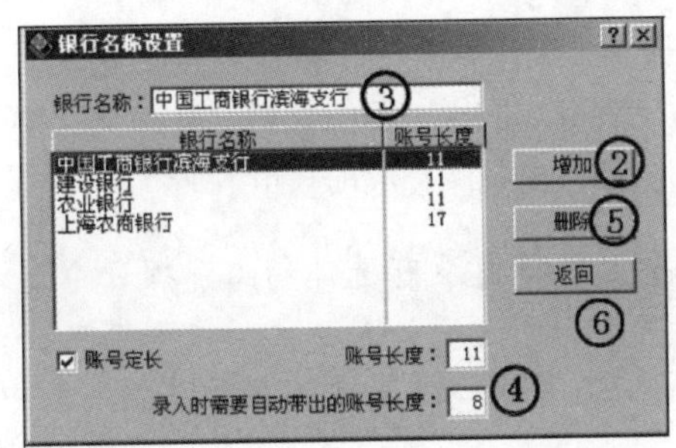

图 5.7 “银行名称设置”对话框

(3) 建立工资类别。

① 建立“正式人员”工资类别。

A. 执行“工资”|“工资类别”|“新建工资类别”命令，打开“新建工资类别”对话框。

B. 在“请输入工资类别名称”文本框中输入“正式人员”，单击“下一步”按钮，如图 5.8 所示。

C. 在“新建工资类别”对话框中，“请选择部门”区域勾选所有部门的复选框。

D. 单击“完成”按钮，打开“是否以 2018-07-01 为当前工资类别的启用日期？”提示对话框，单击“是”按钮，返回工资系统，如图 5.9 和图 5.10 所示。

图 5.8 “新建工资类别”对话框(1)

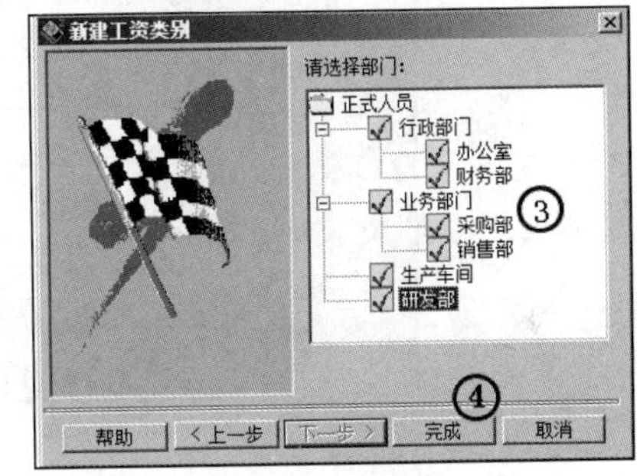

图 5.9 “新建工资类别”对话框(2)

图 5.10 “工资管理”对话框

E. 执行“工资”|“工资类别”|“关闭工资类别”命令，关闭“正式人员”工资类别。以同样的方式建立“临时人员”工资类别。

② 设置“正式人员”工资类别工资项目。

A. 执行“工资”|“设置”|“工资项目设置”命令，打开“工资项目设置”对话框。

B. 选择“工资项目设置”选项卡，单击“增加”按钮，工资项目列表中增加一空行。

C. 从“名称参照”下拉列表框中选择“缴费工资”选项，工资项目名称、类型、长度、小数、增减项都自动带出，不能修改。

D. 单击“增加”按钮，增加其他工资项目并排序。

注意：工资项目不能重复选择。没有选择的工资项目不允许在计算公式中出现。不能删除已输入数据的工资项目和已设置计算公式的工资项目。之前设置的工资项目会在本次(“正式人员”工资类别)工资项目设置中的名称参照列表中全部显示。

③ 设置人员档案。

A. 执行“工资”|“设置”|“人员档案”命令，打开“人员档案”窗口。

B. 单击“增加”按钮，打开“人员档案”对话框，如图 5.11 所示。

C. 在“基本信息”选项卡中，输入人员编号“101”；单击“人员姓名”参照按钮，从“人员参照”列表中选择“鲁文心”或直接输入人员姓名；选择部门编码“101”、部门名称“办公室”、人员类别“管理人员”；在“银行代发”区域选择银行名称“中国工商银行滨海支行”，输入银行账号“66269371101”。

D. 单击“确认”按钮。

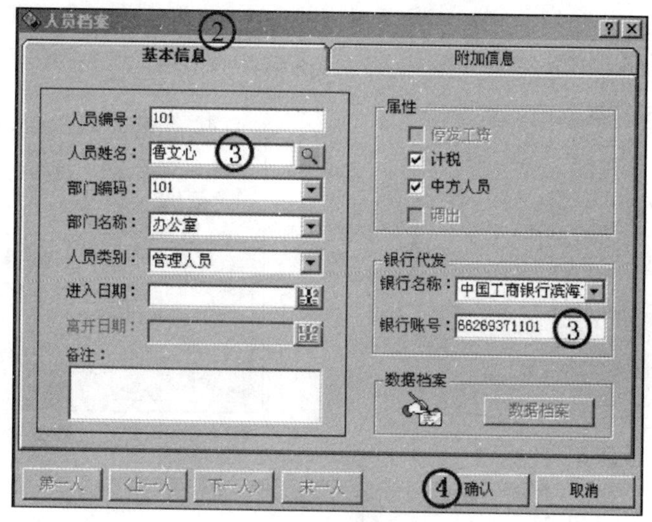

图 5.11 “人员档案”对话框

E. 依上述顺序输入所有人员档案，最后单击“退出”按钮。

注意：可以使用批量导入功能，将人员档案直接从基础设置中导入，再修改部分内容，但输入账号时不能自动带出已设置好的前几位账号，只能完全输入。

④ 设置计算公式。

A. 使用函数向导定义公式。

◆ 执行“工资”|“设置”|“工资项目设置”命令，打开“工资项目设置”界面，如图 5.12 所示。

◆ 在“工资项目设置”对话框中选择“公式设置”选项卡。

◆ 单击“增加”按钮，在工资项目列表中增加一空行。

◆ 选择该行，在下拉列表框中，选择“基本工资”选项。

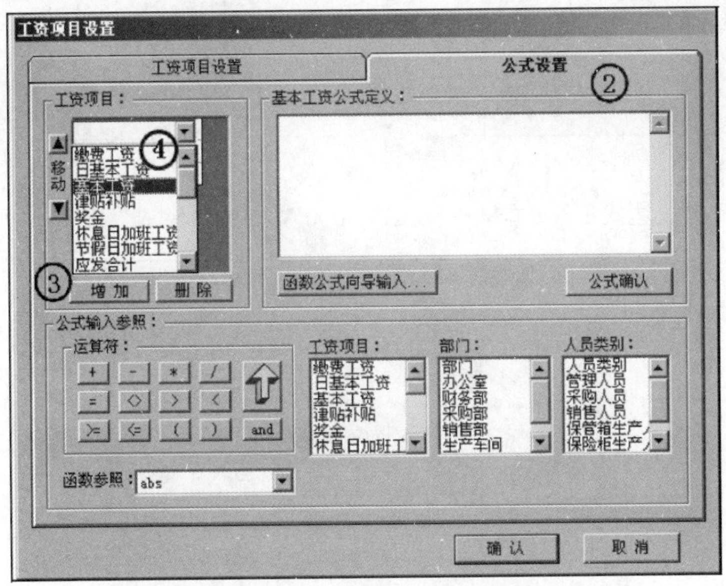

图 5.12 “工资项目设置”界面

◆ 在“基本工资公式定义”文本框中，单击“函数公式向导输入”按钮，打开“函数向导——步骤之 1”对话框，选择“iff”函数，单击“下一步”按钮，如图 5.13 所示。

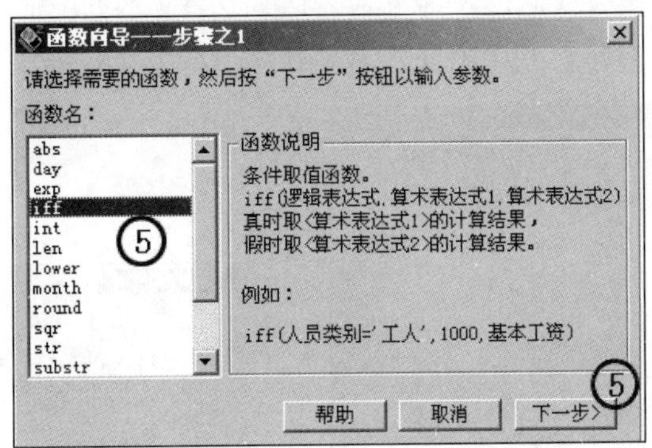

图 5.13 “函数向导——步骤之 1”对话框

◆ 单击“逻辑表达式”参照按钮，打开“参照”对话框，在“参照列表”的下拉列表框中选择“人员类别”选项，在下面的列表中选择“管理人员”，单击“确认”按钮，如图 5.14 所示。

◆ 在“逻辑表达式”文本框中输入“and”后，再次单击“逻辑表达式”按钮，从“参照列表”下拉列表中选择“部门名称”选项，从“部门名称”列表中选择“生产车间”选项，单击“确认”按钮，如图 5.15 所示，返回“函数向导——步骤之 2”对话框。

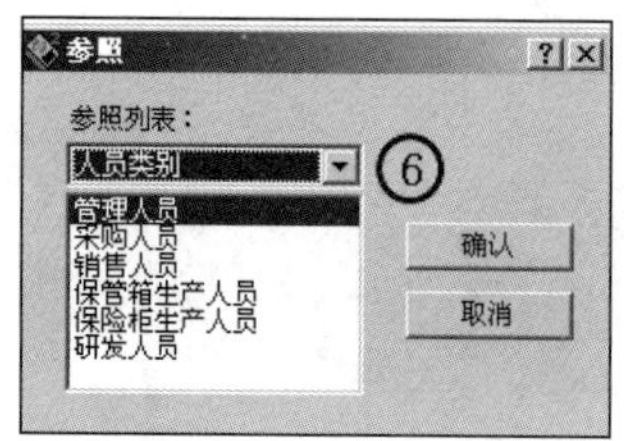

图 5.14　参照列表—管理人员

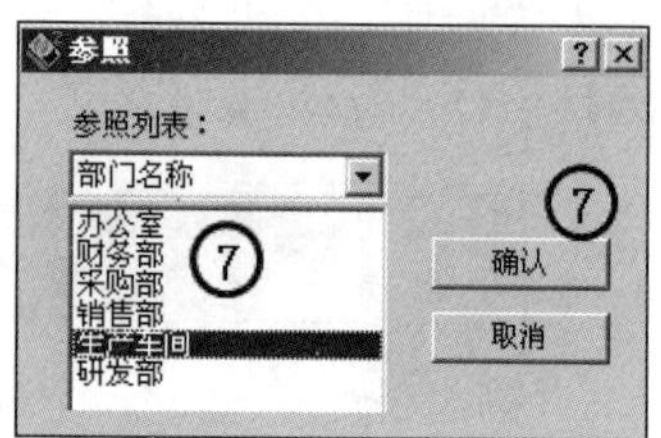

图 5.15　参照列表—生产车间

◆ 在“算数表达式 1”文本框中输入“3 000”，单击“完成”按钮，如图 5.16 所示。

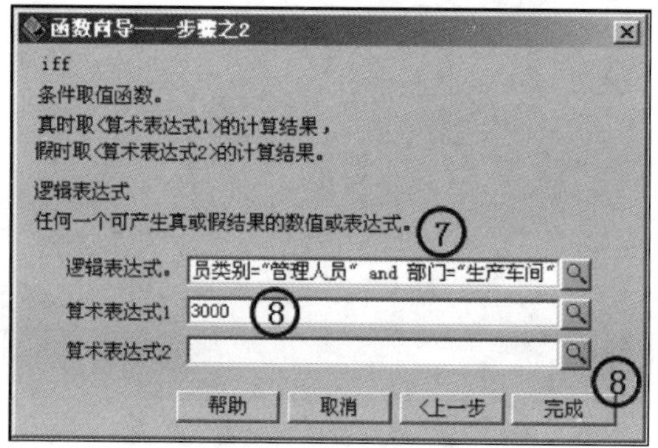

图 5.16　“函数向导——步骤之 2”对话框

◆ 将光标置于“基本工资公式定义”文本框中最后一个“,”右侧，单击“函数公式向导输入”按钮，重复后面公式的设定。

◆ 输入完销售人员公式后，在“算术表达式 2”文本框中输入“3 100”，单击“完成”按钮。以同样的方法定义“津贴补贴”的公式，如图 5.17 和图 5.18 所示。

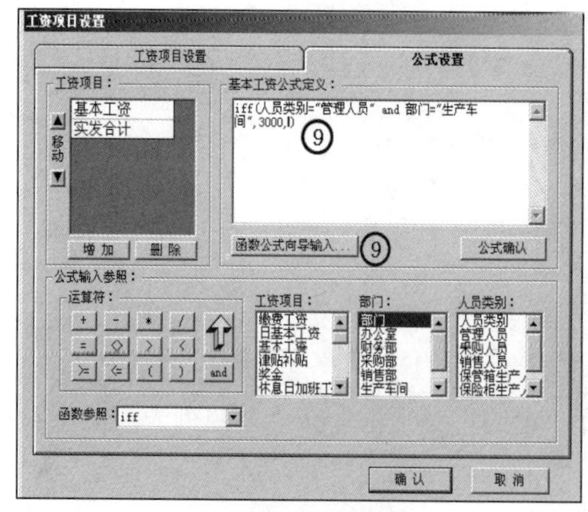

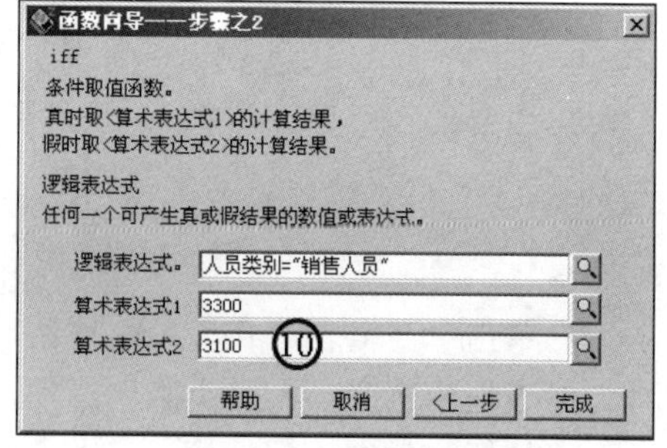

图 5.17　公式设置

图 5.18　算术表达式

注意：“and”后应有空格。

熟练之后可以直接在公式定义框中输入公式“iff(人员类别="管理人员"and 部门="生产车间",3 000,iff(人员类别="管理人员"and 部门<>"生产车间",2 600,iff(人员类别="保险柜生产人员",3 200,iff(人员类别="保管箱生产人员",2 800,iff(人员类别="采购人员",2 600,iff(人员类别="销售人员",3 300,3 100))))))"，输入之后单击"公式确认"按钮，如无任何提示，表明输入的公式正确。

B. 直接输入公式。

◆ 在"工资项目设置"界面，选择"公式设置"选项卡，如图 5.19 所示，单击"增加"按钮，在工资项目列表中增加一空行。

◆ 选择该行，在下拉列表中选择"日基本工资"选项。

◆ 在"日基本工资公式定义"文本框中输入"(基本工资+津贴补贴)/21.75"，单击"公式确认"按钮。同样的方法，输入其他公式。

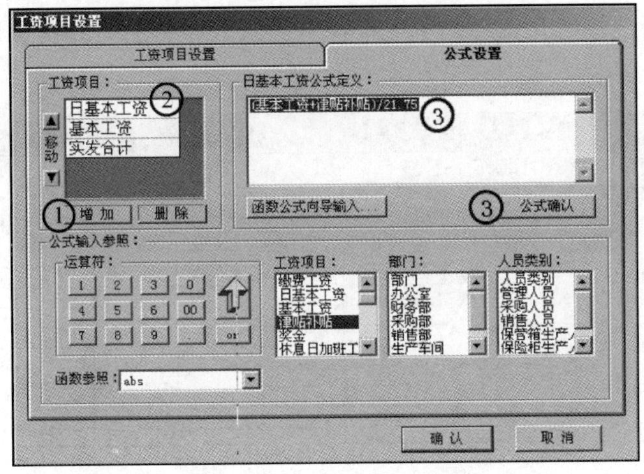

图 5.19　"公式设置"选项卡

注意：用同样的方法设置"临时人员"的工资公式，如计件工资公式可设为"iff(人员类别="保管箱生产人员",产品件数*10,产品件数*15)"。

⑤ 设置工资主管权限。

A. 执行"工资"|"设置"|"权限设置"命令，打开"权限设置"界面，如图 5.20 所示。

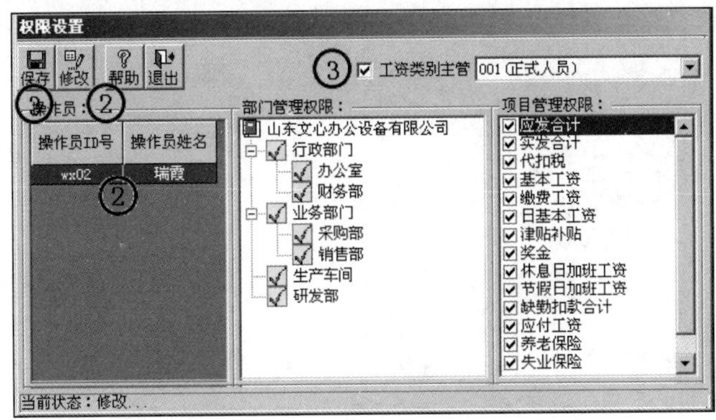

图 5.20　"权限设置"界面

B. 单击“修改”按钮，选择操作员“wx02 瑞霞”。

C. 勾选“工资类别主管”复选框，并选择“001(正式人员)”，单击“保存”按钮，单击“确定”按钮。

D. 同理，设置临时人员工资主管权限。

(4) 工资期初数据录入。

录入期初人员工资数据有两种方法，即直接在“工资变动”窗口录入和在“编辑”窗口录入。

方法一：

① 执行“工资”|“业务处理”|“工资变动”命令(或单击“工资变动”图标)，打开“工资变动”界面。

② 在表格中直接选择相应的单元格，直接录入缴费工资和资金数额，如图 5.21 所示。

文件 基础设置 总账 往来 现金 出纳·项目 工资 固定资产 采购 销售 库存 核算 窗口 帮助

打印 预览 输出 设置 替换 定位 筛选 保存 汇总 编辑 帮助 退出

工 资 变 动

过滤器：所有项目

人员编号	姓名	部门	人员类别	缴费工资	日基本工资	基本工资	津贴补贴	奖金	休息日加班工资
101	鲁文心	办公室	管理人员	5840.00				3,000.00	
102	万年	办公室	管理人员		②				
103	秋玲	办公室	管理人员						
104	坤芳	财务部	管理人员						
105	瑞霞	财务部	管理人员						
106	加营	财务部	管理人员						
201	亚玲	采购部	采购人员						
202	丽君	采购部	采购人员						

图 5.21 “工资变动”界面

方法二：

① 在打开的“工资变动”界面中单击“编辑”按钮，打开“工资数据录入——页编辑”对话框。

② 在“工资数据录入——页编辑”对话框中依人依次录入工资数据，如图 5.22 所示。以同样的方法进行临时人员期初工资数据录入。

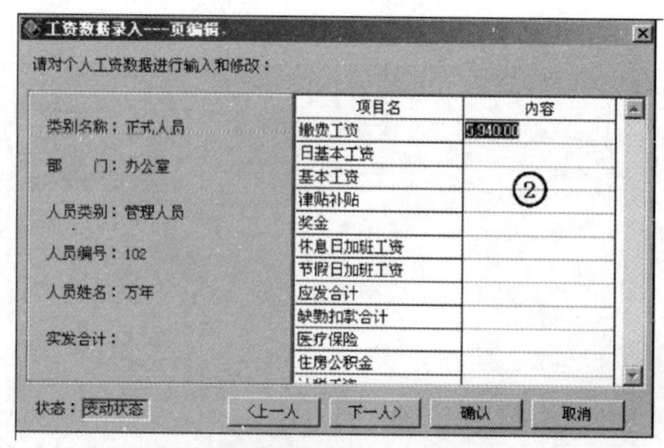

图 5.22 “工资数据录入——页编辑”对话框

注意：如果修改了某些数据、重新设置了计算公式、进行了数据替换或在个人所得税中执行了自动扣税等操作，系统会自动提示重新计算，尽量调用“工资期初数据录入”功能对个人工资数据重新计算，以保证数据正确。

第三节 工资系统日常业务处理

工资系统日常业务处理主要包括职员变动、工资数据变动、员工考勤录入、个人所得税计算和银行代发工资等。

一、工资数据变动

工资数据可以分为固定不变的数据和每月都不相同的数据。例如，每个人的基本工资就属于相对固定不变的数据。对于固定不变的工资数据，只要录入一次即可；而对于每月不同的工资数据可进行录入与修改，如每月的考勤、工资件数等。

如果只需对某些项目进行录入，可使用“项目过滤”功能，选择某些项目直接录入。如果需要录入某个指定部门或人员的数据，可先单击“定位”按钮，定位到需要录入数据的部门或人员上。如果需要按某个条件统一调整数据，如将职称为工程师的人员的书报费统一调整为 60.00 元，这时可使用“数据替换”功能。

如果需要对满足多个条件的人员进行款项不等的工资调整，如职称为高级工程师、年龄在 50 岁以上的人员按其工龄长短增加工龄工资，工龄每增加 1 年，工龄工资增加 10.00 元，即工龄工资=工龄×10.00，则可使用数据筛选功能。

若对工资数据的内容进行变更，在执行“重算工资”命令后，为保证数据的准确性，可调用本功能对工资数据进行重新汇总。在退出“工资变动”界面时，如未执行“工资汇总”命令，系统会自动提示进行汇总操作。

二、扣缴所得税

工资系统提供了个人所得税自动计算功能。用户只需定义个人所得税税率，在数据录入的过程中系统自动进行扣税处理。

1. 栏目选择

栏目选择主要设置个人所得税的扣税基数。

2. 纳税所得申报表

“纳税所得申请表”界面默认显示为“税款所属期”“人员编号”“人员名称”“应纳税所得额”“扣缴所得税税额”。用户可以通过“栏目”功能对“纳税所得申请表”界面显示的内容进行增加或减少。

3. 个人所得税税率表

个人所得税税率表可以根据国家政策需要修改“基数”“附加费用”，即税率。

三、银行代发

目前多数单位由银行代发工资。银行代发业务，是指每期工资核算之后需将每个职工的发放数据按照银行要求的文件格式提交给开户银行，由银行直接支付到个人银行账号。这种做法既减轻了财务部门发放工资繁重的工作，又有效地降低了财务人员去银行提取大笔款项所需要承担的风险，还提高了对员工个人工资的保密程度。

银行代发文件格式包括项目及项目的数据类型、长度和取值范围等。

四、工资数据统计与查询

工资数据统计与查询主要包括账表统计分析与凭证查询功能。账表又包括工资表、工资分析表和纳税所得申报表。工资表是指包括工资发放签名表、工资发放条、工资卡、部门工资汇总表、人员类别工资汇总表等由系统提供的原始表，主要用于本月工资发放和统计，可以进行修改和重建。工资分析表可以工资数据为基础，按照部门、人员类别、工资项目构成等进行分析比较。纳税所得申报表可通过“栏目”功能来增删申报表显示的内容；通过“设置”功能来界定需自行申报的年纳税所得额范围；对于个人所得税申报可采用单个申报和批量申报两种申报方式。

【任务操作】

1. 任务资料

(1) 工资变动情况。

① 加班、考勤和工作量情况如表 5-8 所示。

表 5-8 加班、考勤和工作量情况

编号	姓名	所属部门	双休日加班天数	节假日加班天数	病假天数	事假天数	计件工作量/个
102	万年	办公室				2	
205	晓红	销售部			2		
303	任勇	生产车间	3				
308	李彬平	生产车间		1			
312	辛润	生产车间					62
313	依琳	生产车间					90

② 研发部所研发产品获山东省创新提名奖，为激励职工积极性，公司研究决定对研发部人员的奖金再增加 500.00 元。

③ 法院执行扣除销售部职工叶彬款项 2 000.00 元。

(2) 代扣个人所得税设置。所得项目：工资；对应工资项目：计税工资；税率表基数：3 500.00 元；附加费用：2 800.00 元；其他默认。

(3) 银行代发。

① 显示单位编号为3711220101，人员编号，账号，实发金额，输入日期为2018.07.31。

② 文件方式为DAT(不定长文件)，数据输出文件名为“7 月份工资”。

2. 任务实施

以“wx02 瑞霞”的身份登录系统管理，恢复“5.2 工资系统初始化”账套数据，并登录畅捷通 T3 软件工资系统进行如下操作。

(1) 录入加班、考勤及工作量情况。

(2) 按照任务清单对部分工资数据进行修改或替换操作。

(3) 对代扣个人所得税进行相应设置。

(4) 生成银行代发数据。

3. 操作指导

(1) 录入考勤、加班情况。

① 执行“工资”|“工资类别”命令，打开“[工资变动-(工资类别：正式人员)]”窗口，如图 5.23 所示。

② 执行“工资”|“业务处理”|“工资变动”命令(或单击“工资变动”图标)，打开“工资变动”窗口。

③ 找到“任勇”所在行，录入休息日加班天数“3.00”；找到“李彬平”所在行，录入节假日加班天数“1.00”。

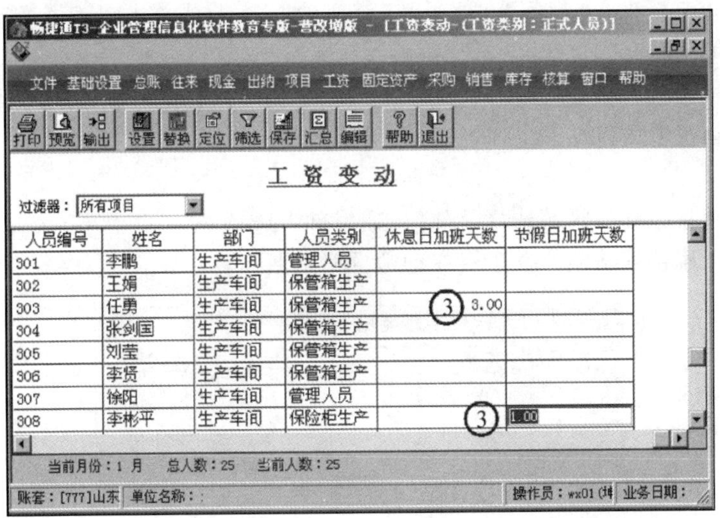

图 5.23 “[工资变动-(工资类别：正式人员)]”窗口

④ 以此类推，录入请假人员天数。

⑤ 录入完毕，右击工资数据区域，在弹出的快捷菜单中执行“重新计算”命令，更新录入后的工资数据。

(2) 录入工作量。

工作量录入以产品件数为例。

① 执行“工资”|“工资类别”命令，打开“[工资变动-(工资类别：临时人员)]”窗口，如图5.24所示。

② 执行“工资”|“业务处理”|“工资变动”命令(或单击“工资变动”图标)，打开“工资变动”窗口。

③ 在“辛润”行录入产品件数“62.00”，在“依琳”行录入“产品件数”为“90.00”。

④ 录入完毕，右击工资数据区域，在弹出的快捷菜单中执行“重新计算”命令，更新录入后的工资数据。

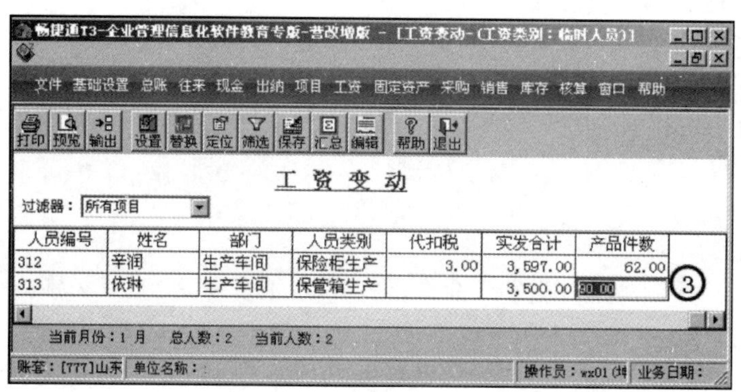

图5.24 “[工资类别-(工资类别：临时人员)]”窗口

(3) 工资数据替换。

根据任务清单研发部人员的资金再增加500.00元。

① 执行“工资”|“业务处理”|“工资变动”命令(或单击“工资变动”图标)，打开“工资变动”窗口。

② 单击“替换”按钮，打开“工资项数据替换”对话框，如图5.25所示。

③ 在“将工资项目”下拉列表框中选择“奖金”选项，在“替换成”文本框中输入“奖金+500”。

④ 在“替换条件”区域选择“部门=研发部”选项。

⑤ 单击“确认”按钮，在工资变动数据栏重新计算。

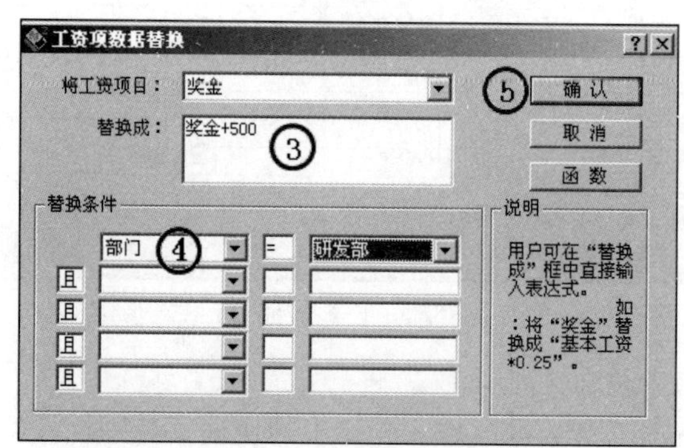

图5.25 “工资项数据替换”对话框

(4) 直接输入扣款项目。

直接输入扣款项目在指定的人员和工资项目处直接修改即可，修改完成需要重新计算。

(5) 代扣个人所得税设置。

① 执行“工资”|“业务处理”|“扣缴所得税”命令(或单击“扣缴个人所得税”图标)，打开“栏目选择”界面。

② 在“对应工资项目”下拉列表框中选择“计税工资”选项，单击“确认”按钮，如图 5.26 所示。打开“是否重算数据”提示对话框，单击“是”按钮，打开“个人所得税申报表”对话框。

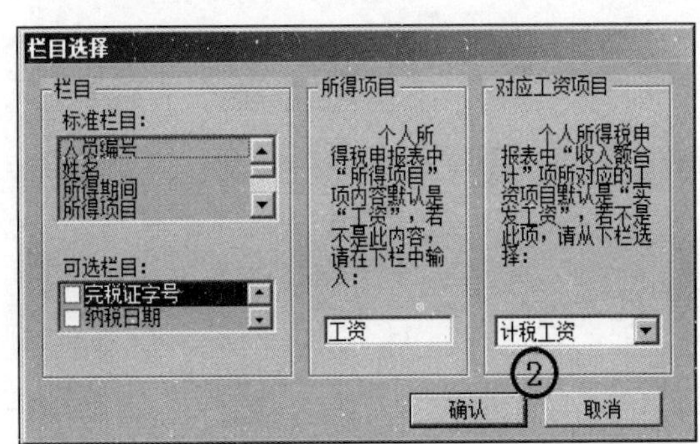

图 5.26　选择“计税工资”

③ 单击“税率”按钮，打开“个人所得税申报表——税率表”对话框，如图 5.27 所示，将基数调整为“3 500”，附加费用调整为“2 800”，单击“确认”按钮。单击“确认”按钮，打开“个人所得税”对话框，单击“是”按钮。

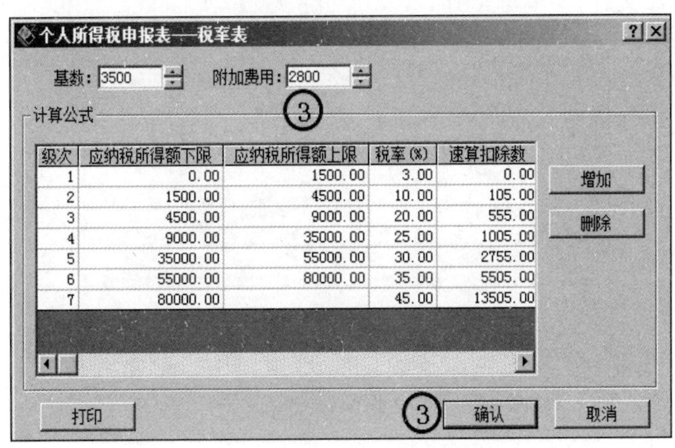

级次	应纳税所得额下限	应纳税所得额上限	税率(%)	速算扣除数
1	0.00	1500.00	3.00	0.00
2	1500.00	4500.00	10.00	105.00
3	4500.00	9000.00	20.00	555.00
4	9000.00	35000.00	25.00	1005.00
5	35000.00	55000.00	30.00	2755.00
6	55000.00	80000.00	35.00	5505.00
7	80000.00		45.00	13505.00

图 5.27　“个人所得税申报表——税率表”对话框

(6) 银行代发工资。

① 执行“工资”|“业务处理”|“银行代发”命令(或单击“银行代发”图标)，打开“银行代发-(工资类别：正式人员)”窗口。

② 单击“格式”按钮，打开“银行文件格式设置”对话框，按银行要求定义数据文件的关键字段，如图 5.28 和图 5.29 所示。

银行代发-(工资类别：正式人员)

打印 预览 输出 格式 方式 传输 定位 代发 帮助 退出

②

银行代发一览表

名称：中国工商银行滨海支行　　　　人数：25人

单位编号	人员编号	账号	金额	录入日期
3711220101	101	66269371101	6,125.36	20180731
3711220101	102	66269371102	4,998.58	20180731
3711220101	103	66269371103	5,379.26	20180731
3711220101	104	66269371104	5,528.48	20180731
3711220101	105	66269371105	5,379.26	20180731
3711220101	106	66269371106	5,379.26	20180731

图 5.28　“银行代发一览表”界面

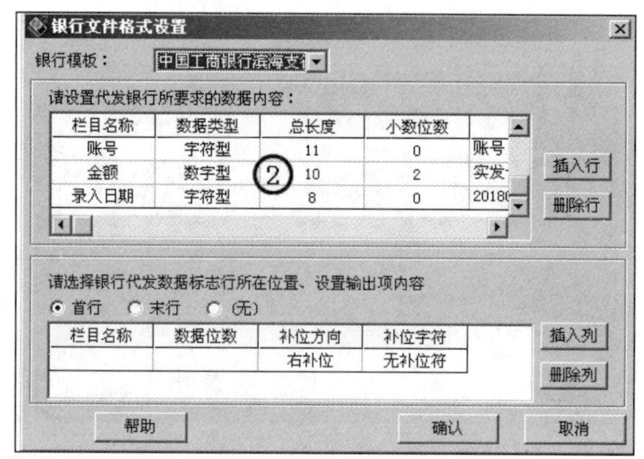

图 5.29　“银行文件格式设置”对话框

③ 在“银行代发-(工资类别：正式人员)”窗口中，单击“方式”按钮，打开“文件方式设置—中国工商银行滨海支行”对话框，选择“常规”选项卡，如图 5.30 所示，点选“DAT(不定长文件)”单选按钮，单击“确认”按钮。

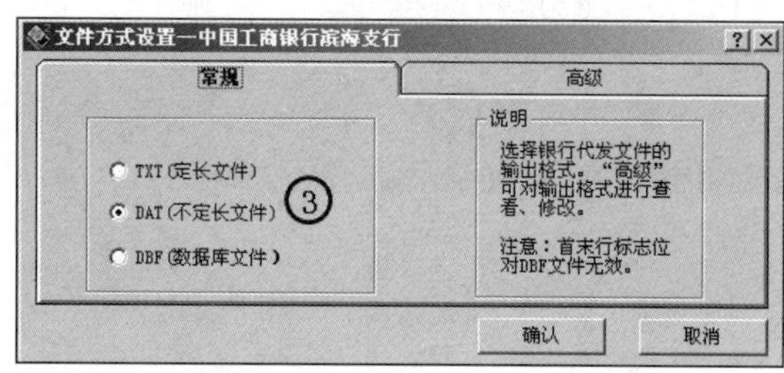

图 5.30　“常规”选项卡

④ 在“银行代发-(工资类别：正式人员)”窗口中，单击“传输”按钮，打开“数据输出”对话框，如图 5.31 所示，保存输出的文件。

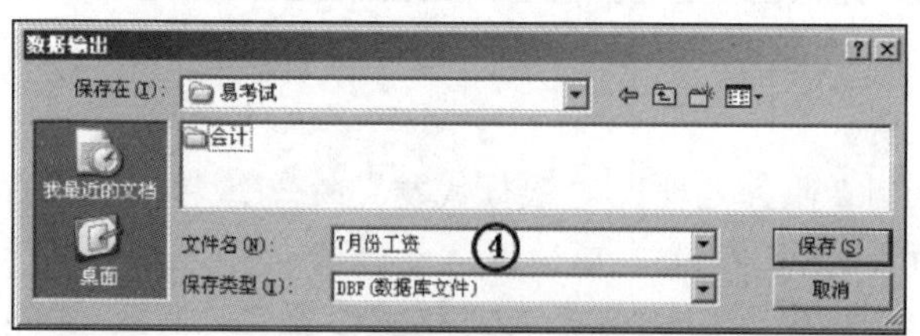

图 5.31　“数据输出”对话框

第四节　工资系统期末业务处理

如果本月工资在月末进行分配，那么工资分摊也属于月末处理的范围，除了工资分摊外，期末处理还包括月末结转与年末结转。

一、工资分摊

每月月末企业对各部门、各人员类别的工资等费用进行分配核算，通过设置各项费用的计提基数、计提工会经费、职工教育经费及企业承担的职工社保缴费等，并自动生成转账凭证，再传递到总账系统进行审核记账。生成的会计分录为借记各有关科目，贷记“应付工资”科目(或相关明细科目)。

(1) 设置分摊和费用计提基数。企业在本月内发生的工资额，不论是否已经发放，都要对其进行分配。需要事先设置工资分摊名称、工资分摊的计提基数、计提比例分摊的部门、应借应贷的科目名称等。

(2) 工资分摊操作。该操作实际上就是自动生成转账凭证，可在工资系统查询，保存后传递到总账系统，进行查阅、审核、记账。

二、月末结转

月末结转，即月末处理，是将当月数据经过处理后结转至下月。每月工资数据处理完毕后均可进行月末结转。由于在工资项目中，有的项目是变动的，即每月的数据均不相同，因此，在每月工资处理时，均需将其数据清零，而后录入当月的数据，此类项目即为清零项目。

三、反结账

如果出现错误，要进行修改，可进行反结账。反结账必须在下一个月进行操作，反结账后本月数据才可进行修改。反结账工资类别的可处理会计月份为“反结账会计月-1”。本功能只能由账套(类别)主管执行。

注意：有下列情况之一的，不允许反结账：

(1) 本月工资类别已制单到总账系统。如已制单记账，须做红字冲销；如已制单审核(出纳签字)，应取消审核(出纳签字)，删除已制单据；如制单后总账系统未进行任何操作，可删除已制单据。

(2) 总账系统上月已结账。

四、年末结转

一般情况下，企业是持续经营的，因此，企业的会计工作是一个连续性的工作。每到年末，启用新年度账时，就需要将上一年度中的相关账户的余额及其他信息结转到新年度账中。

年末结转就是将工资数据结转至下一年，结转后新年度账自动建立。年末结转操作在系统管理中进行。

【任务操作】

1. 任务资料

(1) 工资分摊。此处工资分摊仅对正式人员类别进行操作。按照表5-9的内容分摊各个工资项目(工资分摊计提基数为“应付工资”，其他项目计提基数为“缴费工资”)。

表5-9 工资分摊项目

部门名称	人员类别	工资(100%)		社保缴费(31.25%)		公积金(12%)	
		借方科目	贷方科目	借方科目	贷方科目	借方科目	贷方科目
办公室	管理人员	660201	221101	660203	221103	660204	221104
财务部	管理人员	660201	221101	660203	221103	660204	221104
采购部	采购人员	660201	221101	660203	221103	660204	221104
销售部	销售人员	660101	221101	660103	221103	660104	221104
生产车间	管理人员	5101	221101	5101	221103	5101	221104
	保管箱生产人员	500101	221101	500101	221103	500101	221104
	保险柜生产人员	500102	221101	500102	221103	500102	221104
研发部	研发人员	5301	221101	5301	221103	5301	221104

注：社会保险和住房公积金计缴比例：①社会保险单位缴费比例，养老保险为20%、失业保险为2%、医疗保险(与生育保险合并)为8.5%、单位工伤为0.75%；②社会保险个人缴费比例，养老保险为8%、失业保险为1%、医疗保险为2%；③住房公积金的单位、个人缴费比例均为12%。

按照表5-10的内容分摊各工资项目(计算项目为“缴费工资”)。

表5-10 分摊各工资项目

部门名称	人员类别	工会经费(1.5%)		职工教育经费(2%)	
		借方科目	贷方科目	借方科目	贷方科目
办公室	管理人员	660212	221106	660213	221105
财务部	管理人员	660212	221106	660213	221105
采购部	采购人员	660212	221106	660213	221105
销售部	销售人员	660112	221106	660113	221105

(续表)

部门名称	人员类别	工会经费(1.5%)		职工教育经费(2%)	
		借方科目	贷方科目	借方科目	贷方科目
生产车间	管理人员	5101	221106	5101	221105
	保管箱生产人员	500101	221106	500101	221105
	保险柜生产人员	500102	221106	500102	221105
研发部	研发人员	5301	221106	5301	221105

(2) 进行工资分摊处理。进行工资分摊处理分别生成分配工资、分配社保、分配公积金、分配职工教育经费和分配工会经费的会计凭证。

(3) 进行月末处理。

① 正式人员工资类别清零的项目为“请假天数”“请假扣款”“奖励工资”“节假日加班天数”“休息日加班天数”。

② 临时人员工资类别清零的项目为“产品件数”。

2. 任务实施

(1) 以“wx01 坤芳”的身份登录系统管理，恢复“5.3 工资系统日常业务处理”账套数据。

(2) 以“wx02 瑞霞”的身份登录畅捷通 T3 软件工资系统。

① 进行工资分摊设置。

② 月末，生成工资费用的会计凭证。

(3) 以“wx01 坤芳”的身份登录畅捷通 T3 软件工资系统，进行月末结转和反结账操作。

3. 操作指导

(1) 工资分摊设置。

① 执行“工资”|“业务处理”|“工资分摊”命令(或单击“工资分摊”图标)，打开“工资分摊”界面，如图 5.32 所示。

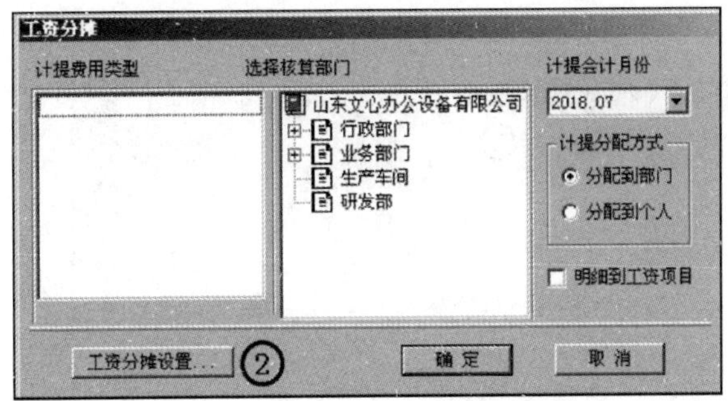

图 5.32　“工资分摊”界面

② 选择核算部门，单击“工资分摊设置”按钮，打开“分摊类型设置”对话框，如图 5.33 所示。

③ 在“分摊类型设置”对话框中，单击“增加”按钮，打开“分摊计提比例设置”对话框，如图 5.34 所示，在“计提类型名称”文本框中输入“分摊工资”，选择分摊计提比例“100%”。

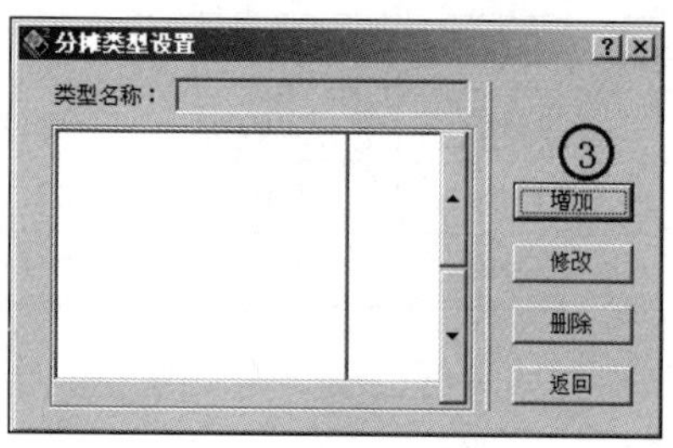

图 5.33 “分摊类型设置”对话框

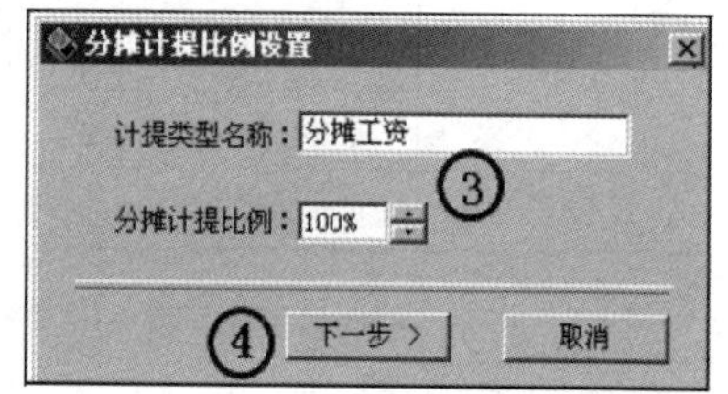

图 5.34 “分摊计提比例设置”对话框

④ 单击“下一步”按钮，打开“分摊构成设置”对话框。

⑤ 双击“部门名称”栏，分别单击“办公室”“财务部”“采购部”等部门。单击“确定”按钮。

⑥ 选择人员类别“管理人员”，在“项目”下拉列表框中选择“应付工资”选项，在借贷方科目分别输入“660201”“221101”，按照同样的方法设置相应部门相应人员类别的对应科目。

⑦ 输入完毕，单击“完成”按钮，如图 5.35 所示。

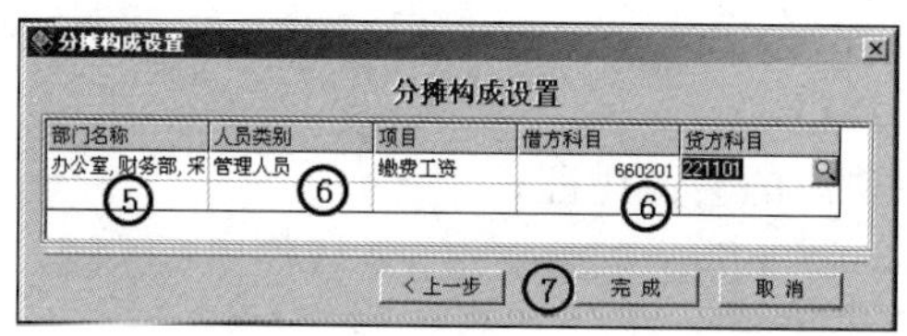

图 5.35 “分摊构成设置”对话框

⑧ 同样方法分别设置社保、公积金、职工教育经费、工会经费的分摊。

(2) 生成凭证。

① 执行“工资”|“业务处理”|“工资分摊”命令(或单击“工资分摊”图标)，打开“工资分摊”界面，如图 5.36 所示。

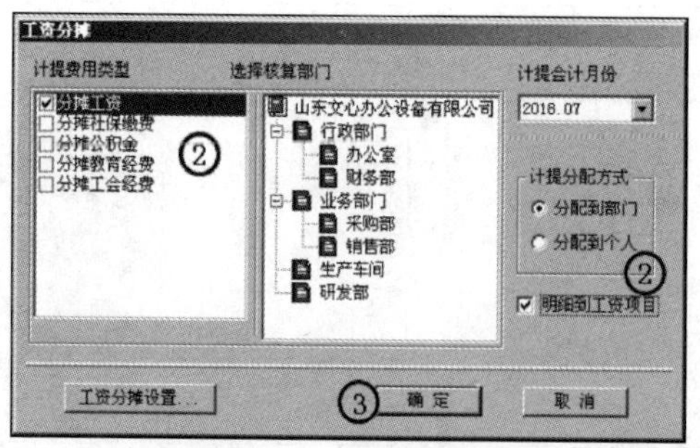

图 5.36 “工资分摊”界面

② 在“计提费用类型”区域勾选“分摊工资”复选框，选择所有核算部门，再勾选“明细到工资项目”复选框。

③ 单击“确定”按钮，打开“工资分摊明细-(工资类别：正式人员)”窗口。

④ 在“工资分摊明细-(工资类别：正式人员)”窗口，如图 5.37 所示，勾选“合并科目相同、辅助项相同的分录”复选框，在“类型”下拉列表框中选择“分摊工资”选项。

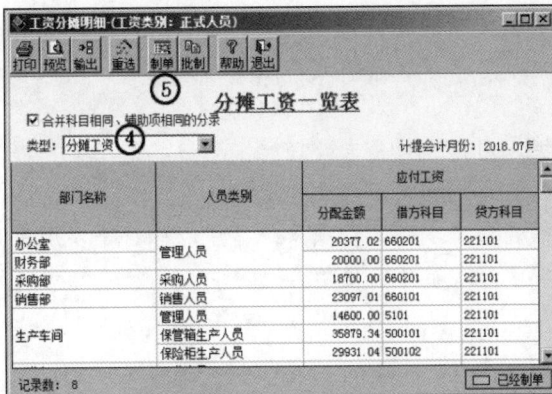

工资分摊明细-(工资类别：正式人员)

打印 预览 输出 重选 制单 批制 帮助 退出

分摊工资一览表

☑ 合并科目相同、辅助项相同的分录

类型：分摊工资　　计提会计月份：2018.07月

部门名称	人员类别	应付工资		
		分配金额	借方科目	贷方科目
办公室	管理人员	20377.02	660201	221101
财务部		20000.00	660201	221101
采购部	采购人员	18700.00	660201	221101
销售部	销售人员	23097.01	660101	221101
生产车间	管理人员	14600.00	5101	221101
	保管箱生产人员	35879.34	500101	221101
	保险柜生产人员	29931.04	500102	221101

记录数：8　　已经制单

图 5.37　“工资分摊明细-(工资类别：正式人员)”窗口

⑤ 单击“制单”按钮，打开制单窗口，修改或添加辅助信息，检查无误后单击“保存”按钮，凭证左上角出现“已生成”标志，表示该凭证已传递到总账。

⑥ 依次生成社保缴费、公积金、职工教育经费、工会经费的分摊凭证。

⑦ 单击“退出”按钮返回。

(3) 月末业务处理。

工资系统 1～11 月可进行月末处理，12 月不需要做月末处理，直接到系统管理结转上年数据。工资系统的 12 月的月末结转是和年末结转一同完成的。

① 执行“工资”|“业务处理”|“月末处理”命令(或单击“月末处理”图标)，打开“月末处理”对话框，如图 5.38 所示。单击“确认”按钮，打开“月末处理之后，本月工资将不许变动！继续月末处理吗？”提示对话框，如图 5.39 所示，单击“是”按钮。打开“是否选择清零项？”提示对话框，单击“是”按钮，再打开“选择清零项目”对话框，单击“否”按钮，则下月保留本月工资数据。

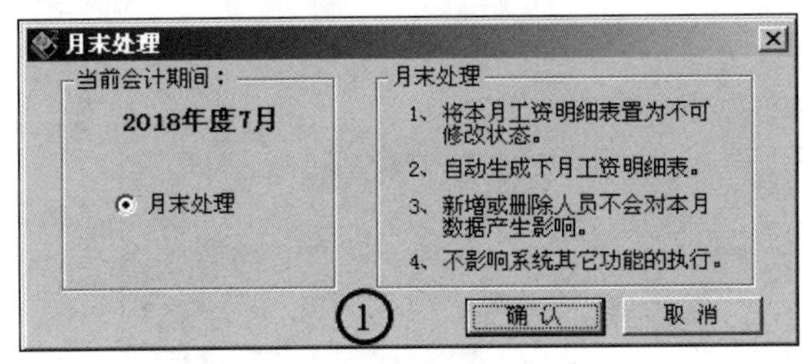

图 5.38　“月末处理”对话框

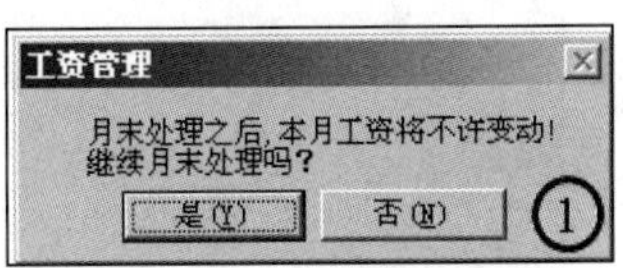

图 5.39　“工资管理”对话框

② 在“请选择清零项目”下拉列表中，选择“请假天数”“请假扣款”“奖励工资”，单击“＞”按钮，将所选项目移动到右侧的下拉列表框中。

③ 单击“确认”按钮，打开“月末处理完毕！”提示对话框，单击“确定”按钮返回，如图 5.40 所示。

图 5.40　“月末处理完毕！”对话框

④ 同理，完成“临时人员”工资类别月末结转。

注意：月末结转只能在会计年度的 1～11 月进行。

月末结转只有在当月工资数据处理完毕后才可以进行。

若为处理多个工资类别，则应打开“工资类别”对话框，分别进行月末结转。

若本月工资数据未汇总，系统将不允许进行月末结转。用户在进行月末结转时，系统将给予警告提示。

若本月无工资数据，用户进行月末处理时，系统将给予操作提示。

进行期末处理后，当月数据将不再允许变动。

月末结账后，选择的需清零的工资项系统将予以保存，不用每月重新选择。

月末处理功能只有主管人员才能使用。

(4) 反结账。

① 以次月日期登录畅捷通 T3 软件，关闭“工资类别”对话框。

② 执行“工资”|“业务处理”|“反结账”命令，打开“反结账”对话框，如图 5.41 所示。选择要反结账的工资类别，单击“确定”按钮。

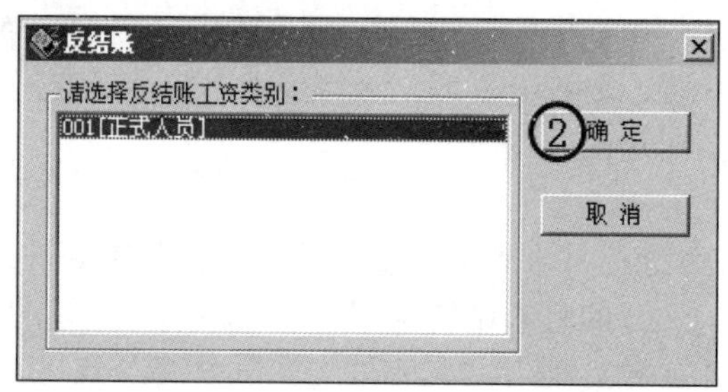

图 5.41 “反结账”对话框

③ 打开“执行本功能，系统将自动清空该月已完成的工资变动数据！”提示对话框，如图 5.42 所示，单击“确定”按钮。

④ 打开“反结账已成功完成！”提示对话框，如图 5.43 所示，单击“确定”按钮退出。

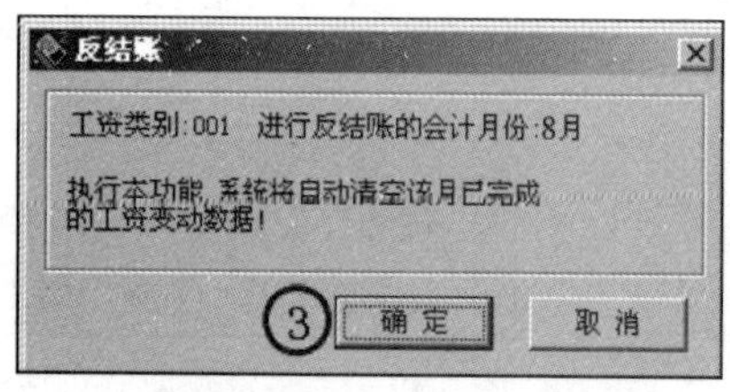

图 5.42 “反结账”提示对话框(1)

图 5.43 “反结账”提示对话框(2)

(5) 年末结转。

① 12 月工资业务完成后，以账套主管的身份登录系统管理进行年度账的建立。执行“年度账”|“建立”命令，打开“建立年度账”界面。会计年度自动调整为“2019”，单击“确认”按钮，如图 5.44 和图 5.45 所示。

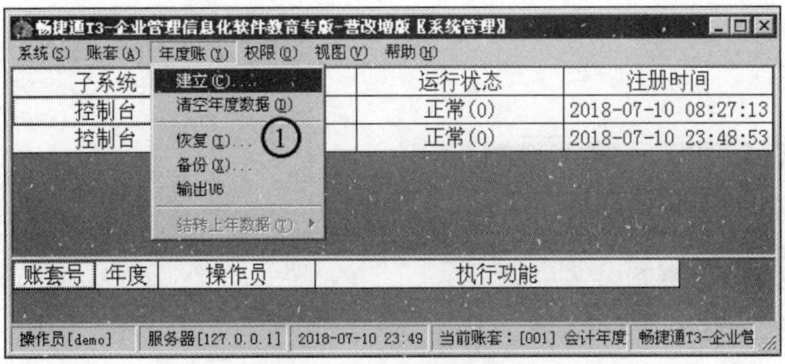

图 5.44 建立年度账(1)

图 5.45 建立年度账(2)

② 打开“确认建立[2019]年度账吗？”提示对话框，如图 5.46 所示，单击“是”按钮，确认建立。

③ 打开“建立年度：[2019]成功”提示对话框，如图 5.47 所示，单击“确定”按钮，完成年度账建立。

图 5.46 “【系统管理】”提示对话框

图 5.47 “建立年度账”提示对话框

④ 重新登录系统管理，选择该账套，年度为 2019。执行“年度账”|“结转上年数据”|“工资管理结转”命令，如图 5.48 所示。

图 5.48 年末结转

⑤ 打开“工资管理——结转上年数据”对话框，单击“确认”按钮，打开“马上将[2018]年数据结转到[2019]年?”提示对话框，如图 5.49 所示，单击“确认”按钮。打开“工资管理”对话框，如图 5.50 所示，在“当前会计期间”区域点选“结转上年数据”单选按钮，单击“确认”按钮。

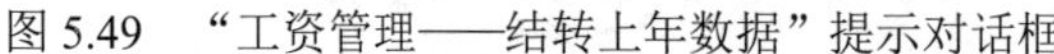

图 5.49 “工资管理——结转上年数据”提示对话框

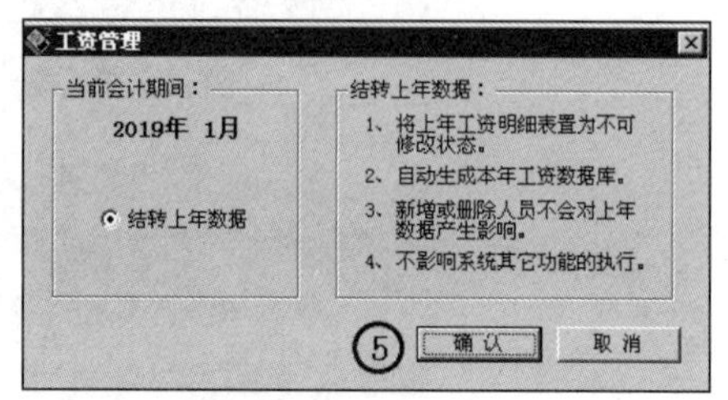

图 5.50 “工资管理”对话框

⑥ 打开“结转上年数据后，上年工资数据将不许变动！继续结转上年数据吗？”提示对话框，单击“是”按钮，打开“是否选择清零项！”提示对话框。

⑦ 单击“是”按钮，打开“选择清零项目”对话框，选择相应的清零项目，单击“确认”按钮完成数据结转；单击“否”按钮，直接完成上年数据结转，单击“确定”退出。如图 5.51～图 5.54 所示。

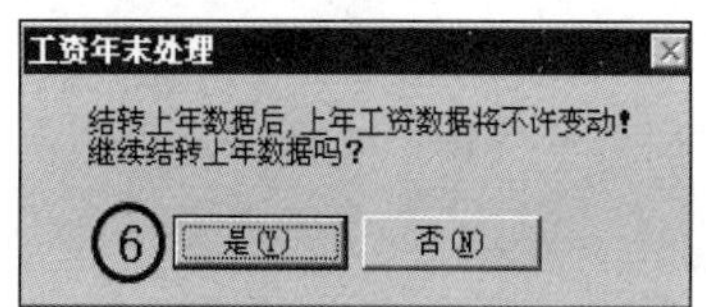

图 5.51 “工资年末处理”提示对话框(1)

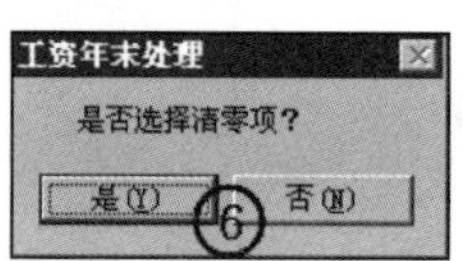

图 5.52 “工资年末处理”提示对话框(2)

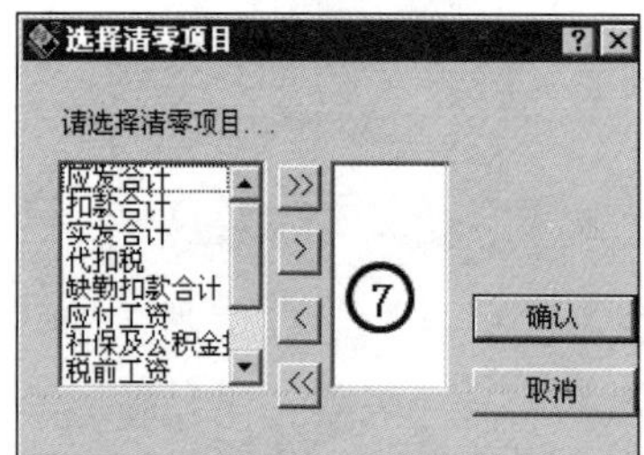

图 5.53 “选择清零项目”对话框

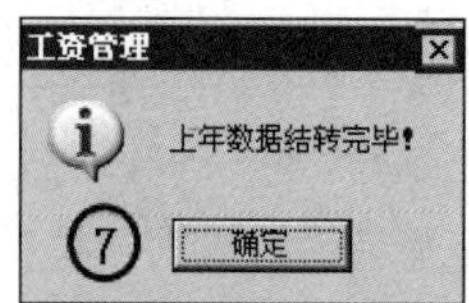

图 5.54 “上年数据结转完毕”提示对话框

固定资产系统

【学习目标】

目标要求	重点和难点
(1) 了解固定资产管理的主要功能和业务流程。 (2) 掌握固定资产系统初始化的内容、作用及设置操作。 (3) 熟练掌握固定资产的增加、减少和变动操作。 (4) 掌握固定资产的折旧处理及操作方法。 (5) 掌握固定资产月末结转的内容和处理方法。	(1) 固定资产的增减变动操作。 (2) 固定资产的月末结转。

【知识结构】

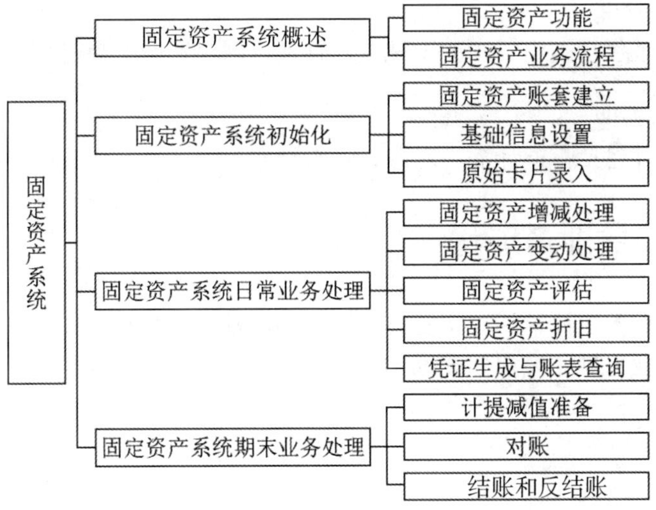

第一节　固定资产系统概述

一、固定资产的功能

固定资产系统主要是以固定资产卡片和固定资产明细账为基础，实现固定资产的会计核算、折旧计提和分配、设备管理等功能，同时提供了固定资产按类别、使用情况、所属部门和价值结构等进行分析、统计和各种条件下的查询、打印功能，以及该模块与其他模块的数据接口管理。其主要完成企业固定资产日常业务的核算和管理，固定资产卡片录入，固定资产的增加、减少、变动及其他操作。其输出相应的增减变动明细账，按月自动计提折旧，生成折旧记账凭证，生成相关的报表和账簿，使对账与总账保持平衡。其功能主要包括以下几个方面。

1. 固定资产账套建立

建立固定资产账套的一些控制参数设置，包括约定及说明、启用月份、折旧信息、编码方式、财务接口等。

2. 基础信息设置

基础信息设置是使用固定资产进行核算与管理的基础，包括部门档案、固定资产类别、折旧方法、部门对应折旧科目、增减方式、选项等设置。

3. 原始卡片录入

原始卡片是指开始使用日期在录入系统之前的资产卡片记录。使用固定资产系统进行核算前，必须将原始卡片资料录入系统，以保持历史资料的连续性。

4. 日常业务处理

日常业务处理包括固定资产的增减变动管理、固定资产卡片管理及凭证生成。

5. 期末业务处理

期末业务处理包括折旧计提、对账、月末结账等。

二、固定资产的业务流程

固定资产的业务主要包括固定资产账套建立、基础信息设置、日常业务处理和期末业务处理等。其业务操作流程如图 6.1 所示。

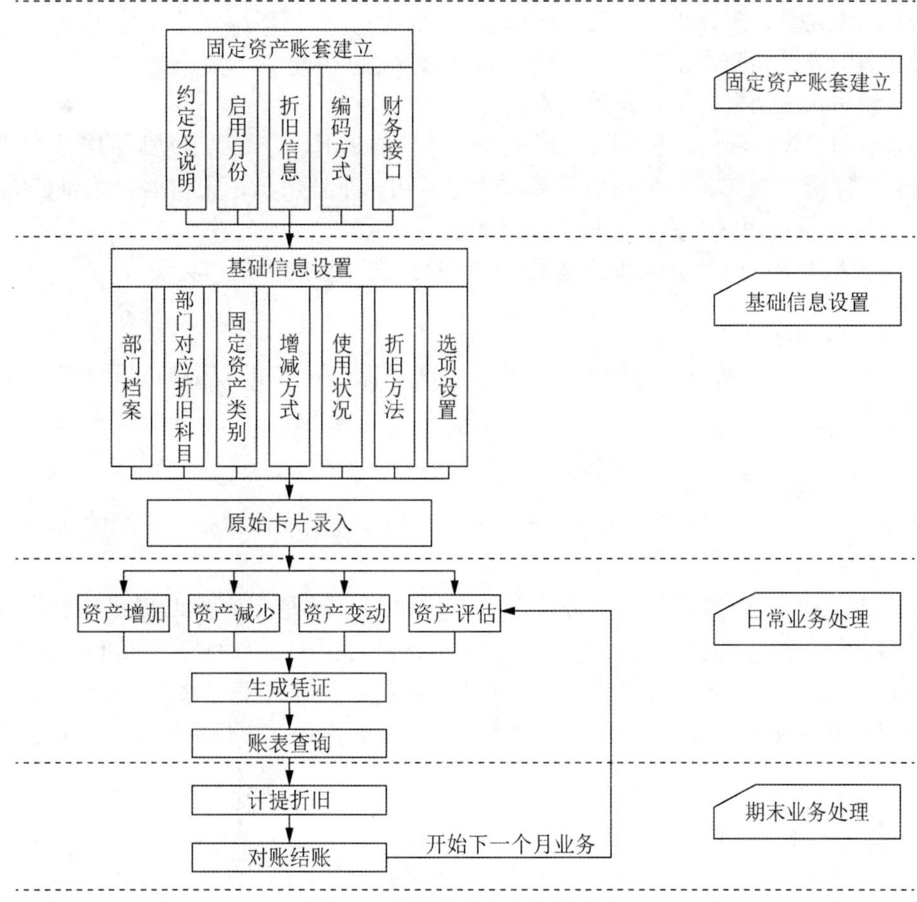

图 6.1 固定资产业务操作流程

第二节 固定资产系统初始化

一、固定资产账套建立

第一次启用固定资产系统时，需要根据单位的具体情况对固定资产系统进行初始化设置，建立一个适合本单位需要的固定资产账套，这是固定资产系统管理资产的首要操作。

1. 约定及说明

固定资产系统采用严格的序时管理，序时到日。固定资产系统相关约定及说明如下。

(1) 加速折旧法在变动生效的当期以净值作为计提原值，以剩余使用年限为计提年限计算折旧；直线法以原公式计算(因公式中考虑了价值变动和年限调整)。

(2) 原值调整、累计折旧调整、净残值(率)调整，下月有效。

(3) 折旧方法调整、使用年限调整，当月生效。

(4) 使用状况调整，下月有效。

(5) 折旧分配：部门转移和类别调整当月计提的折旧，分配到变动后的部门和类别。

(6) 固定资产系统各种变动后计算的折旧采用未来适用法，不自动调整以前的累计折旧，采用追溯适用法的企业只能手工调整累计折旧。

(7) 报表统计：当月折旧和计提原值的汇总到变动后的部门和类别。

2. 启用月份

将启用日之前的所有固定资产资料录入系统，保证固定资产系统可以进行各项管理及核算工作。

3. 折旧信息

使用单位根据自身情况选择主要折旧方法，根据需要来确定折旧分配周期，系统默认的分配周期为 1 个月。

如果选项中“当月初使用月份=使用年限×12−1 时是否将折旧提足(工作量法除外)”的判断结果是“是”，则除工作量法外，该月月折旧额=净值−净残值，并且不能手工修改；如果判断结果是“否”，则该月不提足，并且可手工修改，若以后各月按照公式计算的月折旧率或折旧额为负数时，认为公式无效，令月折旧率=0，月折旧额=净值−净残值。

4. 编码方式

资产类别编码最长可为 4 级 10 位，系统默认为 4 级 6 位。系统提供了手工和自动两种编码方式。

5. 账务接口

通过设置对账科目，可以与总账系统进行核对，可以进行固定资产核算业务的自动转账工作。完成建账操作后，可通过执行“设置”|“选项”命令进行控制参数修改，也可通过执行“维护”|“重新初始化账套”命令进行重建账套。

二、基础信息设置

1. 选项设置

选项中包括在账套初始化中设置的参数和其他一些在账套运行中使用的参数或判断。选项包括与账务“系统接口”“基本信息”“折旧信息”“其他”4 个选项卡，可用于对固定资产账套初始信息进行修改。

2. 部门档案设置

部门档案设置是指定义固定资产的使用单位编码和名称，确定固定资产的归属和折旧费用分配。

3. 部门对应折旧科目设置

部门对应折旧科目设置就是给部门选择一个折旧科目，录入卡片时，该科目自动显示在卡片中，不必一个一个录入，可提高工作效率。在生成部门折旧分配表时，每一个部门按折旧科目汇总，生成记账凭证。

4. 固定资产类别设置

固定资产类别设置是指定义固定资产的分类编码和分类名称，为核算和统计管理提供依据。

5. 增减方式设置

增减方式包括增加方式和减少方式两类。资产增加或减少方式用以确定资产计价和处理原则，同时明确资产的增加或减少方式可做到对固定资产增减的汇总管理心中有数。增加的方式主要有直接购买、投资者投入、捐赠、盘盈、在建工程转入、融资租入。减少的方式主要有出售、盘亏、投资转出、捐赠转出、报废、毁损、融资租出等。固定资产的增减方式可以设置为两级，可以在系统默认的基础上定义。

6. 使用状况设置

从固定资产核算和管理的角度，需要明确资产的使用状况，一方面可以正确地计算和计提折旧，另一方面便于统计固定资产的使用情况，提高资产的利用效率。主要的使用状况有在用、季节性停用、经营性出租、大修理停用、不需用、未使用等，也可以在此基础上修改或定义新的使用状况。

7. 折旧方法设置

折旧方法设置是系统自动计算折旧的基础。系统给出了 5 种常用的方法，即不提折旧、平均年限法(一和二)、工作量法、年数总和法、双倍余额递减法，并列出了它们的折旧计算公式。这几种方法是系统默认的折旧方法，只能选用，不能删除和修改。另外，可能由于各种原因，这几种方法不能满足需要，系统提供了折旧方法的自定义功能，可以自定义合适的折旧方法的名称和计算公式。

三、原始卡片录入

固定资产卡片是固定资产核算管理的入口和基础，建立固定资产账套以前的固定资产卡片数据就是原始卡片，为保证资料的连续性，需要将这些资料录入系统中。原始卡片录入的资产使用日期一定在固定资产系统启用日期之前。

 【任务操作】

1. 任务资料

(1) 固定资产账套建立。固定资产账套建立控制参数如表 6-1 所示。

表 6-1 固定资产账套建立控制参数

控制参数	参数设置
启用月份	2018.07.01
折旧信息	本年账套计提折旧；折旧方法：平均年限法(一)；折旧汇总分配周期：1 个月；当(月初已计提月份=可使用月份-1)时，将剩余折旧全部提足
编码方式	固定资产类别编码方式：2-1-1-2；固定资产编码方式：按“类别编码+序号”自动编码；卡片序号长度：3
财务接口	要求与总账系统进行对账；业务发生后立即制单；固定资产对账科目：1601 固定资产；累计折旧对账科目：1602 累计折旧
补充参数	月末结账前一定要完成制单登账业务；固定资产默认入账科目：1601 固定资产；累计折旧默认入账科目：1602 累计折旧；可纳税调整的增加方式：直接购入；可抵扣税额入账科目：应交税费——应交增值税(进项税额)
其他要求	对账不平衡的情况下不允许月末结账

(2) 基础信息设置。

① 资产类别设置，如表 6-2 所示。

表 6-2 资产类别设置

编码	类别名称	单位	使用年限	净残值率/%	计提属性	折旧方法
01	建筑物	栋	50	8	正常计提	平均年限法(一)
02	生产设备	套	10	5	正常计提	平均年限法(一)
03	办公设备	台	8	5	正常计提	平均年限法(一)
04	运输设备	辆	5	5	正常计提	平均年限法(一)

② 各部门对应计提折旧科目设置，如表 6-3 所示。

表 6-3 各部门对应计提折旧科目设置

部门	对应计提折旧科目	部门	对应计提折旧科目
办公室	管理费用(660209)	销售部	销售费用(660109)
财务部	管理费用(660209)	采购部门	管理费用(660209)
生产车间	制造费用(5101)	研发部	研发支出(5301)

③ 对固定资产增减方式进行对应入账科目设置。固定资产增减方式一览表如表 6-4 所示。

表 6-4 固定资产增减方式一览表

增减方式目录	对应入账科目
增加方式：直接购入	100201 工行存款
减少方式：出售	1606 固定资产清理
报废	1606 固定资产清理

④ 原始卡片录入，如表 6-5 所示。

表 6-5　原始卡片录入信息

名称	厂房	组装线	冲压机床	汽车	仓库	投影仪	宿舍楼
类别	建筑物	生产设备	生产设备	运输设备	建筑物	办公设备	建筑物
残值率/%	8	5	5	5	8	5	8
使用部门	生产车间	生产车间	生产车间	销售部	销售部	财务部	销售部
入账日期	2013-10-02	2016-02-20	2016-05-25	2017-06-18	2017-07-03	2016-12-18	2018-03-20
增加方式	在建转入	直接购入	直接购入	直接购入	直接购入	直接购入	直接购入
原值	3 000 000.00	100 000.00	96 000.00	140 000.00	600 000.00	6 000.00	3 000 000.00
数量	1 栋	1 套	1 台	1 辆	栋	1 台	1 栋
预计使用年限	50	10	10	5	30	8	50
对应折旧科目	5101	5101	5101	660109	660109	660209	660109
累计折旧	257 600.00	22 166.76	19 000.00	26 600.04	16 866.63	1 068.84	13 800.00

注：使用状况均为“在用”；折旧方法除汽车使用工作量法外；其他均为平均年限法(一)。汽车总工作量为 12 600 工时，累计工作量为 2 536 工时，工作量单位为工时。

2. 任务实施

2018 年 7 月 1 日，以“wx01 坤芳”的身份登录系统管理，恢复“3.2 总账系统初始化”账套数据，并登录畅捷通 T3 软件，进行如下操作。

(1) 建立固定资产账套并按任务清单进行相应控制参数设置。

(2) 对系统进行基础数据设置。

(3) 固定资产原始卡片录入。

3. 操作指导

(1) 建立固定资产账套。

① 在“T3-企业管理信息化软件教育专版”界面执行“固定资产”命令，打开“这是第一次打开此账套，还未进行过初始化，是否进行初始化？”提示对话框，单击“是”按钮，打开“固定资产初始化向导”对话框，如图 6.2 所示。

② 在“固定资产初始化向导”对话框中的“约定及说明”界面点选“我同意”单选按钮。

③ 单击“下一步”按钮，打开“固定资产初始化向导”对话框中的“启用月份”界面，如图 6-2 所示。

④ 在“账套启用月份”区域选择启用月份“2018.07”。

⑤ 单击“下一步”按钮，打开“固定资产初始化向导”对话框中的“折旧信息”界面，如图 6.3 所示。

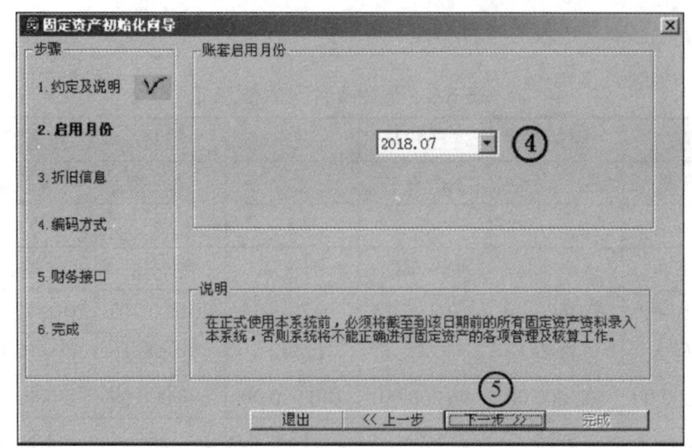

图 6.2 “固定资产初始化向导—启用月份”对话框

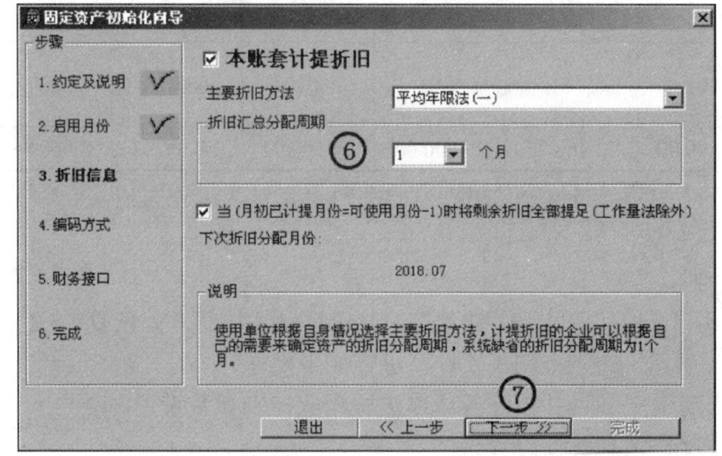

图 6.3 “固定资产初始化向导—折旧信息”对话框

⑥ 勾选“本账套计提折旧”复选框，选择主要折旧方法“平均年限法(一)”、折旧汇总分配周期“1 个月”，勾选“当(月初已计提月份=可使用月份-1)时将剩余折旧全部提足(工作量法除外)”复选框。

⑦ 单击“下一步”按钮，打开“固定资产初始化向导”对话框中的“编码方式”界面，如图 6.4 所示。

⑧ 确定资产类别编码长度“2112”；点选“自动编码”单选按钮，选择固定资产编码方式“类别编号+序号”、序号长度“3”。

⑨ 单击“下一步”按钮，打开“固定资产初始化向导”对话框中的“财务接口”界面，如图 6.5 所示。

⑩ 勾选“与财务系统进行对账”复选框，选择固定资产对账科目“1601，固定资产”、累计折旧对账科目“1602，累计折旧”。取消勾选“在对账不平情况下允许固定资产月末结账”复选框。

⑪ 单击“下一步”按钮，打开“固定资产初始化向导”对话框的“完成”界面，显示有关设置信息，单击“完成”按钮，单击“是”按钮，保存新账套的所有设置。

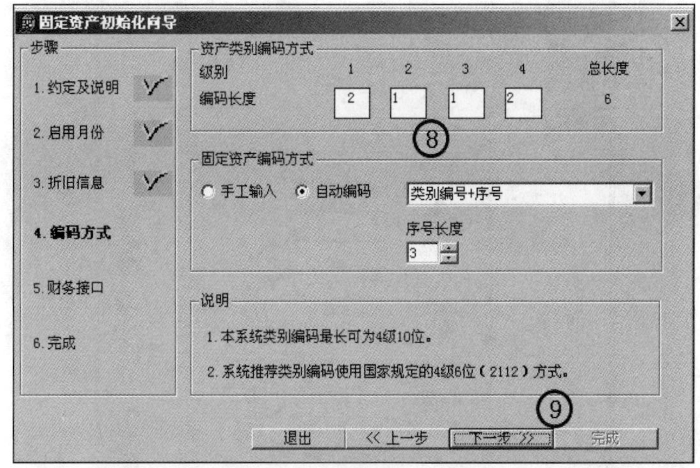

图 6.4 “固定资产初始化向导—编码方式”对话框

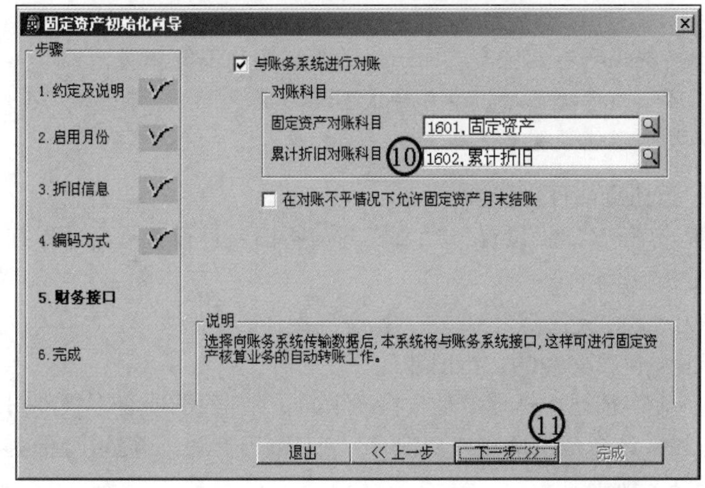

图 6.5 “固定资产初始化向导—财务接口”对话框

注意：初始化设置完成后，有些参数不能修改，所以要慎重。

如果发现参数有误，必须改正，只能通过固定资产管理子系统执行“维护”|“重新初始化账套”命令实现，该操作将清空对该子账套所做的一切工作。

(2) 设置资产类别。

① 执行“固定资产”|“设置”|“资产类别”命令，打开“类别编码表”窗口，如图 6.6 所示。

② 单击“增加”按钮。

③ 输入类别名称“建筑物”、使用年限“50”、净残值率“8”、计量单位“栋”，选择计提属性“正常计提”、折旧方法“平均年限法(一)”、卡片样式“通用样式”、固定资产和累计折旧分别为“1601，固定资产”“1602，累计折旧”。

④ 单击“保存”按钮。

⑤ 同理，完成对其他资产类别的设置。

图 6.6 “类别编码表”窗口

注意：资产类别编码不能重复，同一级的类别名称不能相同。

类别编码、名称、计提属性、卡片样式不能为空。

已使用过的类别不能设置新下级。

(3) 设置部门对应折旧科目。

① 执行“固定资产”|“设置”|“部门对应折旧科目设置”命令，打开“部门编码表”窗口，如图 6.7 所示。

② 选择部门“1 行政部门”，单击“操作”按钮。

③ 选择折旧科目“660209，折旧费”。

④ 单击“保存”按钮，打开“是否将[行政部门]部门的所有下级部门的折旧科目替换为[折旧费]？如果选择是，请在成功保存后点[刷新]查看。”提示对话框，单击“是”按钮保存，如图 6.8 所示。

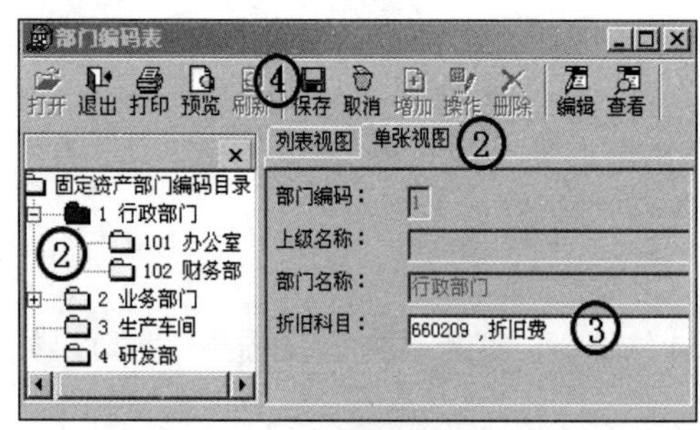

图 6.7 “部门编码表”窗口

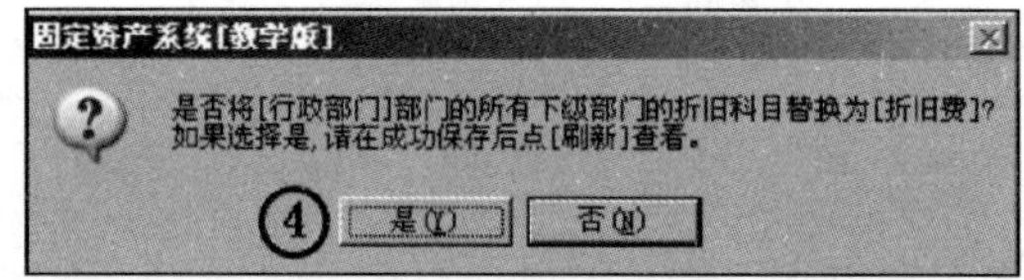

图 6.8 “固定资产系统[教学版]”提示对话框

⑤ 同理，完成对其他部门对应折旧科目的设置。

(4) 设置增减方式的对应科目。

① 执行“固定资产”|“设置”|“增减方式”命令，打开“增减方式”窗口，如图 6.9 所示。

② 在左侧下拉列表中，选择增加方式“101 直接购入”。

③ 单击“操作”按钮。

④ 选择“列表视图”选择卡，输入对应入账科目“100201，工行存款”。

⑤ 单击“保存”按钮。

⑥ 同理，输入减少方式“毁损”的对应入账科目“1606，固定资产清理”。

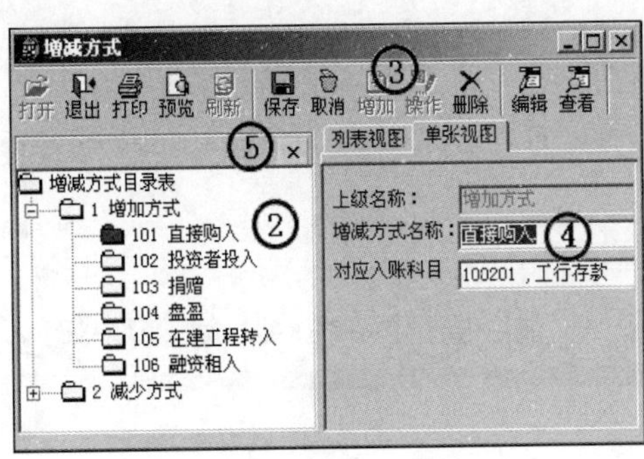

图 6.9　“增减方式”窗口

注意：当固定资产发生增减变动时，系统生成凭证时会默认采用这些科目。

(5) 录入固定资产原始卡片。

① 执行“固定资产”|“卡片”|“录入原始卡片”命令(或单击“原始卡片录入”图标)，打开“资产类别参照”对话框。

② 在“资产类别参照”对话框中，如图 6.10 所示，选择固定资产分类编码表“01 建筑物”，单击“确认”按钮，打开“固定资产卡片[录入原始卡片：00001 号卡片]”窗口。

③ 输入固定资产名称“厂房”、部门名称“生产车间”、增加方式“在建工程转入”，选择使用状况“在用”，输入开始使用日期“2013-10-02”、原值“3 000 000.00”、累计折旧“257 600.00”、可使用年限“50 年 0 月”，其他信息自动计算得出。

④ 单击“保存”按钮，结果如图 6.11 所示。打开“数据成功保存”提示对话框，单击“确定”按钮。

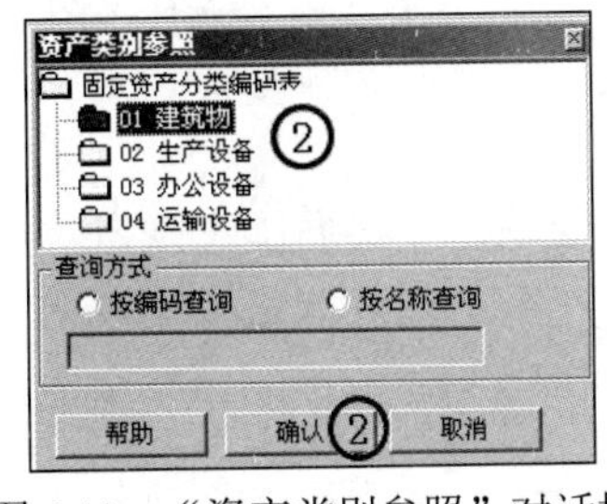

图 6.10　“资产类别参照”对话框

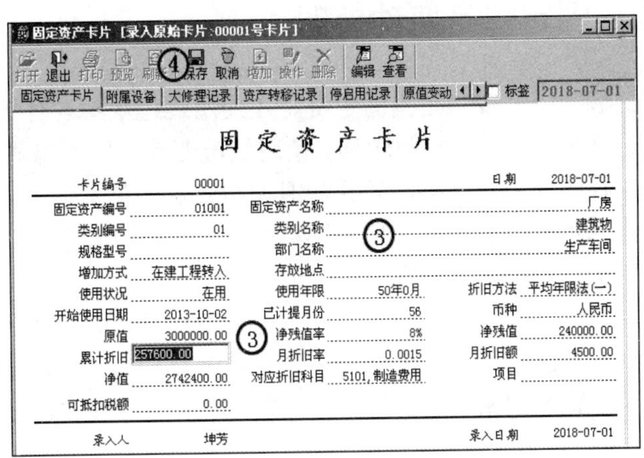

图 6.11　“固定资产卡片”界面

⑤ 同理，完成对其他固定资产卡片录入。

注意：

卡片编号——系统根据初始化时定义的编码方案自动设定，不能修改。当删除一张卡片，又不是最后一张时，系统将保留空号。

已计提月份——系统将根据开始使用日期自动算出，可以修改，将使用期间停用等不计提折旧的月份扣除。

月折旧率、月折旧额——与计算折旧有关的项目输入后，系统会按照输入的内容自动算出并显示在相应项目内，可与手工计算的值比较，核对是否有误。

第三节　固定资产系统日常业务处理

一、固定资产增减处理

1. 固定资产增加

固定资产增加操作也称为新卡片录入，一张新的固定资产卡片与固定资产期初录入相对应。固定资产的增加包括固定资产的购建、外单位转入、捐赠、盘盈等，核算时根据实际业务要求，在固定资产卡片中选择录入固定资产增加的信息内容。

2. 固定资产减少

固定资产减少是指资产在使用过程中由于各种原因退出企业。此时要进行固定资产减少处理，固定资产减少需录入固定资产减少卡片并说明减少原因。固定资产减少的基本途径可分为固定资产的出售、报废、毁损、盘亏等。

二、固定资产变动处理

固定资产变动是指固定资产在使用过程中对与计算有关的项目所做的调整，包括固定资产原值变动、部门转移、使用状况变动、使用年限调整、折旧方法调整、净残值(率)调整、工作总量调整、累计折旧调整、资产类别调整、变动单管理等。此类操作必须留下原始凭证，制作的原始凭证称为变动单。其他项目的修改，如名称、编号、自定义项目等的变动等可直接在卡片上进行。

资产在使用过程中，除发生下列情况外，价值不得任意变动：①根据国家规定对固定资产重新估价；②增加补充设备或改良设备；③将固定资产的一部分拆除；④根据实际价值调整原来的暂估价值；⑤发现原记固定资产价值有误。

注意：固定资产系统原值发生变动可通过“原值变动”功能实现。原值变动包括原值增加和原值减少两部分，必须保证变动后的净值大于或等于变动后的净残值。

使用年限调整的资产在调整的当月就按调整后的使用年限计提折旧。

折旧方法调整在当月就按调整后的折旧方法计提折旧。调整后净残值必须小于净值；调整后的工作总量不能小于累计用量。调整后的累计折旧必须保证大于或等于净残值。

本月录入和本月增加的固定资产不允许变动处理。

三、固定资产评估

随着市场经济的发展，企业在经营活动中，根据业务或国家要求需要对部分资产或全部资产进行评估或重估，而其中固定资产评估是资产评估很重要的部分。

固定资产评估简称资产评估，其主要功能包括：将评估机构的评估数据手工输入或定义公式输入系统；根据国家要求手工输入评估结果或根据定义的评估公式生成评估结果；提供可评估的资产内容包括原值、累计折旧、净值、使用年限、工作总量、净残值率等，企业可根据需要选择。

资产评估操作主要包括选择要评估的项目、选择要评估的资产、生成评估单、查询评估单、修改评估单和删除评估单等内容。

四、固定资产折旧

自动计提折旧是固定资产系统的主要功能之一。系统每期计提折旧一次，根据输入系统的资料自动计算每项资产的折旧，并自动生成折旧分配表，然后制作记账凭证，将本期的折旧费用自动登账。

在一个期间内可以多次计提折旧，每次计提折旧后，只是将计提的折旧累加到月初的累计折旧，不会重复累计。如果上次计提折旧已制单并把数据传递到账务系统，则必须删除该凭证才能重新计提折旧。计提折旧后又对账套进行了影响折旧计算或分配的操作，必须重新计提折旧，否则系统不允许结账。如果使用自定义的折旧方法月折旧率或月折旧额出现负数，则自动中止计提。

五、凭证生成与账表查询

1. 凭证生成

固定资产系统和账务系统之间存在着数据的自动传输，该传输通过制作传送到账务系统的凭证实现。本系统需要制单或修改凭证的情况包括资产增加(录入新卡片)、资产减少、卡片修改(涉及原值或累计折旧时)、资产评估(涉及原值或累计折旧变化时)、原值变动、累计折旧调整、折旧分配。

当对资产进行增减或涉及原值与折旧变动操作完成时，可以通过“制单”功能立即生成凭证传输到账务系统，也可以通过“批量制单”功能完成凭证的集中生成。因此填制凭证就有两种方法：在业务发生后立即制单或者在期末批量制单。

2. 凭证修改与删除

当修改已制单的原始单据中的有关金额时(如修改卡片的原值或累计折旧、修改评估单使原值或累计折旧的评估前后差额发生变化)，固定资产系统限制不能无痕迹修改该单据，必须对凭证做相应的处理，如删除或做红字对冲后，才允许无痕迹修改。

如果要删除已制作凭证的卡片、变动单、评估单，或重新计提、分配折旧，进行资产减少的恢复等操作，必须先删除相应的凭证，否则系统禁止这些操作。

修改固定资产系统的凭证时，能修改的内容仅限于摘要，与原始单据相关的默认科目和金额不能修改。

3. 凭证查询

所制作传输到账务系统的记账凭证，可通过“凭证查询”功能查看和删除。

(1) 在查看已制作凭证的原始单据(卡片、变动单、分配表、评估单)时，通过执行“处理”|“凭证查询”命令查看该单据的记账凭证。

(2) 执行“处理”|“凭证查询”命令，显示系统制作传输到账务系统的所有凭证的列表，双击任一行，可查看该凭证。

4. 账表查询

固定资产管理过程中，需要及时掌握资产的统计、汇总和其他各方面的信息。根据用户对系统的日常操作，自动提供这些信息，以报表的形式提供给财务人员和资产管理人员。提供的报表分为 4 类：分析表、统计表、账簿、折旧表。另外，如果所提供的报表不能满足要求，可根据需要自定义报表。各类账表可查询的内容如下。

(1) 分析表：包括固定资产使用状况分析表、固定资产部门构成分析表、固定资产类别构成分析表、固定资产价值结构分析表。

(2) 统计表：包括固定资产盘盈盘亏报告表、固定资产原值一览表、固定资产统计表、资产评估变动表、资产评估汇总表。

(3) 账簿：包括固定资产总账、(部门、类别)固定资产明细账、(单个)固定资产明细账、固定资产登记簿。

(4) 折旧表：包括部门折旧计算表、固定资产折旧计算明细表、固定资产及累计折旧表(一)、固定资产及累计折旧表(二)、固定资产折旧期间统计表。

【任务操作】

1. 任务资料

(1) 2018 年 7 月 4 日，研发部购买打印机一台，价值为 2 800.00 元，增值税税额为 448.00 元，使用年限为 6 年，采用平均年限法(一)，验收入库，转账支票支付(支票号为 10201001)。

(2) 2018 年 7 月 29 日，对厂房(属生产车间)进行重新评估。评估结论：原值为 3 200 000.00 元，累计折旧为 270 000.00 元。假定原值和累计折旧增加部分计入资本公积。

(3) 2018 年 7 月 29 日，组装线添置智能化模块为 23 000.00 元(不考虑增值税)，转账支票支付，票号为 10211009。

(4) 2018 年 7 月 29 日，本月汽车工作量为 300 工时。

(5) 2018 年 7 月 29 日，计提本月折旧。

(6) 2018 年 7 月 30 日，财务部损毁投影仪一台。

2. 任务实施

以“wx02 瑞霞”的身份登录系统管理，恢复“6.2 固定资产系统初始化”账套数据，并登录畅捷通 T3 软件进行如下操作。

(1) 要求进行资产增加操作。

(2) 要求进行资产评估操作。

(3) 要求进行资产变动操作。

(4) 要求录入工作量并进行计提折旧操作。

(5) 要求进行资产减少操作。

3. 操作指导

(1) 固定资产增加业务。

① 录入固定资产卡片。

A. 执行“固定资产”|“卡片”|“资产增加”命令(或单击“资产增加”图标)，打开“资产类别参照”窗口。

B. 选择资产类别“03 办公设备”，单击“确认”按钮，打开“固定资产卡片[新增资产：00008 号卡片]”窗口，如图 6.12 所示。

C. 输入固定资产名称“打印机”、部门名称“研发部”，选择增加方式“直接购入”、选择使用状况“在用”，按要求输入原值、使用年限、开始使用日期、可抵扣税额。

D. 单击“保存”按钮，打开“数据成功保存！”提示对话框，单击“确定”按钮，在“固定资产卡片[新增资产：00008 号卡片]”窗口单击“取消”按钮，打开“是否取消本次操作”提示对话框，单击“是”按钮，退回“固定资产卡片[新增资产：00008 号卡片]”窗口，单击“退出”按钮。

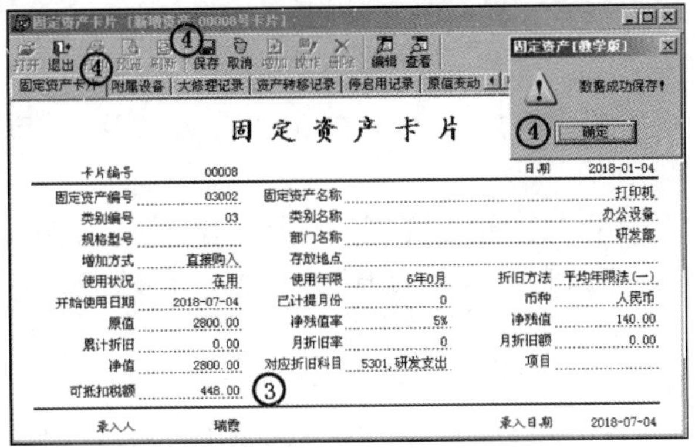

图 6.12 “固定资产卡片[新增资产：00008 号卡片]”窗口

② 进行固定资产制单。

A. 执行“固定资产”|“处理”|“批量制单”命令(或单击“批量制单”图标)，打开“批量制单”对话框。

B. 在“批量制单”对话框(图 6.13)中选择“制单选择”选项卡，双击“制单”栏，打上制单标志“Y”。

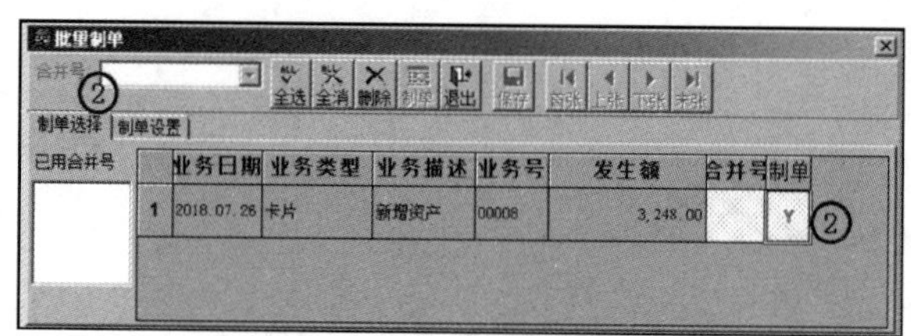

图 6.13 “批量制单”对话框

C. 选择“制单设置”选项卡，单击“制单”按钮。

D. 在“填制凭证”窗口，插入一条分录，输入摘要“购进打印机”、科目名称“应交税费/应交增值税/进项税额”、借方金额“448.00”，如图 6.14 所示。核实正确后，单击“保存”按钮。

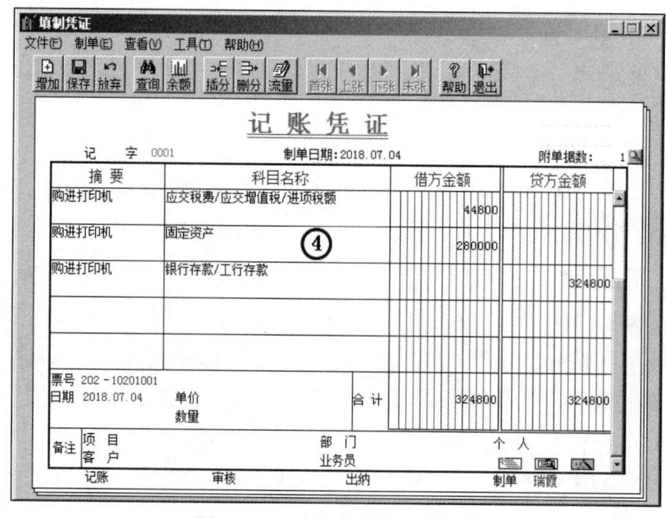

图 6.14 “记账凭证”界面

(2) 固定资产评估业务。

① 执行“固定资产”|“卡片”|“资产评估”命令(或单击“资产评估”图标)，打开“资产评估”窗口。

② 单击“增加”按钮，打开“评估资产选择”对话框，如图 6.15 所示，在“可评估项目”区域中，勾选“原值”“累计折旧”复选框，单击“确定”按钮，即打开“资产评估”窗口。

③ 在“资产评估”窗口(图 6.16)选择厂房的卡片编号“00001”，在“(A)原值”“(A)累计折旧”栏下分别输入“3 200 000.00”“270 000.00”，单击“保存”按钮。打开“是否确认要进行资产评估？”提示对话框。

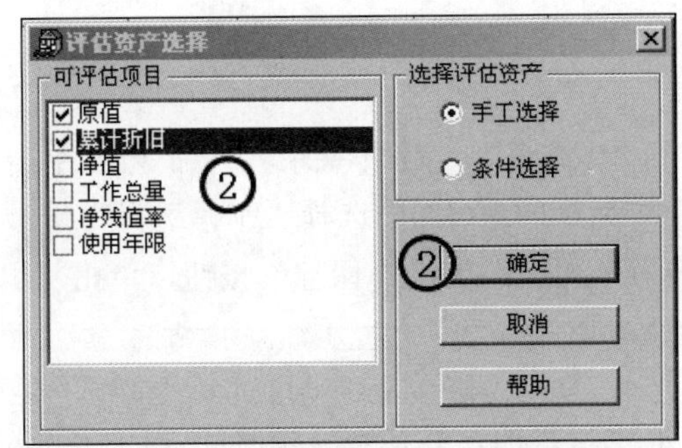

图 6.15　“评估资产选择”对话框

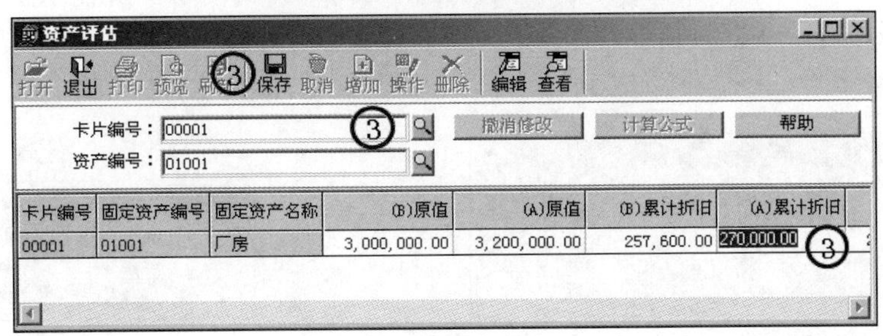

图 6.16　“资产评估”窗口

④ 单击“是”按钮，打开“填制凭证”窗口，在空白科目处输入“资本公积”。

(3) 资产变动业务。

① 执行“固定资产”|“卡片”|“变动单”|“原值增加”命令(或单击“资产变动”图标)，选择“原值增加”，打开“固定资产变动单[新建变动单：00001 号变动单]”窗口，如图 6.17 所示。

② 输入卡片编号“00002”、增加金额“23 000.00”、变动原因“增加智能化模块”。

③ 单击“保存”按钮，打开“填制凭证”窗口。

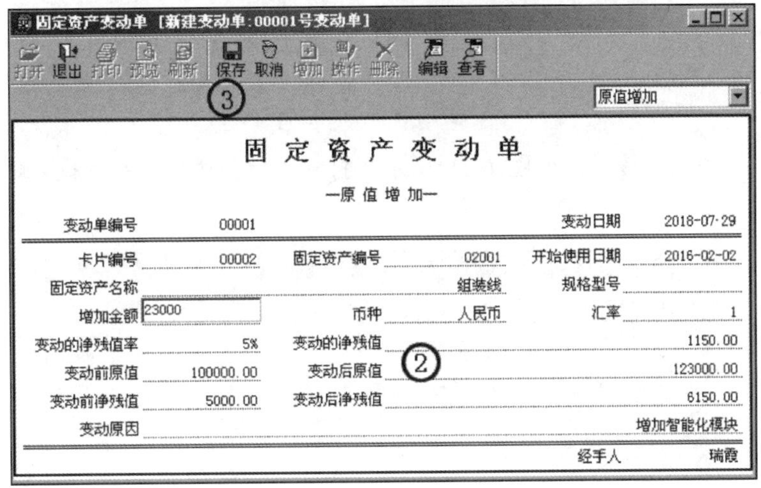

图 6.17　“固定资产变动单[新建变动单：00001 号变动单]”窗口

④ 在贷方金额科目栏，输入科目编码“100201”，将光标移动到贷方金额处，输入

“23 000.00”或直接按“=”键。

(4) 录入工作量。

① 执行“固定资产”|“处理”|“工作量录入”命令(或单击“工作量录入”图标)，打开“工作量”窗口。

② 输入本月工作量为“300”，单击“保存”按钮，单击“退出”按钮。

(5) 计提折旧。

① 执行“固定资产”|“处理”|“计提本月折旧”命令(或单击“计提本月折旧”图标)，打开“本操作将计提本月折旧，并花费一定时间，是否要继续？”提示对话框，如图 6.18 所示，单击“是”按钮(如果有工作量折旧方法，则提示需要输入工作量)。

② 打开“是否要查看折旧清单？”提示对话框，如图 6.19 所示，单击“是”按钮，可查看折旧清单。

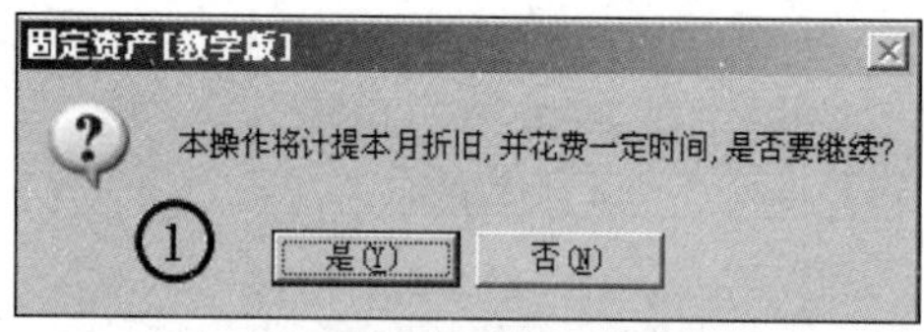

图 6.18 “固定资产[教学版]”提示对话框(1)

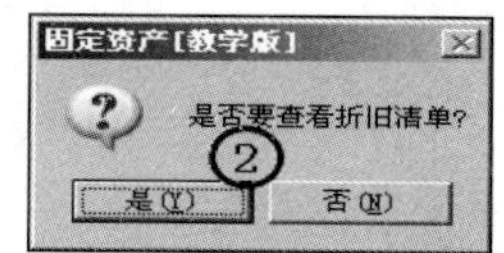

图 6.19 “固定资产[教学版]”提示对话框(2)

③ 打开“折旧清单[2018.07]”对话框，如图 6.20 所示，单击“退出”按钮，打开“折旧分配表[0112018.07-->2018.07]”对话框。

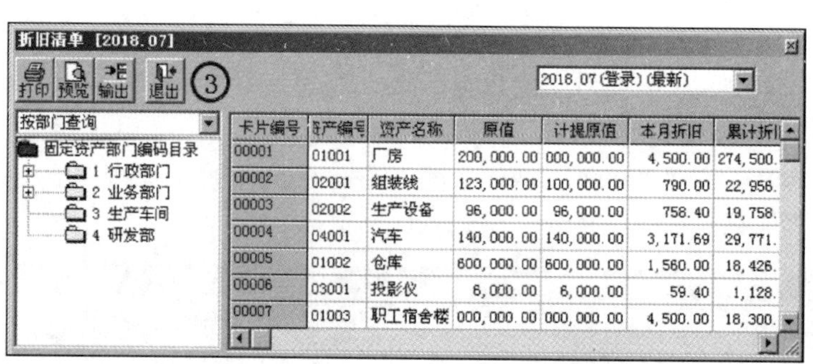

卡片编号	产编号	资产名称	原值	计提原值	本月折旧	累计折旧
00001	01001	厂房	200,000.00	000,000.00	4,500.00	274,500.
00002	02001	组装线	123,000.00	100,000.00	790.00	22,956.
00003	02002	生产设备	96,000.00	96,000.00	758.40	19,758.
00004	04001	汽车	140,000.00	140,000.00	3,171.69	29,771.
00005	01002	仓库	600,000.00	600,000.00	1,560.00	18,426.
00006	03001	投影仪	6,000.00	6,000.00	59.40	1,128.
00007	01003	职工宿舍楼	000,000.00	000,000.00	4,500.00	18,300.

图 6.20 “折旧清单[2018.07]”对话框

④ 单击“凭证”按钮，如图 6.21 所示，打开“填制凭证”对话框，单击“保存”按钮。

折旧分配表 [01 (2018.07-->2018.07)]

打印 预览 输出 凭证 操作 退出 按类别分配 按部门分配

01 (2018.07-->2018.07) ④

部门编号	部门名称	项目编号	项目名称	科目编号	科目名称	折旧额
102	财务部			660209	折旧费	59.40
202	销售部			660109	折旧费	9,231.69
3	生产车间			5101	制造费用	6,048.40
合计						15,339.49

图 6.21 计提折旧

注意：如果上次计提折旧已通过计账凭证将数据传递到账务系统，则必须删除该凭证才能重新计提折旧。计提折旧后又对账套进行了影响折旧计算或分配的操作，必须重新计提折旧，否则系统不允许结账。

(6) 固定资产减少。

① 执行“固定资产”|“卡片”|“资产减少”命令(或单击“资产减少”图标)，打开“资产减少”窗口。

② 在“资产减少”窗口(图 6.22)选择卡片编号“00006”，单击“增加”按钮。

③ 打开“增减方式参照”对话框(图 6.23)，选择减少方式“206 毁损”，单击“确认”按钮。

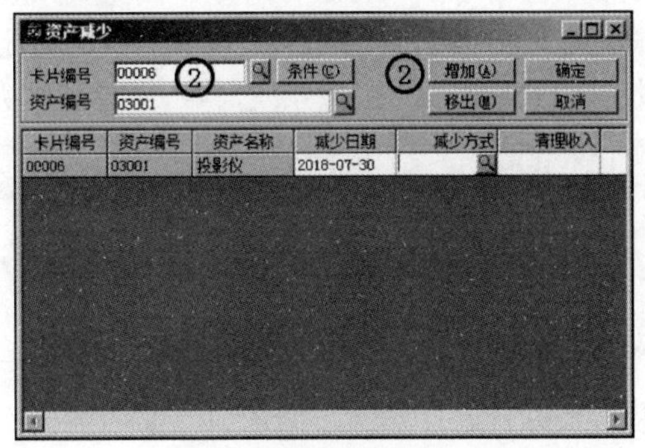

图 6.22　“资产减少”窗口

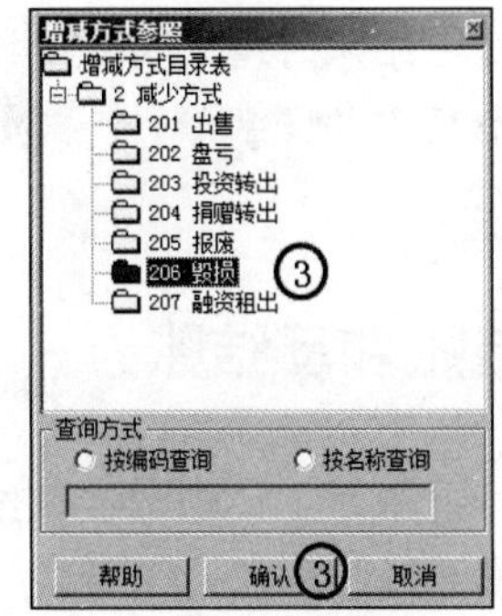

图 6.23　“增减方式参照”对话框

④ 打开“凭证制单”窗口，在空白科目栏输入“1606 固定资产清理”。如果已选择“不立即制单”，则以后可以执行“固定资产”|“处理”|“批量制单”命令进行后期制单。

注意：若要恢复已减少的固定资产卡片，可通过以下操作处理。

(1) 执行“固定资产”|“卡片”|“卡片管理”命令，在右侧下拉列表框中选择“已减少资产”。

(2) 选择要恢复已减少的固定资产卡片，执行“固定资产”|“卡片”|“撤销减少”命令。

(3) 在打开的“确实要恢复[×××××]号卡片的资产吗？”提示对话框中，单击“是”按钮。如果已做凭证，应先删除凭证，再按上述步骤进行。

第四节　固定资产系统期末业务处理

一、计提减值准备

企业应当在期末，至少在每年年度终了，对固定资产逐项进行检查，如果由于市价持续下跌或技术陈旧等原因导致其可回收金额低于账面价值，应当将可回收金额低于账面价值的差额作为固定资产减值准备。固定资产减值准备按单项资产计提。减值的金额输入范围必须大于零，且小于或等于“原值-累计折旧-累计减值准备+累计转回减值准备”的余额。

二、对账

固定资产系统在运行过程中，应保证系统管理的固定资产的价值和账务系统中固定资产科目的数值相等。而两个系统的资产价值是否相等，可通过使用固定资产系统提供的对账功能实现，对账操作不限制执行的时间，任何时候均可进行对账。固定资产系统在执行月末结账时自动对账一次，给出对账结果，并根据初始化或选项中的判断确定不平情况下是否允许结账。只有系统初始化或选项中选择了与账务系统对账，“对账”功能才可操作。

三、结账和反结账

每月月末手工记账都要有结转的过程，会计信息化处理也应该体现这一过程，因此固定资产系统提供“月末结账”功能。月末结账每月进行一次，结账后当期的数据不能修改。月末结账后发现已结账期间有数据错误必须修改，可通过“恢复结账前状态”功能返回修改，又称反结账。

【任务操作】

1. 任务资料

(1) 因市场环境变化，对冲压机床(编号 00002)计提 2 000.00 元减值准备。

(2) 与总账系统进行核对。

(3) 进行月末结账。

2. 任务实施

(1) 以“wx01 坤芳”的身份登录系统管理，恢复“6.3 固定资产系统日常业务处理”账套数据。

(2) 以“wx02 瑞霞”的身份登录畅捷通 T3 软件进行如下操作：①对冲压机床进行计提减值准备；②进行对账检查；③进行月末结账。

3. 操作指导

(1) 计提减值准备。

① 执行“固定资产”|“卡片”|“变动单”|“计提减值准备”命令，打开“固定资产变动单[新建变动单：00002 号变动单]”窗口，如图 6.24 所示。

② 输入要计提减值准备的卡片编号“00003”、减值准备金额“2 000.00”、变动原因

“市场环境变化”。

③ 单击“保存”按钮，打开“凭证填制”界面，借贷方科目分别输入“6701 资产减值损失”“1603 固定资产减值准备”，单击“保存”按钮生成凭证。

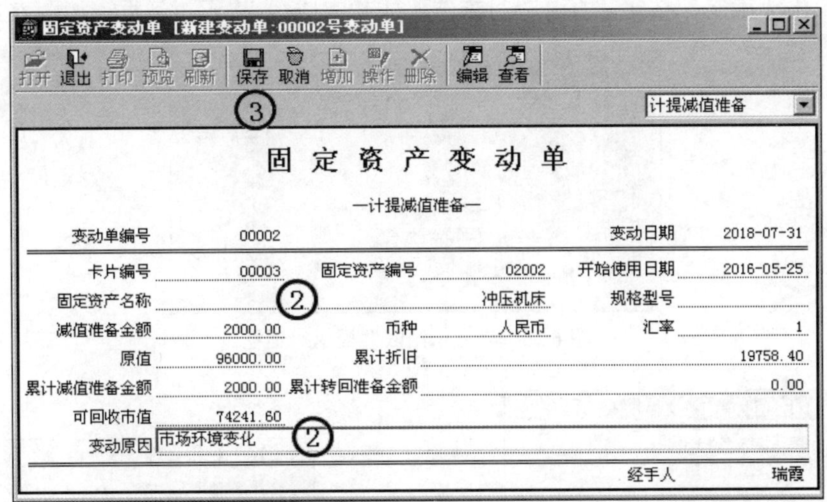

图 6.24　“固定资产变动单[新建变动单：00002 号变动单]”窗口

(2) 对账。

① 执行“固定资产”|“处理”|“对账”命令，打开“与财务对账结果”提示对话框。

② 单击“确定”按钮，如图 6.25 所示。

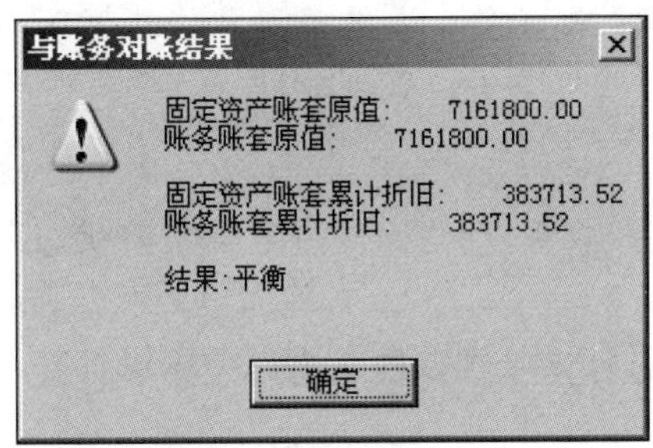

图 6.25　与账务对账结果

注意：当总账计账完毕，固定资产管理子系统才可以进行对账。对账平衡，开始月末结账。

如果在初始设置时，选择了“与财务系统对账”功能，对账的操作不限制执行时间，任何时候都可以进行对账。

若在“固定资产初始化向导—财务接口”对话框中勾选“在对账不平情况下允许固定资产月末结账”复选框，则可以直接进行月末结账。

(3) 结账。

① 执行“固定资产”|“处理”|“月末结账”命令(或单击“月末结账”图标)，打

开“月末结账”对话框。

② 单击“开始结账”按钮，打开“月末结账”提示对话框，如图 6.26 所示，单击“开始结账”按钮，打开“与账务对账结果”提示对话框，如图 6.27 所示。

③ 单击“确定”按钮，打开“月末结账成功完成!”提示对话框，如图 6.28 所示。

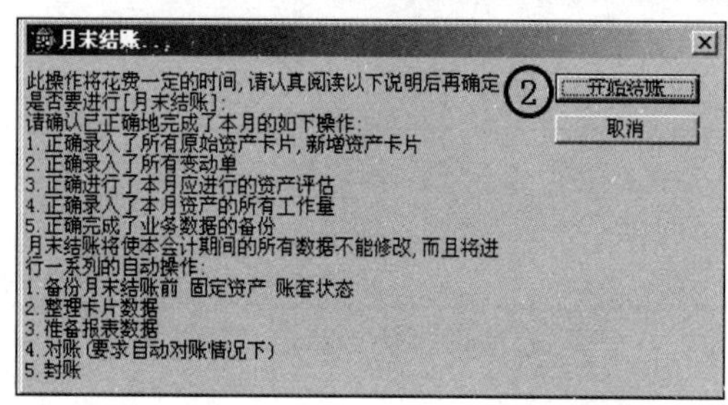

图 6.26 “月末结账”提示对话框

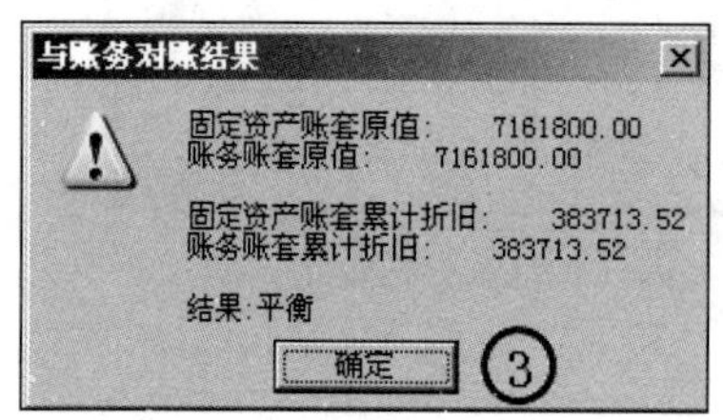

图 6.27 与财务对账结果

图 6.28 “固定资产[教学版]”提示对话框

注意：本会计期间做完月末结账工作后，所有数据资料将不能再进行修改。

本会计期间不做完月末结账工作，系统将不允许处理下一个会计期间的数据。

月末结账前一定要进行数据备份，否则数据一旦丢失，将造成无法挽回的后果。

(4) 反结账。

① 执行“固定资产”|“处理”|“恢复月末结账前状态”命令，打开“……是否继续？”提示对话框。

② 单击“是”按钮，进行恢复结账前状态，完毕后打开“成功恢复账套月末结账前状态!”提示对话框。

③ 单击“确定”按钮。

注意：在总账子系统未进行月末结账时才可以使用恢复结账前状态功能。

不能跨年度恢复数据，即本系统年末结转后，不能利用“反结账”功能恢复年末结转。

因为成本系统每月从本系统提取折旧费用数据，因此一旦成本系统提取了某期的数据，该期不能反结账。

恢复到某个月月末结账前状态后，本账套内对该结账后所做的所有工作都要无痕迹删除。

第七章

购销存一体化管理

【学习目标】

目标要求	重点和难点
(1) 了解购销存各模块的功能及其之间的关系。 (2) 掌握购销存各业务模块的业务流程。 (3) 熟练掌握各模块的初始化设置。 (4) 掌握购销存各模块之间的数据联系。 (5) 掌握购销存各模块业务范围设置的意义。 (6) 掌握各模块期初数据的主要内容。 (7) 掌握采购管理模块的典型业务和特殊业务的处理流程。 (8) 掌握销售管理模块的典型业务和特殊业务的处理流程。 (9) 掌握库存管理模块各类出入库业务、盘点业务、生产领料业务。 (10) 掌握单据记账、暂估处理、产成本计算与分配、凭证生成等操作。 (11) 掌握各模块的期末结账业务。	(1) 各模块的数据之间的联系。 (2) 各模块参数设置的意义。 (3) 采购管理模块的典型采购业务、特殊采购业务、暂估业务、退货业务。 (4) 销售管理模块的典型销售业务、特殊销售业务、退货业务。 (5) 库存管理模块各类出入库业务、盘点业务、生产领料业务。 (6) 核算管理模块的单据记账、暂估处理、产成本计算与分配、凭证生成。

【知识结构】

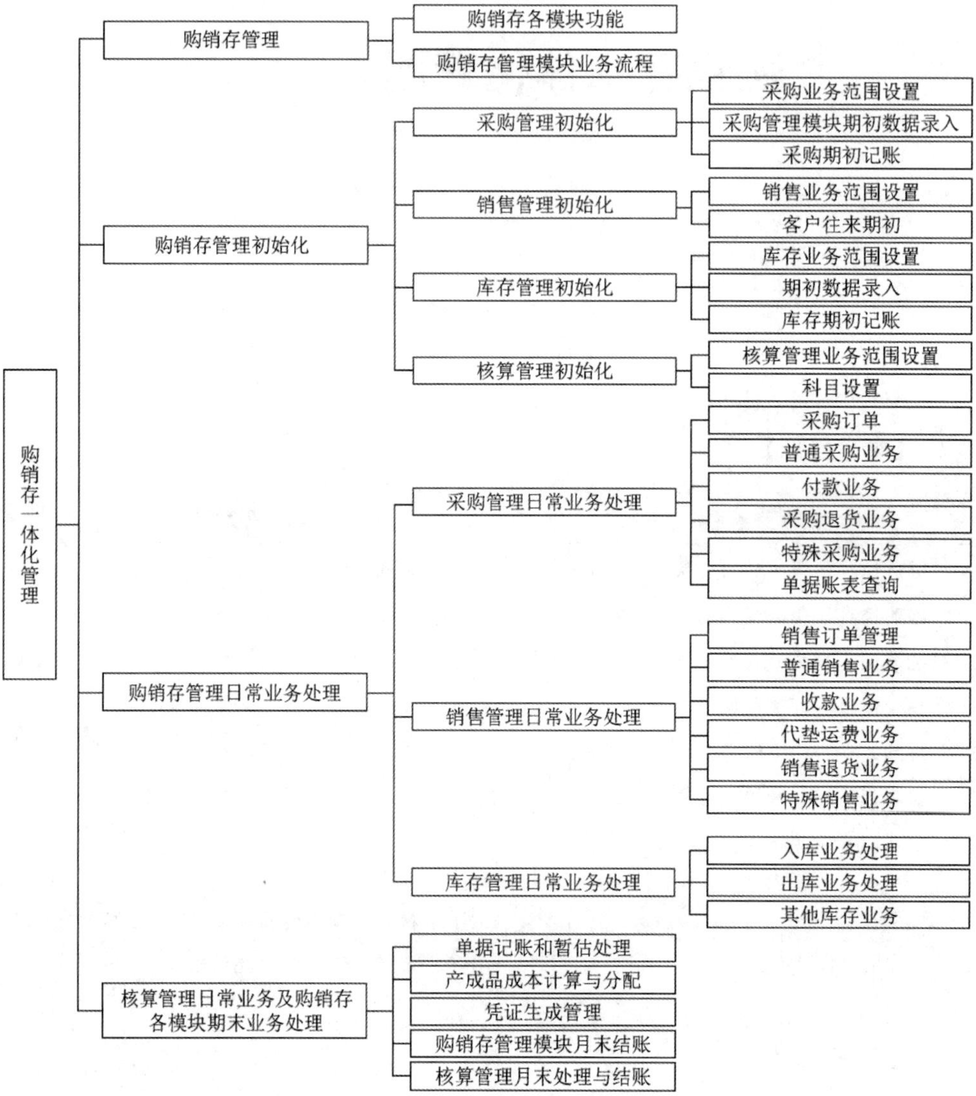

- 购销存一体化管理
  - 购销存管理
    - 购销存各模块功能
    - 购销存管理模块业务流程
  - 购销存管理初始化
    - 采购管理初始化
      - 采购业务范围设置
      - 采购管理模块期初数据录入
      - 采购期初记账
    - 销售管理初始化
      - 销售业务范围设置
      - 客户往来期初
    - 库存管理初始化
      - 库存业务范围设置
      - 期初数据录入
      - 库存期初记账
    - 核算管理初始化
      - 核算管理业务范围设置
      - 科目设置
  - 购销存管理日常业务处理
    - 采购管理日常业务处理
      - 采购订单
      - 普通采购业务
      - 付款业务
      - 采购退货业务
      - 特殊采购业务
      - 单据账表查询
    - 销售管理日常业务处理
      - 销售订单管理
      - 普通销售业务
      - 收款业务
      - 代垫运费业务
      - 销售退货业务
      - 特殊销售业务
    - 库存管理日常业务处理
      - 入库业务处理
      - 出库业务处理
      - 其他库存业务
  - 核算管理日常业务及购销存各模块期末业务处理
    - 单据记账和暂估处理
    - 产成品成本计算与分配
    - 凭证生成管理
    - 购销存管理模块月末结账
    - 核算管理月末处理与结账

第一节　购销存管理

购销存管理模块是会计信息化软件中重要的组成部分。它是财务工作从财务延伸到业务并实现财务业务一体化管理的基本表现形式。购销存管理模块的应用，实现了财务数据与业务数据高度融合与统一，使资金流与物流同步，数据共享、相互制约，从而加快了企业对市场的反应速度，为决策提供了及时性和有效性保证。

一、购销存各模块的功能

购销存管理模块由采购管理、销售管理、库存管理和核算管理 4 个模块组成。

1. 采购管理模块

采购管理模块包括采购全过程的业务处理。它从采购订单管理到采购单据处理、采购发票、采购入库、采购结算、入库审核、供应商往来等业务，动态反映采购处理情况、采购业务的付款和应付情况。其与库存管理模块、核算管理模块集成使用，可以随时掌握存货的信息，减少盲目采购，实现合理库存，为核算管理模块提供采购入库成本，便于财务部门及时掌握存货的采购成本。

采购管理模块还提供各种采购统计与分析功能，包括采购明细、入库明细、结算明细、费用明细及各类统计表的查询等。

2. 销售管理模块

销售管理模块一般包括销售业务的全过程。它主要从处理销售订单、各种销售发货、销售开票、收款业务，动态反映各种销售业务数据，便于企业及时了解销售相关信息，进行销售信用控制等。其与库存管理模块集成使用，填制的销售发货单会自动冲减库存管理模块中的存货现存量,经审核后自动生成销售出库单传递给库存管理模块。同样库存管理模块为销售管理模块提供可用于销售的存货现存量。如果核算管理模块与销售管理模块集成使用，核算管理模块可把计算出的存货销售成本传递给销售管理模块。

销售管理模块还提供各种销售单据列表，包括销售统计表、销售明细表、明细账及客户往来账表等。

3. 库存管理模块

库存管理模块处理各种类型的出入库业务，能够支持辅助计量单位、批次、保质期等业务的管理，并进行库存安全性控制，通过对存货的收、发、存业务的处理，及时动态地掌握存货的各种信息。

库存管理模块还提供各种库存汇总统计、输出账表、储备分析、保质期和安全库存预警提示等，便于企业进行存货控制。

4. 核算管理模块

核算管理模块主要是对存货的收发业务进行核算，掌握存货的领用情况，及时将各类存货成本归集到各种成本项目和成本对象中去。

核算管理模块提供采购成本和产成品入库的核算，根据业务单据和凭证模板自动生成凭证并传递到总账系统中进行账务处理。

购销存各模块之间的关系如图 7.1 所示。

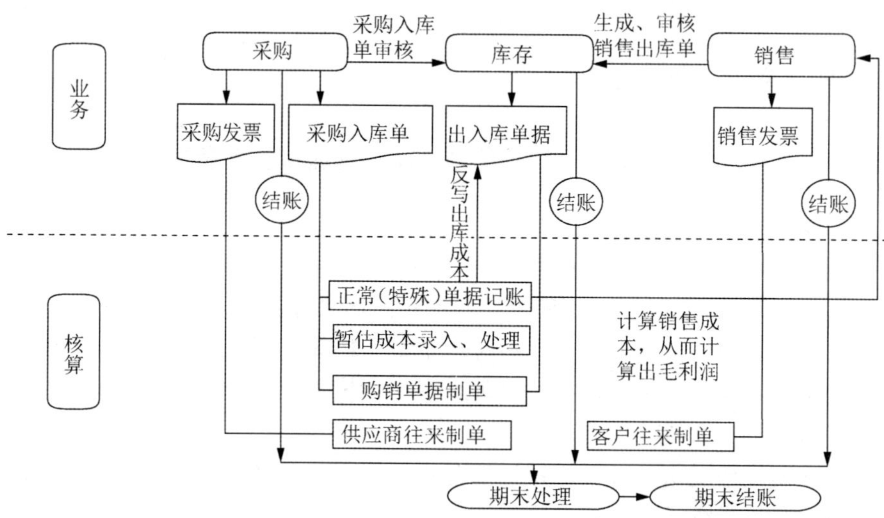

图 7.1 购销存各模块之间的关系

二、购销存管理模块的业务流程

1. 采购业务流程

采购业务期初数据设置包括期初采购入库单(发票)、期初发票、供应商往来期初等。采购业务日常业务包括采购订单、采购入库单、采购发票、采购结算、付款结算等。采购业务流程如图 7.2 所示。

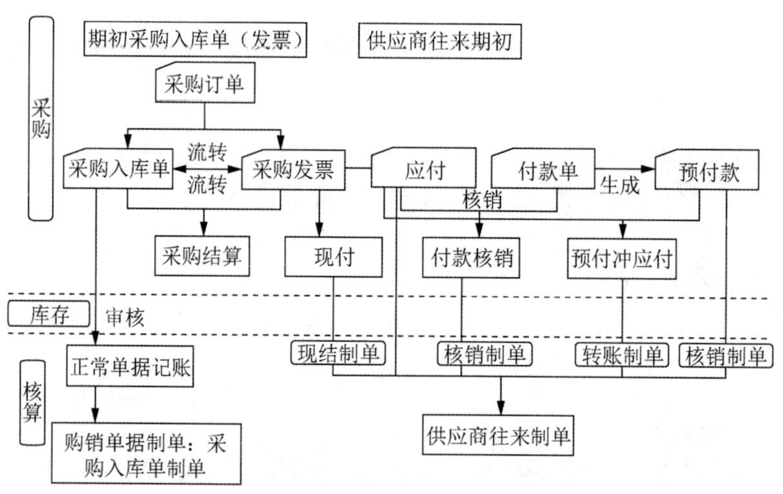

图 7.2 采购业务流程

2. 销售业务流程

销售业务流程如图 7.3 所示。

3. 购销存各模块结账流程

购销存各模块结账流程如图 7.4 所示。

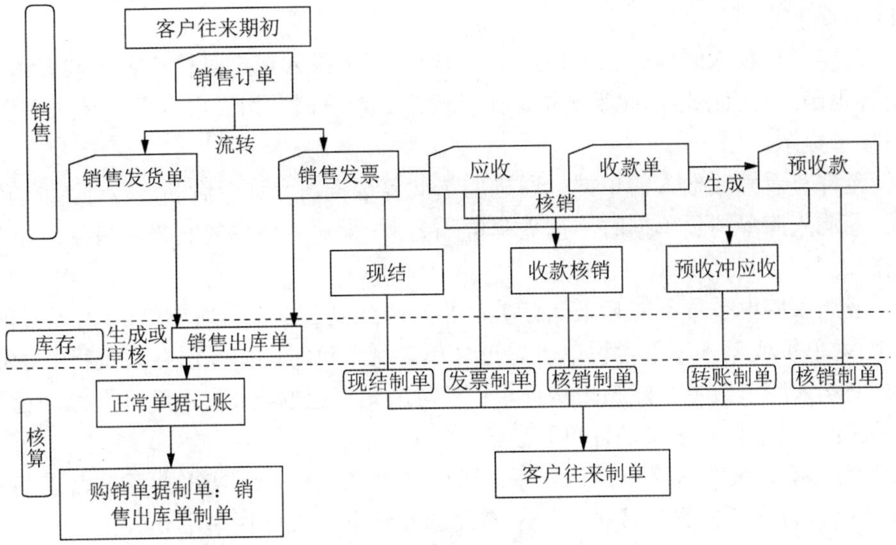

图 7.3　销售业务流程

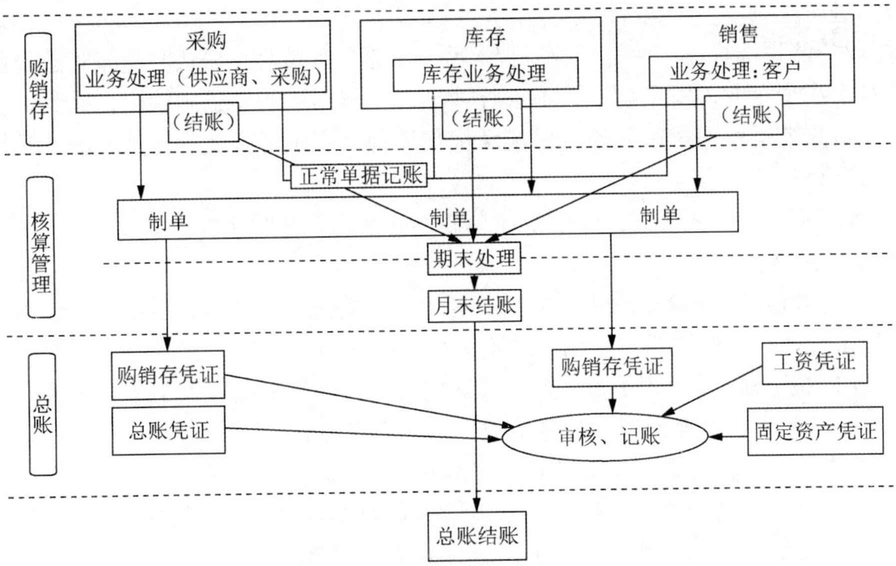

图 7.4　购销存各模块结账流程

第二节　购销存管理初始化

一、采购管理初始化

1. 采购业务范围设置

采购业务范围设置包括“业务控制”“公共参数”“结算选项”“应付参数”4 个选项卡。

(1) 业务控制。

① 自定义项录入时检查合法性：如果企业需要在录入单据时检查表头或表体的自定义项是否正确，就应该勾选此复选框。在以后录入单据时，如果自定义项录入出现错误，系统将给予提示。

② 允许查看修改他人的单据：通过勾选此复选框，允许查看和修改他人的单据。

③ 采购入库单拷贝单据时不拷贝单价和金额：采购入库单复制来源单据时不复制单价和金额。

④ 采购入库单单价不能超采购订单：若勾选此复选框，入库单单价(指无税单价)超过订单无税单价或者入库单含税单价超过订单含税单价时，如果保存系统将给予提示。

⑤ 采购入库单数量不能超采购订单：若勾选此复选框，采购入库单不允许超过订单入库，采购发票不允许超采购订单开票。

6)采购订单、采购入库单默认税率：若勾选此复选框，新增采购订单、采购入库单单据表体税率带存货档案默认税率；不勾此选复选框，表体税率带 0。

⑦ 最高进价控制口令：输入口令，则对操作员进行最高进价控制，不输入口令则不进行最高进价控制。

⑧ 业务流程选择：一种是标准流程，另一种是优化流程，默认与建账时选择的流程一致。对于小型企业，对采购发票不进行管理，不根据采购发票确认应付账款，没有外币业务，对采购运费不进行分摊可以选用优化流程，否则适合使用标准流程。采用优化流程时，发票只能查看。

⑨ 入库单单价录入方式：采购入库单新增存货时，单价的录入方式。

(2) 公共参数。

① 有无外币采购业务：企业如果有外币业务，勾选此复选框，系统可将币种项选入可处理外币业务单据的格式；否则系统不能处理外币业务。

② 存货有无辅计量单位：如果企业对货物进行财务核算的计量单位与业务活动记载的计量单位不相同，就要设置辅计量单位，否则不必设置。

③ 固定换算率：存货有辅计量单位时勾选此复选框。

④ 存货分类：若勾选此复选框，则表示企业对存货进行分类管理。

⑤ 供应商分类：若勾选此复选框，则表示企业对供应商进行分类管理。

⑥ 本系统启用的会计月：在此处输入本系统企业的会计月，如果有其他系统先于采购管理模块启用，则此处为灰色，方框中显示的是最先启用系统的启用月份。

(3) 结算选项。

① 商业版费用分摊到入库成本：可根据商业企业的特殊需求，由用户决定采购费用是否要分摊到存货成本中。

② 流转生成的入库单\发票，保存时自动结算：采购入库单流转生成采购发票，采购发票流转生成采购入库单，当单据保存时，判断是否符合自动结算的条件，当符合条件时系统自动对入库单和发票进行结算。当单据供应商相同、存货记录相同、存货数量相同时进行自动结算。

(4) 应付参数。

① 应付款核销方式：按单据核销，系统将满足条件的未结算单据全部列出，由用户选择要结算的单据，根据选择的单据进行核销；按产品核销，系统将满足条件的未结算单据按产品列出，由用户选择要结算的产品，根据选择的产品进行核销。

② 预付款核销方式：按单据核销，根据用户选择的单据，对预付款逐笔进行核销；按余额核销，按预付款收到的日期前后顺序进行核销。

③ 汇兑损益方式：外币余额结清时计算，即仅当某种外币余额结清时才计算汇兑损益，在计算时，界面仅显示外币余额为 0 且本币余额不为 0 的外币单据；月末处理，即月末计算汇兑损益，在计算汇兑损益时，界面中显示所有外币余额不为 0 或者本币余额不为 0 的外币单据。

④ 应付确认日期依据：单据日期，则在“应付确认”功能中进行应付确认时，系统自动将单据的审核日期(入账日期)记为该单据的单据日期；业务日期，则在应付确认功能中进行应付确认时，系统自动将单据的审核日期(入账日期)记为当前业务日期(登录日期)。

⑤ 显示现金折扣：如果供应商为用户提供了在信用期间内提前付款可以优惠的政策，用户可以选择显示现金折扣，系统会在“单据结算”中显示“可享受折扣”和“本次折扣”，并为用户计算可享受的折扣。若不勾选“显示现金折扣”复选框，则系统既不计算也不显示现金折扣。

2. 采购管理模块期初数据录入

在购销存各模块中，期初数据录入是一个非常关键的环节，采购管理模块的期初数据如表 7-1 所示。

表 7-1　采购管理模块的期初数据

<table>
<tr><th>期初数据</th><th>涉及单据</th><th>操作</th><th colspan="2">说明</th></tr>
<tr><td>暂估入库期初余额</td><td>录入期初入库单</td><td>录入</td><td colspan="2">暂估入库(货到票未到)</td></tr>
<tr><td rowspan="3">在途存货期初余额</td><td>录入期初发票(尚未与存货结算)</td><td rowspan="3">录入</td><td rowspan="3">在途存货(票到货未到)</td><td>全部付清，不存在供应商往来关系</td></tr>
<tr><td>录入供应商往来期初(发票)</td><td>全部未付款</td></tr>
<tr><td>录入供应商往来期初(应付单——其他应付单)</td><td>部分未付款</td></tr>
<tr><td>期初数据记账</td><td></td><td>记账</td><td colspan="2">记账表示把启用之前的数据录入系统，记账后再录入的是本月的单据</td></tr>
</table>

3. 采购期初记账

期初记账是将采购期初数据记入有关采购账中。期初记账后，期初数据不能增加、修改，除非取消期初记账。期初记账后录入的入库单、发票都是启用月份及以后月份的单据。当没有期初数据时，也可以进行期初记账，以便于录入日常采购单据数据。

二、销售管理初始化

由于销售管理与库存、总账的联系紧密，销售管理模块主要以与库存管理模块、核算管理模块、总账系统等产品并用的形态出现，构成完整的企业管理系统。销售管理模块也可以独立使用。

1. 销售业务范围设置

销售业务参数设置包含“业务范围”“业务控制”“系统参数”“打印参数”“价格管理”“应收核销”6 个选项卡，具体说明如下。

(1) 业务范围。

① 存货分类、客户分类：建立账套时已定义。

② 存货有辅助计量单位：若勾选此复选框，则可以将辅助计量单位、件数项选入各种销售单据的格式，可设定计量单位换算率；否则，系统只支持存货的单一计量单位。

③ 有外币业务：若勾选此复选框，可以将币种项选入可处理外币业务单据的格式；否则系统不能处理外币业务。

④ 生成销售出库单：若勾选此复选框，销售管理模块的发货单、销售发票在复核时，自动生成销售出库单，并传递至库存管理模块和核算管理模块；否则，销售出库单由库存管理模块参照上述单据生成。

⑤ 销售必填批号：若勾选此复选框，则批次管理的存货，在销售管理模块开具发货单、销售发票时，批号为必填项。

⑥ 发货单/发票排序选项：若为空，则打开“发货单/发票卡片”窗口时，按单据保存的时间先后排序；若为单据号，则按单据号排序。

(2) 业务控制。

① 报价含税：若勾选此复选框，则报价作为单据的“含税单价”栏的默认值，货物的折扣金额等于报价金额减价税合计金额；否则，报价作为单据的“无税单价”栏的默认值。货物的最低售价是否含税也取决于此复选框。

② 允许零出库：若勾选此复选框，出库数量大于库存数量时仍可出库；若不勾选此复选框，则出库数量必须小于库存数量。

③ 有超订量发货控制：若勾选此复选框，在参照销售订单增加发货单、销售发票时不允许发货数量超过订货数量；不勾选此复选框，不做数量检查。

(3) 系统参数。

系统参数主要是对单据操作的权限控制，如查看、修改和弃审他人所操作的单据等。

(4) 打印参数。

打印参数即单据打印控制参数，包括发票和发货单的打印次数控制、未审核的发票或单据是否允许打印等。

(5) 价格管理。

价格管理的设定是按存货价格还是按客户价格进行管理，并可按自由项调整定价。价格管理是自动带入单据上的单价，也是按存货价格档案上的数据，还是客户价格档案上的数据。

(6) 应收核销。

① 应收款的核销：按单据核销，系统将满足条件的未结算单据全部列出，由用户选择要结算的单据，根据所选择的单据进行核销；按产品核销，系统将满足条件的未结算单据按产品列出，由用户选择要结算的产品，根据所选择的产品进行核销。

② 预收款核销方式：按单据，即根据所选择的单据，对预收款逐笔进行核销；按余额，即按预收款收到的日期前后顺序进行核销。

③ 汇兑损益方式：外币余额结清时，即仅当某种外币余额结清时才计算汇兑损益，在计算汇兑损益时，界面中仅显示外币余额为0且本币余额不为0的外币单据。月末处理，即每个月末计算汇兑损益，在计算汇兑损益时，界面中显示所有外币余额不为0或者本币余额不为0的外币单据。

④ 应收确认(复核)日期依据：系统提供两种确认单据审核日期的依据，即单据日期和业务日期。

⑤ 显示现金折扣：可以选择显示现金折扣和不显示现金折扣两种方式。

2. 客户往来期初

首次使用销售管理模块处理日常销售业务之前，必须将在系统启用之前发生而未处理完毕的单据通过“期初单据录入”功能录入系统。销售管理模块的期初数据主要有已实现销售、尚未收款的销售业务。

三、库存管理初始化

1. 库存业务范围设置

(1) 有无批次管理：勾选此复选框可统计某一批次所有存货的收发存情况或某一存货所有批次的收发存情况。

(2) 有无组装拆卸业务：某些存货既可单独出售，又可与其他存货组装在一起销售。如果一起销售，可对存货进行组装，如可将显示器、主机等组装成整机销售；如果要求对某一存货拆分，单独销售其中一部分，可对原存货进行拆卸，如库存中只有整机，而客户只购买显示器，可对整机进行拆卸后只卖显示器。

(3) 有无保质期管理：保质期管理指对存货的失效日期进行监控，对过期、到期的存货进行报警，并对即将过期的存货进行预警。

(4) 有无形态转换业务：如果有存货因自然或其他因素的影响由一种形态转变为另外一种形态的情况，可勾选此复选框。例如，煤块由于风吹、雨淋而变成了煤渣。

(5) 允许超生产加工单领料：限额领料单的累计出库数是否可以超过出库计划数。如允许，则分单出库对超过计划的材料不进行报警；如不允许，则系统提示超过计划领料数，应修改出库数量。

(6) 库存系统生成销售出库单：勾选此复选框，由库存管理模块根据发货单或销售发票生成销售出库单；若不勾选，则在销售管理模块输入销售发货单或销售发票审核时自动生成销售出库单。与销售管理模块业务范围设置对应。

(7) 单据审核时检查货位：若勾选此复选框，则单据审核时，该单据上的货位信息必须填写完整；若不勾选，则审核单据时不进行任何检查。

(8) 自动带出领料数量：若勾选此复选框，在生产加工单中单击“领料”按钮，如果本单据为首次领料，系统自动将本次出库数量设置为计划出库数量的值；若不勾选，单击“领料”按钮，由用户手工输入本次出库数量。

2. 期初数据录入

第一次使用库存管理模块时必须录入所有末级存货的期初数据。如果库存管理模块与核算管理模块同时使用，那么库存管理的期初数据可被核算管理模块共享。

3. 库存期初记账

期初记账指将用户录入的各存货的期初数据记入库存台账、批次台账等账簿中。期初数据录入完毕，必须期初记账后，才能开始日常业务。

初次使用必须录入期初数据，没有期初数据的用户也必须执行期初记账操作，否则无法开始日常业务。如果从“结转上年”得出，则不需记账。

期初数据记账是针对所有仓库的期初数据进行记账操作的。因此，用户在进行期初数据记账前，必须确认各仓库的所有期初数据全部录入完毕并且正确无误后，再进行期初记账。

四、核算管理初始化

核算管理是企业会计核算的一项重要内容，进行核算管理，应正确计算存货购入成本，使企业降低存货成本；反映和监督存货的收发、领退和保管情况；反映和监督存货资金的占用情况，促进企业提高资金的使用效果。

1. 核算管理业务范围设置

核算管理管理业务范围设置包括“核算方式”“控制方式”“最高最低控制”“供应商客户往来”4 个选项卡。

(1) 核算方式。

① 核算方式：若按仓库核算，则按仓库设置计价方式，并且每个仓库单独核算出库成本；若按部门核算，则按仓库中的所属部门设置计价方式，并且相同所属部门的各仓库统一核算出库成本。录入期初数据和日常数据后，此核算方式将不能修改。

② 暂估方式：月初回冲是指月初时系统自动生成红字回冲单，报销处理时，系统自动根据报销金额生成采购报销入库单；单到回冲是指报销处理时，系统自动生成红字回冲单，并生成采购报销入库单；单到补差是指报销处理时，系统自动生成一笔调整单，调整金额为实际金额与暂估金额的差额。

③ 销售成本核算方式：正常单据记账时可记账的单据是销售出库单还是销售发票。

④ 零出库成本选择：先进先出方式核算的出库单据记明细账时，当出现明细账中为零成本或负成本，造成出库成本不可计算时，出库成本的取值方式。

⑤ 入库单成本：对入库单据记明细账时，当没有填写入库成本时，入库成本的取值

方式。

(2) 控制方式。

① 账面为负结存时入库单记账自动生成出库调整：若勾选此复选框，当入库记账时，如果账面为负结存，按入库的数量比例调整结存成本，并自动生成出库调整单，此调整单的属性为销售调整。

② 差异率计算包括本期暂估：本期暂估入库的存货也分摊差异。

③ 期末处理登记差异账：期末生成差异结转单时，勾选此复选框则登记差异账；若不勾选，则不登记差异账。

(3) 最高最低控制。

最高最低控制是指对存货按照全月平均法(移动平均法)最高和最低单价的控制，即当平均单价高于最高单价或低于最低单价时，系统自动取最高或最低单价来设置成本；也可对存货的差异(或差价)率进行最高或最低控制；允许对平均单价和差异率的最高和最低数值进行更改。

(4) 供应商客户往来。

① 控制科目依据：按照地区、客户(供应商)或其分类设置不同的应收和预收(应付和预付)科目。

② 产品销售(采购)科目依据：按照存货或存货分类设置不同的科目。

③ 受控科目制单方式。

A. 明细到客户(供应商)：将一个客户(供应商)的多笔业务合并生成一张凭证时，如果核算多笔业务的控制科目相同，系统将自动将其合并成一条分录。这种方式的目的在于总账系统中能够根据客户(供应商)查询其详细信息。

B. 明细到单据：将一个客户(供应商)的多笔业务合并生成一张凭证时，系统会将每一笔业务生成一条分录。这种方式的目的是在总账系统中也能查看每个客户(供应商)的每笔业务的详细情况。

④ 非受控科目的制单方式：同受控科目制单方式功能选择相似。

2. 科目设置

科目设置包括存货科目、存货对方科目、非合理损耗科目、客户(供应商)往来科目。

(1) 存货科目。

存货科目是用于设置生成凭证时所需要的各种存货科目及差异科目，在制单之前应先在此模块中将存货科目设置正确、完整，否则将无法生成科目完整的凭证。应设置的栏目说明如下。

① 存货科目：应输入科目表中已设置的科目，可参照科目表输入；但不能输入其他系统的控制科目；其他系统的控制科目参照时不显示。该科目是必录内容。

② 差异科目：应输入科目表中已设置的科目，可参照科目表输入；但不能输入其他系统的控制科目；其他系统的控制科目参照时不显示。

(2) 存货对方科目。

存货对方科目是用于设置生成凭证时所需要的存货对方科目(收发类别)所对应的会

计科目，因此在制单之前应先在此模块中将存货对方科目设置正确、完整，否则将无法生成科目完整的凭证。对方科目不能为空且是末级科目，对方科目可根据收发类别、存货类别、部门、成本对象和存货设置对方科目。

(3) 非合理损耗科目。

设置非合理损耗科目可使企业发生不同的非合理损耗，并在采购结算时根据具体的业务选择相应的非合理损耗类型，并由核算管理模块根据结算时记录的非合理损耗类型自动带出相应的科目，方便生成凭证。

(4) 客户(供应商)往来科目。

如果应收(应付)业务类型较固定，生成的凭证类型也较固定，为了便捷地实现凭证生成操作，可以在此处将各业务类型凭证中的常用科目预先设置好，以便在核算制单时快速生成凭证。客户(供应商)往来科目的设置包括基本科目设置、控制科目设置、产品科目设置和结算方式科目设置。

① 基本科目设置：是在核算应收款项时经常用到的科目，可以在此处设置常用科目。

② 控制科目设置：如果在核算客户(供应商)的往来欠款时，针对不同的客户(供应商)分别设置不同的应收(应付)科目和预收(预付)科目，则可以在此处进行设置。

③ 产品科目设置：如果针对不同的存货(存货分类)分别设置不同的销售收入科目、应交销项税科目和销售退回科目，则可以在此处设置。

④ 结算方式科目设置：是为每种结算方式设置一个默认的科目，当收付款核销，选择该结算方式时，凭证会带出相应的科目。

【任务操作】

1. 任务资料

(1) 采购管理模块初始化。

① 采购业务范围设置。

A. 业务控制：允许查看、修改他人的单据；业务流程为标准流程；专用发票默认税率：16%；其他为默认项。

B. 公共参数：存货无辅助计量单位；存货、供货商均分类；启用外币管理；启用月份为 7 月；其他为默认项。

C. 结算选项：默认。

D. 应付参数：现金折扣是否显示选择“是”；其他为默认项。

② 供应商往来期初录入。

A 供应商往来期初(专用发票号为 117139011)。科目：220201 应付账款——应付采购款；币别：人民币；金额：80 968.00 元；付款条件：02；到期日：2018.07.23。供应商往来期初数据录入如表 7-2 所示。

表 7-2　供应商往来期初数据录入

开票日期	供货单位	存货	部门	单价/元	数量/千克	价税合计/元
2018-05-23	日钢滨海销售有限公司	低碳钢板	采购部	5.00	1 200	6 960.00
		合金钢板		9.00	1 800	18 792.00
		防钻钢板		11.00	2 200	28 072.00
		PM 隔热夹层		78.00	300	27 144.00

B. 供应商往来期初(其他应付单正向)。科目：220201 应付账款——应付采购款。供应商往来期初(其他应付单正向)如表 7-3 所示。

表 7-3　供应商往来期初(其他应付单正向)

单据日期	供应商	金额/元	币别	摘要	到期日
2018-06-19	济南才安有限公司	11 600.00	人民币	期初	2018-08-19

C. 供应商往来期初(预付款——付款单正向)。科目：1123 预付账款。供应商往来期初(预付款——付款单正向)如表 7-4 所示。

表 7-4　供应商往来期初(预付款——付款单正向)

单据日期	供应商	摘要	金额/元	币别
2018-06-22	青岛科贸物资有限公司	期初	20 000.00	人民币

③ 期初采购发票录入。

A. 专用发票号：11713222；币别：人民币；金额：23 200.00 元；已全部付款。期初采购发票录入如表 7-5 所示。

表 7-5　期初采购发票录入(1)

开票日期	供应商	存货	单价(不含税)/元	数量/个	金额(含税)/元
2018-06-23	日钢滨海销售有限公司	防钻钢板	10.00	2 000	23 200.00

B. 专用发票号：11713901；币别：人民币；金额：80 968.00 元；付款条件：02；到期日：2018.07.23。期初采购发票录入如表 7-6 所示。

表 7-6　期初采购发票录入(2)

开票日期	供货单位	存货	部门	单价/元	数量/个	价税合计/元
2018-05-23	日钢滨海销售有限公司	低碳钢板	采购部	5.00	1 200	6 960.00
		合金钢板		9.00	1 800	18 792.00
		防钻钢板		11.00	2 200	28 072.00
		PM 隔热夹层		78.00	300	27 144.00

④ 采购期初数据录入——入库单期初，如表 7-7 所示。

表 7-7　采购期初数据录入——入库单期初

<table>
<tr><th>入库单号</th><th>入库日期</th><th>仓库</th><th>供货单位</th><th>入库类别</th><th>采购类型</th></tr>
<tr><td>20170100</td><td>2018-06-22</td><td>原材料仓</td><td>日钢滨海销售有限公司</td><td>采购入库</td><td>普通采购</td></tr>
<tr><td>部门</td><td>备注</td><td>存货编码</td><td>存货名称</td><td>数量/个</td><td>暂估单价/元</td></tr>
<tr><td rowspan="2">采购部</td><td rowspan="2">上期暂估</td><td>10101</td><td>低碳钢板(批号：201806)</td><td>1 000</td><td>7.00</td></tr>
<tr><td>10102</td><td>合金钢板(批号：201806)</td><td>900</td><td>10.00</td></tr>
</table>

⑤ 采购管理模块期初记账。采购管理模块所有初始设置和期初数据录入完毕后对采购管理模块进行期初记账操作。

(2) 销售管理模块初始化。

① 销售业务范围设置。

A. 业务范围：销售生成出库单，有外币业务，其他默认。

B. 业务控制：允许零出库，其他默认。

C. 系统参数、打印参数、价格管理：默认。

D. 应收核销：显示现金折扣。

② 销售期初。

A. 客户往来期初(专用发票)。科目：112201 应收境内货款；人民币金额：34 800.00 元。客户往来期初——应收境内货款如表 7-8 所示。

表 7-8　客户往来期初——应收境内货款(1)

开票日期	发票号	客户名称	存货	单价(不含税)/元	数量/个	付款条件编码
2018-06-26	88776601	南京金茂商行	保险柜	1 500.00	20	1

B. 客户往来期初(普通发票)。科目：112201 应收境内货款；人民币金额：58 000.00 元。客户往来期初——应收境内货款如表 7-9 所示。

表 7-9　客户往来期初——应收境内货款(2)

<table>
<tr><th>开票日期</th><th>发票号</th><th>客户名称</th><th>存货</th><th>金额(含税)/元</th><th>数量/个</th><th>付款条件编码</th></tr>
<tr><td rowspan="2">2018-05-25</td><td rowspan="2">99887701</td><td rowspan="2">滨海明珠有限公司</td><td>屏风</td><td>6 496.00</td><td>125</td><td rowspan="2">2</td></tr>
<tr><td>保险柜</td><td>51 504.00</td><td>30</td></tr>
</table>

C. 客户往来期初(应收单正向)。科目：112201 应收境内货款。客户往来期初——应收境内货款如表 7-10 所示。

表 7-10　客户往来期初——应收境内货款(3)

单据日期	客户名称	摘要	金额/元	币别	到期日
2018-05-03	滨海大学城管委	期初	40 000.00	人民币	2018-06-30

D. 客户往来期初(预收款——收款单)。科目：2203 预收账款。客户往来期初——预收账款如表 7-11 所示。

表 7-11　客户往来期——预收账款

单据日期	客户名称	摘要	金额/元	币别
2018-06-19	济南梦丽有限公司	期初	10 000.00	人民币

(3) 库存管理模块初始化。

① 库存业务范围设置。库存业务范围设置为有批次管理，无保质期管理，有组装拆卸业务，无形态转换业务，其他默认。

② 期初数据录入。期初数据(货位期初)如表 7-12 所示。

表 7-12　期初数据(货位期初)

存货编码	所属仓库	存货名称	计量	数量	单价/元	金额/元	入库日期	批号
10101	原材料仓	低碳钢板	千克	2 400	6.00	14 400.00	2018.06.30	201806
10102		合金钢板	千克	3 600	8.00	28 800.00	2018.06.30	201806
10103		防钻钢板	千克	4 500	10.00	45 000.00	2018.06.30	
10104		PM 隔热夹层	千克	600	80.00	48 000.00	2018.06.30	
10201	配件仓	脚轮	个	1 200	15.00	18 000.00	2018.06.30	
10202		电子密码锁	个	300	90.00	27 000.00	2018.06.30	
10203		指纹锁	个	300	120.00	36 000.00	2018.06.30	
10204		操控面板	个	600	80.00	48 000.00	2018.06.30	
10205		电子报警器	个	600	50.00	30 000.00	2018.06.30	
201	产成品仓	保管箱	个	200	608.00	121 600.00	2018.06.30	
202		保险柜	个	160	1 126.00	180 160.00	2018.06.30	
301	办公用品仓	文件柜(货位 1)	个	1 500	20.00	30 000.00	2018.06.30	
302		收纳盒(货位 2)	个	2 200	25.00	55 000.00	2018.06.30	
303		便签盒(货位 3)	个	3 000	10.00	30 000.00	2018.06.30	
304		屏风(货位 4)	个	1 000	30.00	30 000.00	2018.06.30	

③ 库存管理模块期初记账。库存管理模块所有初始设置和期初数据录入完毕后对库存管理模块进行期初记账操作。

(4) 核算管理模块初始化。

① 核算业务范围设置。

A. 核算方式：按仓库核算；暂估方式：月初回冲；零出库成本选择：参考成本。

B. 控制方式：进项税额转出科目为“22210107”。

C. 最高最低控制、客户(供应商)往来：默认。

② 科目设置。

A.存货科目设置如表 7-13 所示。

表 7-13 存货科目设置

仓库	存货分类编码	存货分类名称	存货科目
原材料仓	101	原料及主要材料	原料及主要材料(140301)
配件仓	102	外购配件	外购配件(140302)
产成品仓	2	产成品	库存商品(1405)
办公用品仓	3	办公用具	库存商品(1405)

B. 对方科目设置如表 7-14 所示。

表 7-14 对方科目设置

<table>
<tr><th>收发类别</th><th>存货分类</th><th>对方科目</th><th>说明</th></tr>
<tr><td>采购入库</td><td>原料及主要材料</td><td>在途物资(1402)</td><td>暂估科目 220202</td></tr>
<tr><td>采购入库</td><td>外购配件</td><td>在途物资(1402)</td><td>暂估科目 220202</td></tr>
<tr><td>采购入库</td><td>办公用具</td><td>在途物资(1402)</td><td></td></tr>
<tr><td rowspan="2">产成品入库</td><td rowspan="2">产成品</td><td>生产成本/保管箱(500101)</td><td>存货编码 201</td></tr>
<tr><td>生产成本/保险柜(500102)</td><td>存货编码 202</td></tr>
<tr><td rowspan="3">退料(货)</td><td rowspan="2">原料及主要材料</td><td>生产成本/保管箱(500101)</td><td>生产退料，项目编码 101</td></tr>
<tr><td>生产成本/保险柜(500102)</td><td>生产退料，项目编码 201</td></tr>
<tr><td>产成品</td><td>主营业务成本(6401)</td><td>销售退货</td></tr>
<tr><td rowspan="4">材料领用出库</td><td rowspan="2">原料及主要材料</td><td>生产成本/保管箱(500101)</td><td>项目编码 101</td></tr>
<tr><td>生产成本/保险柜(500102)</td><td>项目编码 201</td></tr>
<tr><td rowspan="2">外购配件</td><td>生产成本/保管箱(500101)</td><td></td></tr>
<tr><td>生产成本/保险柜(500102)</td><td></td></tr>
<tr><td>销售出库</td><td>产成品</td><td>主营业务成本(6401)</td><td></td></tr>
</table>

C. 客户往来科目设置。

基本科目设置：“应收”科目“112201”，“应收”科目(外币)“112202”，“预收”科目“2203”，“销售收入”科目“6001”，“应交增值税”科目“22210106”，“销售退回”科目“6001”，“现金折扣”科目“6603”，“汇兑损益”科目“6603”，其他可暂不设置。

结算方式科目设置：“现金结算”科目“1001”，“支票和电汇”科目“100201”，“商业汇票结算”科目“1121”，“国际结汇通知结算”科目“100202”，“银行本票汇票”科目“1012”。

D.供应商科目设置。

基本科目设置：“应付”科目“220201”，“预付”科目“1123”，“采购”科目“1402”，“采购税金”科目“22210101”，“现金折扣”科目“6603”，其他可暂不设置。

结算方式科目设置：“现金结算”科目“1001”，“支票和电汇”科目“100201”，“商业汇票结算”科目“2201”，“国际结汇通知结算”科目“100202”，“银行本票汇票”科目“1012”。

2. 任务实施

(1) 恢复“3.2 总账系统初始化”账套。

(2) 以“wx01 坤芳”的身份登录畅捷通 T3 软件(登录时间为 2018-07.01)，按任务清单要求进行初始化设置。

3. 操作指导

(1) 采购管理模块初始化相关设置。

① 设置采购业务范围。

A. 执行“采购”|“采购业务范围设置”命令，打开“采购系统选项设置”对话框。

B. 在“业务控制”选项卡中，如图 7.5 所示，勾选“允许查看修改他人的单据”复选框；点选“标准流程”单选按钮；其他默认。

C. 在“公共参数”选项卡中，如图 7.6 所示，取消勾选“存货使用辅计量单位”复选框；勾选“存货分类”“供应商分类”“启用外币管理”复选框；启用月份为 7 月；其他默认。

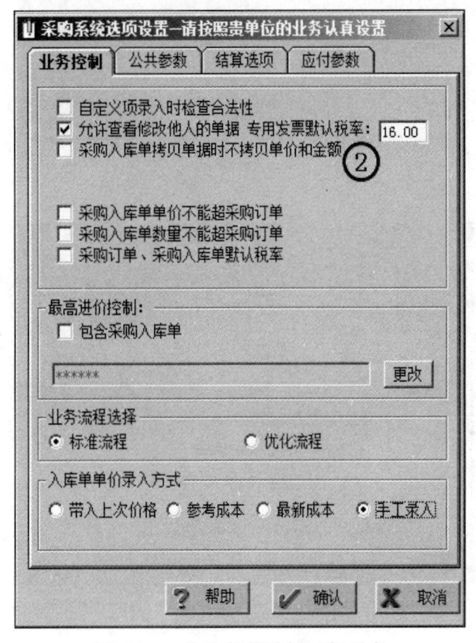

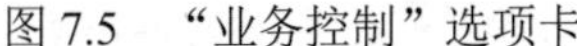
图 7.5 “业务控制”选项卡

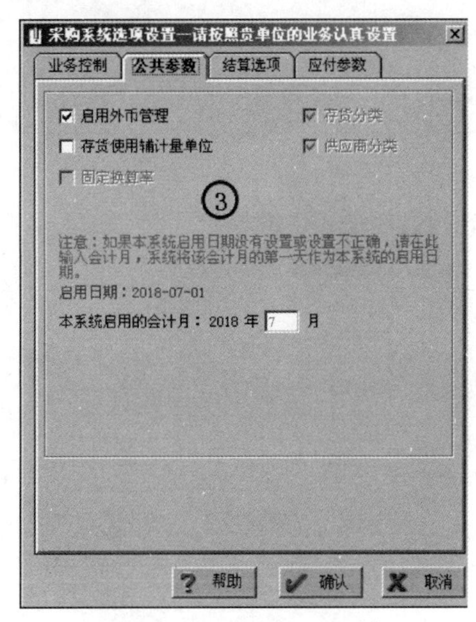

图 7.6 “公共参数”选项卡

D. 在“结算选项”选项卡中，如图 7.7 所示，选择默认。

E. 在“应付参数”选项卡中，如图 7.8 所示，勾选“显示现金折扣”复选框；其他默认。

F. 设置完毕，单击“确认”按钮退出。

② 采购管理模块录入期初数据。

A. 供应商往来期初(发票、应付单、应付款)。

◆ 执行“采购”|“供应商往来”|“供应商往来期初”命令(或单击“供应商往来”图标，选择“供应商往来期初”菜单)，打开“期初余额——查询”对话框，如

图 7.9 所示。

◆ 在“期初余额——查询”对话框中，单击“确认”按钮，打开“期初余额”窗口，如图 7.10 所示。

◆ 单击“增加”按钮，打开“类别单据”对话框。

◆ 在“类别单据”对话框中，选择单据名称“采购发票”、单据类型“专用发票”、方向“正向”，单击“确认”按钮。

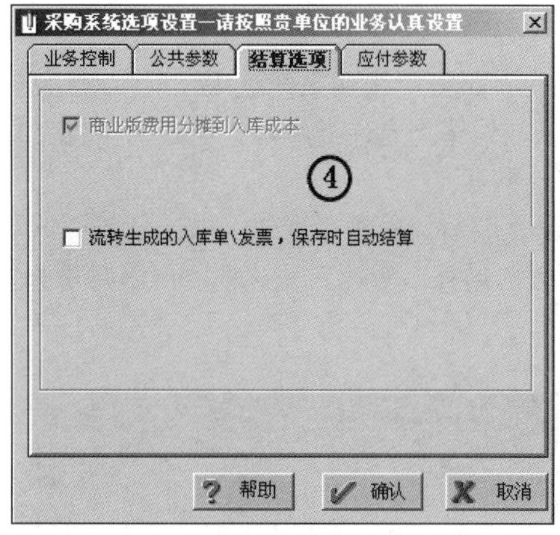

图 7.7 “结算选项”选项卡

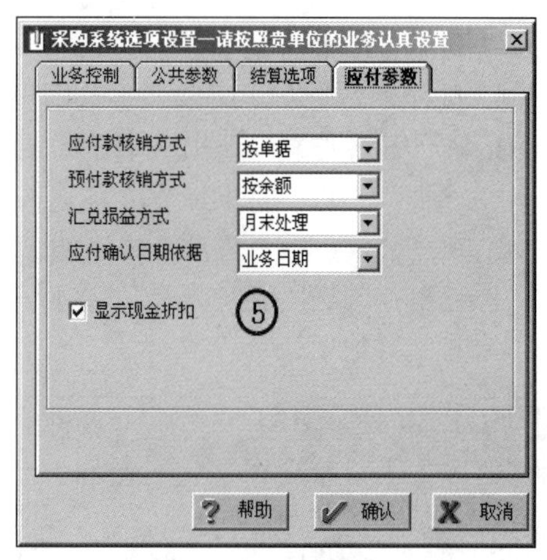

图 7.8 “应付参数”选项卡

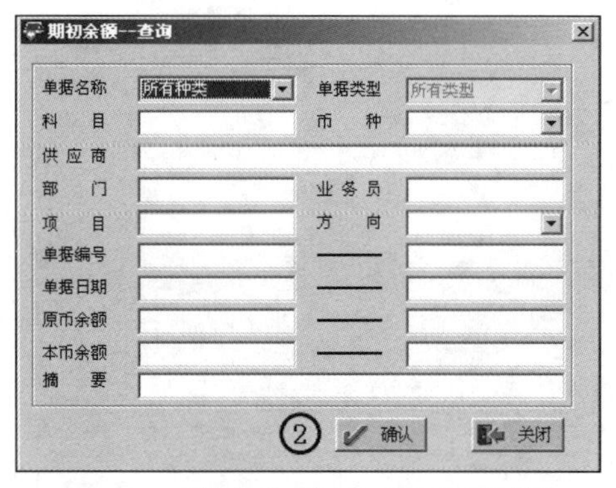

图 7.9 “期初余额——查询”对话框

图 7.10 “期初余额”窗口

◆ 打开“期初录入”窗口，如图 7.11 所示，根据任务清单录入发票的相关信息，修改存货的单价。单击“保存”按钮，单击“退出”按钮，返回“期初余额明细表”窗口。

◆ 以同样的方法录入供应商往来期初——应付单——其他应付单(正向)的相关信息。

◆ 单击“对账”按钮，显示对账结果。

◆ 按照同样的方法录入供应商往来期初——预付款——付款单的相关信息。

B. 录入期初发票(在途)。

◆ 执行“采购”|“采购发票”命令(或单击“采购发票”图标)，打开“采购发票”窗口，如图 7.12 所示。

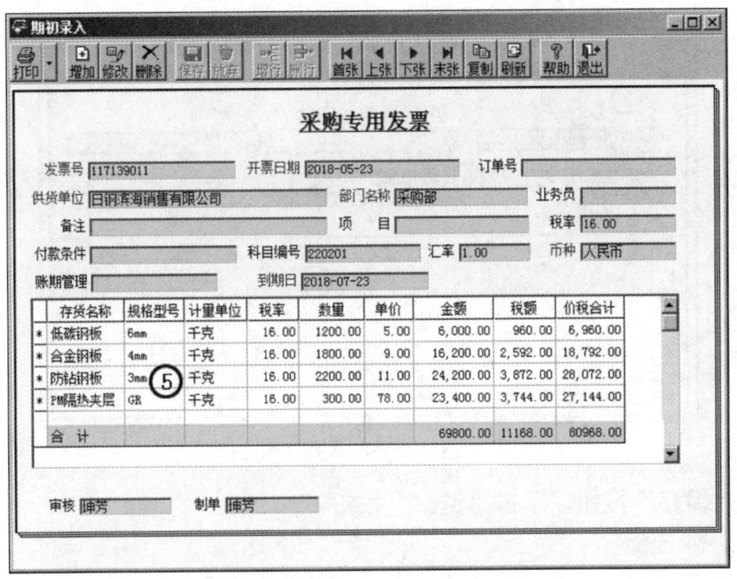

图 7.11　“期初录入”窗口

◆ 单击“增加”按钮右侧的“▼”按钮，选择专用发票。

◆ 输入发票的开票日期“2018-05-23”、供货单位“日钢滨海销售有限公司”，所购货物等相关信息。

◆ 单击“保存”按钮，单击“退出”按钮，同样录入另一张发票。

C. 录入期初入库单(暂估)。

◆ 执行“采购”|“采购入库单”命令(或单击“采购入库单”图标)，打开“采购入库”窗口，如图 7.13 所示。

◆ 单击“增加”按钮。

◆ 在“期初采购入库单”表头部分，分别输入入库单号、入库日期、仓库、供货单位等信息。

◆ 在期初“采购入库单”表体存货信息区域输入存货信息。

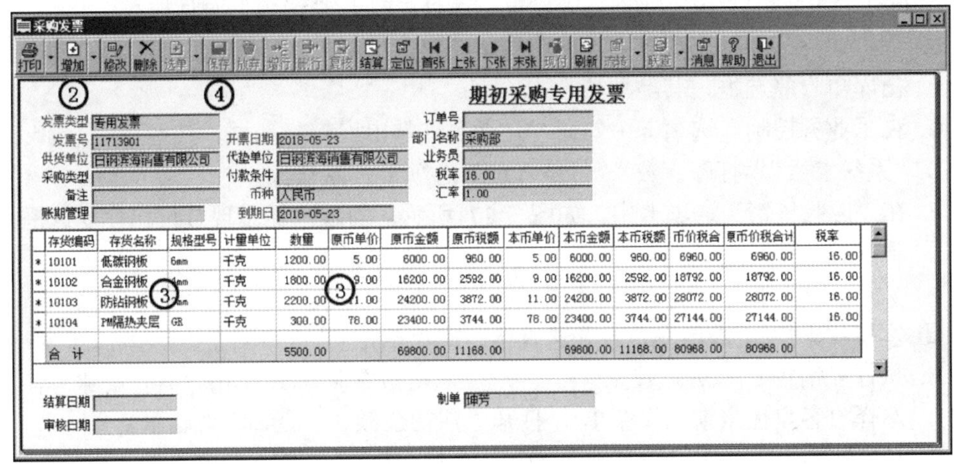

图 7.12　“采购发票”窗口

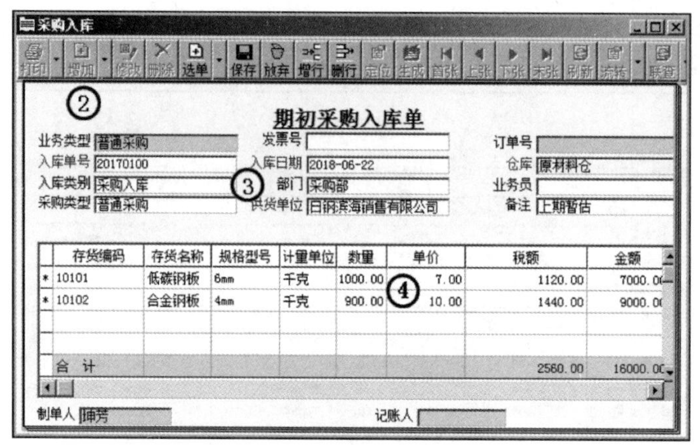

图 7.13 “采购入库”窗口

◆ 单击“保存”按钮，单击“退出”按钮。

③ 采购期初记账。

A. 执行“采购”|“期初记账”命令，打开“期初记账”界面。

B. 单击“记账”按钮，如图 7.14 所示。

C. 打开“期初记账完毕!”提示对话框，如图 7.15 所示，单击“确定”按钮。

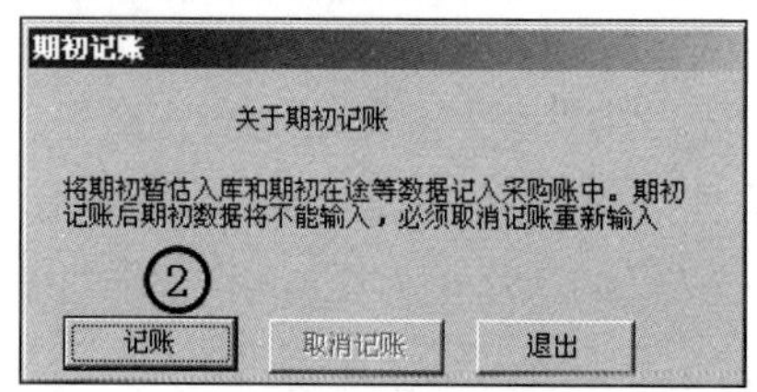

图 7.14 期初记账

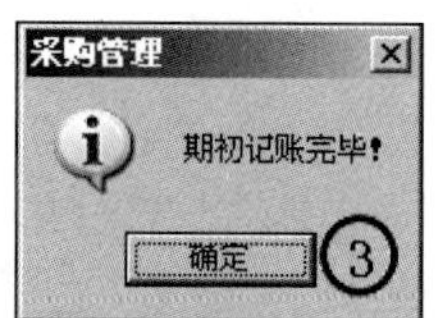

图 7.15 “期初记账完毕!”提示对话框

(2) 销售管理模块初始化相关设置。

① 设置销售管理业务范围。

A.执行“销售”|“销售业务范围设置”命令，打开“选项”对话框。

B. 在“业务范围”选项卡中，如图 7.16 所示，勾选“有外币业务”和“销售生成出库单”复选框，其他默认。

C. 在“业务控制”选项卡中勾选“是否允许零出库”复选框，其他默认。

D.“系统参数”“打印参数”“价格管理”选项卡按默认。

E. 在“应收核销”选项卡中，如图 7.17 所示，勾选“显示现金折扣”复选框，其他默认。

F. 设置完毕，单击“确认”按钮退出。

② 客户往来期初(专用发票、普通发票、应收单)。

A. 执行“销售”|“客户往来”|“客户往来期初”命令(或单击“客户往来”图标，选择“客户往来期初”菜单)，打开“期初余额——查询”对话框。

B. 在“期初余额——查询”对话框中，单击“确认”按钮，打开“期初余额”窗口。

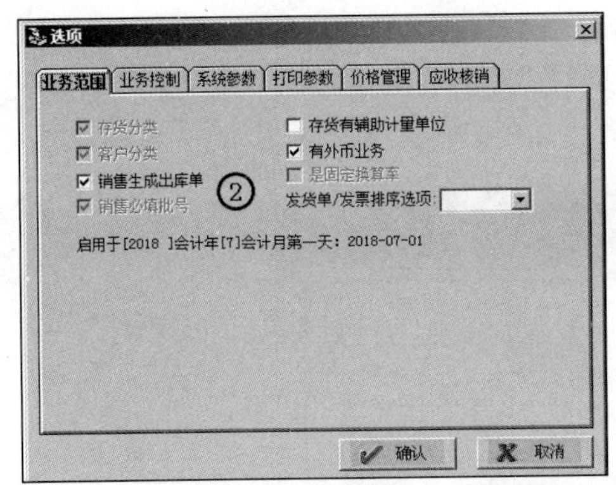

图 7.16　“业务范围”选项卡

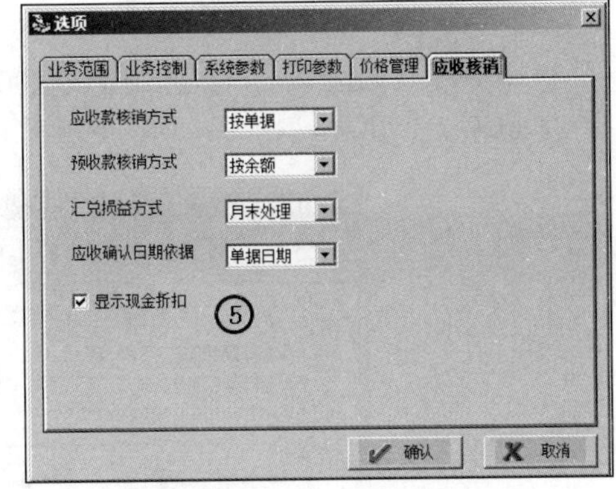

图 7.17　“应收核销”选项卡

C. 单击“增加”按钮，打开“单据类别”对话框。

D. 在“单据类别”对话框中，选择单据名称“销售发票”、单据类型“专用发票”，单击“确认”按钮。

E. 在打开的“期初录入”窗口(图 7.18)，输入开票日期“2018-06-26”、发票号“88776601”、客户名称“南京金茂商行”，以及存货的相关内容，单击“保存”按钮。

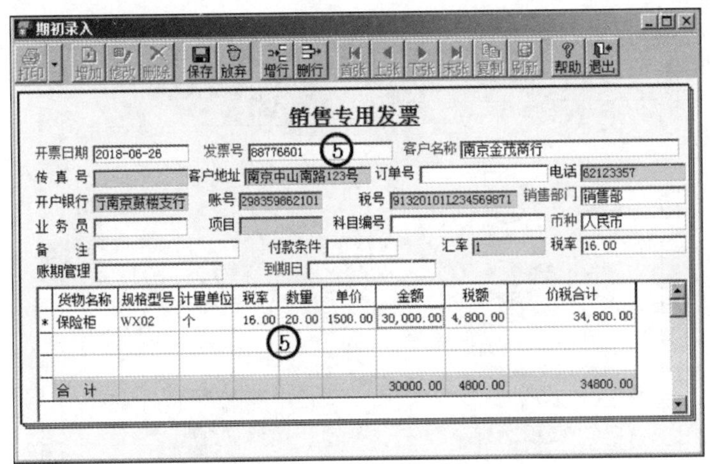

图 7.18　“期初录入”窗口(1)

F. 同样，录入普通发票和应收单的信息，录入完毕，单击“退出”按钮。

G. 在“期初余额”窗口，单击“对账”按钮，与总账系统对账。

③ 客户往来期初(预收款)。

A. 执行“销售”|“客户往来”|“客户往来期初”命令(或单击“客户往来”图标，选择“客户往来期初”菜单)，打开“期初余额—查询”对话框。

B. 在“期初余额——查询”对话框，单击“确认”按钮，打开“期初余额”窗口。

C. 单击“增加”按钮，打开“单据类别”对话框。

D. 在“类别单据”对话框，选择单据名称“预收款”、单据类型“收款单”，单击“确认”按钮。

E. 在打开的“期初录入”窗口(图 7.19)，输入开票日期“2018-06-19”、客户名称“济南梦丽有限公司”、金额“10 000.00”、科目“2203”等信息，单击“保存”按钮，单击“退出”按钮。

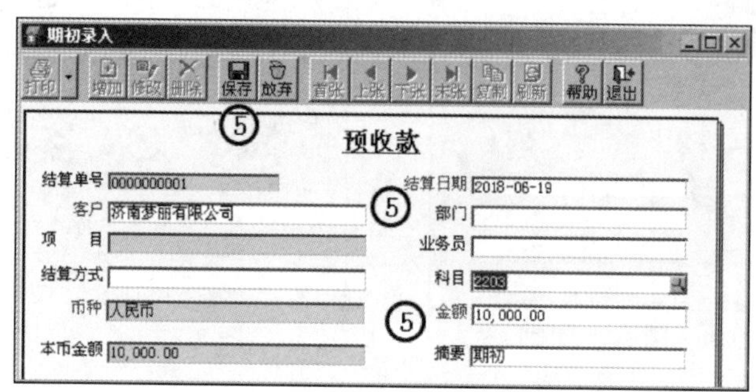

图 7.19 “期初录入”窗口(2)

(3) 库存管理模块初始化相关设置。

① 设置库存管理业务范围。

A. 执行“库存”|“库存业务范围设置”命令，打开“系统参数设置”对话框，如图 7.20 所示。

B. 按照任务清单要求，设置相关项目的参数，设置完成后，单击“确认”按钮退出。

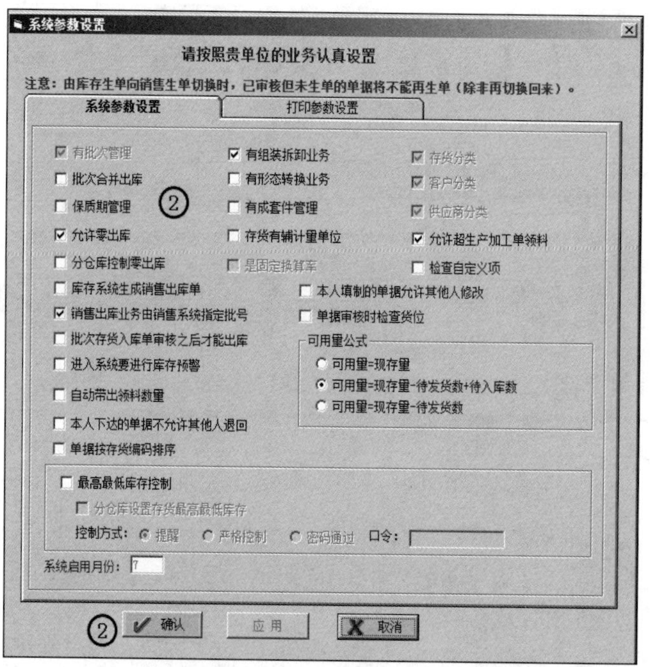

图 7.20 “系统参数设置”对话框

② 期初数据录入(存货期初)。在库存管理模块录入期初数据，会在核算模块中出现，也就是说可任意在一个系统中录入。

A. 执行“库存”|“期初数据”|“库存期初”命令，打开“期初余额”窗口，如图 7.21 所示。

B. 在仓库下拉列表框中选择“01 原材料仓”。

C. 单击“增加”按钮。

D. 输入期初存货的相关信息，如数量、单价、入库日期等。

E. 输入完毕所属仓库的所有存货时，单击“保存”按钮。

F. 同样的方法，录入其他仓库的存货信息。

G. 单击“退出”按钮。

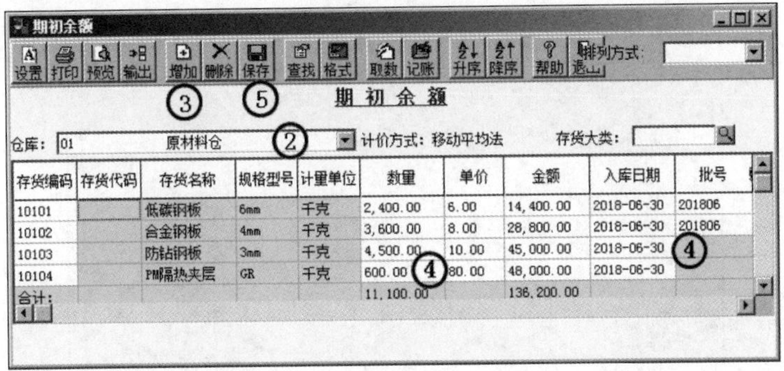

图 7.21　“期初余额”窗口

③ 期初数据录入(货位期初)。

A. 执行“库存”|“期初数据”|“货位期初”命令，打开“货位期初数据”窗口，如图 7.22 所示。

B. 在仓库下拉列表框中选择“03 办公用品仓”。

C. 单击“增加”按钮。

D. 输入期初存货的货位编码及数量。

E. 同样的方法，录入其他存货货位信息。

F. 单击“退出”按钮。

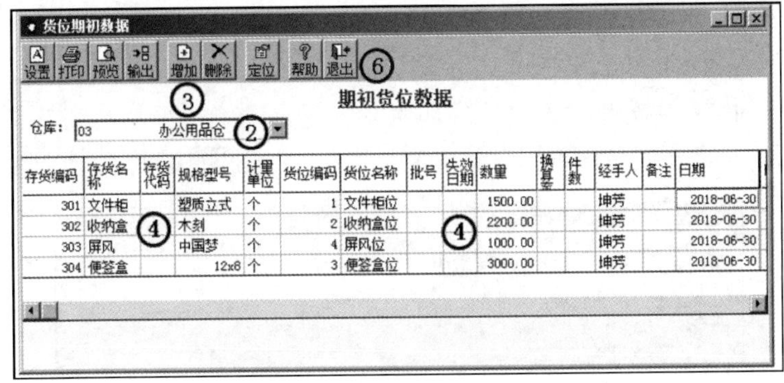

图 7.22　“货位期初数据”窗口

④ 期初记账。库存期初记账可以在库存管理模块记账，也可以在核算管理模块记账。

A. 执行“库存”|“期初数据”|“库存期初”命令，打开“期初余额”窗口。

B. 单击“记账”按钮。

C. 打开“期初记账完毕！”提示对话框，单击“确定”按钮。

(4) 核算管理模块初始化相关设置。

① 设置存货核算业务范围。

A. 执行“核算”|“核算业务范围设置”命令，打开“基本设置”对话框，如图 7.23 所示。

B. 选择“核算方式”选项卡，按要求分别设置核算方式、暂估方式、销售成本核算方式、零成本出库选择、入库单成本选择和红字出库单成本。

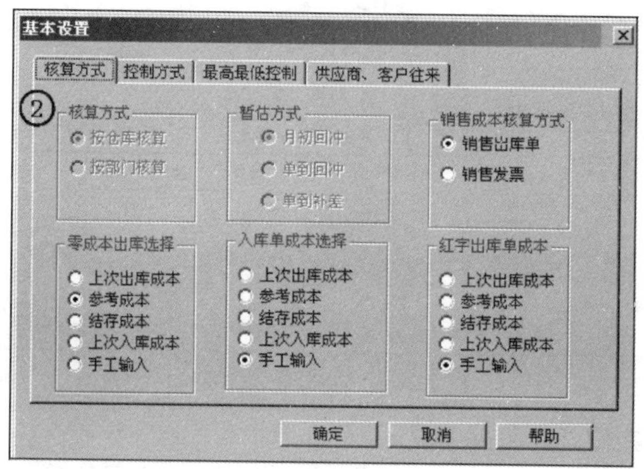

图 7.23 “基本设置”对话框

C. 选择“控制方式”选项卡，按要求分别设置相应的参数。

D. 选择“最高最低控制”选项卡，按要求分别设置相应的参数。

E. 选择“供应商、客户往来”选项卡，分别设置供应商和客户往来的参数。

F. 设置完成，单击“确定”按钮退出。

② 设置科目。

A. 设置存货科目，如图 7.24 所示。

◆ 执行“核算”|“科目设置”|“存货科目”命令，打开“存货科目”对话框。

◆ 单击“增加”按钮。

◆ 在增加的空行中分别输入仓库编码“01”、仓库名称“原材料仓”、存货分类编码“101”、存货分类名称“原料及主要材料”、存货科目编码“140301”。

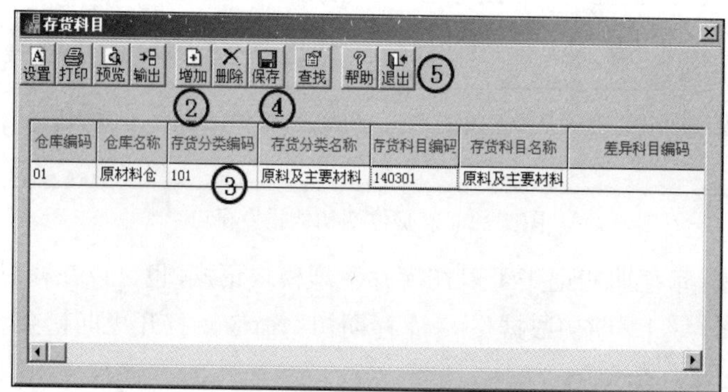

图 7.24 设置存货科目

◆ 单击“保存”按钮。

◆ 依次输入所有存货科目，单击“保存”按钮，单击“退出”按钮。

B. 设置存货对方科目，如图 7.25 所示。

◆ 执行“核算”|“科目设置”|“存货对方科目”命令，打开“对方科目设置”窗口。

◆ 单击“增加”按钮。

◆ 在增加的空行中分别输入收发类别编码“11”、收发类别名称“采购入库”、存货分类编码“101”、对方科目编码“1402”、暂估科目编码“220202”。

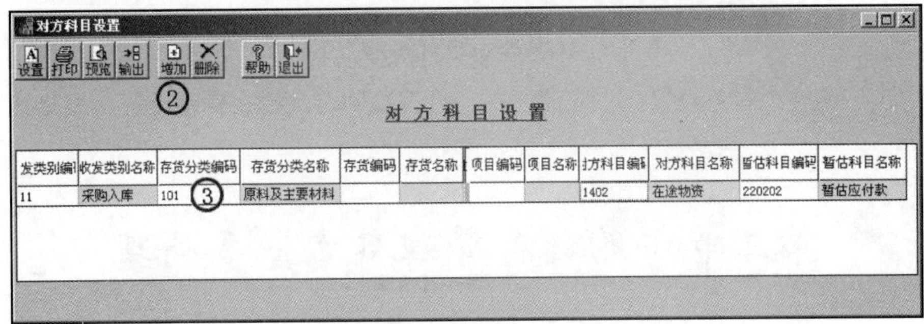

图 7.25 设置存货对方科目

◆ 单击“增加”按钮，增加下一条记录。

◆ 输入完毕，单击“退出”按钮。

C. 客户往来科目设置。

◆ 执行“核算”|“科目设置”|“客户往来科目”命令，打开“客户往来科目设置”窗口。

◆ 在“客户往来科目设置”窗口(图 7.26)选择左侧列表框中的“基本科目设置”，按照任务清单设置相应的项目。

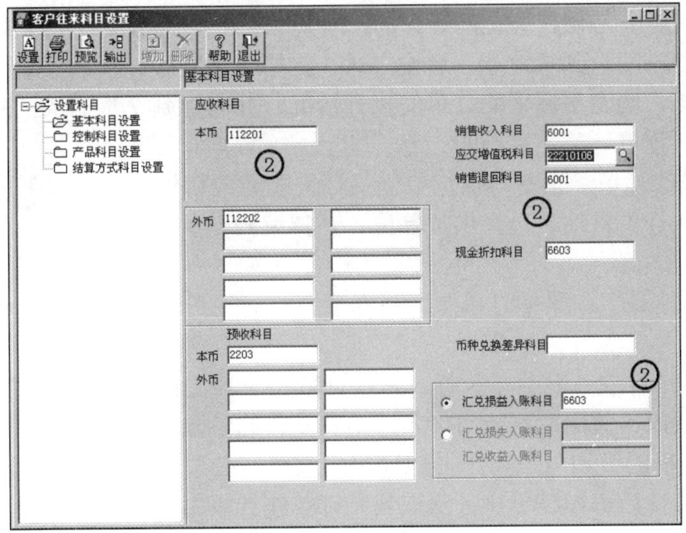

图 7.26 “客户往来科目设置”窗口(1)

◆ 选择“结算方式科目设置”，按任务清单要求输入相应科目，如图 7.27 所示。

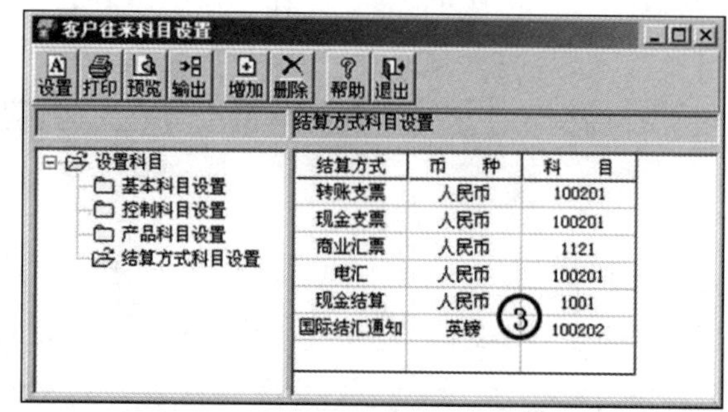

图 7.27 “客户往来科目设置”窗口(2)

D. 供应商往来科目设置。供应商往来科目设置同客户往来科目设置，故此处省略。

第三节 购销存管理日常业务处理

一、采购管理日常业务处理

购销存管理模块日常业务处理主要包括采购、销售、库存、核算等内容。其中采购管理模块日常业务涉及的操作包括采购订单、采购发票、采购入库单的录入与审核，采购结算，付款核销等；涉及的业务类型主要包括采购订单、普通采购业务、付款业务、采购退货业务、特殊采购业务及单据账表查询等。

1. 采购订单

采购订单是企业与供应商之间签订的一种协议，主要包括采购货物类别、采购数量、供货单位、到货时间、到货地点、运输方式、价格、运费等。采购订单处理包括采购订单的录入、审核，动态掌握采购订单的执行情况，并向拖延交货的供应商发出催货函。在采购业务中，订单环节是可选的。

(1) 填制采购订单。企业与供货单位签订采购意向协议时，先填制采购订单。填制的内容包括录入订单日期、选择供货单位、存货编号、录入存货数量、单价及计划到货日期等。

(2) 审核采购订单。采购订单录入保存后，只有经过审核才能在采购入库单或采购发票时参照。

(3) 采购订单修改、删除与执行。采购订单在审核之前可以修改或删除，已执行完毕的订单可以关闭。关闭后不能用作入库单和发票的参照。

(4) 采购订单的查询与关闭。采购订单的入库，必须关联订单才能正确统计订单执行情况。订单审核后可在订单执行明细表和订单统计表中查询。当采购订单所定货物已入库且已收发票并结算记账，该订单可以关闭。

2. 普通采购业务

采购业务的操作包括物流和资金流两个方面的处理。物流涉及的单据主要是采购入库单，操作内容包括采购入库单的录入和审核，通过货款结算、采购入库单的记账，最后在核算管理模块生成会计凭证。资金流涉及的单据主要有采购发票、付款单等采购业务的资金流过程，按系统操作的顺序依次为采购发票的录入、采购结算、生成结算凭证、付款结算、生成付款凭证。

按货物和发票到达的先后顺序，将采购入库业务划分为单货同到、单到货未到(在途业务)、货到单未到(暂估业务)3 种类型。不同的业务类型相应的处理方法不同。

(1) 单货同到。

① 在采购管理模块中录入采购入库单、采购发票，并对采购入库单和采购发票进行采购结算，结算后入库单就会回填单价。

② 在库存管理模块中审核采购入库单。

③ 在核算管理模块中进行记账。

④ 在核算管理模块进行购销单据制单，生成入库凭证，凭证分录如下。

借：原材料

　　贷：在途物资

⑤ 在核算管理模块中对已结算的发票进行供应商往来制单，生成应付款凭证，凭证分录如下。

借：在途物资

借：应交税费——应交增值税(进项税额)

　　贷：应付账款(或银行存款等)

也可在购销单据制单时勾选“已结算采购入库单自动选择全部结算单上单据(包括入库单、发票、付款单)，非本月采购入库单按蓝字报销单制单”复选框，将上述两条分录合并制单。

如果现付，还需在采购管理模块进行发票的现付操作；在核算管理模块进行现结制单。如果后期进行付款，还需要在采购管理模块进行付款结算，进行付款核销；在核算管理模块进行付款单制单(核销制单)。

(2) 单到货未到(在途业务)。

对于单到货未到的业务，一般将发票进行压单处理，待货物到达后，再一并录入计算机做报账结算处理。如果需要随时统计在途货物的情况，就必须将发票录入计算机，先做供应商往来制单，待货物到达后再填制入库单，并做采购结算，凭证分录如下。

① 单据到达，录入采购发票，生成采购凭证，凭证分录如下。

借：在途物资

　　应交税费——应交增值税(进项税额)

　　贷：应付账款(或银行存款等)

② 货物到达入库后，生成入库凭证，凭证分录如下。

借：原材料

　　贷：在途物资

(3) 货到单未到(暂估业务)。

暂估业务的入账处理与采购入库单的处理相同。但在月末记账时要对所有的没有结算的入库单填入暂估单价，填入时在采购管理模块或核算管理模块中用手工填写，然后到核算管理模块记账，生成暂估凭证。下月对于暂估入库的处理，系统提供了 3 种方法。

① 月初回冲。月初回冲是指到下月初做一张相同分录的红字凭证，冲回上月月末录入的暂估采购入库单。待收到采购发票后，再对采购入库单和采购发票进行结算。进入核算管理模块执行“暂估”命令，生成“蓝字回冲单”，冲回存货明细账中上月的暂估入库并制单。

② 单到回冲。单到回冲是指下月初暂不处理，待收到采购发票后进行采购结算，在此基础上进行暂估处理。系统自动生成红字冲销单和蓝字回冲单，据以登记存货明细账并制单。红字冲销单入库金额为上月暂估金额，蓝字回冲单为已报销金额。

③ 单到补差。单到补差是指月初不做处理，收到采购发票后先进行采购结算，然后做暂估处理。如果报销金额与暂估金额的差额不为零，则会产生调整单，并自动计入存货明细账。一张采购入库单生成一张调整单。确认后自动记入存货明细账。如果差额为零，则不会生成调整单。

3. 付款业务

当采购业务发生后，应进行采购付款业务的处理，主要包括采购业务发生后直接付款的处理(采购现付)、货款暂欠后期付款的处理、支付部分货款、多支付货款、使用预付款及通过转账付款的处理方法。采购现付，可以全部现付，也可以部分现付。

4. 采购退货业务

材料的质量、规格不符或企业转产等原因，企业会发生退货业务。针对发生的不同退货业务，采取不同的处理方式。退货业务的几种情况如表 7-15 所示。

表 7-15　退货业务的几种情况

是否结算	入库单记账和发票输入情况	退货金额	处理方法
结算前	货已收未做任何处理		系统不做任何处理，直接退货
	已入库未记账，未生成发票	全额退	直接删除采购入库单
		部分退	修改采购入库单
	已入库记账，未生成发票	全额退	填制红字入库单，自动结算，选择红蓝入库单结算
		部分退	填制退货部分的红字入库单
结算前	已入库记账，已生成发票		填制红字入库单、红字发票，自动结算，选择“入库单和发票”结算
结算后			填制红字入库单、红字发票，自动结算，选择“入库单和发票”结算

5. 特殊采购业务

(1) 特殊采购业务——采购赠品业务。

① 以采购入库单形式入库。在以采购入库单形式入库的方法下，赠品作为采购商品

的一部分一起入库，相当于同样的金额多买了商品，降低了单位商品成本，通过购销单据制单和供应商往来制单生成相关的凭证即可。

② 以其他入库单形式入库。对于赠品，如果销货方不开发票，则无法进行正常结算，所以在实际业务中通常以其他入库单形式入库，对赠品进行业务处理。在这种方式下，实际采购的商品正常填制采购入库单，正常采购结算；赠品填制其他入库单，金额为“0”，正常单据记账，制单时和采购入库单合并制单；在凭证界面将存货辅助项数量改为总数，删除单价，使系统自动反填单价。

(2) 特殊采购业务——合理损耗与非合理损耗。

在实际业务中，经常会发生入库数量小于发票数量的情况，即发生了在途损耗。对于这种在途损耗，要区分合理损耗和非合理损耗，进而采取不同的会计处理方法。会计制度规定：合理损耗是企业在经营过程中不可避免的，因而要计入存货的成本，其进项税额不得转出，只是提高了单个存货的成本；而非合理损耗是不可预知的、非正常的，这部分损失不得计入存货的成本，其进项税额要转出，这部分损失先在“待处理财产损溢”科目中归集，查明原因后，转入费用类科目。因此应确定“非合理损耗类型”以确保核算管理模块对非合理损耗金额和转出进项税的正确核算。只有当“入库数量+合理损耗数量+非合理损耗数量=发票数量”时才允许结算。

(3) 特殊采购业务——采购发票和运费发票不同时到达。

在实际业务过程中，往往采购发票和入库款单结算后运费发票才到达，但其运费成本也是要分摊到入库成本中的，因此需要调整采购成本的入账价值，通常有如下两种方法。

① 通过入库调整单来调整。直接在核算管理模块将运费金额调整到该存货中，此操作影响该存货的结算单价和金额。运费业务的凭证在总账中手工输入，入库调整单不需要重新生成凭证。但如果运费没有付款，确认为应付账款，就会导致总账和采购管理模块的应付账款数不符。这一方法适用于运费全额付款的情况。

② 通过费用折扣结算来实现。在采购管理模块填制运费发票，使用费用折扣结算这种结算模式，与已经结算的采购入库单和采购发票进行再分摊结算。

(4) 发票和入库单上的数量不同步。

① 一次入库多次收到发票。一次入库多次收到发票即入库数量大于发票数量。可以先把采购入库单上的数量与发票相等的商品与采购发票结算，如果本月末仍有未到的采购发票，则在核算管理模块单据记账时，入库单的全部数量作为暂估的，下个月产生全部数量的红字冲销记录。如果下月收到的发票所载明的商品数量累计仍然小于入库单数量，按发票上的数量和入库单结算，核算管理模块暂估成本处理中没有记录，入库单数量仍为暂估，期末处理后产生蓝字回冲单(暂估)。

② 一次全额发票和多次入库。一次全额发票和多次入库即入库数量小于发票数量。系统暂不支持发票数大于入库数的部分核算管理，需要待剩余材料入库后，再做结算和暂估成本处理的操作。

(5) 委托加工业务的处理。

委托加工业务提供主要原材料委托加工商进行生产约定产品。加工完毕后，支付加工商加工费等费用，取得增值税票据。发出材料成本和支付给加工商的费用作为完工产品的入库成本。

在“收发类别”窗口中设置委托加工出库和委托加工入库，相应出入库的对方科目设为“委托加工物资”。

在“存货档案”窗口中增加“加工费”存货，属性为“劳务费用”“外购”。填制名称和数量与采购入库单一致的一张虚拟采购发票，金额为原材料的金额，不复核发票(发票不复核就不会产生应付账款，也不会在供应商往来制单中显示，为了结算后确认完工入库的加工产品的成本)。

填制加工费发票，使入库单和两张发票结算，供应商往来制单，购销单据制单(采购入库单)。

(6) 进口业务的处理。

从国外采购货物，支付给供应商的款项就是存货本身的价款，不包含增值税。进口货物的增值税是由海关在征收关税的同时一并征收的。按照税法规定：缴纳的关税计入存货的采购成本，缴纳的增值税作为采购过程支付的增值税税额，记入“应交税费——应交增值税——进项税额”科目。涉及的单据有对方的发票(普通)和解缴税款的完税凭证(可抵扣)，可以设置“关税”和“代征增值税”两类费用存货，分别填制采购发票、关税及代征增值税的普通发票，并与采购入库单结算。对入库单进行单据记账，并生成购销凭证和供应商往来凭证。

6. 单据账表查询

采购管理模块提供了各种丰富的查询功能，可有效提高采购的物流、单据流、资金流等信息的综合利用和加强采购管理。采购管理模块的查询功能分为两类，即单据的查询和账表的查询。

(1) 单据查询。单据查询主要包括“结算单明细列表查询”“采购订单列表”“采购入库单列表”“采购发票列表”等查询功能。

(2) 账表查询。账表查询主要包括“采购明细表”“采购统计表”“采购账簿”“供应商往来账表”等查询功能，可以随时方便地了解采购业务各环节的详细情况，为采购环节的执行、监督、决策提供信息。

【任务操作】

1. 任务资料

采购管理模块日常业务处理内容如表 7-16 所示。

表 7-16 采购管理模块日常业务处理内容

序号	业务内容	业务类型
1	7 月 1 日，对上月暂估入库业务进行月初回冲处理	暂估回冲
2	7 月 2 日，支付前欠济南才安有限公司部分款项 8 000.00 元，电汇号为 20110001	付款业务

(续表)

序号	业务内容	业务类型
3	7月3日，向郑州永利办公有限公司签订采购合同，文件柜600个，单价为19元；屏风300个，单价为28.00元；同时预付1 000.00元订金，电汇支付(电汇号为20110002)预计7月5日到货	采购订单及订金业务
4	7月4日，向郑州永利办公有限公司采购，增值税专用发票(发票号为37112201)注明收纳盒100个，单价26.00元；便签盒200个，单价9.00元，已验收入办公用品仓，入库单号为031001，货款已付，电汇凭证为20110003	采购现结
5	7月5日，7月3日向郑州永利办公有限公司的订货已收入办公用品仓(入库单号为031002)，增值税专用发票(发票号为37112202)注明文件柜600个，单价为19.00元；屏风300个，单价为28.00元，增值税税率为16%，货款暂欠	关联订单采购欠付
6	7月8日，电汇支付7月3日订购郑州永利办公有限公司的全部货款；电汇凭证号为20110004，使用已预付1 000.00元	使用预付款的付款业务
7	7月9日，向青岛科贸物资有限公司采购专用发票(发票号为37112203)注明低碳钢板(批号为201807)2 000千克，单价为6.00元；合金钢板(批号为201807)2 000千克，单价为8.00元；防钻钢板2 000千克，单价为9.50元，增值税税率为16%。收运费专用发票注明运费600.00元(发票号为37123456)，增值税税额为60.00元；入库单号为011001；货款暂欠，按数量分摊	单货同到运费分摊
8	7月9日，收到7月4日向郑州永利办公有限公司采购的运费专用发票(发票号为27112111)，注明运费为300.00元，增值税税额为30.00元，按数量分摊	已结算后运费的分摊
9	7月9日，收到青岛科贸物资有限公司采购专用发票(发票号为37112204)，注明PM隔热夹层1 000千克，单价为75.00元，增值税税率为16%，账款未付，只录发票，不做凭证	填制采购发票
10	7月10日，收到7月9日采购的PM隔热夹层，入库单号为20182002，实际入库数量970千克，缺少30千克，其中10千克属合理损耗，另外20千克因途中遗失，属于非合理损耗，类型为“运输保管不当”，目前尚未处理	采购结算(合理与非合理损耗)
11	7月10日，上月从日钢滨海销售有限公司采购的防钻钢板到货入原材料仓(入库单号为20182003)，数量1 800千克，另外200千克因货源紧张不再补发，同时收到红字发票(发票号为37330021)注明防钻钢板200千克，单价为10.00元，增值税税额为320.00元，收到对方转账支票(票号为51231235)2 320.00元退货款	上月在途货物采购入库，部分退货退款
12	7月10日，向济南才安有限公司采购操控面板500个，电子报警器800个，验收入配件仓，入库单号为021001。	采购入库
	7月11日，仓库管理员发现电子报警器有50个损坏，已联系退货，填制退货单(红字入库单为22003)；当天收到济南才安有限公司专用发票(发票号为37002222)，注明操控面板500个，单价为80.00元；电子报警器750个，单价为50.00元，增值税税额为12 400.00元，未付款	结算前退货

续表

序号	业务内容	业务类型
13	7 月 13 日，7 月 10 日从济南才安有限公司采购的电子报警器已入库结算记账后，又发现 10 个有质量问题联系退货(红字入库单为 021002)，同时收到红字发票(发票号为 37002211)，注明电子报警器 10 个，单价为 50.00 元	结算后退货
14	7 月 14 日，收到以前从滨海销售有限公司采购的在途货物入库(入库单号为 11352)，低碳钢板 1 200 千克，合金钢板 1 800 千克，防钻钢板 2 200 千克，PM 隔热夹层 300 千克，其中低碳钢板和合金钢板的批号均为 201806	上期在途材料入库
15	7 月 18 日，向日钢滨海销售有限公司采购，专用发票(发票号为 37112205)注明低碳钢板(批号为 201802)3 000 千克，单价为 6.20 元；合金钢板(批号为 201802)3 000 千克，单价为 8.50 元，增值税税率为 16%。入库单号为 011002；又收到赠品合金钢板(入库单号为 011002，批号为 201802)20 千克，货款暂欠	采购赠品与结算
16	7 月 19 日，收到上月采购入库(入库单号为 20170100)的专用发票(发票号为 37112206)，发票注明低碳钢板 1 000 千克，单价为 6.90 元；合金钢板 900 千克，单价为 10.20 元，增值税税率为 16%，以转账支票支付(票号为 37610056)	蓝字回冲单报销
17	7 月 24 日，发出低碳钢板(批号为 201806)2 000 千克，合金钢板(批号为 201806)1 500 千克、防钻钢板 800 千克，用于委托日照信安公司加工保险挂厨(材料出库单号为 22007)。 7 月 24 日，支付发出委托加工材料的运输费(加工保险挂厨)，由日照信安公司代垫，运费发票号为 37112299，金额为 800.00 元，增值税税额为 80.00 元。 7 月 25 日，收到日照信安公司的加工费专用发票(票号为 37112298)加工费为 3 600.00 元，增值税税额为 576.00 元	委托加工业务

2. 任务实施

(1) 以系统管理员的身份引入“7.2 购销存管理模块初始化”账套数据。

(2) 以“wx01 坤芳”的身份登录系统，启用购销存和核算管理模块；将“应收账款”所属明细科目和“预收账款”改为应收系统受控；将“应付账款——应付采购款”和“预付账款”改为应付系统受控。

(3) 以“wx02 瑞霞”的身份登录系统，完成上述日常业务的操作。

3. 操作指导

(1) 暂估回冲。

① 执行“核算”|“凭证”|“购销单据制单”命令(或单击“购销单据制单”图标)，打开“生成凭证”窗口，如图 7.28 所示。

② 选择凭证类别“记 记账凭证”。

③ 单击“选择”按钮，打开“查询条件”对话框。

④ 在“查询条件”对话框中勾选“(24)红字回冲单”复选框。

⑤ 单击“确认”按钮，打开“选择单据”窗口。

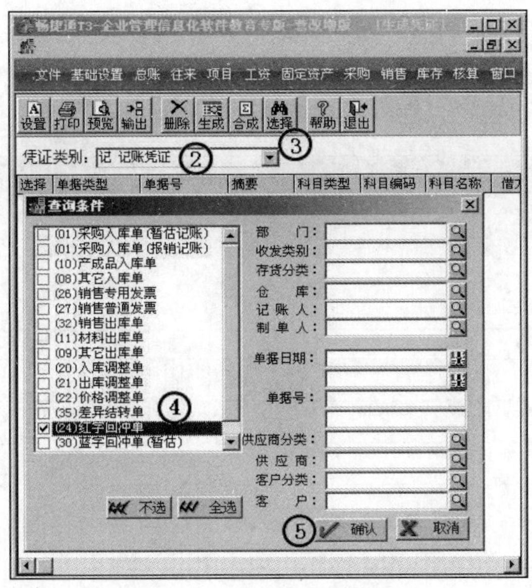

图 7.28 “生成凭证”窗口

⑥ 单击要生成凭证的单据，打上选择标志“1”，如图 7.29 所示。

⑦ 单击“确定”按钮，打开“生成凭证”窗口。

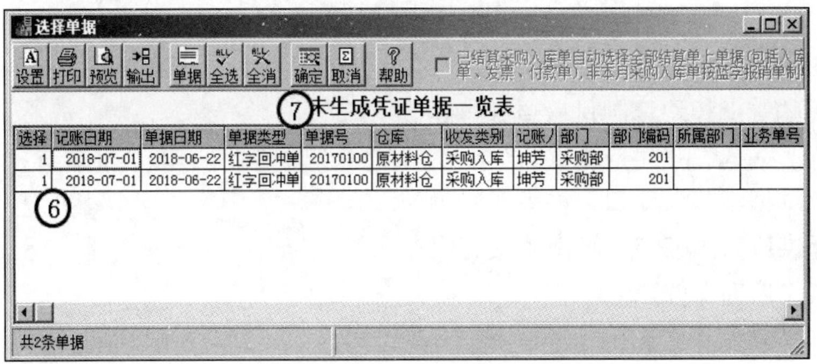

图 7.29 选择单据

⑧ 输入相关科目编码(由于本例已设置存货、对方科目及暂估科目，所以此处的科目由系统自动生成)，如图 7.30 所示。

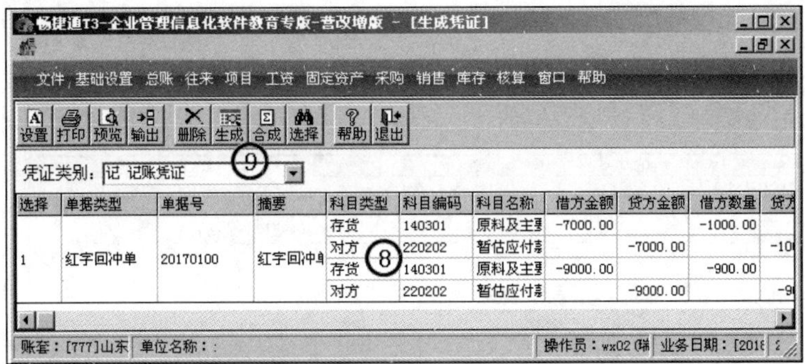

图 7.30 生成凭证

⑨ 单击“生成”按钮，打开“填制凭证”窗口，此处生成 2 张凭证，若单击“合成”按钮，则生成 1 张凭证。

⑩ 检查无误后，单击“保存”按钮自动生成凭证，如图 7.31 所示。

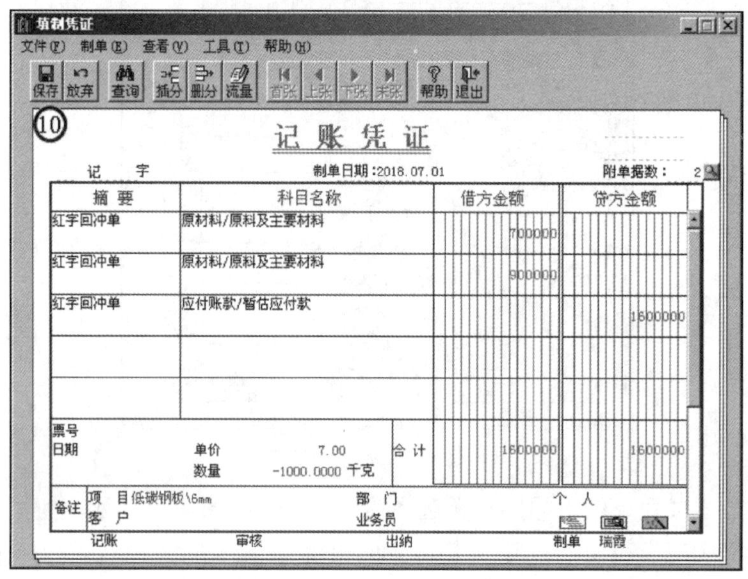

图 7.31 填制凭证

(2) 付款业务。

① 在采购管理模块填制付款单并核销。

A. 执行“采购”|“供应商往来”|“付款结算”命令(或单击“付款结算”图标)，打开“单据结算”窗口，如图 7.32 所示。

B. 选择供应商“0203 济南才安有限公司”。

C. 单击“增加”按钮。

D. 输入结算方式“3 电汇”、金额“8 000.00”、票据号“20110001”。

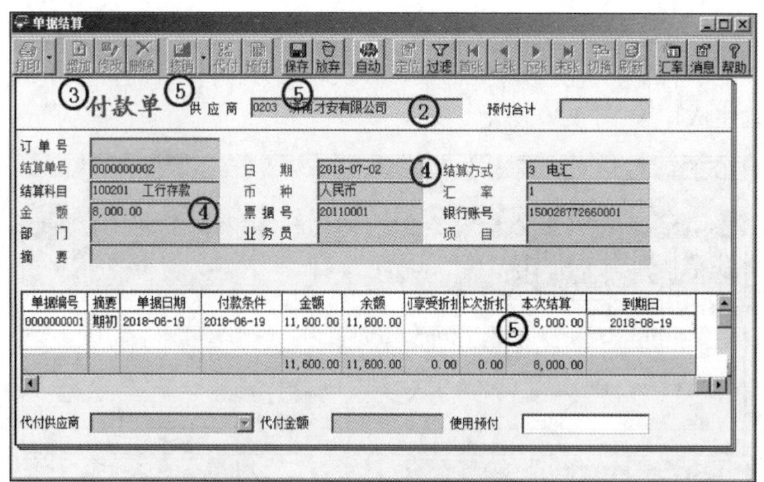

图 7.32 “单据结算”窗口

E. 单击“保存”按钮，单击“核销”按钮，在本次结算栏输入结算金额“8 000.00”，单击“保存”按钮。

② 在核算管理模块生成付款凭证。

A. 执行“核算”|“凭证”|“供应商往来制单”命令(或单击“供应商往来制单”图标)，打开“供应商制单查询”对话框，如图 7.33 所示。

B. 在“供应商制单查询”对话框中，勾选“核销制单”复选框，选择供应商“0203”。

C. 单击“确认”按钮，打开“供应商往来制单”窗口。

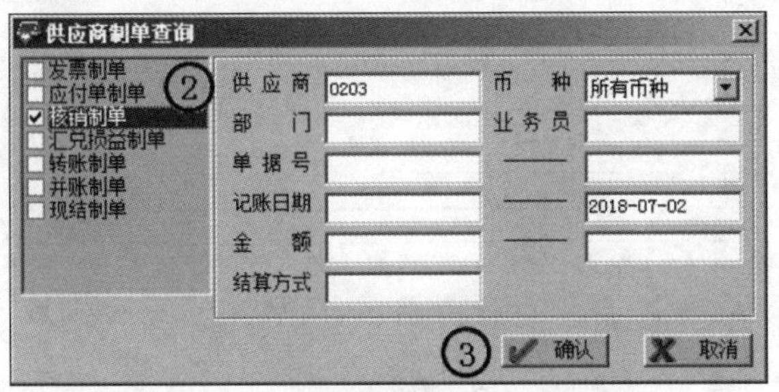

图 7.33　“供应商制单查询”对话框

D. 在“供应商往来制单”窗口(图 7.34)双击要制单的列表中记录，打上选择标志“1”。

E. 单击“制单”按钮，自动生成凭证，单击“保存”按钮，如图 7.35 所示。

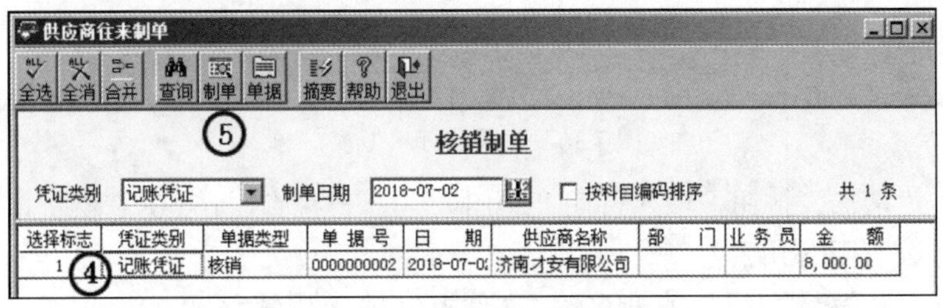

图 7.34　“供应商往来制单”窗口

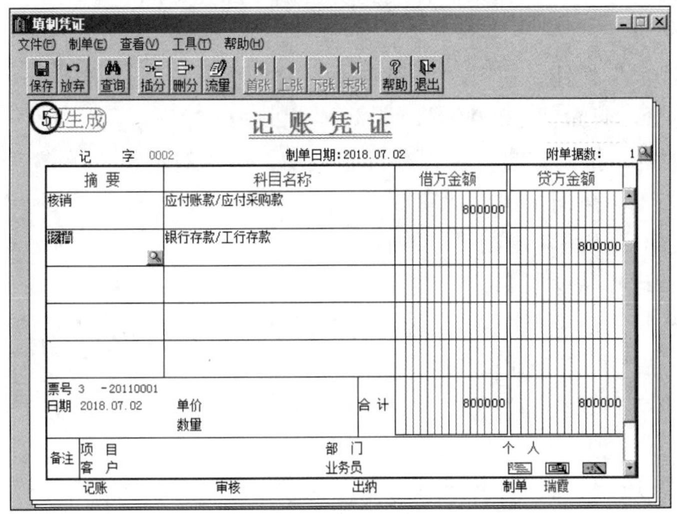

图 7.35　自动生成凭证

(3) 采购订单及订金业务。

① 在采购管理模块填制订单。

A. 执行“采购”|“采购订单”命令(或单击“采购订单”图标)，打开“采购订单”窗口，如图 7.36 所示。

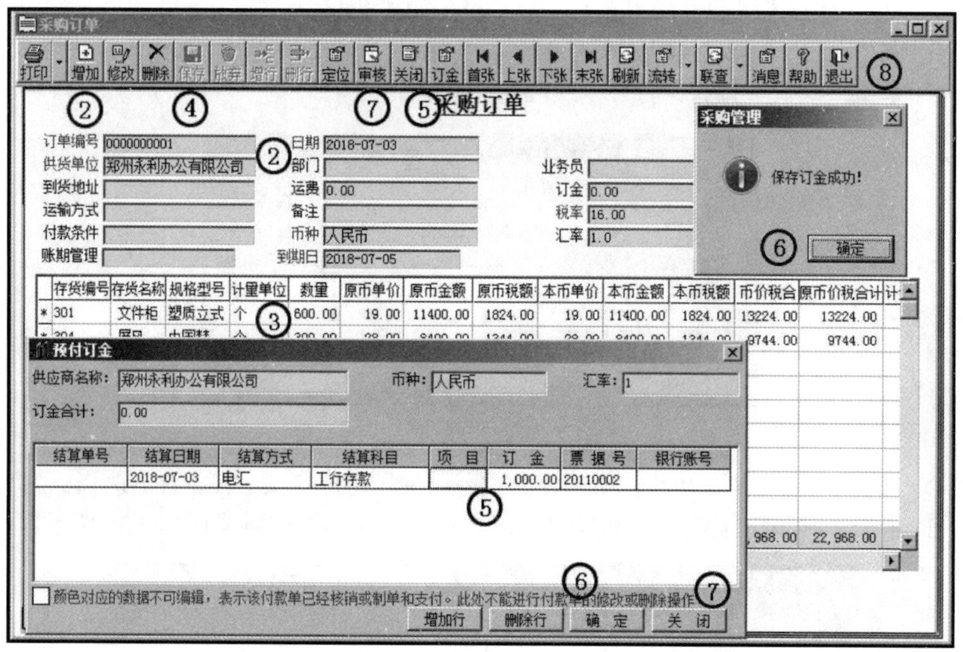

图 7.36 “采购订单”窗口

B. 单击“增加”按钮，输入日期“2018-07-03”、税率“16.00”、供货单位“郑州永利办公有限公司”。

C. 选择存货编号“301”、存货名称“文件柜”，输入数量“600.00”、原币单价“19.00”；同样输入另一条存货记录；计划到货日期“2018-07-05”。

D. 单击“保存”按钮。

E. 单击“订金”按钮，打开“预付订金”对话框选择“增加行”，分别输入结算方式“电汇”，订金“1 000.00”，票据号“20110002”。

F. 单击“确定”按钮，打开“保存订金成功”提示对话框，单击“确定”按钮。

G. 单击“关闭”按钮，单击“审核”按钮。

H.单击“退出”按钮，退出“采购订单”窗口。

② 在核算管理模块进行供应商往来制单(核销制单)。

A. 执行“核算”|“凭证”|“供应商往来制单”命令(或单击“供应商往来制单”图标)，打开“供应商制单查询”窗口。

B. 在“供应商制单查询”窗口，选择单据类型“核销”、供应商“郑州永利办公有限公司”。

C. 单击“确认”按钮，打开“供应商往来制单”窗口，如图 7.37 所示。

D. 双击要制单的列表中记录，打上选择标志“1”。

E. 单击“制单”按钮，打开“填制凭证”窗口(图 7.38)，自动生成凭证，检查无误后单击“保存”按钮。

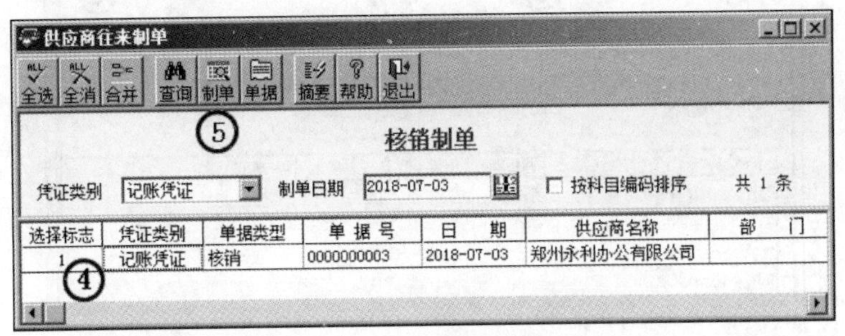

图 7.37　“供应商往来制单”窗口

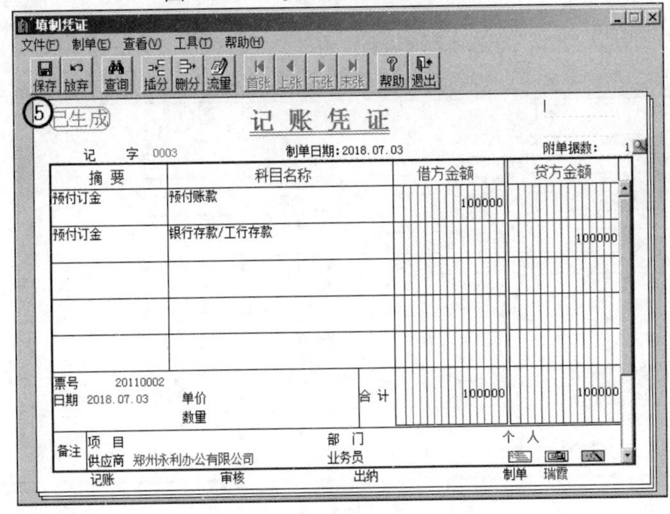

图 7.38　“填制凭证”窗口

(4) 采购现结业务。

① 在采购管理模块录入采购入库单，生成并审核发票。

A. 执行“采购”|“采购入库单”命令(或单击“采购入库单”图标)，打开“采购入库”窗口，如图 7.39 所示。

B. 单击“增加”按钮。

C. 输入日期“2018-07.04”，选择仓库“办公用品仓”、入库类别“采购入库”、供货单位“郑州永利办公有限公司”。

D. 选择存货编码“302”、数量“100.00”，选择存货编码“303”、数量“200.00”。

E. 单击“保存”按钮。

F. 单击“流转”右侧的“▼”按钮。选择“生成专用发票”，打开“采购发票”窗口。

G. 在“采购专用发票”界面(图 7.40)输入发票号“37112201”，分别输入本币单价“26.00”“9.00”、税率“16.00”。

H. 单击“保存”按钮，单击“现付”按钮，打开“采购现付”对话框。

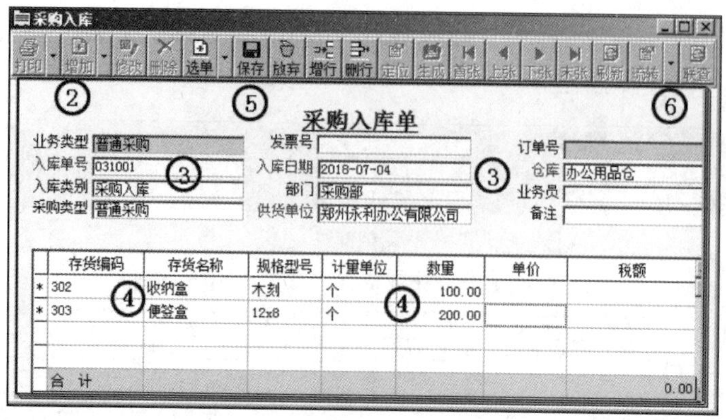

图 7.39 “采购入库”窗口

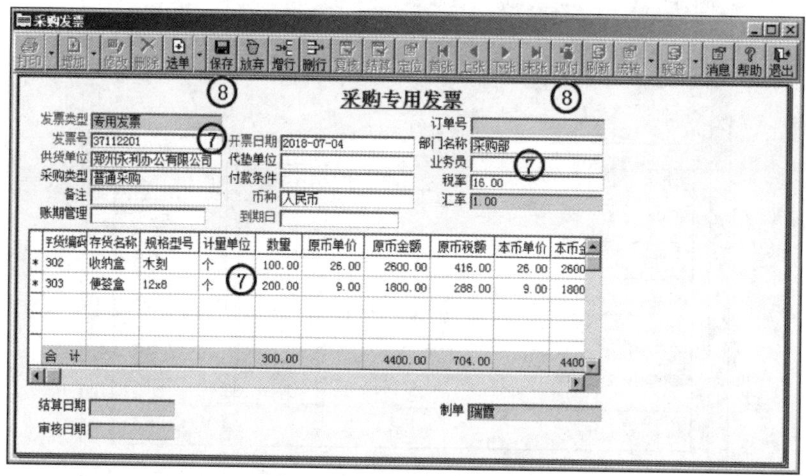

图 7.40 “采购专用发票”界面

I. 在“采购现付”对话框(图 7.41)中，输入结算方式“3”、票据号“20110003”、结算金额“5 104.00”。

J. 单击“确定”按钮，打上“已现付”标志。

K. 单击“复核”按钮，单击“是”按钮。

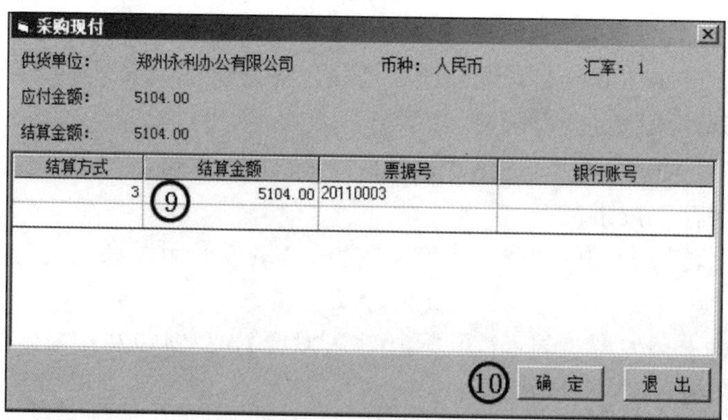

图 7.41 “采购现付”对话框

② 在采购管理模块进行采购结算。

A. 执行“采购”|“采购结算”|“自动结算”命令，打开“自动结算”对话框，如图 7.42 所示。

B. 在“自动结算”对话框中，在“结算模式”区域勾选“入库单和发票”复选框。

C. 单击“确认”按钮，系统显示自动结算进度，并提示结算成功。

D. 单击“确定”按钮，如图 7.43 所示；发票已打上“已结算”标志；单击“退出”按钮。

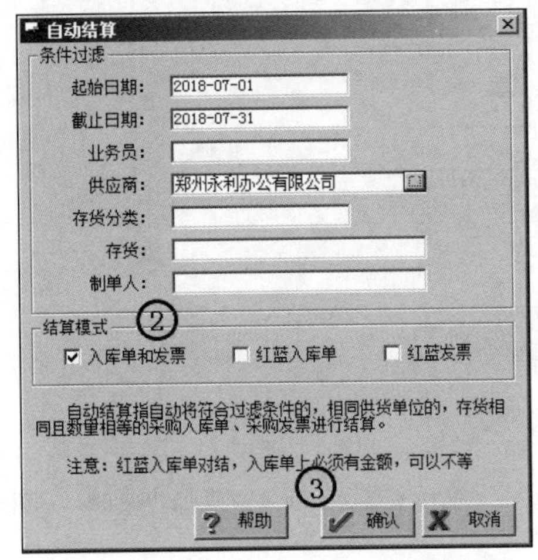

图 7.42　“自动结算”对话框

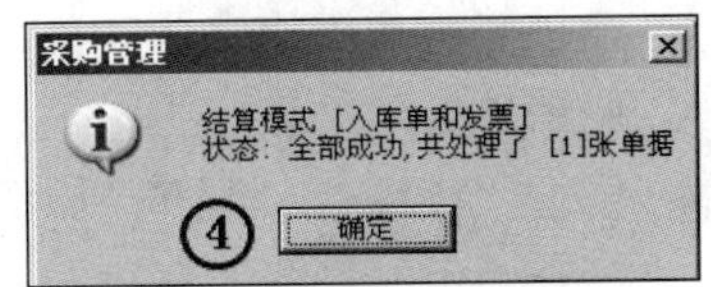

图 7.43　“采购管理”对话框

③ 在库存管理模块审核采购入库单。

A. 执行“库存”|“采购入库单审核”命令(或单击“采购入库单审核”图标)，打开“采购入库单”窗口。

B. 单击“审核”按钮，单击“退出”按钮。

④ 在核算管理模块对采购入库单记账。

A. 执行“核算”|“核算”|“正常单据记账”命令(或单击“正常单据记账”图标)，打开“正常单据记账条件”对话框，如图 7.44 所示。

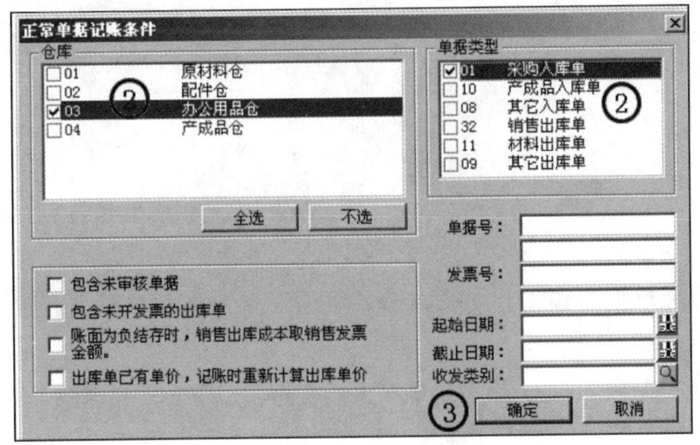

图 7.44　“正常单据记账条件”对话框

B. 在“仓库”区域勾选“03 办公用品仓”复选框，在“单据类型”区域勾选“01 采购入库单”复选框。

C. 单击“确定”按钮。

D. 打开“正常单据记账”窗口，如图 7.45 所示，单击需要记账的单据前的“选择”栏，打上选择标志“√”，或单击“全选”按钮选择所有单据。

E. 单击“记账”按钮，单击“退出”按钮。

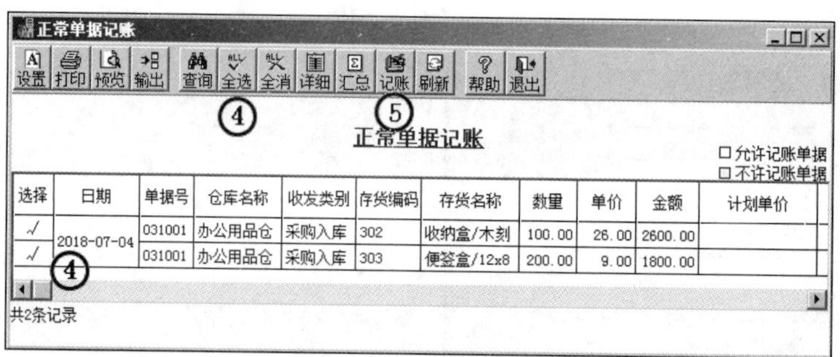

图 7.45 “正常单据记账”窗口

⑤ 在核算管理模块生成凭证。

A. 购销单据制单。

◆ 执行“核算”|“凭证”|“购销单据制单”命令(或单击“购销单据制单”图标)，打开“生成凭证”窗口。

◆ 单击“选择”按钮，打开“查询条件”对话框，如图 7.46 所示，勾选“(01)采购入库单(报销记账)”复选框，单击“确认”按钮。

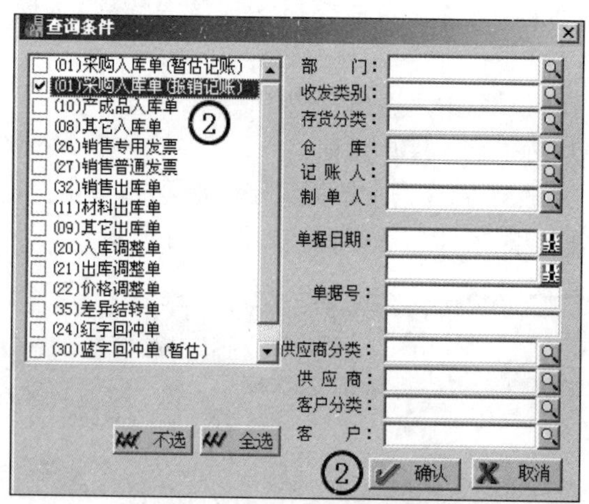

图 7.46 “查询条件”对话框

◆ 打开“选择单据”窗口，如图 7.47 所示，单击要生成凭证的单据，打上选择标志“1”。

◆ 单击“确定”按钮，打开“生成凭证”窗口，如图 7.48 所示。

◆ 单击“生成”或“合成”按钮，打开“填制凭证”窗口。

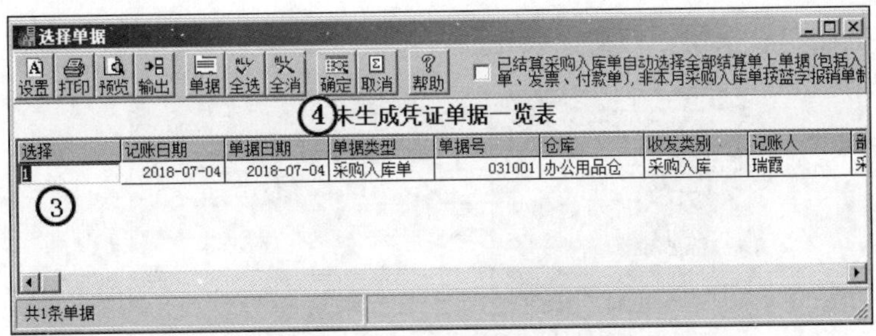

图 7.47 “选择单据”窗口

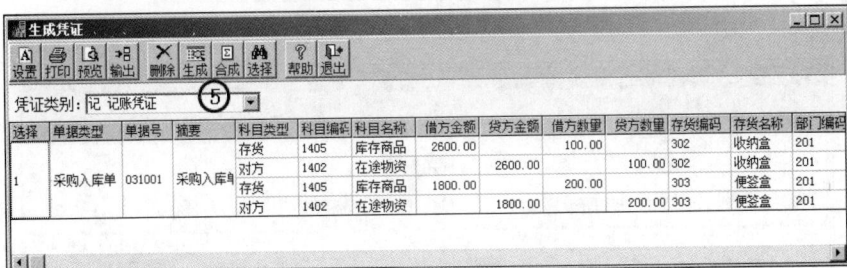

生成凭证

设置 打印 预览 输出 删除 生成 合成 选择 帮助 退出

凭证类别: 记 记账凭证 ⑤

选择	单据类型	单据号	摘要	科目类型	科目编码	科目名称	借方金额	贷方金额	借方数量	贷方数量	存货编码	存货名称	部门编码
1	采购入库单	031001	采购入库单	存货	1405	库存商品	2600.00		100.00		302	收纳盒	201
				对方	1402	在途物资		2600.00		100.00	302	收纳盒	201
				存货	1405	库存商品	1800.00		200.00		303	便签盒	201
				对方	1402	在途物资		1800.00		200.00	303	便签盒	201

图 7.48 “生成凭证”窗口

◆ 检查无误后，单击“保存”按钮自动生成凭证，如图 7.49 所示。

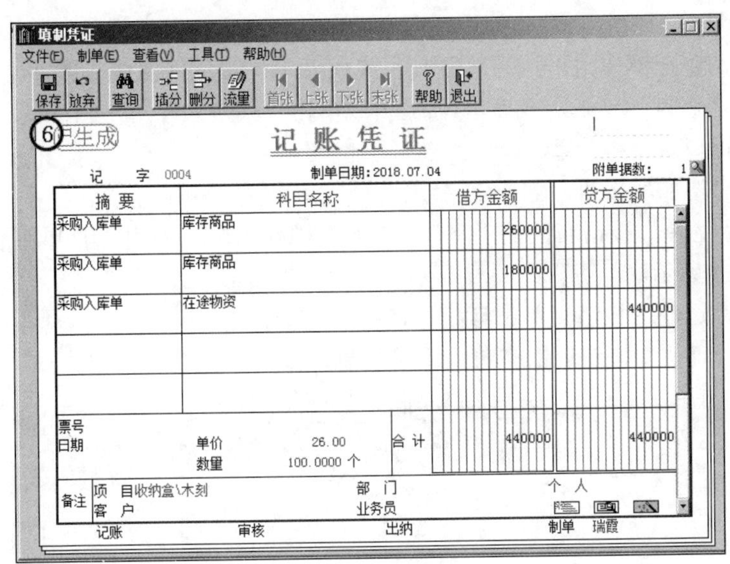

图 7.49 生成凭证

B. 供应商往来制单。

◆ 执行“核算”|“凭证”|“供应商往来制单”命令(或单击“供应商往来制单”图标)，打开“供应商制单查询”对话框，如图 7.50 所示。

◆ 在“供应商制单查询”对话框中，勾选“现结制单”复选框，选择供应商“0304”。

◆ 单击“确认”按钮，打开“供应商往来制单”窗口，如图 7.51 所示。

◆ 双击要制单的列表中记录，打上选择标志“1”。

◆ 单击“制单”按钮，自动生成凭证。

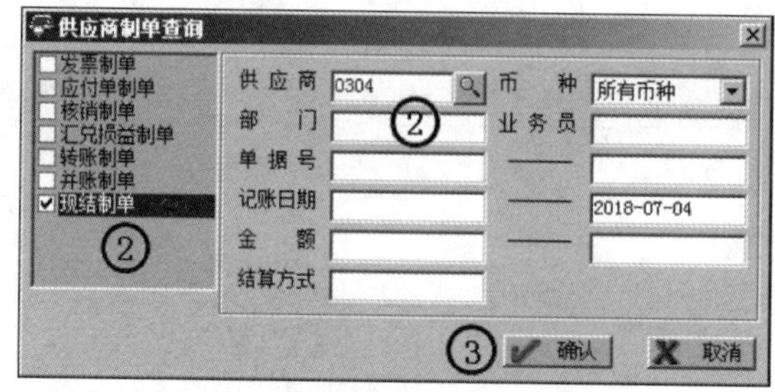

图 7.50 “供应商制单查询”对话框

图 7.51 “供应商往来制单”窗口

(5) 含有订单的采购欠付业务。

① 在采购管理模块由采购订单复制生成入库单，再流转生成发票并结算。

A. 执行“采购”|“采购入库单”命令(或单击“采购入库单”图标)，打开“采购入库”窗口。

B. 单击“增加”按钮，输入(或参照选择)仓库“办公用品仓”。

C. 单击“选单”按钮右侧的“▼”，选择“采购订单”，打开“订单列表”窗口，如图 7.52 所示。

D. 单击“过滤”按钮，单击订单行，打上选择标志“√”。

E. 单击“确认”按钮返回完善入库单信息，单击“保存”按钮。

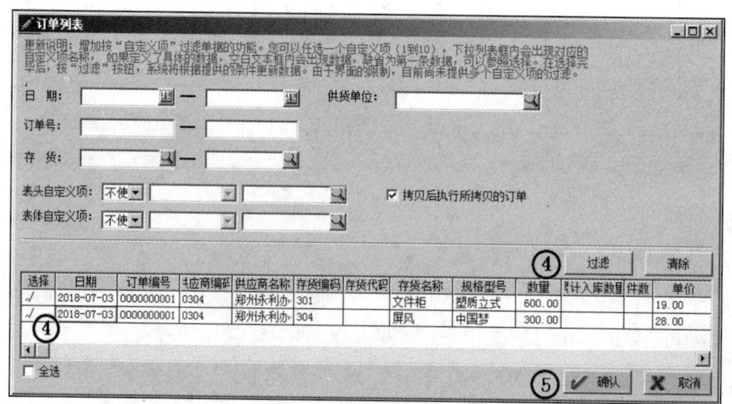

图 7.52 “订单列表”窗口

F. 在“采购发票”窗口(图 7.53)，单击“流转”按钮右侧的“▼”按钮，选择“生成专用发票”，打开“采购发票”窗口，完善发票信息，单击“保存”按钮。

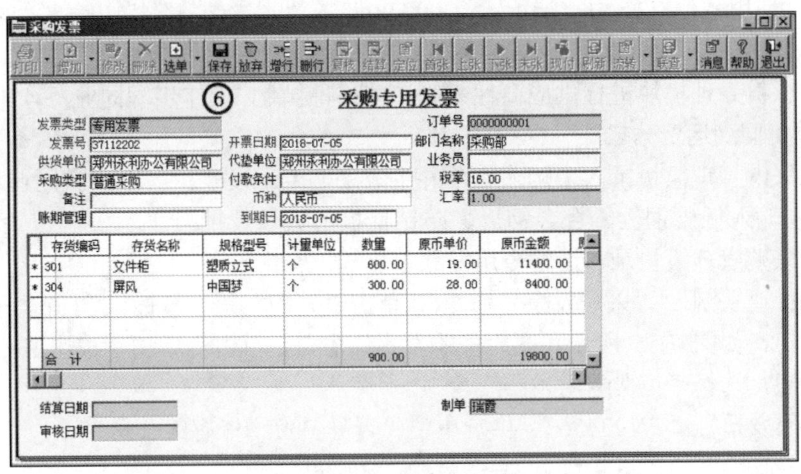

图 7.53　“采购发票”窗口

G. 单击“复核”按钮，单击“结算”按钮，进行自动结算(操作步骤同业务 4 采购现结)。

② 采购入库单审核、记账与购销单据制单。采购入库单审核、记账与购销单据制单、供应商往来制单的操作步骤同业务 4 采购现结。

(6) 使用预付款的付款业务。

① 在采购管理模块填制付款单并核销。

A. 执行“采购”|“供应商往来”|“付款结算”命令(或单击“付款结算”图标)，打开“单据结算”窗口，如图 7.54 所示。

B. 选择供应商“0304 郑州永利办公有限公司”。

C. 单击“增加”按钮。

D. 输入结算方式“3 电汇”、金额“21 968.00”、票据号“20110004”。

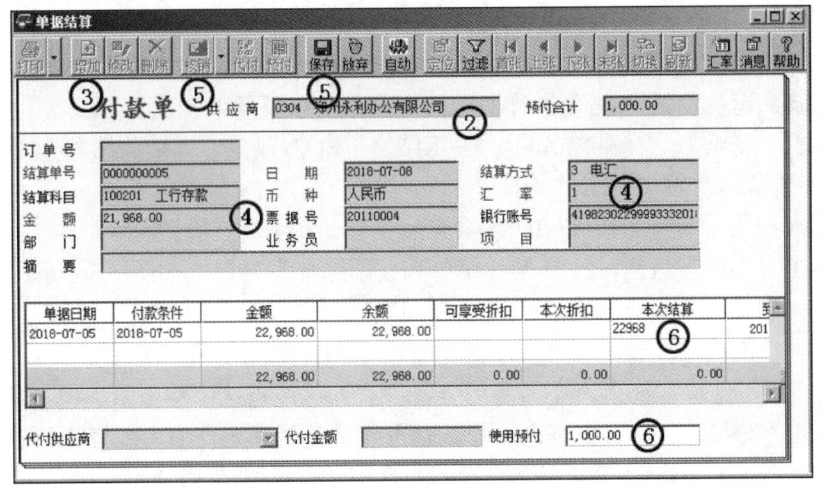

图 7.54　“单据结算”窗口

E. 单击“保存”按钮，单击“核销”按钮。

F. 在“使用预付”文本框中输入“1 000.00”，在“本次结算”栏中输入“23 166.00”，单击“保存”按钮。

② 在核算管理模块进行供应商往来制单(核销制单)。操作步骤同业务 4 采购现结。

(7) 单货同到运费分摊。

① 在采购管理模块录入采购入库单并生成采购专用发票。操作步骤同业务 4 采购现结，分别输入低碳钢板、合金钢板、防钻钢板的数量及批号。

② 在采购管理模块录入运输专用发票。

A. 执行“采购”|“采购发票”命令(或单击“采购发票”图标)，打开“采购发票”窗口，如图 7.55 所示。在“采购发票”窗口，单击“增加”按钮右侧的“▼”按钮，选择“运费专用发票”。

B. 输入发票号“37123456”、供货单位“青岛科贸物资有限公司”。

C. 输入存货名称“运输费”、原币金额“600.00”。

D. 单击“保存”按钮，单击“复核”按钮，单击“退出”按钮。

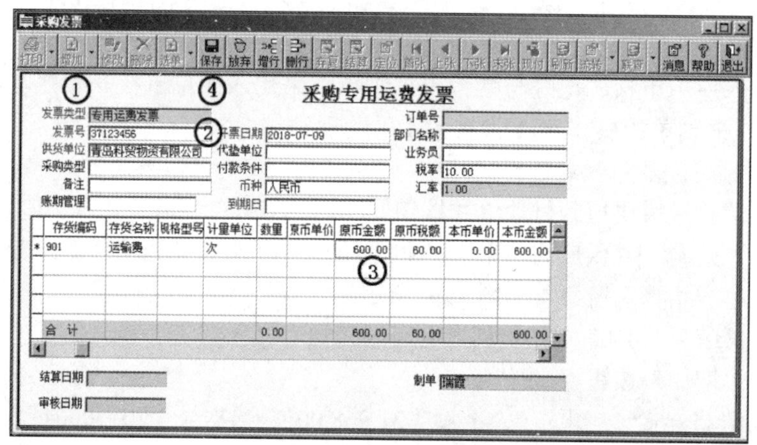

图 7.55 “采购发票”窗口

③ 在采购管理模块进行采购结算。单货同到运费分摊业务是一张入库单对应 2 张发票(采购发票和运费发票)，需要进行费用的分配，所以采用手工结算方式。

A. 执行“采购”|“采购结算”|“手工结算”命令(或单击“采购结算”图标)，打开“条件输入”窗口。

B. 输入起始日期“2018-07.01”、供应商“青岛科贸物资有限公司”。

C. 单击“确认”按钮，打开“入库单和发票选择”窗口，如图 7.56 所示。

D. 分别将要参与结算的入库单和发票列表的“选择√”栏打上选择标志“√”。

E. 单击“确认”按钮，打开“手工结算”窗口，如图 7.57 所示。

F. 在“手工结算”窗口，在“费用分摊方式”区域点选“按数量”单选按钮。

G. 单击“分摊”按钮，打开“选择数量分摊，是否开始计算？”提示对话框，单击“是”按钮，打开“费用分摊(按数量)完毕，请检查。”提示对话框，单击“确定”按钮。

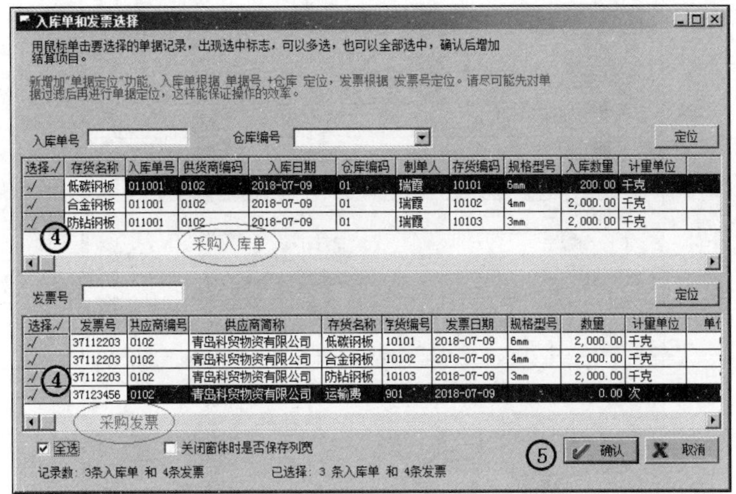

图 7.56 “入库单和发票选择”窗口

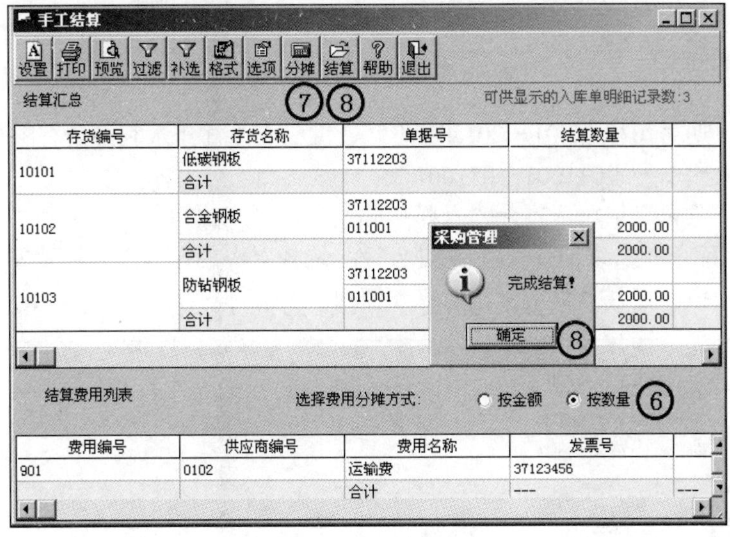

图 7.57 “手工结算”窗口

H. 单击“结算”按钮；结算完成，单击“确定”按钮；单击“退出”按钮。

④ 采购入库单审核、记账与购销单据制单。在库存管理模块进行采购入库单审核，在核算管理模块进行正常单据记账、购销单据制单和供应商往来制单(也可将购销单据制单和供应商往来制单合并)，并保存生成的凭证，传递到总账系统。具体操作步骤同业务4采购现结。

(8) 已结算后运费的分摊。

① 在采购管理模块中录入运输专用发票。操作同业务7单货同到运费分摊运费发票的录入。

② 采购结算(费用折扣结算)。

A. 执行“采购”|“采购结算”|“费用折扣结算”命令，打开“条件输入”对话框，如图7.58所示。

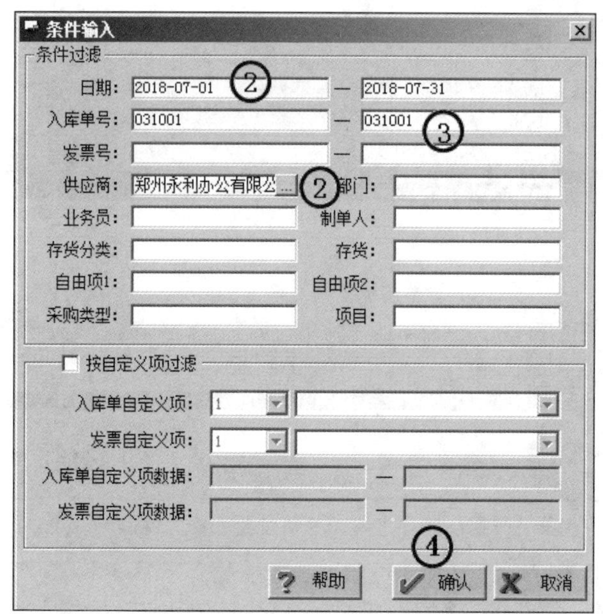

图 7.58 “条件输入”对话框

B. 输入日期“2018-07-01—2018-07-31”、供应商“郑州永利办公有限公司”。

C. 输入入库单号“031001—031001”。

D. 单击“确认”按钮。打开“入库单和发票选择”窗口。

E. 在“入库单和发票选择”窗口(图 7.59)，选择对应的入库单和运费发票，单击“确认”按钮。打开“费用折扣结算”窗口。

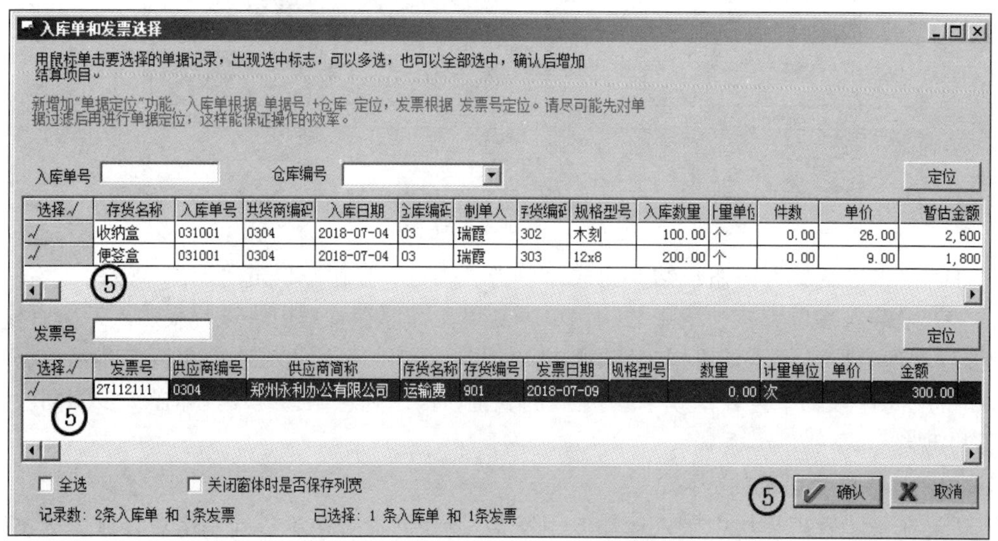

选择√	存货名称	入库单号	供货商编码	入库日期	仓库编码	制单人	存货编码	规格型号	入库数量	计量单位	件数	单价	暂估金额
√	收纳盒	031001	0304	2018-07-04	03	瑞霞	302	木刻	100.00	个	0.00	26.00	2,600
√	便签盒	031001	0304	2018-07-04	03	瑞霞	303	12x8	200.00	个	0.00	9.00	1,800

选择√	发票号	供应商编号	供应商简称	存货名称	存货编号	发票日期	规格型号	数量	计量单位	单价	金额
√	27112111	0304	郑州永利办公有限公司	运输费	901	2018-07-09		0.00	次		300.00

图 7.59 “入库单和发票选择”窗口

F. 在“费用折扣结算”窗口(图 7.60)，在“选择费用分摊方式区域”点选“按数量”单选按钮单击“分摊”按钮，单击“结算”按钮，单击“退出”按钮。

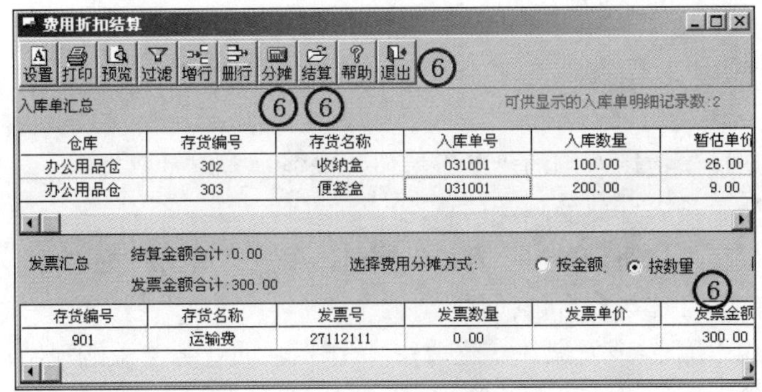

图 7.60　“费用折扣结算”窗口

③ 在核算管理模块进行暂估成本处理。

A. 单击“暂估成本处理”图标，打开“暂估处理查询”对话框，如图 7.61 所示。

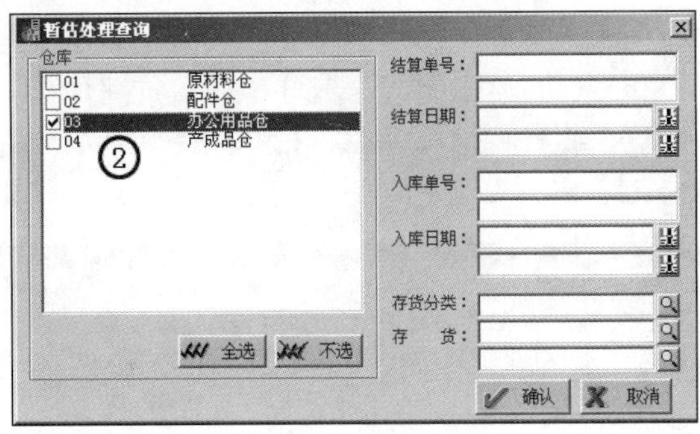

图 7.61　“暂估处理查询”对话框

B. 在“暂估处理查询”对话框中的“仓库”区域勾选“03 办公用品仓”复选框，单击“确认”按钮，打开“暂估结算表”窗口。

C. 在“暂估结算表”窗口(图 7.62)中，在要处理的存货选择栏打上选择标志“√”，点选“按数量分摊”单选按钮，单击“暂估”按钮，单击“退出”按钮。

图 7.62　“暂估结算表”窗口

④ 在核算管理模块进行购销单据制单。单据制单，选择入库调整单制单，对方科目选择“1402 在途物资”，操作步骤同业务 4 采购现结。

⑤ 在核算管理模块进行供应商往来制单。供应商往来制单选择发票制单，操作步骤同业务 4 采购现结。

(9) 填制采购发票。

① 执行“采购”|“采购发票”命令(或单击“采购发票”图标)，打开“采购发票”窗口。

② 单击“增加”按钮右侧的“▼”按钮，选择“专用发票”。

③ 按任务清单录入发票的相关信息。

④ 单击“保存”按钮，单击“复核”按钮，单击“退出”按钮。

(10) 采购结算(合理与非合理损耗)。

① 填制采购入库单(或发票流转生成)。操作步骤同业务 4 采购现结。

② 在采购管理模块进行采购结算(手工结算)。

A. 执行“采购”|“采购结算”|“手工结算”命令(或单击“采购结算”图标)，打开“条件输入”对话框。

B. 在“条件输入”对话框中，单击“确定”按钮，打开“入库单和发票选择”窗口。

C. 选择要结算的入库单和发票，单击“确认”按钮，打开“手工结算”窗口。

D. 在“手工结算”窗口(图 7.63)中的发票行，输入合理损耗数量“10.00”、非合理损耗数量“20.00”、非合理损耗金额“1 500.00”、非合理损耗类型“01”，单击“结算”按钮。

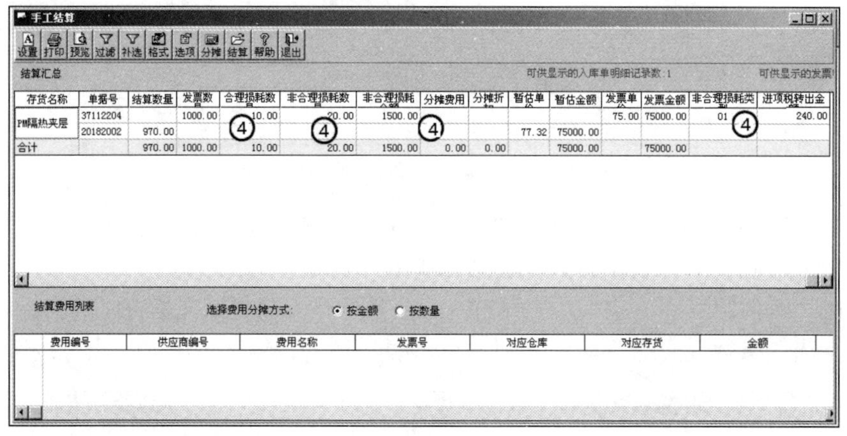

图 7.63 “手工结算”窗口

③ 在库存管理模块对采购入库单进行审核。操作步骤同业务 4 采购现结。

④ 在核算管理模块进行正常单据记账。操作步骤同业务 4 采购现结。

⑤ 在核算管理模块进行购销单据制单(入库单和发票合并制单)。操作步骤同业务 4 采购现结。

采购结算生成凭证如图 7.64 所示。

(11)上月在途物资入库(与上月发票结算)。

① 在采购管理模块填制采购入库单，和红字发票一并结算。

A. 录入采购入库单(同业务 4 采购现结)。

B. 录入红字发票，并对红字发票进行现付操作，录入负数数量和负数现付金额，如图 7.65 所示。

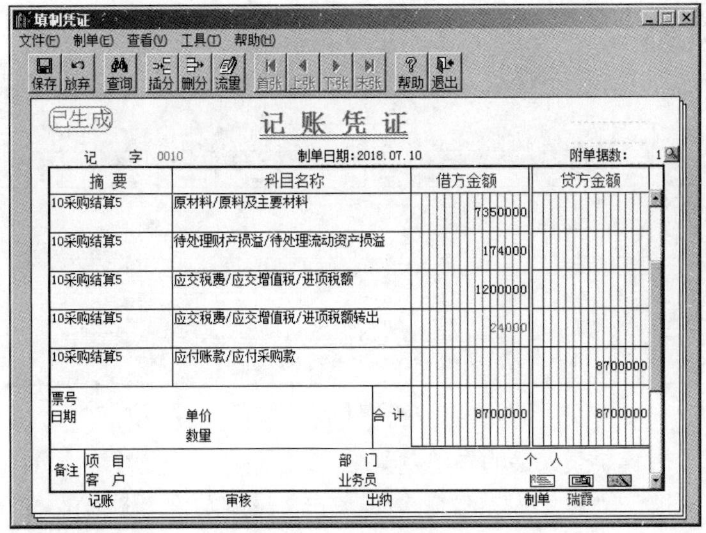

图 7.64　生成凭证

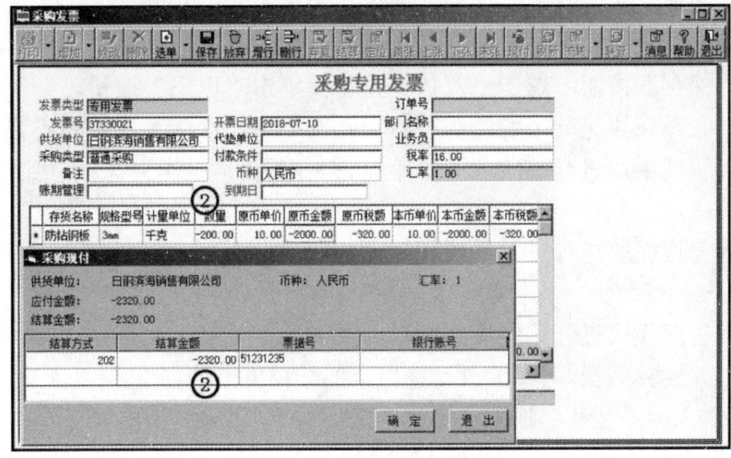

图 7.65　红字发票及现付

C. 对采购入库单、红字发票和上月发票进行结算条件录入时将日期的开始时间调整为“2018-06-01”或更早时间，单击“确认”按钮，打开“入库单和发票选择”窗口。

D. 在“入库单和发票选择”窗口，如图 7.66 所示，选择要结算的上月发票、本月红字发票和本月入库单，单击“确认”按钮。

② 在库存管理模块进行采购入库单审核。操作步骤同业务 4 采购现结。

③ 在核算管理模块进行单据记账并生成凭证。在核算管理模块分别进行购销单据制单[采购入库单(报销记账)]和供应商往来制单(现结制单)，自动生成凭证，传递到总账系统。

(12) 采购退货——结算前退货。

① 在采购管理模块录入采购入库单。在采购管理模块录入红字采购入库单。录入红字采购入库单时，以负数录入采购数量。操作步骤同业务 4 采购现结中的录入采购入库单部分。

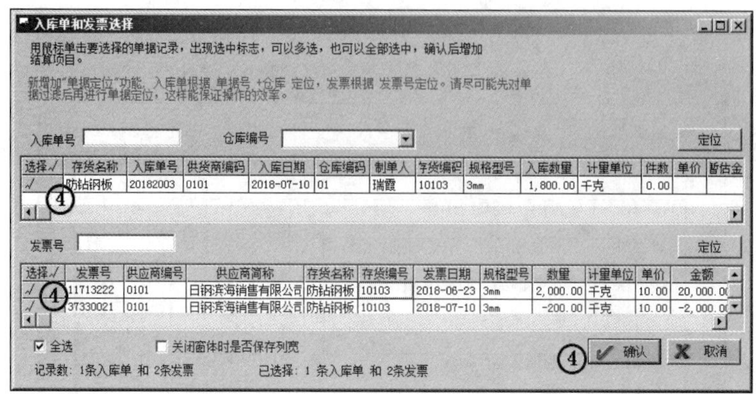

图 7.66 “入库单和发票选择”窗口

② 在采购管理模块录入采购专用发票。

A. 执行“采购”|“采购发票”命令(或单击“采购发票”图标)，打开“采购发票”窗口。

B. 单击“增加”按钮右侧的“▼”按钮，选择“专用发票”。

C. 按任务清单录入发票的相关信息。

D. 单击“保存”按钮，单击“复核”按钮，单击“退出”按钮。

③ 在采购管理模块进行采购结算。将采购入库单、红字入库单和发票一并结算。

④ 在库存管理模块进行采购入库单审核。操作步骤同业务 4 采购现结中的审核采购入库单部分。

⑤ 在核算管理模块进行正常单据记账。操作步骤同业务 4 采购现结中的采购入库单单据记账部分。

⑥ 在核算管理模块进行购销单据制单。操作步骤同业务 4 采购现结中的购销单据制单部分。勾选“已结算采购入库单自动选择全部结算单上单据(包括入库单、发票、付款单)，非本月采购入库单按蓝字报销单制单”复选框时，可将购销单据制单和供应商往来制单合并生成一张凭证，如图 7.67 所示。

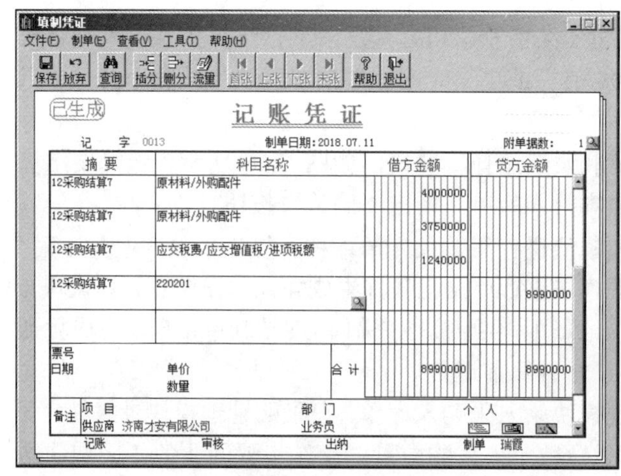

图 7.67 采购结算生成凭证

(13) 采购退货——结算后退货。

① 在采购管理模块录入红字入库单。操作步骤同业务 12 采购退货——结算前退货中的录入红字入库单部分。

② 在采购管理模块录入或流转生成红字发票。直接录入发票的操作同业务 12 采购退货——结算前退货中的录入采购专用发票部分。流转生成的操作同业务 4 采购现结中的生成发票部分。

③ 在采购管理模块进行红字入库单和红字发票的采购结算。操作步骤同业务 4 采购现结中的采购结算部分。

④ 在库存管理模块进行采购入库单审核。操作步骤同业务 4 采购现结中的审核采购入库单部分。

⑤ 在核算管理模块进行单据记账，并生成凭证。操作步骤同业务 4 采购现结中的单据记账和凭证生成部分。

(14) 上月在途物资入库。

① 录入采购入库单。操作步骤同业务 4 采购现结中的录入采购入库单部分。

② 在采购管理模块进行采购结算。在采购管理模块将采购入库单与期初采购发票(发票号为 11713901)进行采购结算。操作步骤同业务 4 采购现结中的采购结算部分。

③ 在库存管理模块对采购入库单进行审核。操作步骤同业务 4 采购现结中的审核采购入库单部分。

④ 在核算管理模块进行单据记账，并生成凭证。在核算管理模块正常单据记账，并做购销单据制单[采购入库单(报销记账)]，合成制单，如图 7.68 所示。

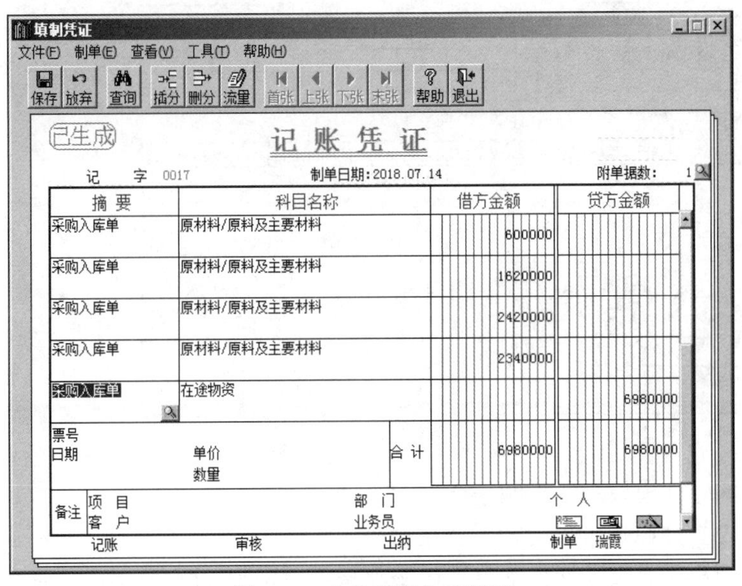

图 7.68 在途存货入库凭证

(15) 采购赠品与结算。

采购赠品取得有两种形式，即赠品取得发票和没有发票，其处理也有两种方式。

① 赠品以采购入库单形式入库。

A. 填制采购入库单，输入存货的批号、数量、赠品的数量及单价，如图 7.69 所示。

采购入库

打印 增加 修改 删除 选单 保存 放弃 增行 删行 定位 生成 首张 上张 下张 末张 刷新 流转 联查

采购入库单

业务类型 普通采购　发票号　订单号
入库单号 011002　入库日期 2018-07-18　仓库 原材料仓
入库类别 采购入库　部门　业务员
采购类型　供货单位 日钢滨海销售有限公司　备注

	存货编码	存货名称	规格型号	计量单位	批号	数量	单价
*	10101	低碳钢板	6mm	千克	201807	3000.00	
*	10102	合金钢板	4mm	千克	201807	3000.00	
*	10102	合金钢板	4mm	千克	201807	20.00	0.00
	合 计						

制单人 瑞霞　记账人
可用量 8600.00　安全库存量　最低库存量　最高库存量

图 7.69　填制采购入库单

B. 流转生成采购发票，输入发票号和采购品的单价，如图 7.70 所示。

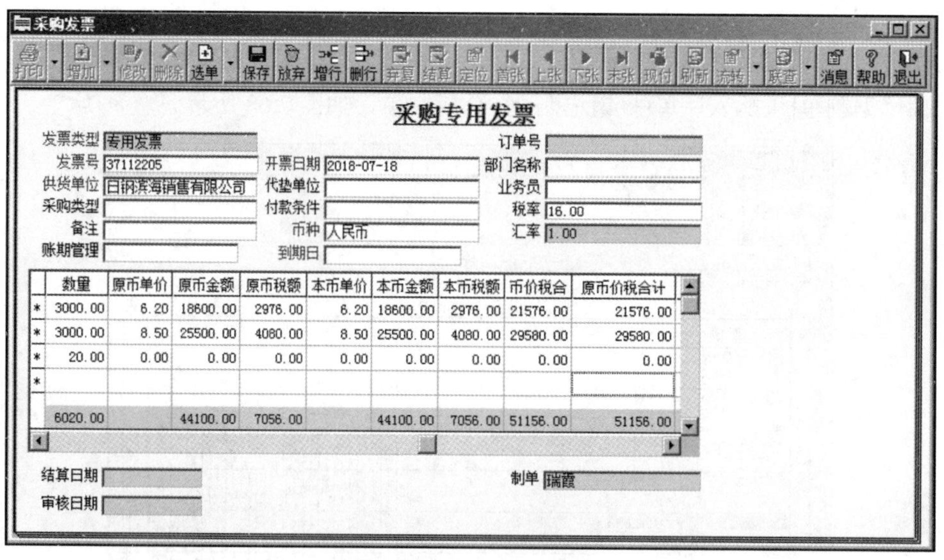
采购发票

打印 增加 修改 删除 选单 保存 放弃 增行 删行 弃复 结算 定位 首张 上张 下张 末张 现付 刷新 流转 联查 消息 帮助 退出

采购专用发票

发票类型 专用发票　订单号
发票号 37112205　开票日期 2018-07-18　部门名称
供货单位 日钢滨海销售有限公司　代垫单位　业务员
采购类型　付款条件　税率 16.00
备注　币种 人民币　汇率 1.00
账期管理　到期日

	数量	原币单价	原币金额	原币税额	本币单价	本币金额	本币税额	币价税合	原币价税合计
*	3000.00	6.20	18600.00	2976.00	6.20	18600.00	2976.00	21576.00	21576.00
*	3000.00	8.50	25500.00	4080.00	8.50	25500.00	4080.00	29580.00	29580.00
*	20.00	0.00	0.00	0.00	0.00	0.00	0.00	0.00	0.00
*									
	6020.00		44100.00	7056.00		44100.00	7056.00	51156.00	51156.00

结算日期　制单 瑞霞
审核日期

图 7.70　生成采购发票

C. 在采购管理模块进行采购结算(手工结算)。

D. 在库存管理模块进行采购入库单审核。

E. 在核算管理模块进行正常单据记账和购销单据制单(和发票做一张凭证)，凭证如图 7.71 所示。

② 赠品未取得发票，采用其他入库单形式。

A. 在采购管理模块将采购存货填制采购入库单，流转生成发票并进行采购结算。

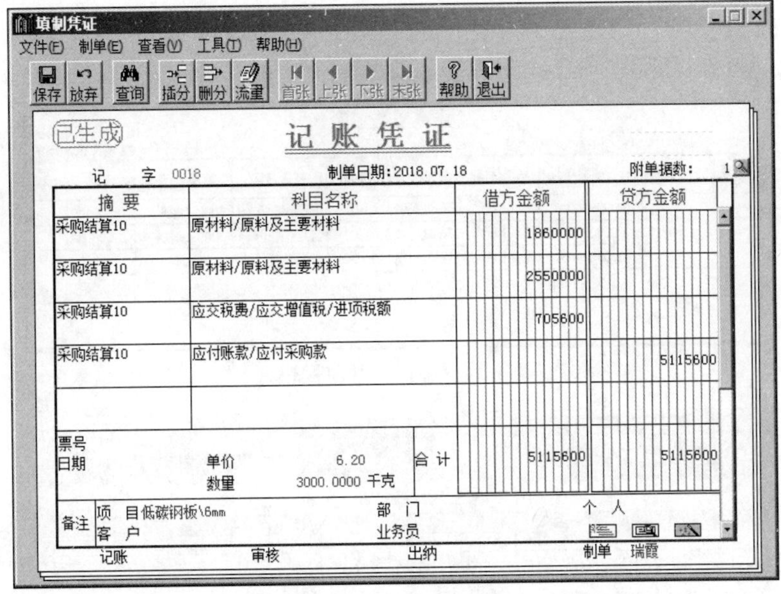

图 7.71 采购赠品凭证

B. 在库存管理模块进行采购入库单审核，打开“其他入库单”窗口(7.72)，输入存货名称“合金钢板”、数量“20.00”、单价“0.00”。

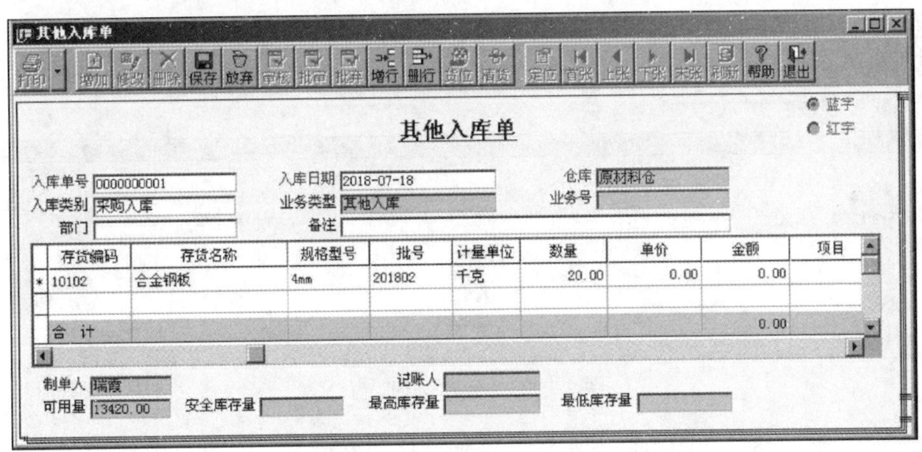

图 7.72 “其他入库单”窗口

C. 在核算管理模块进行正常单据记账，如图 7.73 所示。

D. 生成记账凭证。

◆ 单击“购销单据制单”图标，打开“单据选择”窗口，选择采购入库单(报销记账)和其他入库单制单，单击“确定”按钮，打开“选择单据”窗口。

◆ 在“选择单据”窗口(图 7.74)选择要生成凭证的单据，勾选“已结算采购入库单自动选择全部结算单上单据(包括入库单、发票、付款单)，非本月采购入库单按蓝字报销单制单”复选框，单击“确定”按钮。打开“生成凭证”窗口。

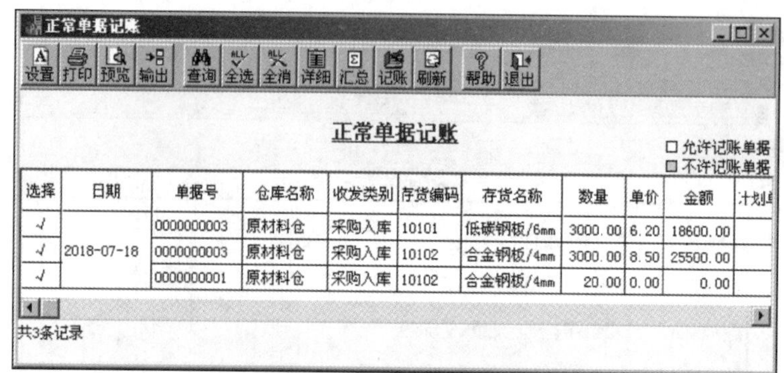

正常单据记账

□ 允许记账单据
□ 不许记账单据

选择	日期	单据号	仓库名称	收发类别	存货编码	存货名称	数量	单价	金额	计划单
√	2018-07-18	0000000003	原材料仓	采购入库	10101	低碳钢板/6mm	3000.00	6.20	18600.00	
√		0000000003	原材料仓	采购入库	10102	合金钢板/4mm	3000.00	8.50	25500.00	
√		0000000001	原材料仓	采购入库	10102	合金钢板/4mm	20.00	0.00	0.00	

共3条记录

图 7.73　进行正常单据记账

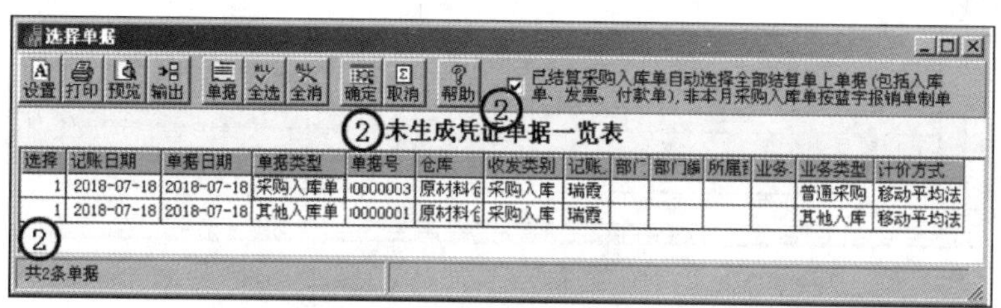

☑ 已结算采购入库单自动选择全部结算单上单据(包括入库单、发票、付款单)，非本月采购入库单按蓝字报销单制单

未生成凭证单据一览表

选择	记账日期	单据日期	单据类型	单据号	仓库	收发类别	记账	部门	部门编	所属	业务	业务类型	计价方式
1	2018-07-18	2018-07-18	采购入库单	0000003	原材料仓	采购入库	瑞霞					普通采购	移动平均法
1	2018-07-18	2018-07-18	其他入库单	0000001	原材料仓	采购入库	瑞霞					其他入库	移动平均法

共2条单据

图 7.74　“选择单据”窗口

◆ 在“生成凭证”窗口(图 7.75)，单击“合成”按钮，合并生成凭证。

生成凭证

凭证类别：记 记账凭证

选择	单据类型	单据号	摘要	科目类型	科目编码	科目名称	借方金额	贷方金额	借方数量	贷方数量	存货编码	存货名称	部门
1	采购结算单	11	采购结算 1	存货	140301	原料及主要	18600.00		3000.00		10101	低碳钢板	
				存货	140301	原料及主要	25500.00		3000.00		10102	合金钢板	
				税金	22210101	进项税额	2976.00		3000.00		10101	低碳钢板	
				应付	220201	应付采购款		21762.00		3000.00	10101	低碳钢板	
				税金	22210101	进项税额	4080.00		3000.00		10102	合金钢板	
				应付	220201	应付采购款		29835.00		3000.00	10102	合金钢板	
	其他入库单	0000000001	其他入库单	存货	140301	原料及主要	0.00		20.00		10102	合金钢板	
				对方	1402	在途物资		0.00		20.00	10102	合金钢板	

图 7.75　“生成凭证”窗口

◆ 在“辅助项”界面，修改原材料合金钢板的数量“3 020.000 0”，单击“确认”按钮，将光标移动到该行分录的借方金额栏，按“=”键，确定金额，反算出单价，单击“保存”按钮，如图 7.76 所示。

(16) 蓝字回冲报销处理。

① 在采购管理模块填制采购发票并现付。操作步骤同业务 4 采购现结。

② 在采购管理模块进行采购结算。操作步骤同业务 4 采购现结。

③ 在核算管理模块进行暂估处理。蓝字回冲报销处理业务属于上月暂估业务，本月发票已到，需要在核算管理模块中进行暂估处理。

A. 执行“核算”|“核算”命令(或单击“暂估成本处理”图标)，打开“暂估处理查询”对话框。

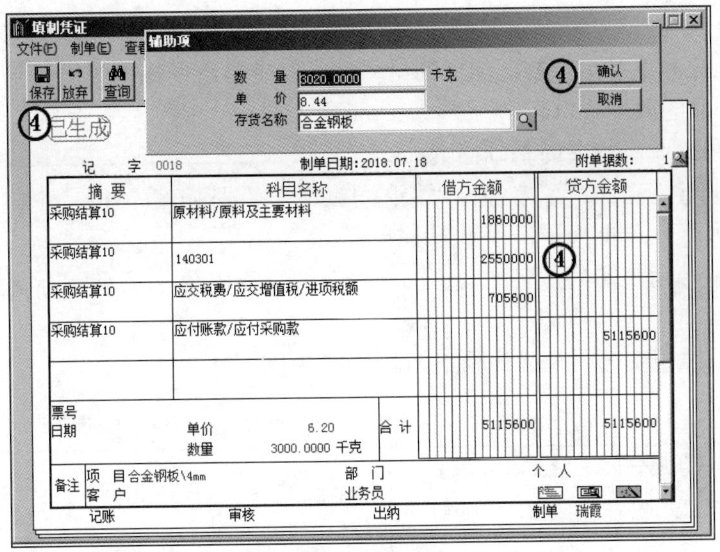

图 7.76　设置辅助项

B. 选择原材料仓，单击“确认”按钮，打开“暂估结算表”窗口，如图 7.77 所示。

C. 单击需要暂估的单据前的“选择”栏，打上选择标志“√”。

D. 单击“暂估”按钮，单击“退出”按钮。

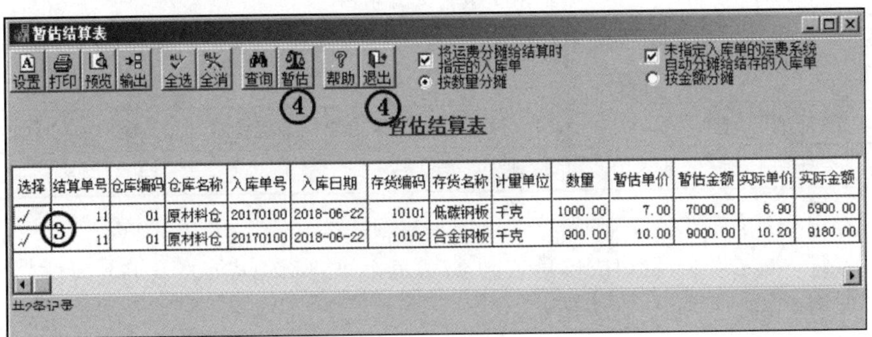

图 7.77　“暂估结算表”窗口

④ 在核算管理模块中生成回冲凭证及报销凭证。本操作相当于正常的购销单据制单。

A. 执行“核算”|“凭证”|“购销单据制单”命令(或单击“购销单据制单”图标)，打开“生成凭证”窗口。

B. 在凭证类别中选择“记 记账凭证”，单击“选择”按钮。

C. 选择单据类型“蓝字回冲单(报销)”，单击“确认”按钮，打开“选择单据”窗口。

D. 在“选择单据”窗口中，单击要生成凭证单据所在行，打上选择标志“1”，勾选“已结算采购入库单自动选择全部结算单上单据(包括入库单、发票、付款单)，非本月采购入库单按蓝字报销单制单”复选框，单击“确定”按钮，显示分录信息。

E 单击“生成”(或“合成”)按钮，单击“保存”按钮，单击“退出”按钮。

(17) 委托加工业务的处理。

委托加工业务主要是将委托加工的材料成本和支付给受托方的加工费用及相关运费等作为完工产品的入库成本。

① 完善与该业务相关的基础档案。

A. 设置编号为“203”，名称为“保险挂厨”的存货档案(销售、外购、自制、在制存货属性，单位为个，税率为16%)。

B. 设置编号为“904”，名称为“加工费”的存货档案(劳务费用存货属性，单位为元，税率为16%)。

C. 设置日照信安公司供应商档案如表7-17所示。

表7-17 日照信安公司供应商档案

供应商编码	供应商简称	所属分类码	社会信用代码(纳税人识别号)	地址、电话	开户银行	开户账户
0105	日照信安公司	01	91371103Y352148289	滨海市日照路160号，73291122	中国建设银行滨海支行	37001717108061108899

D.对方科目如表7-18所示。

表7-18 对方科目

收发类别编码	收发类别名称	存货分类编码	存货分类名称	存货编码	存货名称	对方科目编码	对方科目名称
16	委托加工入库	2	产成品	203	保险挂厨	1408	委托加工物资
27	委托加工出库	101	原料及主要材料			1408	委托加工物资

② 发出委托加工材料，在库存模块填制材料出库单。

A. 执行“库存”|“材料出库单”命令(或单击“材料出库单”图标)，打开“材料出库单”窗口，如图7.78所示。

B. 单击“增加”按钮。

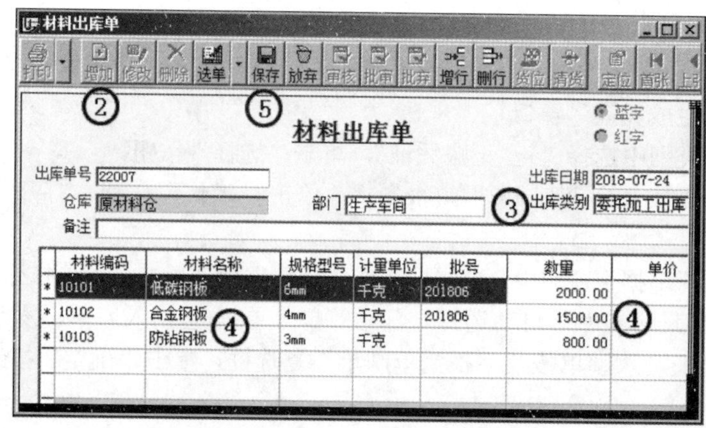

图7.78 “材料出库单”窗口

C. 选择仓库“原材料仓”，输入出库日期“2018-07.24”，选择出库类别“委托加工出库”、部门“生产车间”。

D. 选择材料编码“10101”、材料名称“低碳钢板”、参照选择批号“201806”或直接输入批号，输入数量“2 000.00”；依次输入其他材料的批号及数量。

E. 单击“保存”按钮。

F. 单击“审核”按钮，单据底部签上审核人的姓名。

③ 在核算管理模块对材料出库单记账。

A. 执行“核算”|“核算”|“正常单据记账”命令(或单击“正常单据记账”图标)，打开“正常单据记账条件”对话框。

B. 在“正常单据记账条件”对话框中的“仓库”区域勾选“01 原材料仓”。

C. 在“单据类型”区域勾选“材料出库单”复选框，单击“确定”按钮。

D. 先选择需记账的单据，打上选择标志“√”。

E. 单击“记账”按钮，单击“退出”按钮。

④ 在核算管理模块进行购销单据制单。

A. 执行“核算”|“凭证”|“购销单据制单”命令(或单击“购销单据制单”图标)，打开“生成凭证”窗口。

B. 选择凭证类别“记 记账凭证”。

C. 单击“选择”按钮，打开“查询条件”对话框。

D. 在“查询条件”对话框中勾选“材料出库单”复选框，选择收发类别“委托加工出库”、部门“生产车间”、仓库“原材料仓”。

E. 单击“确认”按钮，打开“选择单据”窗口。

F. 单击要生成凭证的单据，打上选择标志“1”。

G. 单击“确定”按钮，打开“生成凭证”窗口。

H. 单击“生成”(或“合成”)按钮，打开“填制凭证”窗口。

⑤ 在采购管理模块录入运费发票。操作同业务 7 运费发票。

⑥ 在核算管理模块做供应商往来制单(发票制单)。在“填制凭证”窗口将“在途物资”科目改为“委托加工物资”科目。

⑦ 在采购管理模块录入加工费发票，并在核算管理模块做加工费的供应商往来制单。操作步骤同上述的业务 5、业务 6。

二、销售管理日常业务处理

1. 销售订单管理

订单作为合同或协议的载体而存在，成为销售发货的日期、货物明细、价格、数量等事项的依据。企业根据销售订单组织货源，并对订单的执行进行管理、控制和追踪。在“先发货后开票”的业务模式下，发货单可以根据销售订单开具；在“开票直接发货”的业务模式下，销售发票可以根据销售订单开具。

(1) 销售订单的录入。与客户签订销售合同时，可以将合同的有关内容输入系统，主要包括货物的数量与价格信息、发货日期、付款条件等。

(2) 销售订单的关闭与打开。由于订单已执行完毕或其他原因，需要关闭订单。如果订单已关闭，但又要继续发货，可以打开订单。对已关闭的订单，不能据此发货。

(3) 订单的审核与弃审。对于销售订单保存，在经过审核后，单据数据才能记入相关的统计表，同时生成与该单据有关联的其他单据。如果发现单据的审核有错误，可以弃审。

2. 普通销售业务

根据发货和开票的先后顺序，可将普通销售业务分为先开票后发货业务和先发货后开票业务。两种模式的处理有所区别。

(1) 先开票后发货业务。先开票后发货业务是根据销售订单，向客户开具销售发票，客户依据发票或提货单提货。该种模式只适用于普通销售。其基本流程是在销售管理模块根据销售订单填制并审核销售发票，生成发货单；在库存管理模块生成/审核销售出库单；在核算管理模块进行单据记账，销售发票制单和销售出库单制单。

(2) 先发货后开票业务。先发货后开票业务是根据销售订单，向客户发货，再开票结算。该模式只适用于普通销售、分期收款、委托代销业务等。其基本流程是在销售模块根据销售订单生成或直接录入发货单，根据发货单生成并审核销售发票；在库存管理模块对销售出库单进行审核；在核算管理模块进行单据记账，销售发票制单和销售出库单制单。

3. 收款业务

销售业务完成后需进行收款的业务处理，包括售后直接收款、收取部分货款、收到前欠货款、收取预收款、转账收款等不同收款方式。

收款结算在销售管理模块完成后，主要是对结算单据(收款单、付款单即红字收款单)进行管理，包括录入收款单(付款单)、对发票及应收单进行核销、形成预收款并核销预收款、处理代付款等。处理方法与采购管理模块的付款结算基本相同。

4. 代垫运费业务

代垫运费是企业暂时为客户垫付的，以后向客户收取的费用项目。如果运费由客户承担，那么运费发票由客户记账，所以替客户代垫运费时，通过系统提供的代垫费用单独录入，确认运费的应收款后，再进行收款处理。

5. 销售退货业务

销售退货是指货物销售后，客户因质量、品种、数量等不符合合同的要求将所购货物退回的业务，可分为先开票后发货和先发货后开票两种情形。

(1) 先开票后发货的退货。在销售管理模块填制并审核红字发票，生成相应的退货单、红字销售出库单及红字应收款，进行相应的单据记账，购销单据制单和客户往来制单。

(2) 先发货后开票的退货。

① 在开票前退货模式。在开票前退货模式是货物已发出，未向客户开具发票，此时可根据客户实退数量录入退货单，再根据客户实收数量开具发票。

② 在开票后退货。在开票后退货有两种情况。

A.客户未进行发票认证或账务处理。客户将发票退回，企业开具相同数量的红字发票，然后根据客户的实收数量开具正确的蓝字发票。

B.客户已进行发票认证或账务处理。企业根据客户的退货通知和收到的货物开具退货数量的红字发票，并生成红字出库单，分别做红字发票和红字出库单的制单操作。如果已收款，则要录入收款单并核销制单。

6. 特殊销售业务

(1) 特殊销售业务——销售订金。

一般情况下，交付订金的视为交付预付款。在填写完销售订单后，可以单击“订金”按钮，填写客户支付的订金，此时系统会自动生成一笔预收款，以后收到客户的款项的同时可以做预收冲应收及收款核销时使用预收的业务处理。

(2) 特殊销售业务——销售发货单和销售发票数量不同步。

如果当期开出了销售发货单，并据此生成了销售出库单，但本月没有开出发票，则本月的销售出库单不能记账，也不能确认成本。在畅捷通 T3 软件处理中，有两种方法可以解决这一问题。

① 在单据记账时，取消勾选“包含未开发票的出库单”复选框。

② 在核算管理模块的业务范围设置中，将销售成本的核算方式选择“销售发票”。该设置会使销售发票有双重作用，一是作为销售出库单使用，确认销售成本，在记账界面和购销单据制单中都不再显示销售出库单，而是销售发票，如果本月没有开具发票，记账时不会显示；二是作为正常的销售发票，在客户往来制单中确认销售收入。

(3) 特殊销售业务——商业折扣(扣率)。

商业折扣，即打折销售，因购货方购买数量较大等原因而给予购货方的价格优惠。由于折扣是与销售同时发生的，因此可以按照扣除折扣后的余额确认销售收入。一般情况下，给予客户的购货扣率可以在系统中修改，扣率小于或等于 100%，大于或等于零。设置扣率后，系统修改含税金额。

对于商业折扣，有两种处理方式：一是定义每个客户的扣率，这样在填制销售发票时，自动按照设置好的扣率计算折扣额，进而计算价税合计；二是在填制发票时对整张发票进行折扣处理，右击，在弹出的快捷菜单中执行“总额分摊商业折扣”命令，录入整体的扣率或者折扣后的金额。这种方法适合多存货的情况。

(4) 特殊销售业务——销售赠品。

赠品业务对于销售方而言，主要关注的是赠品的数量和成本的处理。销售过程中的赠品业务可以通过以下 3 种方式处理。

① 通过“其他出库单”功能来实现。设置一个“赠品库”和“赠品出(入)库”的收发类别；同时将“赠品出库”的对方科目设置为“销售费用”来填制凭证。赠品销售等同于销售行为，应确认为销项税额。

② 通过设置“赠品”存货来实现。新增一个“赠品”存货，并勾选“是否折扣”和“销售”复选框，“赠品”存货可以只录入金额，不用录入数量，用以调减赠品的销售额。例如，同类商品的“买 3 赠 1”业务，销售单价为 20.00 元，销售发票上确认的总金额为

60.00 元，而生成的销售出库单上显示的数量为 4 个。按照 4 件商品结算成本，实际按照 3 件商品确认收入，摊薄销售单价。

③ 直接在发货单上填制一条存货记录，数量为赠送数量，金额为 0。按照总数量结算成本，按照扣除赠品的数量确认收入。

(5) 特殊销售业务——销售返利。

目前销售返利的形式主要有 3 种：一是商家根据上次的销售数量，在下次交易时直接给予折扣，抵减下次的收入；二是商家根据销售情况，直接返还现金；三是商家根据销售情况，直接返还商品。下面分别对这 3 种形式在系统中的实现方法做简单介绍。

① 下次交易时直接给予折扣。下次交易时直接给予折扣的方式与折扣销售、折让销售一样，销售方直接在销售发票上显示折扣额，按照折扣后的金额确认销售收入。

② 直接返还现金。直接返还现金有两种处理方式。

A.使用红字发票。在红字销售发票上有一个选择“退补”标志。例如，本月为某商品支付给商家的现金返利，则可以填制该商品的红字销售发票，并且选择现结，打上“退补”标志。发票打上“退补”标志后，则发票上可以不录入仓库、存货数量和单价。同时虽然销售发票也会自动生成销售发货单，但不会生成销售出库单，也不影响现存量中可用量的查询。月末可以通过对“销售类型”的查询在销售统计表中统计本月的返利额。客户往来制单时可对凭证的科目进行修改。

B.定义一个虚拟存货。通过定义一个折扣属性的商品“返利”，来反映返利额。发生返利业务时，填制“返利”商品的红字销售发票，选择现结。直接通过对这个商品的查询，得到这个月的返款数额，但无法与具体的商品联系起来，只能与客户建立联系。

③ 直接返还商品。对于直接返还商品的形式，销售方如果采用销售管理模块，还要涉及销售收入和销售成本的确认，处理起来比较烦琐。所以建议像赠品出库一样采用“其他出库单”功能，会计处理与赠品的处理一样。

(6) 特殊销售业务——销售折扣。

销售折扣，即现金折扣，是指销售方在销售货物或者应税劳务后，为了鼓励购货方及早付款而许诺给购货方的一种折扣优惠。销售折扣是销售之后的一种融资费用，不得从销售额中扣除，一般对应赊销业务。

若要满足现金折扣的操作要求，需先设置付款条件，再在销售业务范围中的“应收款核销”选项卡中勾选“显示现金折扣”复选框，在填制销售发票时选择适用的付款条件。

(7) 特殊销售业务——应收票据。

销售货物给客户，收到客户的商业承兑汇票或者银行承兑汇票时，确认为“应收票据”。收到客户的应收票据时，默认为该客户已经付款，只是这部分货款还没有转化为真实的货币，暂时用“应收票据”科目来核算。

① 收到应收票据。收到承兑汇票时，在发票上单击“现结”按钮。到“客户往来制单”窗口中选择“现结制单”，分录如下。

借：应收票据

　　贷：主营业务收入

应交税费——应交增值税(销项税额)

② 汇票到期承兑。在总账填制凭证，分录如下。

借：银行存款

贷：应收票据

③ 汇票到期不能承兑。按照会计制度，还要转到“应收账款”账户下核算。在销售管理模块下填制“其他应收单”，在核算管理模块客户往来制单“应收单制单”中生成凭证。

【任务操作】

1. 任务资料

销售管理模块日常业务处理内容如表 7-19 所示。

表 7-19　销售管理模块日常业务处理内容

序号	业务内容	业务类型
1	7 月 5 日，收到滨海大学城管委货款 20 000.00 元，转账支票号为 10222001	收款业务
2	7 月 8 日，与济南梦丽有限公司签订销售合同订单号(S201812)，保管箱 60 个，单价为 760.00 元；保险柜 40 个，单价为 1 420.00 元，单价均不含税；公路运输，付款条件编码为 01，发货日期为 7 月 16 日；已收订金 2 000.00 元，电汇号为 20222189	订单订金业务
3	7 月 16 日，7 月 8 日济南梦丽有限公司订购的已发货开票，专用税票(票号为 37003301)注明保管箱 60 个，单价为 760.00 元；保险柜 40 个，单价为 1 420.00 元；增值税税率为 16%；另以现金代垫运费 880.00 元；销售出库单(出库单为 5501)注明的数量同发票；另外，其他出库单(出库单为 9901)注明便签盒 100 个，用于赠送	代垫运费，销售赠品
4	7 月 18 日，收到南京金茂商行转来的一张银行承兑汇票，用以支付全部前欠货款	应收票据核销
5	7 月 19 日，7 月 16 日销售给济南梦丽有限公司的 1 个保险柜因质量问题，要求退货，山东文心办公设备有限公司已办理退货(退货单为 66001)，经申请开出红字专用发票(发票号为 37003302)	销售退货
6	7 月 22 日，售货给滨海明珠有限公司，专用发票(发票号为 37123305)注明保管箱 40 个，单价为 780.00 元；保险柜 20 个，单价为 1 500.00 元；增值税税率为 16%；山东文心办公设备有限公司承担装卸费 500.00 元，特殊原因保管箱按九折销售，保险柜按九五折销售，转账支票(票号为 10222005)全额收款	折让销售，支付销售费用
7	7 月 23 日，7 月 19 日支付给济南梦丽有限公司的退货款，电汇号为 20111012	开票发货后退货退款
8	7 月 25 日，因滨海明珠有限公司为优质客户，现给予本月 22 日采购的保管箱和保险柜分别给予 500.00 元和 800.00 元的现金返利	销售返利
9	7 月 25 日，收到济南梦丽有限公司转来的全部货款，电汇号为 20222987，按价款的比例享受折扣，使用预收款	现金折扣收款

2. 任务实施

(1) 以系统管理员的身份引入“7.2 购销存管理模块初始化”账套数据。

(2) 以“wx02 瑞霞”的身份登录畅捷通 T3 软件，完成上述销售日常业务的操作。

3. 操作指导

(1) 收款业务。

① 在销售管理模块进行收款核销。

A. 执行“销售”|“客户往来”|“收款结算”命令(或单击“收款结算”图标)，打开“单据结算”窗口，如图 7.79 所示。

B. 选择客户“0102 滨海大学城管委”，单击“增加”按钮。

C. 输入日期“2018-07-05”、结算方式“202 转账支票”、票据号“10222001”、金额“20 000.00”。

D. 单击“保存”按钮。

E. 单击“核销”按钮，显示“应收单”列表。

F. 在“本次结算”栏中输入“20 000.00”。

G. 单击“保存”按钮，单击“退出”按钮。

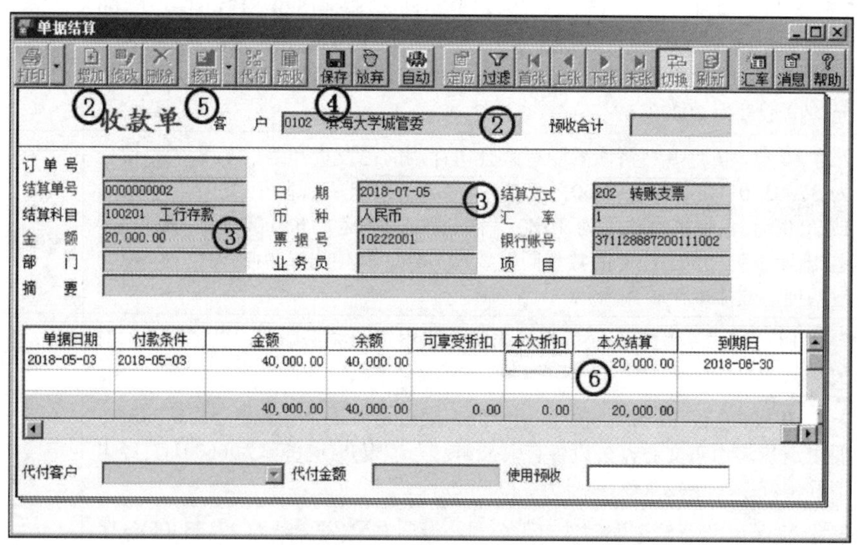

图 7.79 “单据结算”窗口

② 在核算管理模块进行客户往来制单。

A. 执行“核算”|“凭证”|“客户往来制单”命令(或单击“客户往来制单”图标)，打开“客户制单查询”窗口。

B. 在“客户制单查询”窗口中，选择单据类型“核销”、客户名称“滨海大学城管委”。

C. 单击“确认”按钮，打开“客户往来制单”窗口，如图 7.80 所示。

D. 选择凭证类别为“记账凭证”；双击要制单的列表中的记录，打上选择标志“1”。

E. 单击“制单”按钮，自动生成凭证；在“填制凭证”窗口检查无误，单击“保存”

按钮，单击“退出”按钮。

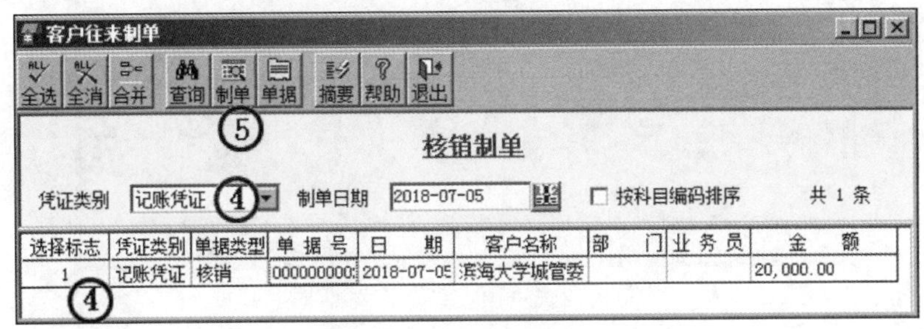

图 7.80 “客户往来制单”窗口

(2) 订单订金业务。

① 在销售管理模块录入销售订单。

A. 执行“销售”|“销售订单”命令，打开“销售订单”窗口，如图 7.81 所示。

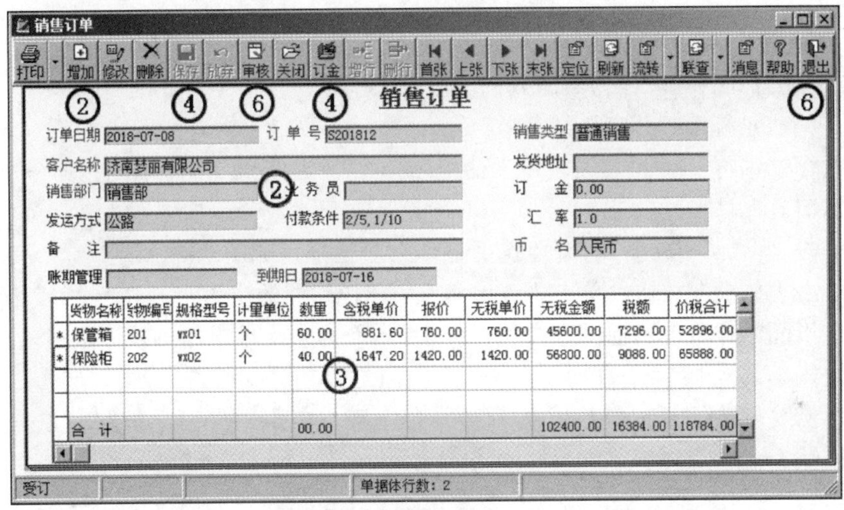

图 7.81 “销售订单”窗口

B. 单击“增加”按钮，输入订单日期“2018-07.08”，选择销售类型“普通销售”、客户名称“济南梦丽有限公司”、销售部门“销售部”、到期日“2018-07.16”。

C. 选择货物名称“保管箱”，输入数量“60.00”、报价“760.00”；选择货物名称“保险柜”，输入数量“40.00”、报价“1 420.00”。

D. 单击“保存”按钮，再单击“订金”按钮，打开“预收订金”对话框。

E. 在“预收订金”对话框(图 7.82)，单击“增加行”按钮，输入结算方式、订金、票据号等信息，单击“确定”按钮，打开“保存订金成功!”提示对话框，单击“确定”按钮，单击“关闭”按钮。

F. 单击“审核”按钮，单击“退出”按钮退出销售订单录入界面。

② 在核算管理模块客户往来制单。

A. 执行“核算”|“凭证”|“客户往来制单”命令(或单击“客户往来制单”图标)，打开“客户制单查询”窗口。

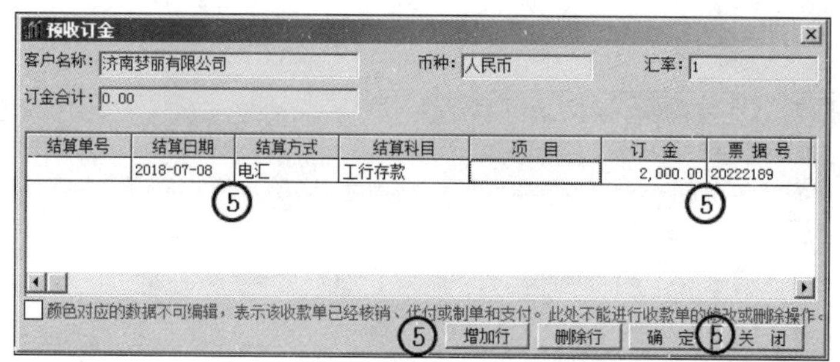

图 7.82 “预收订金”对话框

B. 在“客户制单查询”窗口中，选择单据类型“核销”、客户“济南梦丽有限公司”。

C. 单击“确认”按钮，打开“客户往来制单”窗口。

D. 双击要制单的列表中记录，打上选择标志“1”。

E. 单击“制单”按钮，自动生成凭证；凭证检查无误后，单击“保存”按钮，单击“退出”按钮。

(3) 代垫运费，销售赠品。

按照前述方式一处理销售赠品为例。

① 在销售系统填制并审核发货单。

A. 执行“销售”|“销售发货单”命令(或单击“发货单”图标)，打开“一般发货”窗口。

B. 单击“增加”按钮，打开“选择订单”对话框，如图 7.83 所示。

C. 单击“显示”按钮，单击“订单号 S201812”前的空白栏，打上“√”标志。

D. 在下面的存货信息前的空白栏，打上“√”标志，单击“确认”按钮，自动生成发货单。

E. 完善发货单信息，包括发货单号、仓库等，单击“保存”按钮，单击“审核”按钮。

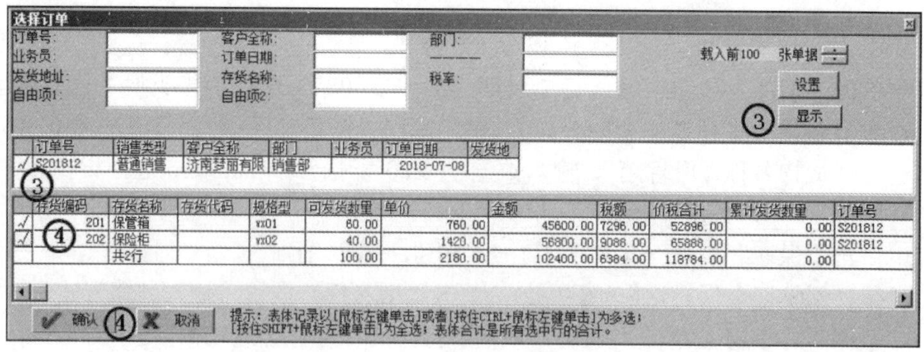

图 7.83 “选择订单”对话框

② 由发货单流转生成专用发票。

A. 在“发货单”窗口，单击“流转”按钮右侧的“▼”按钮，选择“生成专用发票”，打开“专用发票”窗口，如图 7.84 所示。完善发票信息，包括发票号等，单击“保存”按钮。

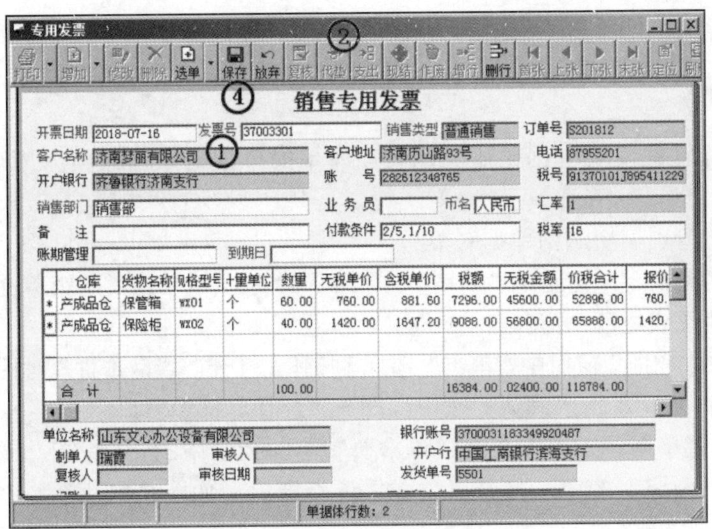

图 7.84　“专用发票”窗口

B. 单击“代垫”按钮，打开“代垫费用单”窗口。

C. 在“代垫费用单”窗口(图 7.85)，单击“增加”按钮，输入费用项目“运输费”和代垫金额“880.00”，单击“保存”按钮，单击“审核”按钮，单击“退出”按钮。

D. 在“专用发票”窗口单击“复核”按钮，单击“退出”按钮。

③ 设置与本业务有关的基础信息。

A. 增设一个“赠品库”计价方式“先进先出法”和“赠品出库”的收发类别；将“赠品出库”的对方科目设置为“销售费用——销售赠送”。

B. 查询赠品便签盒的单价。执行“核算”|“账表”|“明细账”命令，打开“明细账查询”界面，输入仓库和存货编码，单击“确认”按钮查得单价为“10.00”。

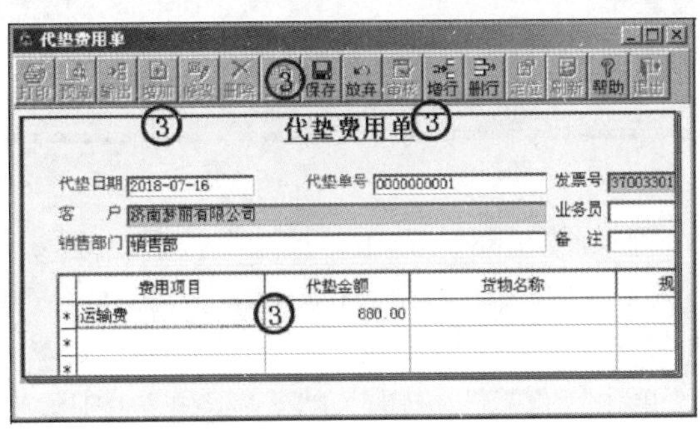

图 7.85　“代垫费用单”窗口

④ 在库存管理模块审核“销售出库单”并填制“其他出库单”。

A. 执行“库存”|“销售出库单生成/审核”命令(或单击“销售出库单生成/审核”图标)，打开“销售出库单”窗口，单击“审核”按钮。

B. 执行“库存”|“其他出库单”命令(或单击“其他出库单”图标)，打开“其他出库单”窗口。

C. 依次输入出库单号“9901”、仓库“赠品库”、出库类别“赠品出库”、存货“便签盒”、数量“100.00”、含税金额“1 160.00”，单击“保存”按钮，单击“审核”按钮。

⑤ 在核算管理模块单据记账。销售出库单的单据记账与采购入库单单据记账操作相同。

⑥ 在核算管理模块购销单据制单。

A. 执行“核算”|“凭证”|“购销单据制单”命令，(或单击“购销单据制单”图标)，打开“生成凭证”窗口。

B. 在“生成凭证”窗口中，单击“选择”按钮，打开“查询条件”对话框，选择“其他出库单”，单击“确认”按钮，打开“选择单据”窗口。

C. 在“选择单据”窗口(图 7.86)，单击要制单的列表中的记录，打上选择标志“1”，单击“确定”按钮，打开“生成凭证”窗口，如图 7.87 所示，单击“生成”按钮，打开“填制凭证”窗口。

图 7.86 “选择单据”窗口

图 7.87 “生成凭证”窗口

D. 在“填制凭证”窗口(图 7.88)，单击“插分”按钮，插入一条分录，输入科目名称“应交税费/应交增值税(销项税额)”、金额“160.00”，修改“库存商品”的金额为“1 000.00”。

E. 凭证检查无误，单击“保存”按钮，单击“退出”按钮。

⑦ 在核算管理模块客户往来制单。

A. 执行“核算”|“凭证”|“客户往来制单”命令(或单击“客户往来制单”图标)，打开“客户制单查询”对话框。

B. 在“客户制单查询”对话框中，单击“发票制单”和“应收单制单”按钮，单击“确认”按钮，打开“客户往来制单”窗口。

C. 双击要制单的列表中的记录，分别打上选择标志“1”和“2”，单击“合并”按钮，单击“制单”按钮，在“填制凭证”窗口，如图 7.89 所示，在贷方金额为“880.00”的这条分录所在行输入科目名称“库存现金”，单击“保存”按钮，单击“退出”按钮。

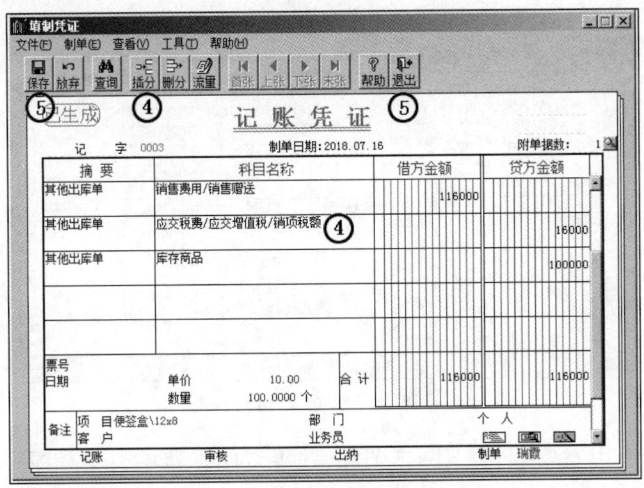

图 7.88　“填制凭证”窗口(1)

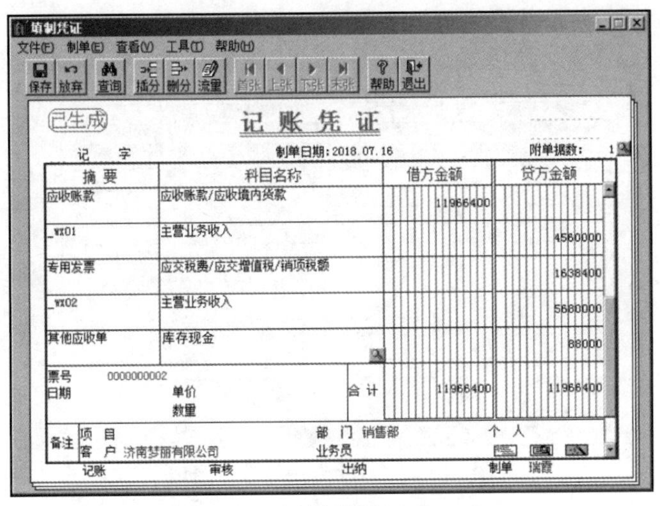

图 7.89　“填制凭证”窗口(2)

(4) 应收票据收款核销。

在销售管理模块进行收款核销，结算方式选择商业汇票；在核算管理模块进行客户往来制单。操作方法同业务 1 收款业务。

(5) 销售退货。

① 在销售管理模块录入退货单流转生成发票。

A. 执行“销售”|“销售发货单”命令(或单击“发货单”图标)，打开“一般发货”窗口。

B. 单击“增加”按钮右侧的“▼”按钮，选择“退货单”，打开“一般退货”窗口，如图 7.90 所示。

C. 在“退货单”界面中填制有关退货信息。单击“保存”按钮，单击“审核”按钮。

D. 单击“流转”按钮右侧的“▼”按钮，选择“专用发票”，打开“红字专用发票”窗口。

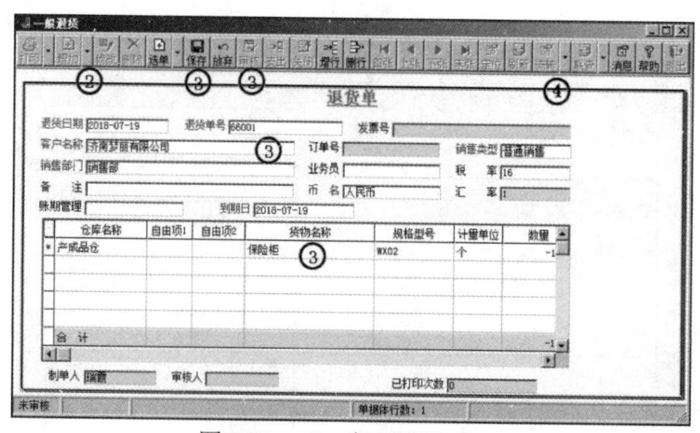

图 7.90 “一般退货”窗口

E. 在“红字专用发票”窗口(图 7.91)，完善专用发票的有关信息，单击“保存”按钮，单击“复核”按钮，单击“退出”按钮。

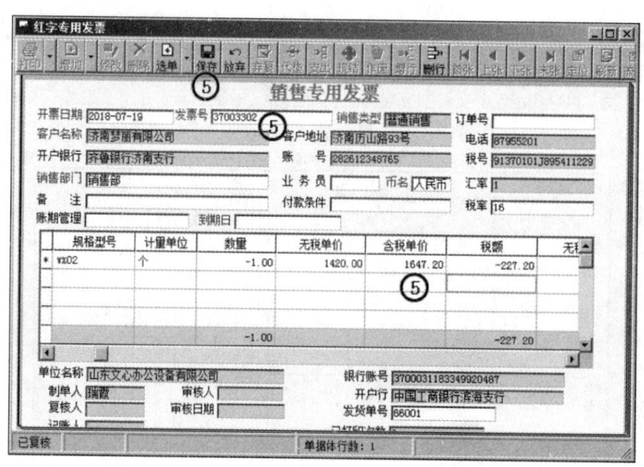

图 7.91 “红字专用发票”窗口

② 在库存管理模块审核销售出库单。操作步骤同业务 3 代垫运费，销售赠品。

③ 在核算管理模块进行单据记账和客户往来制单。客户往来制单选择“发票制单”，操作步骤同业务 3 代垫运费，销售赠品。

(6) 现金折让销售、支付销售费用、开票发货。

① 在销售管理模块录入专用发票。

A. 执行“销售”|“销售发票”命令，打开“专用发票”窗口，如图 7.92 所示。

B. 单击“增加”按钮右侧的“▼”按钮，选择“专用发票”，在发票表头输入发票号“37123305”，客户名称“滨海明珠有限公司”等信息。

C. 在发票表体输入保管箱数量“40.00”、报价“780.00”、扣率(%)“90”，同样输入保险柜的数量、报价、扣率等信息。

D. 单击“保存”按钮，单击“支出”按钮，打开“销售支出单”窗口。

E. 在“销售支出单”窗口(图 7.93)，单击“增加”按钮，输入费用项目“装卸费”、支出金额“500.00”，单击“保存”按钮，单击“退出”按钮。

F. 在“专用发票”窗口，单击“现结”按钮，打开“销售现结”对话框，如图 7.94 所示，输入结算方式“202”、结算金额“65 632.80”、票据号“10222005”、银行账号“37001717108058123456”，单击“确定”按钮。完成现结后发票界面打上“现结”标志。

G. 单击“复核”按钮，单击“退出”按钮，系统自动生成发货单。

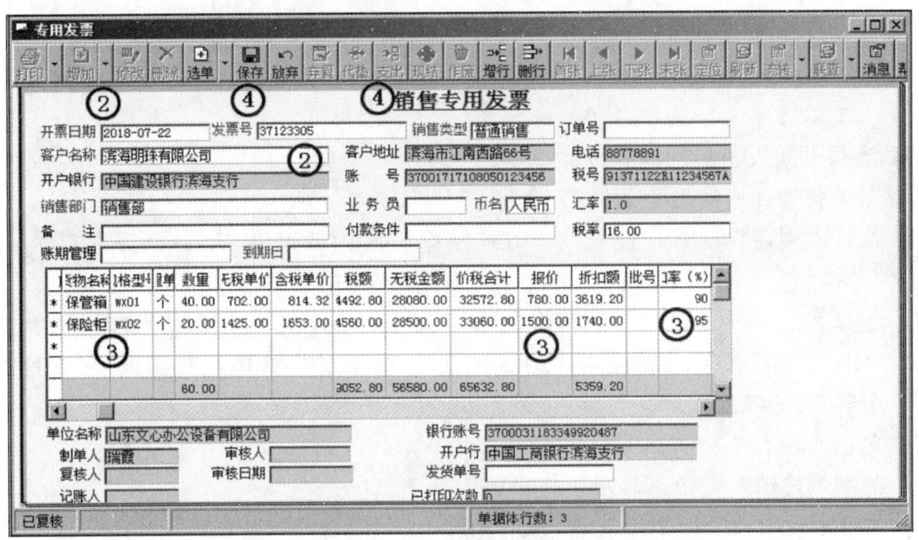

图 7.92　“专用发票”窗口

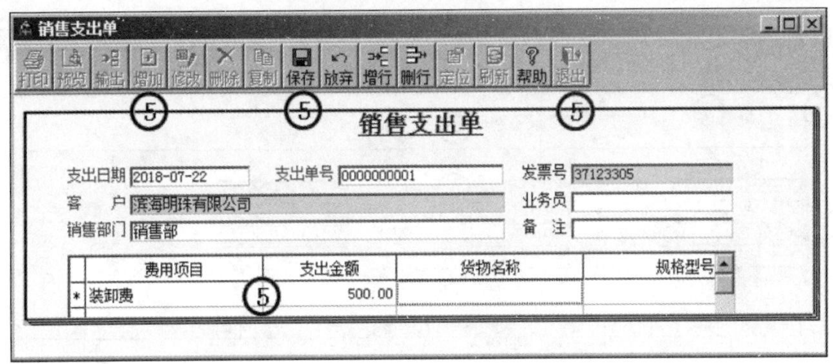

图 7.93　“销售支出单”窗口

② 在库存管理模块审核销售出库单。操作步骤同业务 3 代垫运费，销售赠品。

③ 在核算管理模块单据记账。操作步骤同业务 3 代垫运费，销售赠品。

④ 在核算管理模块进行客户往来制单(现结制单)。操作步骤同业务 3 代垫运费，销售赠品。

⑤ 在总账系统做支出费用的凭证。在总账系统手动填制 500.00 元装卸费的记账凭证。

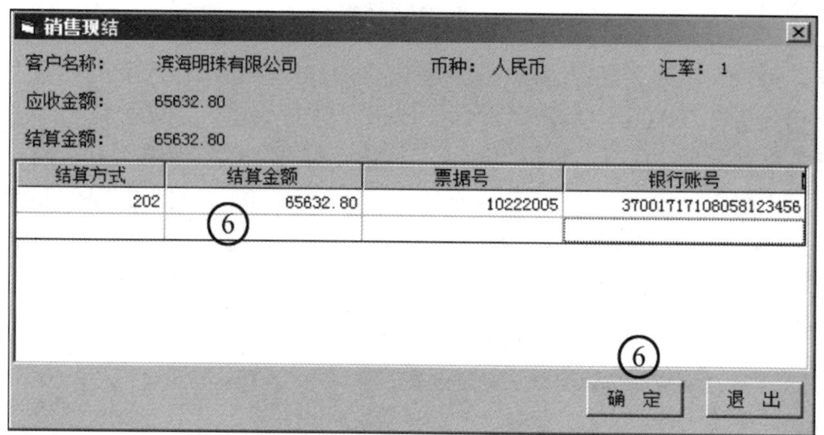

图 7.94 “销售现结”对话框

(7) 支付开票发货后的退货款。

① 在销售管理模块做收款核销。

A. 执行“销售”|“客户往来”|“收款结算”命令(或单击“收款结算”图标)，打开“单据结算”窗口，如图 7.95 所示。

B. 选择客户“0203 济南梦丽有限公司”，单击“切换”按钮，切换成付款单。

C. 单击“增加”按钮，输入日期“2018-07.23”、结算方式“3 电汇”、票据号“20111012”、金额“1 647.20”。

D. 单击“保存”按钮。

E. 单击“核销”按钮，显示“应收单”列表。

F. 在“本次结算”栏中输入“1 647.20”。

G. 单击“保存”按钮，单击“退出”按钮。

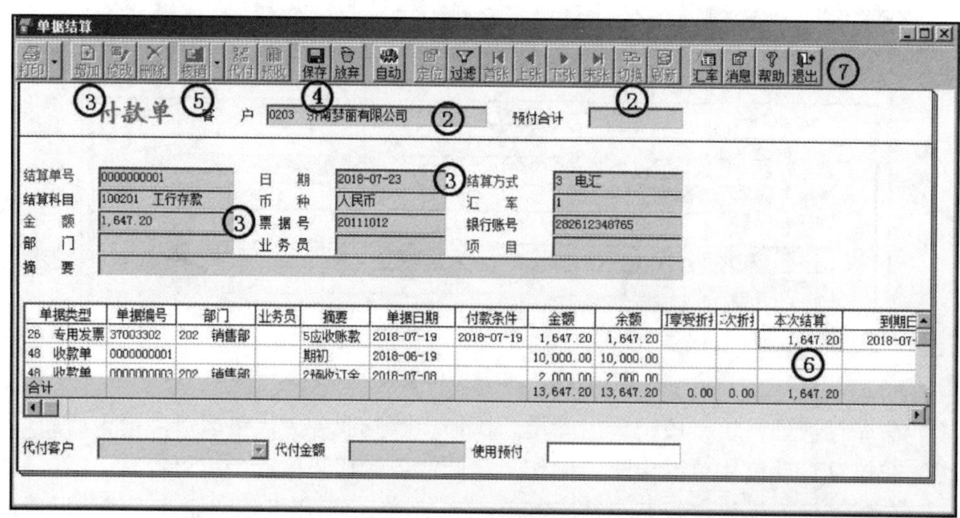

图 7.95 “单据结算”窗口

② 在核算管理模块进行客户往来制单。核销制单，操作步骤同业务 3 代垫运费，销售赠品。

(8) 销售返利。

① 在销售管理模块填制红字发票。

A. 执行“销售”|“销售发票”命令(或单击“销售发票”图标)，打开“普通销售发票”窗口。

B. 单击“增加”按钮右侧的“▼”按钮，选择“普通发票(红字)”。打开“红字普通发票”窗口，如图 7.96 所示。

C. 输入开票日期、发票号、客户名称等信息。

D. 在存货所在行的退补标志栏打上“退补”标志，输入要返利的保管箱和保险柜的价税合计分别为“-500.00”和“-800.00”，在存货所在行的“退补标志”栏打上“退补”标志。

E. 单击“保存”按钮，单击“现结”按钮，打开“销售现结”对话框，输入相应的结算方式和结算金额。

F. 单击“复核”按钮，单击“退出”按钮。

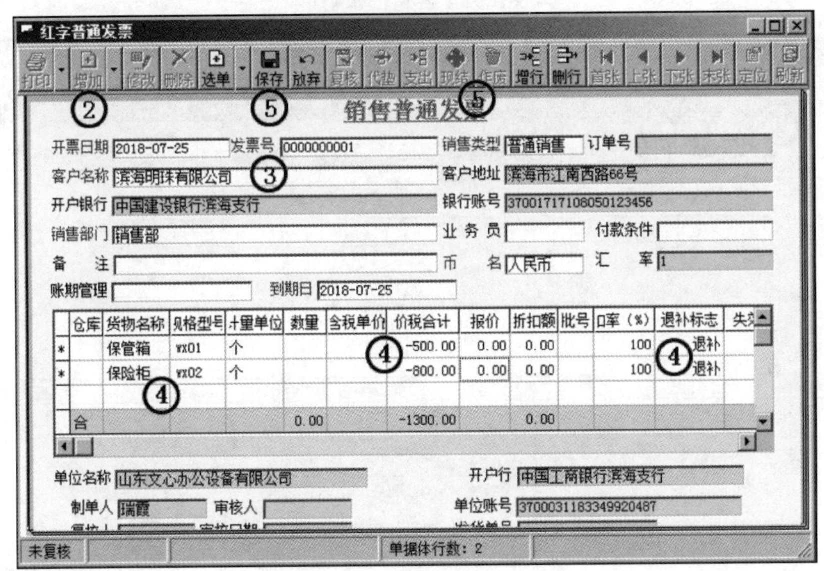

图 7.96　“红字普通发票”窗口

② 在核算管理模块进行客户往来制单。现结制单，操作同业务 3 代垫运费，销售赠品，此处将“主营业务收入”科目和“应交税费——应交增值税(销项税额)”科目改为“销售费用——销售赠送”科目，用 Space 键调整“库存现金”科目为贷方蓝字金额，调整“销售费用——销售赠送”科目为借方蓝字金额，如图 7.97 所示。关于返利操作尽量通过折扣销售方式进行。

(9) 现金折扣收款。

① 在销售管理模块进行收款核销。

A. 执行“销售”|“客户往来”|“收款结算”命令(或单击“收款结算”图标)，打开“单据结算”窗口，如图 7.98 所示。

B. 选择客户“0203 济南梦丽有限公司”，单击“增加”按钮。

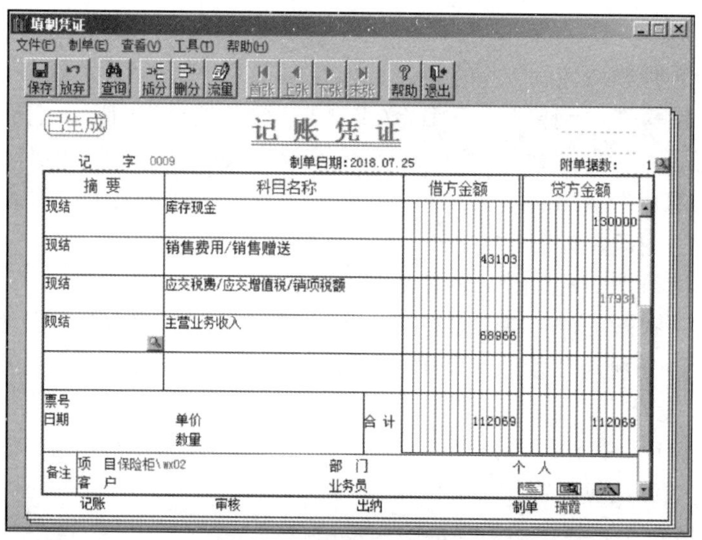

图 7.97　客户往来制单

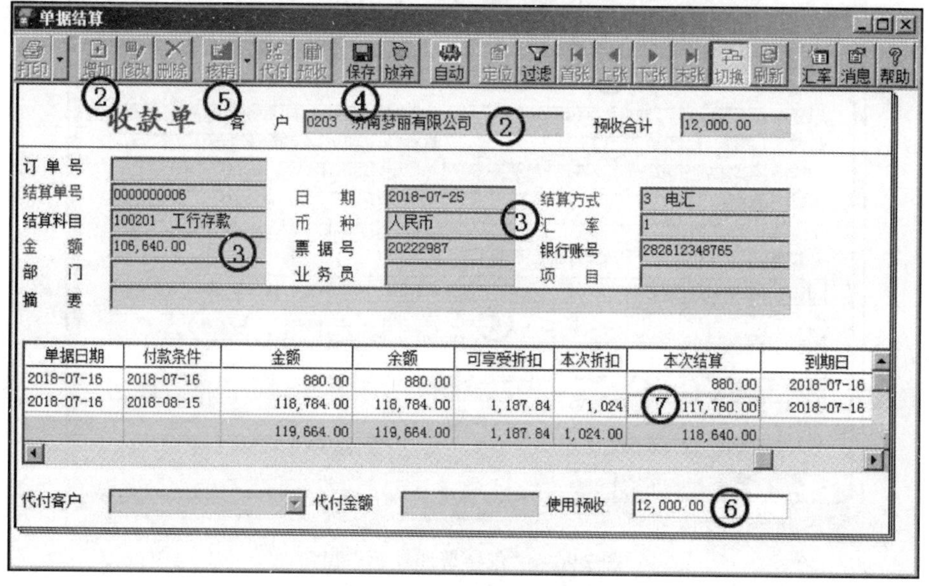

图 7.98　“单据结算”窗口

C. 输入日期“2018-07-25”、结算方式“3 电汇”、票据号“20222987”、结算金额“106 640.00”。

D. 单击“保存”按钮。

E. 单击“核销”按钮，显示“收款单”列表。

F. 在“使用预收”文本框处输入“12 000.00”。

G. 在第二行的“本次折扣”栏输入“1 024.00”，在“本次结算”栏中分别输入“880.00”和“117 760.00”。

H. 单击“保存”按钮，单击“退出”按钮。

② 在核算管理模块进行客户往来制单。客户往来制单操作同业务 3 代垫运费，销售

赠品；在凭证界面添加修改“财务费用”科目的项目辅助信息。单击“财务费用”科目处，再将光标移动到凭证辅助信息区，待光标变成笔状时双击，在参照中勾选“现金折扣”复选框，单击“保存”按钮。生成凭证如图 7.99 所示。

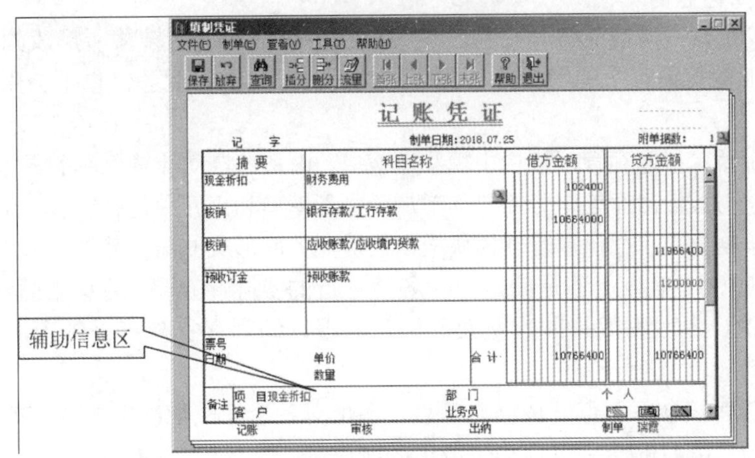

图 7.99　生成凭证

三、库存管理日常业务处理

库存管理模块日常业务处理主要包括审核采购管理模块和销售管理模块所填制的采购入库单和销售出库单；填制产成品入库单、材料出库单、其他出入库单、库存盘点、库存调拨及生产加工单等。

1. 入库业务处理

(1) 产成品入库。产成品入库是指工业企业对原材料或半成品进行加工后形成的可销售的产品入库。处理流程为在库存管理填制产成品入库单并审核，在核算管理模块对产成品入库单记账处理，最后生成产成品凭证。

(2) 其他入库业务。其他入库业务包括除产成品入库和采购入库以外的存货入库形式，可由用户填制。

(3) 采购入库单审核。库存管理模块只对采购管理模块生成的采购入库单进行审核，无须录入。

2. 出库业务处理

(1) 材料出库业务。材料出库业务是指工业企业生产中必须耗用的原材料而形成的材料出库业务，即材料领用业务。在畅捷通 T3 软件中是通过录入材料出库单来完成此项业务的。

(2) 其他出库业务。其他出库业务是指非生产领用所形成的出库业务，包括调拨出库、盘亏出库、组装拆卸出库、形态转换出库等，这些业务的发生会自动形成其他出库单，如维修出库、办公领用出库等需要用户填制。

(3) 销售出库单生成/审核。销售出库单生成/审核主要是对销售管理模块生成的销售出库单进行审核或在此模块生成销售出库单。

3. 其他库存业务

(1) 调拨业务。调拨业务是指从一个部门到另一个部门的转移所形成的调拨业务。这里的调拨业务与销售中的调拨业务的区别是没有发生结算业务，也不会生成应收或应付业务。

其基本流程：在库存管理模块中填写调拨单，由系统自动计算入库的成本，保存后对在其他入库单与其他出库单中分别自动增加一张入库单和出库单进行审核；在核算管理模块进行特殊单据记账；在核算管理模块根据调拨业务而形成的出入库单据分别生成凭证。

(2) 盘点业务。盘点业务是确定企业各种存货的实际库存量，并与账面记录相核对，查明存货盘盈、盘亏和毁损的数量及原因，并据以编制存货盘点报告表，按规定程序报有关部门审批。

盘点方法有按仓库盘点、按批次盘点，还可对各仓库或批次中的全部或部分存货进行盘点，盘盈、盘亏的结果可自动生成出入库单。

(3) 组装与拆卸业务。组装是指将多个散件组装成一个配套件的过程。组装单相当于两张单据，一张是散件出库单，另一张是配套件入库单。配套件和散件之间是一对多的关系。

拆卸是指将一个配套件拆卸成多个散件的过程。拆卸单相当于两张单据，一张是配套件出库单，另一张是散件入库单。配套件和散件之间是一对多的关系。

若有组装和拆卸业务，应在产品结构中设置。用户进行组装、拆卸业务之前应先进行产品结构定义，否则无法进行组装与拆卸。

(4) 形态转换。形态转换是指存货由一种形态转换成另一种形态，从而引起存货规格和成本的变化，因此用户需根据存货的实际状况填制形态转换单，或规格调整单，经批准后进行调账处理。

(5) 货位调整。货位调整用于调整存货的货位，主要包括存货信息、批号、调整前货位、调整后货位、调整件数、换算率、调整数量等。

【任务操作】

1. 任务资料

库存管理模块日常业务处理内容如表 7-20 所示。

表 7-20 库存管理模块日常业务处理内容

序号	业务内容	业务类型
1	7 月 8 日，与济南梦丽有限公司签订销售合同(合同编号 ddjg01)，保管箱 60 个，单价为 760.00 元；保险柜 40 个，单价为 1 420.00 元，单价均不含税；公路运输，付款条件编码为 01，发货日期为 7 月 16 日；已收订金 2 000.00 元，电汇号为 20222189	订单及订金

(续表)

序号	业务内容	业务类型
2	7月12日，根据7月8日签订的销售订单组织生产，使用生产加工单	生产加工单
3	7月14日，生产车间领用材料生产保管箱，其中低碳钢板800千克，防钻钢板600千克，领料单号为22001；电子密码锁100个，操控面板100个，电子报警器100个，领料单号为22002。生产保险柜合金钢板1 200千克，防钻钢板900千克，PM隔热夹层200千克，领料单号为22003；脚轮400个，指纹锁100个，操控面板100个，电子报警器100个，领料单号为22004	生产领料
4	7月16日，产成品仓收到生产车间根据订单生产的保管箱60个(入库单号为33001)，保险柜40个(入库单号为33002)。 7月17日，产成品仓收到生产车间入库(入库单号为33003)的保管箱80个，保险柜60个	产成品入库
5	7月24日，发出低碳钢板(批号为201806)1 000千克，合金钢板(批号为201806)750千克、防钻钢板800千克，用于委托日照信安公司加工保险挂厨(材料出库单号为22007)。 7月24日，支付发出委托加工材料的运输费(加工保险挂厨)，由日照信安公司代垫，运费发票号为37112299，金额为800.00元，税额为80.00元。 7月25日，收到日照信安公司的加工费专用发票(票号为37112298)加工费3 600.00元，税额为576.00元	委托加工出库
6	7月25日，组装30个办公组合(组装单号为zz001)，销售给南京金茂商行20个，专用发票(发票号为37110987)注明单价为140.00元，其他出入库单号默认，销售办公组合的销售出库单号为33008，货款未收	组装单与销售
7	7月26日，委托加工的保险挂厨500个入产成品仓，入库单号为33006	委托加工入库
8	7月31日，新增“盘盈入库”“盘亏出库”收发类别。7月31日，对办公用品仓进行实地盘点(盘库)，盘点结果如下：文件柜1 420个，收纳盒2 150个，便签盒2 940个，屏风975个	盘点业务
9	7月31日，对尚未出售的10个办公组合进行拆卸处理，拆卸单据号为66001	拆卸业务

2. 任务实施

(1) 以系统管理员的身份引入“7.2 购销存管理模块初始化”账套数据。

(2) 以“wx02 瑞霞”的身份登录系统，完成上述库存日常业务的操作。

3. 操作指导

(1) 销售订单及订金。

销售订单及订金业务操作同销售日常业务中业务2的订单，设置此业务是为生产加工单业务做铺垫。

(2) 生产加工单。

① 填制生产加工单。

A.执行“库存”|“生产加工单”命令(或单击“生产加工单”图标)，打开“生产加工单”窗口，如图7.100所示。

B. 单击“增加”按钮，单击“选单”按钮，打开“选择订单”对话框，订单及存货会在“选择订单”对话框下以列表形式显示，单击要进行加工生产的订单及其所属存货所在行，打上“√”标记，单击“确认”按钮。

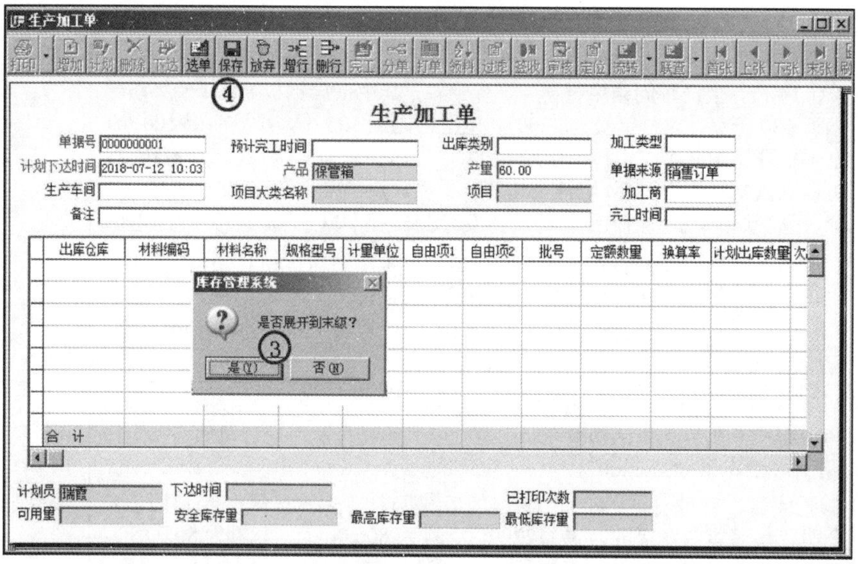

图 7.100 “生产加工单”窗口

C. 打开“是否展开到末级？”提示对话框，单击“是”按钮，完善相关信息。

D. 单击“保存”按钮。

E. 单击“领料”按钮，输入有关存货的批号和本次出库数量(一次性出库)，单击“保存”按钮。

F. 单击“分单”按钮，打开“生产加工领料出库单分单方式”对话框，在“请选择分单条件”区域勾选“按仓库”复选框，单击“确认”按钮，系统根据出库数量自动生成材料出库单，如图 7.101 所示。

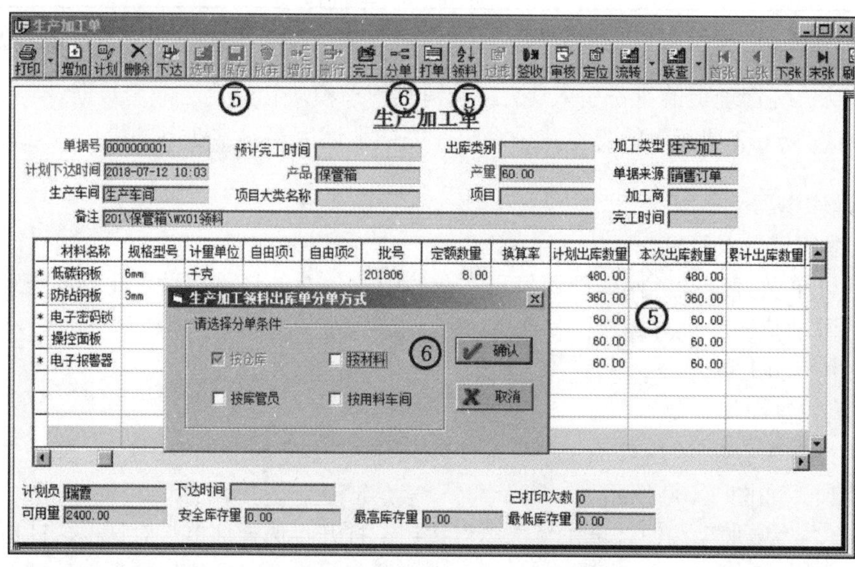

图 7.101 生产加工单——分单

G. 在“生产加工单”窗口，单击“打单”按钮，输入打单条件，指定打单的范围，单击“确认”按钮。

H. 单击“签收”按钮，签收本次加工数，在“本次签收数量”栏内输入实际签收数量，系统默认出库的数量，单击“保存”按钮，显示累计签收数量。

I. 单击“审核”按钮，打开“审核将使本次出库数为零，是否继续？”提示对话框，单击“是”按钮，审核本次出库数量、本次签收数量等，审核后清空上述数据，以便下次出库，如图 7.102 所示。同样的步骤，设置保险柜的生产加工单材料出库，操作完成后单击“退出”按钮，返回销售管理主界面。

J. 单击“材料出库单”图标，对生产加工单自动生成的材料出库单进行审核。

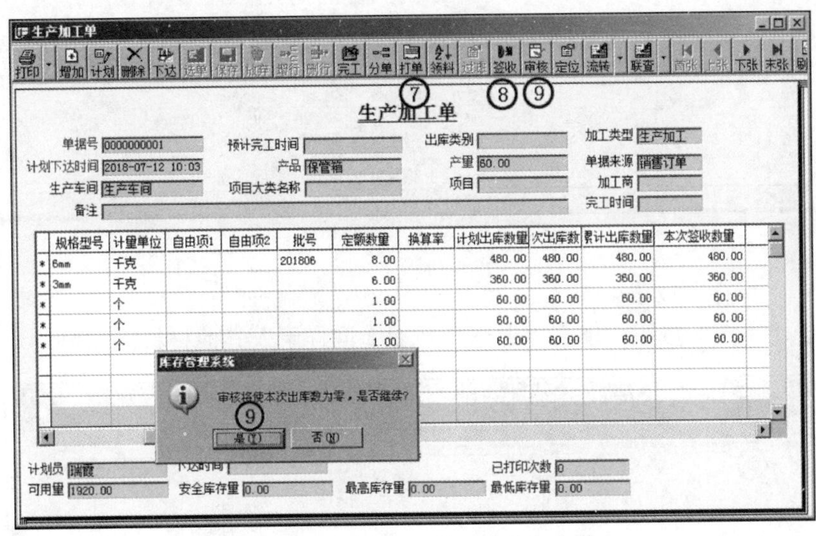

图 7.102 生产加工单—签收与审核

② 在核算管理对出库单进行单据记账。操作步骤同采购业务 17 委托加工的处理。

③ 材料出库单制单。

A. 在“生成凭证”窗口，在摘要为保管箱的对方科目输入科目编码“500101”，在摘要为保险柜的对方科目输入科目编码“500102”。

B. 单击“合成”按钮，输入“生产成本——保管箱”和“生产成本——保险柜”的项目辅助信息“直接材料”，单击“保存”按钮生成凭证，结果如图 7.103 所示。

(3) 生产领料。

① 在库存管理模块填制材料出库单。

A. 执行“库存”|“材料出库单”命令(或单击“材料出库单”图标)，打开“材料出库单”窗口，如图 7.104 所示。

B. 单击“增加”按钮。

C. 输入出库单号“22001”，选择仓库“原材料仓”，输入出库日期“2018-07-14”，选择出库类别“材料领用出库”、部门“生产车间”。

D. 输入材料编码“10101”、材料名称“低碳钢板”、批号“201806”、数量“800.00”，同样输入其他存货信息。

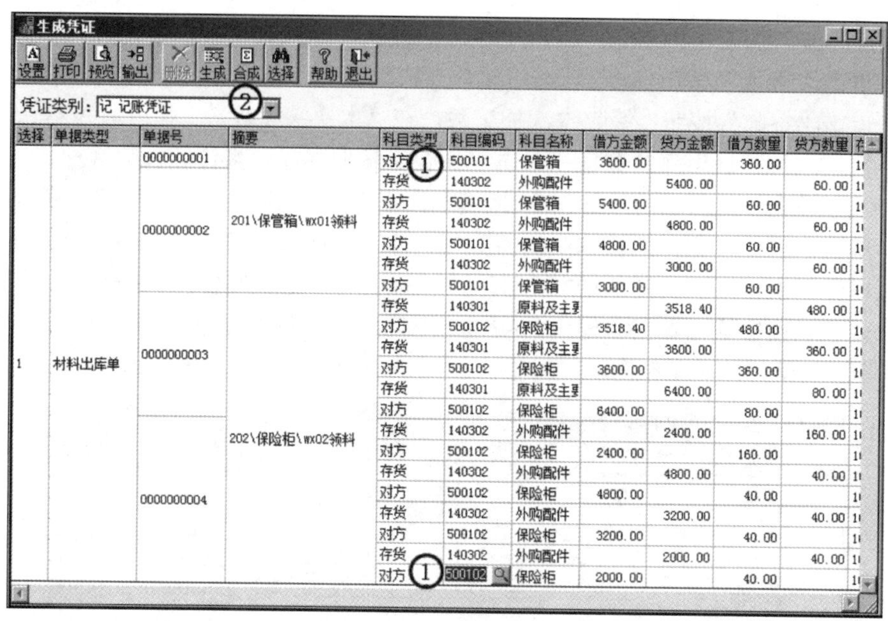

图 7.103 “生成凭证”窗口

E. 单击“保存”按钮。

F. 单击“审核”按钮，单击“退出”按钮。同样录入其他材料出库单。

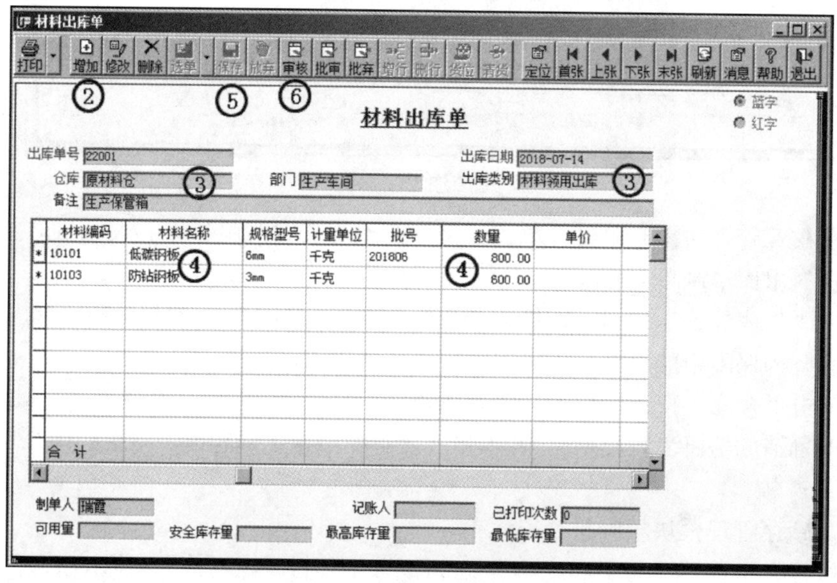

图 7.104 “材料出库单”窗口

② 在核算管理模块中对材料出库单记账。

A. 执行“核算”|“核算”|“正常单据记账”命令(或单击“正常单据记账”图标)，打开“正常单据记账条件”对话框。

B. 在“正常单据记账条件”对话框中在“仓库”区域勾选“01 原材料仓”和“02 配件仓”复选框。

C. 在“单据类型”区域勾选“11 材料出库单”。

D. 参照选择收发类别“材料领用出库”。

E. 单击“确定”按钮，打开“记账”窗口。

F. 在单据左侧打上选择标志“√”。

G. 单击“记账”按钮，单击“退出”按钮。

③ 在核算管理模块进行购销单据制单。

A. 执行“核算”|“凭证”|“购销单据制单”命令(或单击“购销单据制单”图标)，打开“生成凭证”窗口。

B. 选择凭证类别“记 记账凭证”。

C. 单击“选择”按钮，打开“查询条件”对话框。

D. 在“查询条件”对话框勾选“(11)材料出库单”复选框，选择收发类别“材料领用出库”，部门“生产车间”。

E. 单击“确认”按钮，打开“选择单据”窗口。

F. 单击要生成凭证的单据，打上选择标志“1”。

G. 单击“确定”按钮，打开“生成凭证”窗口，在出库单 22001 和 22002 的对方科目输入科目编码“500101”，在出库单 22003 和 22004 的对方科目输入科目编码“500102”。

H. 单击“合成”按钮，打开“填制凭证”窗口。

I. 分别输入“生产成本——保管箱”“生产成本——保险柜”的项目辅助信息“101 直接材料”“201 直接材料”，单击“保存”按钮自动生成凭证。

(4) 产成品入库。

① 在库存管理模块以生产加工单流转生成产成品入库单。

A. 执行“库存”|“产成品入库单”命令(或单击“产成品入库”图标)，打开“产成品入库单”窗口，如图 7.105 所示。

B. 输入入库单号“33001”、入库类别“产成品入库”、仓库“产成品仓”。

C. 单击“保存”按钮，单击“审核”按钮，单击“退出”按钮。同样的方法流转生成“保险柜”的入库单。

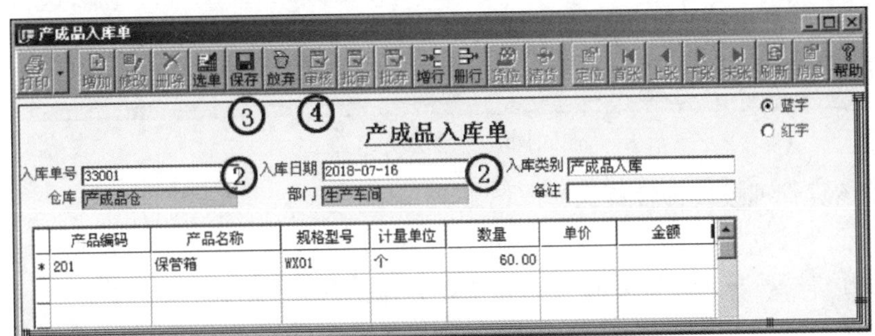

图 7.105 “产成品入库单”窗口

② 在库存管理模块手工输入产成品入库单。

A. 执行“库存”|“产成品入库单”命令(或单击“产成品入库单”图标)，打开“产

成品入库单”窗口。

B. 单击“增加”按钮，选择仓库“产成品仓”，输入入库日期“2018-07-17”、入库类别“产成品入库”、部门“生产车间”。

C. 分别选择存货“201 保管箱”和“202 保险柜”，分别入数量“80.00”和“60.00”。

D. 单击“保存”按钮，单击“审核”按钮，单击“退出”按钮。

(5) 委托加工出库业务。

委托加工出库业务主要考虑的是后面的委托加工入库，基础信息设置及操作同采购日常业务中业务 17 的委托加工的处理，故此处不再赘述。

(6) 组装单与销售。

① 在库存管理模块填制组装单。

A. 执行“库存”|“库存其他业务”|“组装单”命令，打开“组装单”窗口，如图 7.106 所示。

B. 单击“增加”按钮。

C. 输入日期“2018-07-25”，选择配套件“办公组合”。

D. 在单据表体第一行，选择仓库“办公用品仓”，输入数量“30.00”。

E. 单击“保存”按钮。

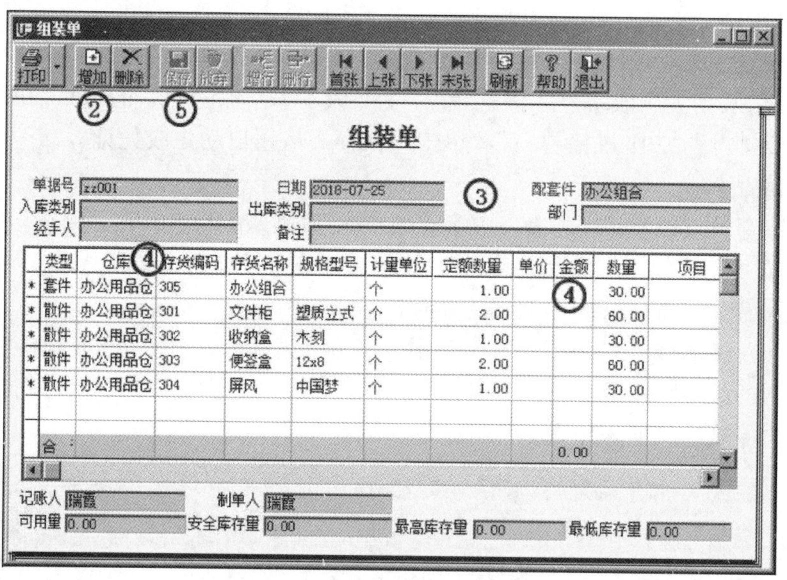

图 7.106 “组装单”窗口

② 在核算管理模块进行特殊单据记账。

A. 执行“核算”|“核算”|“特殊单据记账”命令(或单击“特殊单据记账”图标)，打开“特殊单据记账条件”对话框，如图 7.107 所示。

B. 选择单据类型“组装单”，单击“确定”按钮；打开“特殊单据记账”窗口。

C. 单击要记账的单据，在“选择”栏打上标志“√”，单击“记账”按钮。

D. 单击“退出”按钮，如图 7.108 所示。

③ 在库存管理模块对其他入库单和其他出库单的审核。

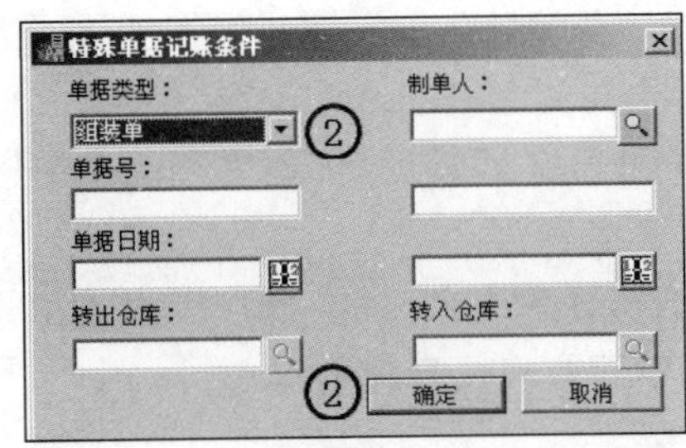

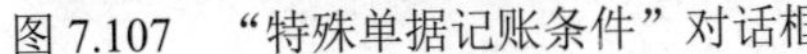

图 7.107　“特殊单据记账条件”对话框

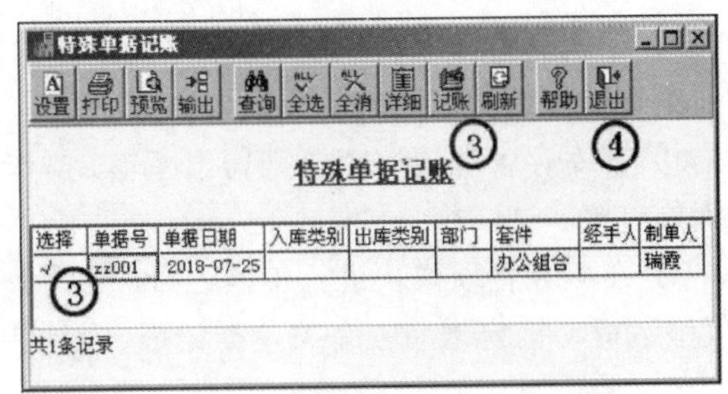

图 7.108　“特殊单据记账”窗口

A. 执行“库存”|“其他入库单”命令(或单击“其他入库单”图标)，打开“其他入库单”窗口。

B. 单击“审核”按钮，进行单据审核，单击“退出”按钮。

C. 同样对其他出库单进行审核。

④ 在核算管理模块进行购销单据制单。

A. 单击“购销单据制单”图标，单击“选择”按钮，在“查询条件”窗口选择“其他入库单”和“其他出库单”，单击“确认”按钮，打开“选择单据”窗口。

B. 在“选择单据”窗口，如图 7.109 所示，选择 2018 年 7 月 25 日的“其他入库单”和“其他出库单”，单击“确定”按钮。

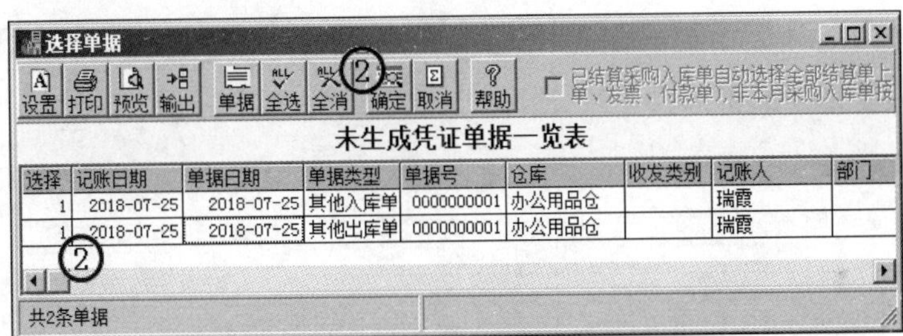

图 7.109　“选择单据”窗口

C. 打开“生成凭证”窗口，如图 7.110 所示，删除“组装对方”所在行的金额，单击“合成”按钮，保存后退出。

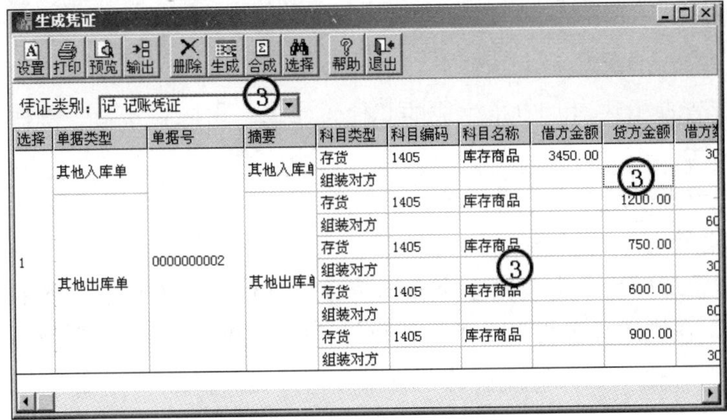

图 7.110　“生成凭证”窗口

⑤ 在销售管理模块填制 20 个办公组合的发货单，并流转生成发票。操作步骤同销售业务与销售退货中流转生成发票。

⑥ 在库存管理模块审核销售出库单。操作步骤同业务 3 代垫运费、销售赠品中销售出库单审核。

⑦ 在核算管理模块进行单据记账、购销单据制单和客户往来制单。操作步骤同业务 3 代垫运费、销售赠品中有关单据记账、购销单据制单和客户往来制单。

(7) 委托加工入库。

因为产成品仓是全月一次平均法，所以此处只做产成品入库业务。

(8) 存货盘点业务。

① 在库存管理模块增加盘点单。

A. 执行“库存”|“库存其他业务”|“盘点单”命令(或单击“库存盘点”图标)，打开“盘点单”窗口，如图 7.111 所示。

B. 单击“增加”按钮，输入日期“2018-07-31”，选择盘点仓库“办公用品仓”、部门“采购部”、出库类别“盘亏出库”、入库类别“盘盈入库”。

C. 输入或修改存货编码为“301”的盘点数量“1 420.00”，同样，依次录入其他存货的实际盘点数量。

D. 单击“保存”按钮，单击“审核”按钮，生成盘亏盘盈的其他出入库单。

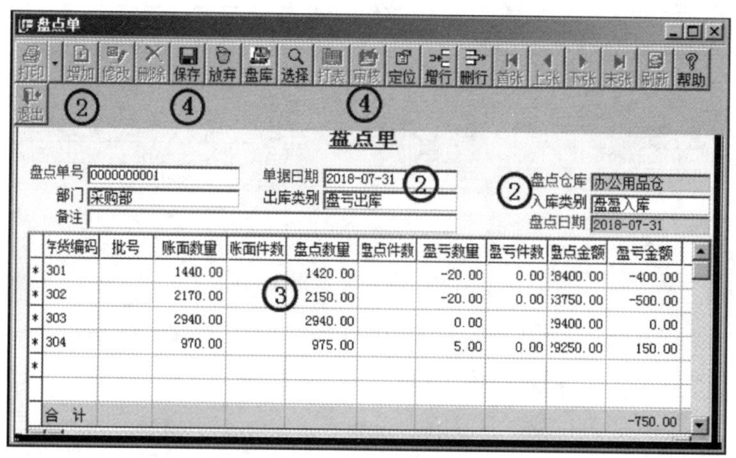

图 7.111 “盘点单”窗口

② 在库存管理模块对盘点单生成的其他入库单、出库单审核。操作步骤同业务 6 组装单与销售。

③ 在核算管理模块对其他入库单、出库单记账。操作步骤同业务 6 组装单与销售，对盘盈入库和盘亏出库进行记账。

④ 在核算管理模块中生成凭证(其他入库单和其他出库单制单)。操作步骤同业务 6 组装单与销售，在生成凭证界面的对方科目行输入“190101 待处理流动资产损溢”，或者设置收发类别为盘亏(盈)出(入)库的存货对方科目为“190101 待处理流动资产损溢”，单击“合成”按钮。

(9) 拆卸业务。

① 在库存管理模块填制拆卸单。

A.执行“库存”|“库存其他业务”|“拆卸单”命令，打开“拆卸单”窗口。

B. 单击“增加”按钮。

C. 输入日期“2018-07-31”，选择配套件“办公组合”。

D. 在单据表体第一行，选择仓库“办公用品仓”，输入数量“10.00”。

E. 单击“保存”按钮，单击“退出”按钮。

② 在核算管理模块单据记账。操作步骤同业务6组装单与销售，此处在正常单据记账界面手动输入入库单价。

A. 在入库存货对应的单价处右击，选择“手工输入”，如图7.112所示。

B. 打开“手工输入”界面，分别输入相应的单价。

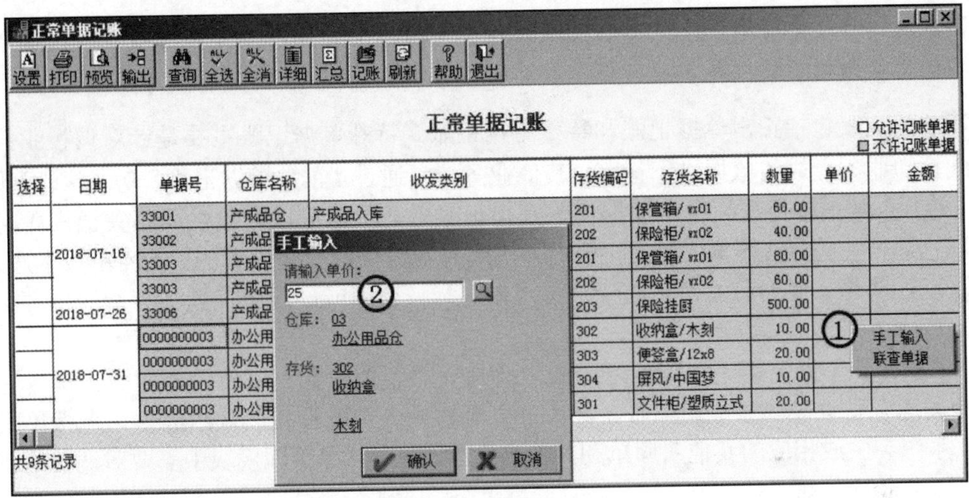

图7.112　单据记账

③ 进行购销单据制单。操作步骤同业务6组装单与销售。

第四节　核算管理日常业务及购销存各模块期末业务处理

存货的核算是企业会计核算的一项重要内容，正确计算存货购入成本，反映和监督存货的收发、领退和保管情况，促进企业提高资金的使用效果。其主要内容包括存货出入库成本核算、暂估入库业务处理、出入库成本调整、存货跌价准备处理等。

核算管理模块能够处理采购入库单、产成品入库单、其他入库单、销售出库单、材料出库单、其他出库单、入库调整单等业务单据。

在本模块单独使用的情况下，可以对上述各业务相关单据执行增加、删除、修改、审核、记账、制单等操作。如果与库存管理模块或采购、销售管理模块集成使用，相关出(入)库单据在库存管理模块或采购、销售管理模块中录入，不可在本模块中录入。

一、单据记账和暂估处理

1. 单据记账

单据记账是计算、记录、确认出(入)库单据成本的关键。一方面，通过单据记账将用户所录入的出(入)库单据登记存货明细账等；另一方面，单据记账和存货的计价关系密切。其中先进先出法、移动平均法、个别计价法3种计价方式的存货在单据记账时会进行出库成本核算。因此，存货记账后就可以更新存货收、发、存的数量和金额。

注意： *全月平均法、计划价/售价法计价的存货只有在期末业务处理时才能进行出库成本的计算并进行会计核算。*

单据记账包括正常单据记账和特殊单据记账。特殊单据记账主要是针对调拨业务、组装拆卸业务形成的单据进行记账。其他业务一般通过“正常单据记账”功能执行记账。

(1) 正常单据记账。正常单据记账是指记账后的单据可以据此生成相关记账凭证，可以查询相关的存货账簿。单据记账时，入库成本也根据前面设置的“入库单成本选择”方法进行核算。根据前面设置的核算方式，选择按仓库或部门所设置的存货计价方法进行出库成本核算。

(2) 特殊单据记账。特殊单据记账主要是针对调拨业务、组装拆卸业务。核算管理模块与库存管理模块集成使用时，在库存管理模块中填制调拨单或组装单，调拨单审核后，系统会生成相应的其他入库单和其他出库单，并在核算管理模块中需要对调拨单或组装单进行特殊记账。

(3) 恢复单据记账。单据记账后可以恢复记账，恢复记账用于将用户已登记明细账的单据恢复到未记账状态。

2. 暂估成本处理

采购暂估业务可以理解为无发票到货的采购入库业务。月末，对存货已到但发票等结算凭证尚未收到的外购业务。可以先办理入库手续，货款以暂估价格、合同价格或计划价格计算。下月或结算凭证到达后，通过红字予以冲销并按结算凭证列示的货款和运杂费重新计价入账或按结算凭证补差。

二、产成品成本计算与分配

产成品成本分配是指对已入库未记明细账的产成品进行成本分配，可随时对产成品入库单提供批量分配成本。成本分配时，先求出平均单价，再将此存货的每笔记录的数量乘以此单价，计算出每笔记录的金额，录入对应的产成品入库单。

先进先出法、移动平均法、个别计价法3种计价方式的存货在单据记账时就可以进行出库成本核算，记账后能随时了解存货的出库成本；而全月平均法往往只能在月底，待全部存货业务结束后才能得到全月的平均成本，在平时是无法得知存货的确切平均成本的。

三、凭证生成管理

凭证处理用于对本会计月已记账单据生成凭证，在完成单据并进行出(入)库核算后就可以生成记账凭证。凭证生成以后可以进行修改、查询等操作。核算管理模块生成的记账凭证会自动传递到总账系统，实现财务业务一体化管理。

核算管理模块生成的凭证是根据前面核算的原始单据直接生成的。在生成凭证时，首先应该选择相应的原始单据，如采购入库单、材料出库单等，然后进行制单处理。系统会根据单据上记载的信息，并根据前面设置的存货科目和存货对方科目，自动将会计科目和相应的金额登记到记账凭证上。

如果前面进行初始设置时，存货科目设置没有定义或定义不完整，这里生成的记账凭证的科目也是不完整的。

核算管理模块的制单包括购销单据制单、客户往来制单和供应商往来制单。

1. 购销单据制单

购销单据制单主要是采购入库单、材料出库单、产成品入库单、销售出库单、其他入库单、其他出库单、出(入)库调整单、价格调整单、红字回冲单、蓝字回冲单等单据的制单。制单时，系统根据前面设置的存货科目和存货对应科目自动生成相应的记账凭证，经确认(修改)保存后自动传递到总账系统。

(1) 采购入库单制单。采购入库单制单是根据采购入库结算的入库成本确定采购存货的入库成本。若已设置存货及对方科目，则借方取预置的存货科目，贷方取预置的对方科目中收发类别对应的科目。采购入库单制单分录如下。

借：原材料、库存商品等(存货科目)

　　贷：在途物资等(对方科目)

(2) 材料出库单制单。材料出库单制单是根据审核并完成单据记账处理后的材料出库单生成的记账凭证。借方取预置的对方科目中收发类别为“材料领用出库”对应的科目，贷方取预置的存货科目。材料出库单制单分录如下。

借：生产成本等(对方科目)

　　贷：原材料等(存货科目)

注意：*在按照先进先出法、移动平均法、个别计价法的仓库中，材料的金额是根据材料出库单经过单据记账后系统自动计算的。而全月平均法、计划价/售价法计价应在期末处理之后由系统计算出来。*

(3) 产成品入库单制单。产成品入库单制单是根据审核并完成单据记账处理后的产成品入库单生成的记账凭证。产成品成本可以通过产成品成本分配计入产成品入库单。产成品入库单制单时，借方取预置的存货科目，贷方取预置的对方科目中收发类别为“产成品入库”对应的科目。产成品入库单制单分录如下。

借：库存商品等(存货科目)

贷：生产成本等(对方科目)

库存商品的金额是根据产成品入库单记载或产成品分配后的金额，经过对仓库期末处理操作后系统自动计算得出的。

(4) 销售出库单制单。销售出库单制单是根据审核并完成单据记账处理后的销售出库单生成的记账凭证。贷方取预置的存货科目，借方取预置的对方科目中收发类别对应的科目。金额与计价方法有关。销售出库单制单分录如下。

借：主营业务成本等(对应科目)

贷：库存商品等(存货科目)

使用先进先出法、移动平均法、个别计价法的仓库，其库存商品的金额是根据销售出库单经过单据记账后系统自动计算的；使用全月平均法、计划价法计价的，在期末仓库处理后由系统计算得出。

(5) 其他入库单制单。其他入库单制单是根据审核并完成单据记账处理后的其他入库单生成的记账凭证。其他入库单制单包括盘盈入库、调拨入库、组装、拆卸、形态转换等业务的制单处理。借方取预置的存货科目，贷方取预置的对方科目。其他入库单制单分录如下。

借：库存商品等(存货科目)

贷：待处理财产损溢等(对方科目)

(6) 其他出库单制单。其他出库单制单与其他入库单制单类似，但单据和凭证方向相反。

(7) 出(入)库调整单制单。出(入)库调整单是对存货的出(入)库成本进行调整的单据，系统中只调整存货的金额，不调整存货的数量。

入库调整单制单分录如下。

借：库存商品等(存货科目)

贷：材料采购等(对方科目)

出库调整单制单分录如下。

借：主营业务成本等(存货科目)

贷：库存商品等(存货科目)

(8) 价格调整单制单。价格调整单提供计划价格或售价可以随时调整的功能，并于调整后自动计算调整差异率和差价。价格调整单制单分录如下。

借(贷)：材料成本差异(存货对方科目)

贷(借)：原材料等(存货科目)

(9) 红字回冲单与蓝字回冲单制单。红字回冲单是上月入库单暂估回冲的单据，蓝字回冲单是采购发票实际报销的金额。

红字回冲单制单分录如下。

借：原材料(红字暂估价格)

贷：应付账款——暂估应付款(红字暂估价格)

蓝字回冲单制单分录如下。

借：原材料(实际发票价格)

　　贷：材料采购(实际发票价格)

2. 客户往来制单

客户往来制单主要包括发票制单、应收单制单、核销制单、汇兑损益制单、转账制单、并账制单、现结制单等。制单时，系统根据初始设置的客户往来科目自动生成相应的记账凭证。

(1) 发票制单。发票制单分录如下。

借：应收账款——××客户(应收客户)

　　贷：主营业务收入(销售收入科目)

　　　　应交税费——应交增值税——销项税额(销售税金科目)

(2) 核销制单。核销制单分录如下。

借：银行存款

　　贷：应收账款等科目

借方科目为表头结算科目；贷方科目若为应收款，则为应收科目；贷方科目若为预收款，则为预收科目；贷方科目若为其他费用，则为费用科目；若无科目，则用户需要手工输入。

3. 供应商往来制单

供应商往来制单的工作主要包括发票制单、核销制单、汇兑损益制单、转账制单、并账制单、现结制单等。

(1) 发票制单。发票制单的分录如下。

借：在途物资(采购科目)

　　贷：应付账款——××供应商(应付科目)

　　　　应交税费——应交增值税——进项税额(采购税金科目)

(2) 核销制单。核销制单分录如下。

借：应付账款等

　　贷：银行存款

四、购销存管理模块月末结账

(1) 采购管理模块的月末业务主要包括采购账表的查询和分析及月末结账。月末结账是逐月将每月的单据数据封存，并将当月采购数据记入有关账表中。采购管理的月末结账可以连续多个月的单据进行结账，但不允许跨月结账。月末结账后，该月的凭证将不能修改、删除。

采购管理月末结账后，才能进行库存管理和核算的月末处理；如果采购管理要取消月末处理，必须先取消库存管理、核算管理的月末结账。

(2) 销售管理模块的月末业务主要包括销售账表的查询和分析，以及销售月末结账。

销售管理模块期末结账后，才能进行库存管理和核算管理的结账，若要取消销售管理期末结账，则先取消后两者的结账。

(3) 存货管理模块月末业务主要包括账表查询分析和月末结账。库存管理期末结账时，需要对本月单据进行检查，对未审核的单据要完成审核。

五、核算管理月末处理和结账

核算管理模块的月末业务主要包括期末处理、账表查询和月末结账。

当日常业务全部完成后，应计算按全月平均法核算的存货的全月平均单价及本月的出库成本：计算按计划价(售价)方式核算的存货的差异率(差价率)及本月的分摊差异(差价)；并对已完成日常业务的仓库做处理标志。核算管理模块的操作称为月末处理。

当所选仓库为计划价(售价)核算时，系统自动计算此仓库中各存货的差异率(差价率)，并形成差异(差价)结转单，此单据不可修改。

当所选仓库为全月平均法核算时，系统自动计算此仓库中各存货的全月平均单价，并计算本月的出库成本(不包括已填成本的出库)，生成期末成本处理表，可对此表进行打印；如果出库成本不符合要求，可取消期末处理，然后对出库成本进行调整，再进行处理。如果执行完期末处理，系统将对明细账填出库成本。

当所选仓库为上述两种核算方式以外的其他计价方法时，系统将自动标记此仓库的期末处理标志。

期末成本计算每月只能执行一次，因此要特别小心，一定要仔细检查是否已把全部日常业务做完了。如果是在结账日之前执行，则当月的出(入)库单将不能在本会计期间录入。

月末结账后，表示本月业务以全部结束，若要取消结账，则需在下月登录，单击“月末结账”按钮，选择取消结账。

【任务操作】

1. 任务资料

核算管理系统日常业务处理内容如表 7-21 所示。

表 7-21 核算管理系统日常业务处理内容

序号	业务内容	业务类型
1	7 月 1 日，对上月暂估入库业务进行月初回冲处理	月初回冲
2	7 月 31 日，完工入库保管箱 100 个，保险柜 70 个，入库单号为 33004	产成品入库
3	7 月 31 日，对产品成本进行计算：材料投入 100%、直接人工和制造费用按完工程度的 50%计算约当产量，保管箱、保险柜的在产品数量分别为 40 个和 50 个，由于本月没有设计人工费及其他费用发生，所以只分配期初的人工和制造费用(分配率保留 4 位小数，分配金额保留 2 位小数，每类成本项目的尾差计入在产品成本)	生产成本计算分配
4	7 月 31 日，对采购管理、销售管理和存货管理进行期末结账	购销存期末结账

(续表)

序号	业务内容	业务类型
5	7 月 31 日，因支付第三方验货劳务费，增加保险挂厨的总入库成本 1 000.00 元	入库调整
6	7 月 31 日，因销售办公组合的人工费，增加已销售 20 个办公组合的销售成本 200.00 元	出库调整
7	7 月 31 日，对原材料仓、配件仓、办公用品仓进行月末仓库处理	核算月末处理
8	7 月 31 日，因仍未收到上月暂估的采购入库存货，本月末再次进行暂估处理	期末暂估处理
9	7 月 31 日，进行月末结账处理	核算月末结账

2. 任务实施

(1) 以系统管理员的身份引入“7.3.3 库存管理模块日常业务处理”的账套数据。

(2) 以“wx01 坤芳”的身份登录，在总账选项设置中取消勾选“制单序时控制”复选框，对采购管理模块、库存管理模块进行结账操作。

(3) 以“wx02 瑞霞”的身份登录系统，完成上述核算日常业务的操作。

3. 操作指导

(1) 月初暂估回冲。月初暂估回冲业务操作同采购日常业务处理清单中的业务 1 暂估回冲，此处不再赘述。

注意： 因本任务采用单到回冲模式处理暂估业务，故应在本月 1 日进行此业务的操作。由于本书采用模块化讲解，因此在销售和库存日常业务中没有涉及该项操作要求。为方便和完善核算管理模块的练习，此处又添加了该业务，但因引入的是库存管理模块的账套备份数据，此处需要对该业务进行补充操作，所以可选择在总账选项设置中取消勾选“制单序时控制”复选框，以方便本业务的实现。

(2) 产成品入库。

① 执行“库存”|“产成品入库单”命令(或单击“产成品入库单”图标)，打开“产成品入库单”窗口。

② 单击“增加”按钮，选择仓库“产成品仓”，输入入库单号“33004”、入库日期“2018-07-31”、入库类别“产成品入库”、部门“生产车间”。

③ 选择存货编码“201”、数量“100.00”，选择存货编码“202”、数量“70.00”。

④ 单击“保存”按钮。

⑤ 单击“审核”按钮，完成对该单据的审核并退出。

(3) 生产成本计算与分配。

① 产品计算与分配。

A. 执行“核算”|“核算”|“产成品成本分配”命令，打开“产成品成本分配表”窗口。

B. 单击“查询”按钮，如图 7.113 所示。打开“产成品成本分配表查询”对话框。

C. 在“请选择仓库条件”区域勾选“04 产成品仓”复选框。

D. 单击“确认”按钮，如图 7.114 所示。打开“需要分配的产成品单据选择”窗口。

存货/分类编码	存货/分类名称	规格型号	数量	金额

图 7.113 “产成品成本分配表”窗口

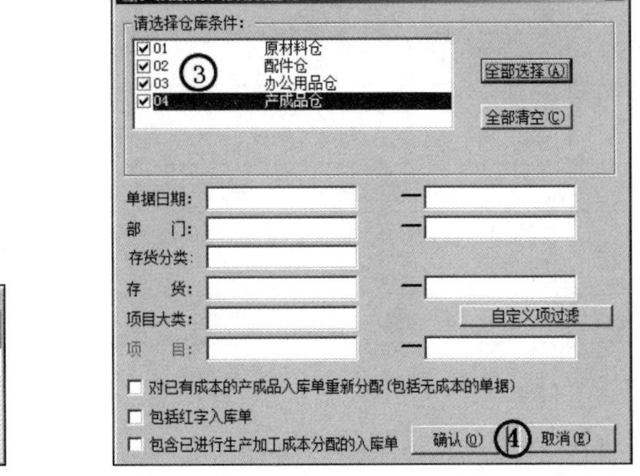

图 7.114 “产成品成本分配表查询”对话框

E. 单击需分配的产成品单据，打上选择标志“ √ ”。

F. 单击“确定”按钮，如图 7.115 所示，返回“产成品成本分配表”窗口。

G. 在单据行中输入存货“保管箱”的金额为“108 949.56”；保险柜的金额“143 429.70”。

选择	存货编码	存货名称	规格型号	入库单号	入库日期	仓库编码	仓库名称	制单人
√	201	保管箱	wx01	33001	2018-07-16	04	产成品仓	瑞霞
√	201	保管箱	wx01	33003	2018-07-16	04	产成品仓	瑞霞
√	201	保管箱	wx01	33004	2018-07-31	04	产成品仓	瑞霞
√	202	保险柜	wx02	33004	2018-07-31	04	产成品仓	瑞霞
√	202	保险柜	wx02	33003	2018-07-16	04	产成品仓	瑞霞
√	202	保险柜	wx02	33002	2018-07-16	04	产成品仓	瑞霞
	203	保险挂厨		33006	2018-07-26	04	产成品仓	瑞霞

全选 记录数：7 已选择：6条记录 确定 取消

图 7.115 “需要分配的产成品单据选择”窗口

H. 单击“分配”按钮，打开“分配操作顺利完成!”提示对话框，单击“确定”按钮。

I. 单击“退出”按钮，退出，如图 7.116 所示。

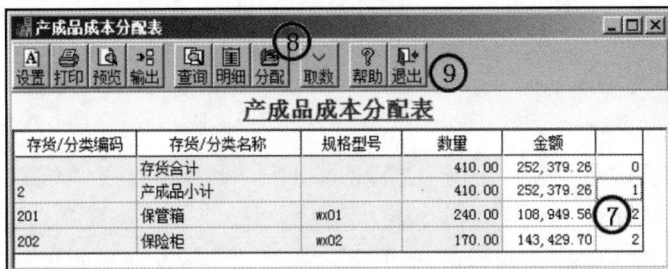

产成品成本分配表

存货/分类编码	存货/分类名称	规格型号	数量	金额	
	存货合计		410.00	252,379.26	0
2	产成品小计		410.00	252,379.26	1
201	保管箱	wx01	240.00	108,949.56	2
202	保险柜	wx02	170.00	143,429.70	2

图 7.116 “产成品成本分配表”窗口

J. 同样分配保险挂橱的成本。

② 产成品入库单单据记账。产成品入库单单据记账的操作步骤同采购入库单单据记账。

③ 购销单据制单。

A. 进行购销单据制单(产品入库单制单)。

B. 在“生成凭证”窗口，存货为保管箱的对方科目编码输入“500101”，存货为保险柜的对方科目编码输入“500102”。

C. 单击“合成”按钮，在凭证界面插分，分别输入 2 行科目编码“500101”和“500102”并按下列成本计算表输入每个成本项目的对应金额，单击“保存”按钮，如表 7-22、表 7-23、图 7.117 和图 7.118 所示。

表 7-22　保管箱成本计算

项目	直接材料	直接人工	制造费用	合计
月初余额/元	39 360.00	26 400.00	7 200.00	72 960.00
本期发生/元	51 563.20			51 563.20
总生产成本/元	90 923.20	26 400.00	7 200.00	124 523.20
完工数量	240	240	240	
在产品约当产量	40	20	20	
产量合计	280	260	260	
单位产品成本/元	324.725 7	101.538 5	27.692 3	
完工产品成本/元	77 934.17	24 369.24	6 646.15	108 949.56
在产品成本/元	12 989.03	2 030.76	553.85	15 573.64

注：完工产品 240 个，在产品 40 个。

表 7-23　保险柜成本计算

项目	直接材料	直接人工	制造费用	合计
月初余额/元	52 480.00	30 400.00	7 200.00	90 080.00
本期发生/元	90 714.40			90 714.40
总生产成本	143 194.40	30 400.00	7 200.00	180 794.40
完工数量	170	170	170	
在产品约当产量	50	25	25	
产量合计	220	195	195	
单位产品成本/元	650.883 6	155.897 4	36.923 1	
完工产品成本/元	110 650.21	26 502.56	6 276.93	143 429.70
在产品成本/元	32 544.19	3 897.44	923.07	37 364.70

注：完工产品 170 个，在产品 50 个。

(4) 购销存各模块期末结账。

① 执行“采购”|“月末结账”命令(或单击“月末结账”图标)，打开“月末结账”对话框。

生成凭证

设置 打印 预览 输出 删除 生成 合成 选择 帮助 退出

凭证类别：记 记账凭证

选择	单据类型	单据号	摘要	科目类型	科目编码	科目名称	借方金额	贷方金额	借方数量	贷方数量	存货编码	存货
1	产成品入库单	33001	参照生产加工单	存货	1405	库存商品	27237.39		60.00		201	保管
				对方	500101	保管箱		27237.39		60.00	201	保管
		33002		存货	1405	库存商品	33748.16		40.00		202	保险
				对方	500102	保险柜		33748.16		40.00	202	保险
		33003	产成品入库单	存货	1405	库存商品	36316.52		80.00		201	保管
				对方	500101	保管箱		36316.52		80.00	201	保管
				存货	1405	库存商品	50622.25		60.00		202	保险
				对方	500102	保险柜		50622.25		60.00	202	保险
		33004		存货	1405	库存商品	45395.65		100.00		201	保管
				对方	500101	保管箱		45395.65		100.00	201	保管
				存货	1405	库存商品	59059.29		70.00		202	保险
				对方	500102	保险柜		59059.29		70.00	202	保险
		33006		存货	1405	库存商品	23215.00		500.00		203	保险
				对方	1408	委托加工物		23215.00		500.00	203	保险

图 7.117 “生成凭证”窗口

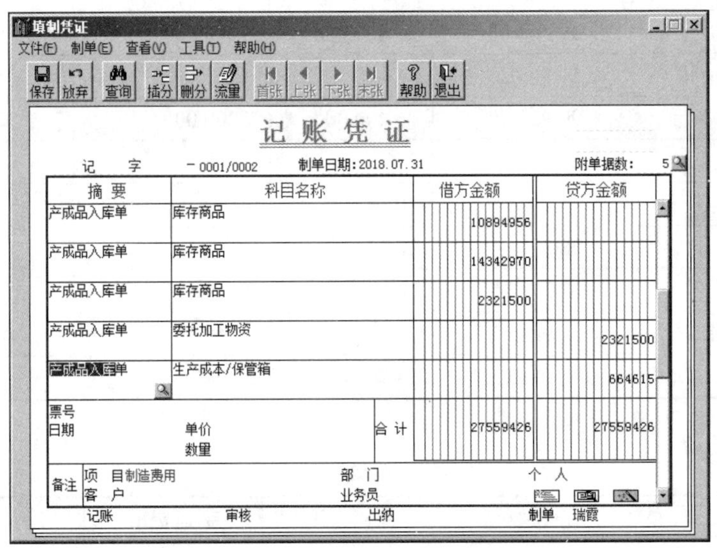

图 7.118 “填制凭证”窗口

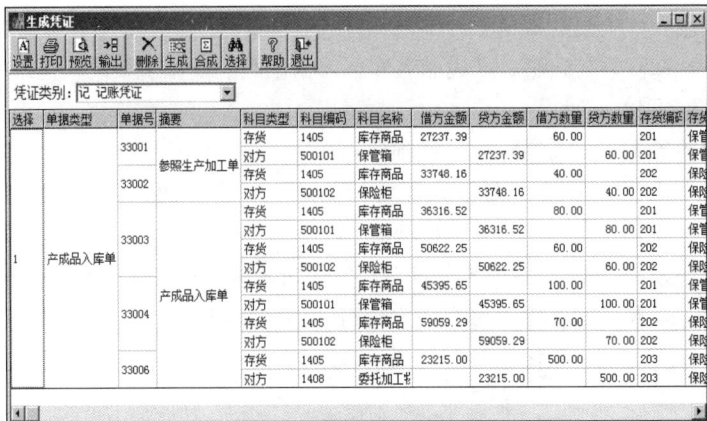

② 在“月末结账”对话框(图 7.119)，单击“选中”要结账的月份，单击“结账”按钮。打上“已结账”标志，完成结账操作。

月末结账

为保证采购系统的暂估余额表和存货核算系统的暂估余额表数据一致，建议在月末结账前将未填单价、金额的采购入库单填上单价、金额

会计月份	起始日期	截止日期	是否结账	选择标记
7	2018-07-01	2018-07-31	已结账	选中 ②
8	2018-08-01	2018-08-31	未结账	
9	2018-09-01	2018-09-30	未结账	
10	2018-10-01	2018-10-31	未结账	
11	2018-11-01	2018-11-30	未结账	
12	2018-12-01	2018-12-31	未结账	

结账 ② 取消结账 月结检测 退出

图 7.119 “月末结账”对话框

③ 按同样的操作，完成其他模块的期末结账。

(5) 入库调整。

① 在核算管理模块录入调整单。

A. 执行“核算”|“入库调整单”命令，打开“入库调整单”窗口，如图 7.120 所示。

B. 单击“增加”按钮。

C. 选择仓库“产成品仓”，输入日期“2018-07.31”、部门“采购部”、供应商“日照信安公司”。

D. 选择存货编码“203”、金额“1 000.00”。

E. 单击“保存”按钮，单击“退出”按钮。

② 进行购销单据制单(入库调整单制单)。对方科目输入“1001 库存现金”，操作步骤略。

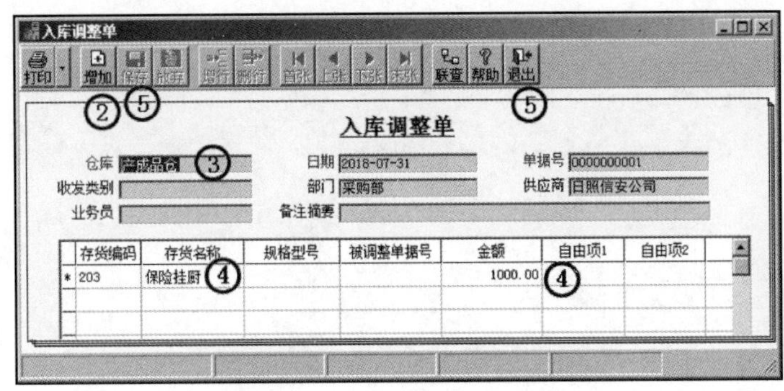

图 7.120　“入库调整单”窗口

(6) 出库调整。操作步骤同业务 5 入库调整。

注意：入(出)库调整单保存即记账，因此已保存的单据不可修改、删除，若要删除，取消记账后自动删除。

(7) 期末仓库处理。

① 对原材料仓、配件仓和办公用品仓进行期末处理

A. 执行“核算”|“月末处理”命令(或单击“月末处理”图标)，打开“期末处理”对话框，如图 7.121 所示。

B. 在“未期末处理仓库”选项卡中，勾选“01 原材料仓”“02 配件仓”“03 办公用品仓”复选框，单击“确定”按钮。

C. 打开“您将对所选仓库进行期末处理，确认进行吗？”提示对话框，单击“确定”按钮，以确认对仓库进行处理。

② 对产成品仓进行期末处理(发出存货计价方法：全月平均法)

A. 操作步骤同对原材料仓、配件仓和办公用品仓进行期末处理，打开“成本计算表”窗口。

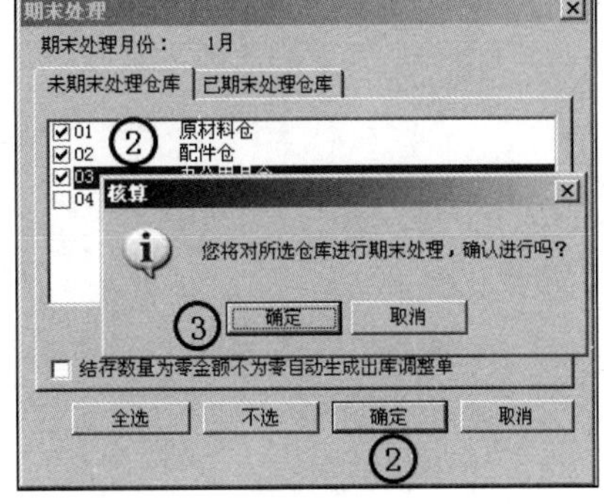

图 7-121　“期末处理”对话框

B. 在“成本计算表”窗口中，单击“显示”按钮，单击“确定”按钮，打开“期末处理完毕!”提示对话框，单击“确定”按钮。

(8) 期末暂估处理。

① 单击“购销单据制单”图标，选择“蓝字回冲单(暂估)”，单击“确认”按钮。

② 选择要暂估处理的单据，单击“确定”按钮。

③ 单击“生成”(或“合成”)按钮，生成暂估业务的凭证。

(9) 核算月末结账与反结账。

① 执行“核算”|“月末结账”命令(或单击“月末结账”图标)，打开“月末结账”对话框。

② 单击“确定”按钮，在打开的提示对话框中单击“确定”按钮。

③ 反结账需要在次月登录操作。

综合实训

实训一

1. 建立新账套

(1) 账套信息。

账套号：579；账套名称：柳青科技有限公司；采用默认账套路径；启用会计期：2020年7月1日；会计期间设置：默认。

(2) 单位信息。

单位名称：柳青科技有限公司；单位简称：柳青科技；单位地址：滨海市东港区山东路888号；法人代表：鲁柳青；邮政编码：276000；联系电话及传真：6626937；电子邮件：liuqingkeji@163.com；税号：91371100M2345678G1。

(3) 核算类型。

企业的记账本位币：人民币(RMB)；企业类型：工业企业；行业性质：2013年小企业会计准则；账套主管：金生；勾选“按行业性质预置科目”复选框。

(4) 基础信息。

企业有外币核算，进行经济业务处理时，需要对客户、供应商进行分类。

(5) 分类编码方案。

科目编码级次：4222；客户和供应商分类编码级次：122；部门编码级次：122；收发类别编码级次：11；结算方式编码级次：12；其余采用系统默认。

(6) 数据精度。

数据精度：存货数量和换算率为4，其他为2。

(7) 系统启用。

系统启用：总账、固定资产、工资管理、购销存管理、核算管理；启用时间：2018-07-01。

2. 操作员及分工

操作员口令均为空。

(1) LQ01 金生：岗位——账套主管；工作权限——各项初始设置工作、凭证审核、记账、账簿查询、月末结账工作、报表管理等。

(2) LQ02 诗雨：岗位——出纳；工作权限——具有总账中的出纳签字、现金管理的所有操作权限。

(3) LQ03 兰兰：岗位——会计；工作权限——具有公用目录设置、总账(除出纳签字、审核凭证和恢复记账前状态)、工资管理、固定资产、往来、应收管理、应付管理、核算的全部操作权限。

(4) LQ04 宜斌：岗位——业务主管；工作权限——具有公用目录设置、采购管理、销售管理、库存管理、核算管理的全部操作权限。

3. 修改、备份及恢复账套数据

(1) 根据实际业务需要，应对存货进行分类，有外币核算要求。修改账套适应这一需要。

(2) 备份账套数据，观察账套备份形成的文件。

(3) 利用备份账套数据恢复账套。

实训二

1. 设置部门信息

部门信息如附表 2-1 所示。

附表 2-1　部门信息

部门编码	部门名称	部门属性
1	办公室	行政
2	财务部	财务
3	采购部	采购
4	销售部	销售
5	生产车间	生产

2. 设置职员信息

职员信息如附表 2-2 所示。

附表 2-2　职员信息

职员编号	职员姓名	所属部门	职员属性	职员编号	职员姓名	所属部门	职员属性
101	鲁柳青	办公室	总经理	401	中格	销售部	部门经理
201	金生	财务部	科长	402	晓红	销售部	销售人员
202	诗雨	财务部	出纳	501	晓彤	生产车间	生产主管
203	兰兰	财务部	会计	502	刘莹	生产车间	生产人员
301	宜斌	采购部	部门经理	503	李贤	生产车间	生产人员
302	丽君	采购部	采购人员	504	徐阳	生产车间	生产人员

3. 设置地区分类

地区分类如附表 2-3 所示。

附表 2-3 地区分类

地区分类编码	地区分类名称
01	市内
02	市外

4. 设置客户分类

客户分类如附表 2-4 所示。

附表 2-4 客户分类

客户分类编码	客户分类名称
1	批发商
2	代理商
3	零散客户

5. 设置客户档案

客户档案如附表 2-5 所示。

附表 2-5 客户档案

客户编号	客户名称	客户简称	所属分类码	所属地区码	税号	开户银行	账号	地址、电话
001	滨海办公商贸有限公司	滨海商贸	1	01	3711667893456987B6	中国工商银行滨海分行	3702011212345678901	滨海市东港区永兴路 132 号，8877665
002	科珠电子有限公司	科珠电子	3	02	37008391F011412266	中国工商银行济南分行	3702210003235678341	济南市历城区舜耕路 12 号，66554433
003	山东文心办公设备有限公司	文心办公	2	01	37110324324234A113	中国工商银行滨海分行	370210499856556882	滨海市东港区望海路 12 号，8877663

6. 设置供应商分类

供应商分类如附表 2-6 所示。

附表 2-6 供应商分类

供应商分类编码	供应商分类名称
1	纸品供应商
2	塑料供应商
3	其他

7. 设置供应商档案

供应商档案如附表 2-7 所示。

附表 2-7 供应商档案

编号	供应商名称	供应商简称	分类码	所属地区码	税号	开户银行	账号
001	彦运印刷厂	彦运印刷	1	01	1101085348753446L2	中国工商银行滨海分行	10543982199
002	翔飞商贸	翔飞商贸	2	01	1108435437225533L8	中国工商银行滨海分行	43828943234

8. 设置外币及汇率

本企业采用固定汇率核算外币，外币只涉及美元，美元币符为 USD，2020 年 7 月初汇率为 1∶7.36。

9. 录入会计科目及期初余额

会计科目及期初余额如附表 2-8 所示。

附表 2-8 会计科目及期初余额

科目编码	科目名称	辅助核算	方向	币别/计量	期初余额/元
1001	库存现金	日记账	借		9 475.00
1002	银行存款	日记账、银行账	借		
100201	人民币账户	日记账、银行账	借		1 947 300.24
100202	美元账户	日记账、银行账	借	美元	
1121	应收票据	客户往来，不受控	借		
1122	应收账款	客户往来，受控	借		114 800.00
1123	预付账款	供应商往来，受控	借		
1221	其他应收款		借		
122101	备用金	部门核算	借		
122102	应收个人款	个人往来	借		3 800.00
1402	在途物资		借		40 800.00
1403	原材料		借		
140301	造币纸	数量核算	借		168 000.00
				千克	2 800.00
140302	红章塑料	数量核算	借		159 000.00
				千克	5 300.00
1405	库存商品	数量核算	借		
140501	练功券	数量核算	借		480 000.00
				箱	800.00
140502	大赛套章	数量核算	借		160 000.00

(续表)

科目编码	科目名称	辅助核算	方向	币别/计量	期初余额/元
				套	1 000.00
140503	提款箱	数量核算	借		243 200.00
				个	760.00
1601	固定资产		借		12 538 700.00
1602	累计折旧		贷		417 607.24
2001	短期借款		贷		20 000.00
2201	应付票据	供应商往来，不受控	贷		
2202	应付账款		贷		
220201	应付供应商货款	供应商往来，受控	贷		97 328.00
220202	暂估应付款	供应商往来，不受控	贷		60 000.00
2203	预收账款	客户往来，受控	贷		
2211	应付职工薪酬		贷		
2221	应交税费		贷		
222101	应交增值税		贷		
22210101	进项税额		贷		
22210106	销项税额		贷		
22210107	进项税额转出				
222103	待抵扣进项税额		贷		
222104	待认证进项税额		贷		
3001	实收资本		贷		15 000 000.00
3103	本年利润		贷		
3104	利润分配		贷		
310415	未分配利润		贷		610 140.00
4001	生产成本		借		
400101	直接材料	项目核算	借		170 000.00
400102	直接人工	项目核算	借		105 000.00
400103	制造费用	项目核算	借		48 000.00
400104	其他费用	项目核算	借		17 000.00
400105	生产成本转出	项目核算	借		
4101	制造费用		借		
5001	主营业务收入	项目核算	贷		
5051	其他业务收入		贷		
5401	主营业务成本	项目核算	借		
5403	税金及附加		借		
5601	销售费用		借		

(续表)

科目编码	科目名称	辅助核算	方向	币别/计量	期初余额/元
560108	办公费		借		
560109	差旅费		借		
560110	折旧费		借		
560111	水电费		借		
5602	管理费用		借		
560212	办公费	部门核算	借		
560213	差旅费		借		
560214	其他		借		
5603	财务费用		借		

增加“530105 接受捐赠”和“571106 捐赠支出”两个明细科目。

指定科目包括指定现金总账科目和指定银行总账科目。

10. 设置凭证类别

凭证类别如附表 2-9 所示。

附表 2-9 凭证类别

凭证分类	限制类型	限制科目
收款凭证	借方必有	1001，100201，100202
付款凭证	贷方必有	1001，100201，100202
转账凭证	凭证必无	1001，100201，100202

11. 定义项目目录

项目目录如附表 2-10 所示。

附表 2-10 项目目录

设置步骤	设置内容	
项目大类	成本对象	营业收入成本
核算科目	400101 直接材料；400104 其他费用；400102 直接人工；400105 生产成本转出；400103 制造费用	5001 主营业务收入；5401 主营业务成本
项目分类	①纸制品类；②塑制品类	收入成本
项目名称	项目编码 项目名称 所属分类码 1 练功券 1 2 大赛套章 2 3 提款箱 2	编码 名称 分类码 1 练功券 1 2 大赛套章 1 3 提款箱 1

12. 设置结算方式

结算方式如附表 2-11 所示。

附表 2-11　结算方式

结算方式编码	结算方式名称	票据管理	结算方式编码	结算方式名称	票据管理
1	现金结算	否	4	商业汇票	否
2	支票结算	否	401	商业承兑汇票	否
201	现金支票	是	402	银行承兑汇票	否
202	转账支票	是	5	银行汇票	否
3	电汇	否	6	其他	否

13. 设置付款条件

付款条件如附表 2-12 所示。

附表 2-12　付款条件

编码	信用天数	优惠天数 1	优惠率 1/%	优惠天数 2	优惠率 2/%	优惠天数 3	优惠率 3/%
01	30	5	2				
02	60	5	4	15	2	30	1
03	90	5	4	20	2	45	1

14. 设置开户银行

编码：01；开户银行：中国工商银行滨海支行；账号：375566778899001。

实训三

1. 设置存货分类

存货分类如附表 3-1 所示。

附表 3-1　存货分类

存货类别编码	存货类别名称
01	原材料
0101	纸张类
0102	塑料类
02	产成品
0201	钞纸类
0202	实习印章类
0203	箱包类
03	费用

2. 设置存货档案

存货档案如附表 3-2 所示。

附表 3-2　存货档案

存货编码	存货名称	计量单位	所属分类	税率/%	存货属性	参考成本/元	启用日期
1001	造币纸	千克	0101	16	外购、生产耗用、销售	60.00	2018-07-01
1002	红章塑料	千克	0102	16	外购、生产耗用、销售	30.00	2018-07-01
2001	练功券	箱	0201	16	外购、自制、在制、销售	600.00	2018-07-01
2002	大赛套章	套	0202	16	外购、自制、在制、销售	160.00	2018-07-01
2003	提款箱	个	0203	16	外购、自制、在制、销售	320.00	2018-07-01
3001	运输费	元	03	10	外购、销售、劳务费用		2018-07-01

3. 设置仓库档案

仓库档案如附表 3-3 所示。

附表 3-3　仓库档案

仓库编码	仓库名称	所属部门	负责人	计价方式
1	材料库	采购部	宜斌	移动平均法
2	产品库	销售部	中格	移动平均法

4. 设置收发类别

收发类别为系统默认。

5. 设置采购类型

采购类型如附表 3-4 所示。

附表 3-4　采购类型

采购类型编码	采购类型名称	入库类别	是否默认值
1	材料采购	采购入库	是
2	库存商品采购	采购入库	否

6. 设置销售类型

销售类型如附表 3-5 所示。

附表 3-5　销售类型

销售类型编码	销售类型名称	出库类别	是否默认值
1	批发	销售出库	是
2	零售	销售出库	否

实训四

1. 设置总账控制参数

总账控制参数如附表 4-1 所示。

附表 4-1　总账控制参数

选项卡	控制对象	参数设置
凭证	制单控制	制单序时控制；支票控制；资金及往来赤字控制；允许修改、作废他人填制的凭证；可以使用其他系统受控科目
	凭证控制	打印凭证页脚姓名；出纳凭证必须经由出纳签字
	凭证编号方式	凭证编号由系统编号
	外币核算	外币核算采用固定汇率
	预算控制	进行预算控制
账簿	打印位数宽度	账簿打印位数、每页打印行数按默认
	明细账打印方式	明细账打印按年排页
会计日历		会计日历为 1 月 1 日～12 月 31 日
其他	排序方式	数量小数位为 4 位，其他为 2 位；部门、个人、项目按编码方式排序

2. 录入期初余额

(1) 期初余额，参见附表 4-2。

附表 4-2　会计科目及期初余额

科目编码	科目名称	辅助核算	方向	币别/计量	期初余额/元
1001	库存现金	日记账	借		9 475.00
1002	银行存款	日记账、银行账	借		
100201	人民币账户	日记账、银行账	借		1 947 300.24
100202	美元账户	日记账、银行账	借	美元	
1121	应收票据	客户往来，不受控	借		
1122	应收账款	客户往来，受控	借		114 800.00
1123	预付账款	供应商往来，受控	借		
1221	其他应收款		借		
122101	备用金	部门核算	借		
122102	应收个人款	个人往来	借		3 800.00
1402	在途物资		借		40 800.00
1403	原材料		借		
140301	造币纸	数量核算	借		168 000.00

(续表)

科目编码	科目名称	辅助核算	方向	币别/计量	期初余额/元
				千克	2 800.00
140302	红章塑料	数量核算	借		159 000.00
				千克	5 300.00
1405	库存商品	数量核算	借		
140501	练功券	数量核算	借		480 000.00
				箱	800.00
140502	大赛套章	数量核算	借		160 000.00
				套	1 000.00
140503	提款箱	数量核算	借		243 200.00
				个	760.00
1601	固定资产		借		12 538 700.00
1602	累计折旧		贷		417 607.24
2001	短期借款		贷		20 000.00
2201	应付票据	供应商往来，不受控	贷		
2202	应付账款		贷		
220201	应付供应商货款	供应商往来，受控	贷		97 328.00
220202	暂估应付款	供应商往来，不受控	贷		60 000.00
2203	预收账款	客户往来，受控	贷		
2211	应付职工薪酬		贷		
2221	应交税费		贷		
222101	应交增值税		贷		
22210101	进项税额		贷		
22210106	销项税额		贷		
22210107	进项税额转出				
222103	待抵扣进项税额		贷		
222104	待认证进项税额		贷		
3001	实收资本		贷		15 000 000.00
3103	本年利润		贷		
3104	利润分配		贷		
310415	未分配利润		贷		610 140.00
4001	生产成本		借		
400101	直接材料	项目核算	借		170 000.00
400102	直接人工	项目核算	借		105 000.00
400103	制造费用	项目核算	借		48 000.00

(续表)

科目编码	科目名称	辅助核算	方向	币别/计量	期初余额/元
400104	其他费用	项目核算	借		17 000.00
400105	生产成本转出	项目核算	借		
4101	制造费用		借		
5001	主营业务收入	项目核算	贷		
5051	其他业务收入		贷		
5401	主营业务成本	项目核算	借		
5403	税金及附加		借		
5601	销售费用		借		
560108	办公费		借		
560109	差旅费		借		
560110	折旧费		借		
560111	水电费		借		
5602	管理费用		借		
560212	办公费	部门核算	借		
560213	差旅费		借		
560214	其他		借		
5603	财务费用		借		

(2) 辅助账余额。

① 应收账款(1122)期初明细如附表 4-3 所示。

附表 4-3　应收账款(1122)期初明细

日期	凭证号	客户	摘要	方向	金额/元
2018-06-25	转-18	滨海办公商贸有限公司	期初	借	52 000.00
2018-06-10	转-25	山东文心办公设备有限公司	期初	借	62 800.00
合计				借	114 800.00

② 其他应收款——应收个人款(122102)期初明细如附表 4-4 所示。

附表 4-4　其他应收款——应收个人款(122102)期初明细

日期	凭证号	部门	个人	摘要	方向	期初余额/元
2018-06-12	付-105	办公室	鲁柳青	出差借款	借	2 000.00
2018-06-19	付-156	销售部	中格	出差借款	借	1 800.00
合计					借	3 800.00

③ 应付账款——应付供应商货款(220201)期初明细如附表 4-5 所示。

附表 4-5　应付账款——应付供应商货款(220201)期初明细

日期	凭证号	供应商	摘要	方向	金额/元
2018-06-11	转-10	翔飞商贸	期初	贷	47 328.00
2018-06-23	转-15	彦运印刷厂	期初	贷	50 000.00
合计				贷	97 736.00

④ 应付账款——暂估应付款(220202)期初明细如附表 4-6 所示。

附表 4-6　应付账款——暂估应付款(220202)期初明细

日期	供应商	摘要	方向	金额/元
2018-06-17	翔飞商贸	上期暂估	贷	60 000.00

⑤ 生产成本(4001)期初明细如附表 4-7 所示。

附表 4-7　生产成本(4001)期初明细

项目 科目	练功券	大赛套章	提款箱	合计
直接材料(500101)/元	90 000.00	52 000.00	28 000.00	170 000.00
直接人工(500102)/元	50 000.00	29 000.00	26 000.00	105 000.00
制造费用(500103)/元	30 000.00	10 000.00	8 000.00	48 000.00
其他费用(500104)/元	10 000.00	5 000.00	2 000.00	17 000.00
合计	180 000.00	96 000.00	64 000.00	340 000.00
期初数量/个	300	600	200	1 100

实训五

1. 填制凭证

2020 年 7 月经济业务如下(以“LQ03 兰兰”的身份登录系统进行操作，假定附单据数均为 1)。

(1) 3 日，销售部中格报销业务招待费 636.00 元，以现金支付。

(2) 5 日，财务部诗雨从中国工商银行提取现金 9 000.00 元，作为备用金。(现金支票号为 12300001)

(3) 7 日，收到田园集团投资资金 10 000.00 美元，当日汇率为 1∶7.65。(转账支票号为 22233355)

(4) 15 日，采购部宜斌采购红章塑料 600 千克，单价为 58.00 元，增值税税率为 16%，材料直接入库，货款以银行存款支付。(转账支票号为 67800002)

(5) 17 日，销售部中格收到滨海办公商贸有限公司转来一张转账支票，金额为 50 000.00 元，用以偿还前欠货款。(转账支票号为 78911220)

(6) 19 日，采购部丽君从翔飞商贸紧急采购练功券 100 箱，单价为 620.00 元，增值税税率为 16%，以银行存款支付(转账支票号为 67800003)，已验收入库。

(7) 20 日，采购部宜斌报销差旅费共计 2 280.00 元，其中住宿费专票含税金额为 636.00 元(税率为 6%)，餐费专票含税金额为 530.00 元(税率为 6%)，现金付讫。

(8) 21 日，办公室购买办公用品，取得收据，金额为 702.00 元，现金付讫。

(9) 22 日，生产车间领用红章塑料 300 千克，单价为 30.00 元，用于生产大赛套章。

(10) 31 日，月末汇率调整为 1∶7.55，进行汇兑损益结转设置并进行汇兑损益调整操作。

2. 修改凭证

7 月 3 日，销售部中格报销业务招待费 580.00 元，误输入为 680.00 元，予以改正。

3. 删除凭证

7 月 31 日，办公室购买办公用品，取得的收据为不合法单据，所报销费用已收回，业务上不再反映。

4. 出纳签字

由出纳诗雨对所有涉及现金和银行存款科目的凭证签字。

5. 审核凭证

由账套主管金生对凭证进行审核。

6. 记账

由账套主管金生对凭证进行记账。测试系统提供的“取消记账”功能，然后重新记账。

7. 查询凭证

查询现金支出在 1 000.00 元以上的凭证。

8. 查询余额表

查询 2020 年 7 月的余额表。

实训六

1. 自定义转账凭证

(1) 自定义结转。计提短期借款利息(年利率为 7.6%)。

(2) 自定义期间损益结转。

2. 自定义转账生成

(1) 生成上述定义的自定义凭证，并审核、记账。

(2) 生成期间损益结转凭证，并审核记账。

3. 对账和结账

在会计期末进行凭证记账与结账。

实训七

1. 自定义报表

货币资金表如附表 7-1 所示。

附表 7-1　货币资金表

编制单位：　　　　　　　　　　　　年　　月　　日　　　　　　　　　　　单位：元

项目	行次	期初数	期末数
库存现金	1		
银行存款	2		
合计	3		

制表人：

格式设计要求如下。

(1) 表头：标题“货币资金表”设置为“黑体，14 号、居中”。编制单位及金额单位设置为“楷体、11 号”。编制单位、年、月、日应设为关键字并合理调整位置。

(2) 表体：表体中文字设置为“楷体、12 号，居中”。

(3) 表尾：“制表人：”设置为“楷体、12 号、右对齐”。

2. 生成资产负债表和利润表

利用报表模板生成资产负债表和利润表。

实训八

引入“总账系统初始化”备份的账套。

1. 建立工资账套

工资类别个数：单个；核算币种：人民币 RMB；要求代扣个人所得税：不进行扣零处理；人员编码长度：3 位；启用日期：2020 年 7 月 1 日；不预置工资项目。

2. 基础信息设置

(1) 人员类别设置。人员类别设置为管理人员、经营人员、车间管理人员、生产人员。

(2) 工资项目设置如附表 8-1 所示。

附表 8-1　工资项目

项目名称	类型	长度	小数位数	增减项
基本工资	数字	10	2	增项
奖励工资	数字	10	2	增项
交通补贴	数字	10	2	增项
应发合计	数字	10	2	增项
请假扣款	数字	10	2	减项
应付工资	数字	10	2	增项
养老保险金	数字	10	2	减项
计税工资	数字	10	2	其他
代扣税	数字	10	2	减项
实发合计	数字	10	2	增项
请假天数	数字	10	2	其他

(3) 银行名称。银行名称：中国工商银行滨海支行；账号定长：11 位；录入时需要自动带出账号的长度：8 位。

(4) 人员档案及期初工资数据录入。期初工资数据由“LQ03 兰兰”录入。选择所有部门，选择所有工资项目，所有人员均为中方人员，均计税。人员档案及期初工资数据如附表 8-2 所示。

附表 8-2　人员档案及期初工资数据

编号	姓名	部门	人员类别	账号	基本工资/元	奖励工资/元
101	鲁柳青	办公室	管理人员	20180201101	4 600.00	800.00
201	金生	财务部	管理人员	20180201201	4 200.00	720.00
202	诗雨	财务部	管理人员	20180201202	4 000.00	700.00
203	兰兰	财务部	管理人员	20180201203	4 000.00	700.00
301	宜斌	采购部	经营人员	20180201301	3 900.00	750.00
302	丽君	采购部	经营人员	20180201302	3 800.00	750.00
401	中格	销售部	经营人员	20180201401	4 300.00	750.00
402	晓红	销售部	经营人员	20180201402	4 300.00	750.00
501	晓彤	生产车间	车间管理人员	20180201501	4 400.00	750.00
502	刘莹	生产车间	生产人员	20180201502	4 100.00	680.00
503	李贤	生产车间	生产人员	20180201503	4 100.00	680.00
504	徐阳	生产车间	生产人员	20180201504	4 100.00	680.00

(5) 工资计算公式设置，如附表 8-3 所示。

附表 8-3 工资计算公式设置

工资项目	计算要求
交通补贴	使用 iff 函数，管理人员和车间管理人员为 400.00 元，经营人员为 360.00 元，其他人员为 300.00 元
应发合计	基本工资+奖励工资+交通补贴
请假扣款	请假天数×50.00
应付工资	应发合计-请假扣款
养老保险金	应发合计×0.08
计税工资	应付工资-养老保险金
实发合计	计税工资-代扣税

(6) 权限设置。权限设置“LQ03 兰兰”为工资类别的主管。

实训九

1. 2020 年 7 月工资变动情况

(1) 以“LQ03 兰兰”的身份登录工资系统，录入基本工资和奖励工资。

(2) 录入考勤情况：诗雨请假 2 天；宜斌请假 1 天。

(3) 因需要，决定招聘唐甜(编号 505)到生产处担任生产人员，以补充力量，其基本工资为 3 500.00 元，交通补贴按标准执行，无奖金，银行代发工资账号为 20180201505。

(4) 因销售部业绩较好，公司研究决定每人增加奖励工资 200.00 元。

2. 代扣个人所得税

个人所得税计提对应工资项目为“计税工资”，计税基数为 3 500.00 元，附加费用为 2 800.00 元。

3. 工资分摊

应付工资计算项目为“应付工资”，养老保险、工会经费、职工教育经费计提基数为“应发合计”。

工资费用分配转账分录设置明细表如附表 9-1 所示。

附表 9-1 工资费用分配转账分录设置明细表

<table>
<tr><th colspan="2" rowspan="2">工资分摊
部门人员类别</th><th colspan="2">分摊工资(100%)</th><th colspan="2">养老保险(20%)</th><th colspan="2">工会经费(2%)、职工教育经费(1.5%)</th></tr>
<tr><th>借方</th><th>贷方</th><th>借方</th><th>贷方</th><th>借方</th><th>贷方</th></tr>
<tr><td>办公室
财务部</td><td>管理人员</td><td rowspan="2">560209</td><td rowspan="5">221101</td><td rowspan="2">560209</td><td rowspan="5">221104</td><td rowspan="5">560208</td><td rowspan="2">221106
工会经费</td></tr>
<tr><td>采购部</td><td rowspan="2">经营人员</td></tr>
<tr><td>销售部</td><td>560107</td><td>560107</td><td rowspan="3">221107
职工教育经费</td></tr>
<tr><td rowspan="2">生产车间</td><td>车间管理人员</td><td>4101</td><td>4101</td></tr>
<tr><td>生产人员</td><td>400102</td><td>400102</td></tr>
</table>

4. 月末进行工资分摊凭证生成

选择所有部门，分配到部门，明细到工资项目，合并科目相同、辅助项相同的分录；人工费用按工时分配，练功券、大赛套章和提款箱的工时比为2∶3∶5。

5. 账表查询

查看工资分钱清单、个人所得税扣缴申报表、各种工资表。

6. 月末结转

以“LQ 03 兰兰”的身份进行月末结转。

实训十

引入“总账系统初始化”备份的账套。

(1) 控制参数设置，如附表10-1所示。

附表10-1　控制参数

控制参数	参数设置
约定及说明	我同意
启用月份	2018.07.01
折旧信息	折旧方法：平均年限法(一)；折旧汇总分配周期：1 个月；当(月初已计提月份=可使用月份-1)时，将剩余折旧全部提足
编码方式	资产类别编码方式：2-1-1-2；固定资产编码方式：按“类别编码+部门编码+序号”自动编码；卡片序号长度：2
财务接口	业务发生后立即制单；与账务系统进行对账；固定资产对账科目：1601 固定资产，累计折旧对账科目：1602 累计折旧
补充参数	月末结账前一定要完成制单登账业务；固定资产默认入账科目：1601，累计折旧默认入账科目：1602；可纳税调整的增加方式：直接购入；可抵扣税额入账科目：应交税费——应交增值税(进项税额)；对账不平衡的情况下不允许月末结账

(2) 资产类别设置，如附表10-2所示。

附表10-2　资产类别

编码	类别名称	预计使用年限	净残值率/%	单位	计提属性
01	房屋		10		正常计提
011	经营用房	30	10	栋	正常计提
012	非经营用房	50	10	栋	正常计提
02	办公设备		5		正常计提
021	经营用设备		5	台	正常计提
022	非经营用设备		5	台	正常计提
03	生产设备		5		正常计提
031	经营用设备		5	台	正常计提
032	非经营用设备		5	台	正常计提

(3) 部门及对应折旧科目设置，如附表 10-3 所示。

附表 10-3　部门及对应折旧科目

部门	对应折旧科目
办公室、财务部、采购部	管理费用/折旧费
销售部	销售费用/折旧费
生产处	制造费用

(4) 增减方式及对应入账科目设置，如附表 10-4 所示。

附表 10-4　增减方式及对应入账科目

增减方式目录	对应入账科目
增加方式——直接购入	100201 人民币账户
减少方式——毁损	1606 固定资产清理

(5) 原始卡片录入，如附表 10-5 所示。

附表 10-5　原始卡片

资产名称	厂房	职工宿舍楼	轿车	笔记本式计算机	传真机	裁纸机	激光雕刻机	塑性机	合计
类别编号	011	012	022	021	021	031	031	031	
使用部门	生产车间	生产车间	办公室	销售部	财务部	生产车间	生产车间	生产车间	
增值方式	直接购入	直接购入	直接购入	直接购入	直接购入	直接购入	直接购入	直接购入	
可使用年限	30	50	6	6	6	6	6	6	
入账日期	2016.12.02	2017.11.01	2016.11.01	2017.04.01	2018.04.01	2016.05.01	2017.05.01	2017.11.06	
原值/元	5 200 000.00	6 660 000.00	180 000.00	5 800.00	2 900.00	96 000.00	158 000.00	236 000.00	12 538 700.00
累计折旧/元	234 000.00	69 930.00	32 900.00	984.36	75.72	31 333.25	26 816.14	21 567.77	417 607.24
残值率/%	8	5	5	5	8	5	8	5	
折旧科目	制造费用	制造费用	管理费用/折旧费	销售费用/折旧费	管理费用/折旧费	制造费用	制造费用	制造费用	
数量	1 栋	1 栋	1 辆	1 台	1 台	1 台	1 台	1 台	

注：使用状况均为“在用”，折旧方法均采用平均年限法(一)。

实训十一

2020年7月日常业务及期末业务如下。

(1) 7月20日，财务部购买一体机一台，价值为4 600.00元，增值税税额为736.00元，净残值率为6%，预计使用年限为5年。

(2) 7月22日，对轿车进行资产评估，评估结果原值为178 000.00元，累计折旧为32 000.00元。

(3) 7月25日，塑形机添置新配件价值为10 000.00元，不考虑税费，以银行存款支付(转账支票号为67800233)。

(4) 7月28日，计提本月折旧费用。

(5) 7月28日，生产车间毁损裁纸机一台，不考虑清理收入和费用(可在总账中完成)。

实训十二

引入“总账系统初始化”备份的账套。

1. 业务范围及基础设置

(1) 购销存各模块业务范围。

① 采购管理模块公共参数。专用发票默认税率为16%；存货无辅助计量单位；存货、供货商均分类；启用外币管理，启用月份为7月；应付参数：显示现金折扣；其他默认。

② 销售管理模块公共参数。业务范围：生成销售出库单；有外币业务；业务控制：报价不含税；允许零出库；应收核销：显示现金折扣。

③ 库存管理模块公共参数。库存管理模块公共参数均为默认。

④ 核算管理模块公共参数。核算管理模块公共参数中暂估处理方式为单到回冲；其他默认。

(2) 基础科目设置。

① 存货科目如附表12-1所示。

附表 12-1　存货科目

仓库编码	仓库名称	存货分类	存货科目
1	材料库	0101	造币纸(140301)
		0102	红章塑料(140302)
2	产品库	0201	练功券(140501)
		0202	大赛套章(140502)
		0203	提款箱(140503)

② 存货对方科目如附表12-2所示。

附表 12-2　存货对方科目

收发类别	对方科目
采购入库	在途物资(1402)
产成品入库	生产成本/直接材料(400101)
销售出库	主营业务成本(5401)
材料领用出库	生产成本/直接材料(400101)

③ 客户往来科目。基本科目设置："应收"科目为"1122"，"预收"科目为"2203"，"销售收入"科目为"5001"，"应交增值税"科目为"22210106"，"销售退回"科目为"5001"，"现金折扣"科目为"560303"，"汇兑损失"科目为"560304"，"汇兑收益"科目为"530103"。

结算方式科目设置："现金结算"科目为"1001"，"商业汇票"科目为"1121"，"银行汇票"科目为"1012"，"其他"科目为"100201"。

④ 供应商往来科目。基本科目设置："应付"科目为"220201"，"预付"科目为"1123"，"采购"科目为"1402"，"采购税金"科目为"22210101"，"现金折扣"科目为"560303"，"汇兑损失"科目为"560304"，"汇兑收益"科目为"530103"。

结算方式科目设置："现金结算"科目为"1001"，"商业汇票"科目为"2201"，"银行汇票"科目为"1012"，"其他"科目为"100201"。

2. 录入期初数据

(1) 采购管理模块期初数据。

① 入库单期初(上期暂估，至今发票未收)。入库单期初数据如附表 12-3 所示。

附表 12-3　入库单期初数据

入库单号	入库日期	仓库	供货单位	入库类别	采购类型
20180601	2018-05-22	材料库	翔飞商贸	采购入库	普通采购
部门	备注	存货编码	存货名称	数量/个	暂估单价/元
采购科	上期暂估	1002	红章塑料	2 000	30.00

② 期初采购发票(专用发票已到，货物在途，币别为人民币)。期初采购发票如附表 12-4 所示。

附表 12-4　期初采购发票

开票日期	发票号	供应商	货物代码	数量	不含税单价/元
2018-06-11	C0002001	翔飞商贸	造币纸	380	60.00
			红章塑料	600	30.00

③ 供应商往来期初(普通发票)。科目：220201 应付账款——应付供应商货款，币别：人民币。供应商往来期初如附表 12-5 所示。

附表 12-5　供应商往来期初

开票日期	供货单位	存货	部门	数量/个	价税合计/元	发票号
2018-05-23	彦运印刷厂	1001	采购科	760	50 000.00	C2018111

供应商往来期初(其他应付单)。科目：220201 应付账款——应付供应商货款。供应商往来期初(其他应付单)如附表 12-6 所示。

附表 12-6　供应商往来期初(其他应付单)

单据日期	供应商	金额/元	币别	摘要
2018-06-11	翔飞商贸	47 328.00	人民币	期初

(2) 客户往来期初数据。应收账款科目的期初余额为 114 800.00 元，以销售普通发票形式录入。客户往来期初数据如附表 12-7 所示。

附表 12-7　客户往来期初数据

日期	发票号	客户	科目	存货编码	数量/个	价税合计/元
2018-05-25	S0000123	滨海办公商贸有限公司	1122	2002	100	20 000.00
				2003	80	32 000.00
2018-06-10	S0000456	山东文心办公设备有限公司	1122	2001	20	16 000.00
				2003	120	46 800.00

(3) 库存管理模块和存货管理模块期初数据，如附表 12-8 所示。

附表 12-8　库存管理模块和存货管理模块期初数据

仓库名称	存货编码	存货名称	数量	单价/元	金额/元	入库日期
材料库	1001	造币纸	2 800	60.00	168 000.00	2018-06-30
	1002	红章塑料	5 300	30.00	159 000.00	2018-06-30
产品库	2001	练功券	800	600.00	480 000.00	2018-06-30
	2002	大赛套章	1 000	160.00	160 000.00	2018-06-30
	2003	提款箱	760	320.00	243 200.00	2018-06-30
合计			10 660		1 210 200.00	

3. 采购管理模块和核算管理模块记账

采购管理模块和库存管理模块所有初始设置和期初数据录入完毕后对采购管理模块和库存管理模块进行期初记账操作。

实训十三

引入“购销存管理模块初始化”账套；分别以“LQ03 兰兰”“LQ04 宜斌”的身份登录畅捷通 T3 软件进行相应的操作。

2020 年 7 月采购业务如下。

1. 采购订货业务

7 月 3 日，向翔飞商贸公司订货一批，商品为大赛套章，数量为 100 套，单价为 170.00 元，预计本月 6 日到货。

2. 普通采购业务(也可做采购现付)

(1) 7 月 6 日，向翔飞商贸公司所订商品到货，商品为大赛套章，数量为 100 套，单价为 170.00 元，将收到的货物验收入产品库，填制采购入库单。

(2) 当天收到该笔货物的专用发票一张，发票号为 66553321，填制采购发票。

(3) 财务部根据采购发票开出转账支票(票号为 67800332)一张，付清采购货款，填制付款单。

3. 付款业务

7 月 8 日，以转账支票(票号为 67800333)支付彦运印刷厂全部前欠货款。

4. 采购运费处理

7 月 10 日，向翔飞商贸公司购买造币纸 100 千克，单价为 56.00 元，验收入材料库。同时收到专用发票一张，票号为 37115263。另外，在采购的过程中，发生了一笔运输费为 600.00 元，税额为 60.00 元，收到相应的运费发票一张，票号为 00000001，款项未付。

5. 暂估入库报销处理

7 月 15 日，收到翔飞商贸公司寄来的专用发票一张，票号为 39473441，商品为上月已入库的红章塑料，数量为 2 000 千克，单价为 28.00 元，进行暂估报销处理。

6. 采购结算前退货

(1) 7 月 16 日，收到翔飞商贸公司提供的练功券，数量为 100 箱，验收入产品库。

(2) 7 月 17 日，发现有 10 箱练功券无法使用，要求退回。

(3) 7 月 18 日，收到翔飞商贸公司开具的专用发票一张，其发票号为 C1234567，数量为 90 箱，单价为 605.00 元，进行采购结算。

7. 采购结算后退货

7 月 20 日，以上从翔飞商贸公司收到的练功券有 2 箱把数不足，已退回，当天收到票号为 C3692581 的红字专用发票一张。对采购入库单和红字专用采购发票进行结算处理。

实训十四

引入“购销存管理模块初始化”账套；分别以“LQ03 兰兰”“LQ04 宜斌”的身份登录畅捷通 T3 软件，进行相应的操作。

2020 年 7 月销售日常业务如下。

1. 销售订货业务

7月2日，科珠电子有限公司订购大赛套章80套，不含税单价为200.00元，定于本月5日发货。

2. 普通销售业务

7月5日，销售部从产品库向科珠电子有限公司发出其所订货物大赛套章80套，单价为200.00元，填制销售发货单。

7月5日，开出该笔货物的专用发票一张，发票号为X37112201，填制销售发票。

7月5日，财务部收到对方转账支票(票号为12364456)一张，科珠电子有限公司付清采购货款，填制收款单。

3. 商业折扣的处理

7月9日，销售部向滨海办公商贸有限公司出售提款箱200个，报价为410.00元(不含税)，成交价为报价的90%，货物从产品库发出。

7月10日，根据上述发货单开具专用发票一张(票号为X3711233)。

4. 收款结算

7月12日，以转账支票(票号为12398700)收到山东文心办公设备有限公司的前欠全部货款。

5. 现结业务与代垫费用处理(先设置运费费用项目)

7月14日，销售部向山东文心办公设备有限公司出售提款箱60个，不含税单价为420.00元，货物从产品库发出。开具专用发票一张，发票号为X3711234，以现金代垫运费为990.00元，同时收到客户转账支票支付的全部货款和代垫款(票据号为78945625)。

6. 开票直接发货

7月16号，销售部向科珠电子有限公司发出大赛套章10套，无税单价为220.00元，货物从产品库发出，并据此开具专用销售发票一张，发票号为X3711235。

7. 开票前退货业务

7月25日，销售部销售给科珠电子有限公司练功券30箱，无税单价为900.00元，从产品库发出。

7月26日，销售部销售给科珠电子有限公司的练功券因质量问题退回2箱，收回入库。

7月26日，财务部开具相应的专用发票一张，发票号为X3711236，数量为28箱。

实训十五

引入“购销存管理模块初始化”账套；分别以“LQ03 兰兰”“LQ04 宜斌”的身份登录，进行相应的操作。

2020年7月库存业务如下。

1. 材料领用

7 月 3 日，生产车间向材料库领用红章塑料 800 千克，用于生产提款箱；领用红章塑料 400 千克，用于生产大赛套章；领用造币纸 1 000 千克，用于生产练功券。

2. 产成品入库业务

7 月 9 日，产品库收到生产车间生产的大赛套章 900 套，练功券 500 箱，提款箱 300 箱，作产成品完工入库。

3. 盘点业务

7 月 25 日，对材料库的所有存货进行盘点，盘点后，发现造币纸多 20 千克。

4. 其他入库业务

7 月 26 日，收到随机赠品练功券 10 箱，无税单价的 620.00 元，入产品库(考虑相关税费)。

5. 其他出库业务

7 月 28 日，销售部领取练功券 60 箱，用于捐助教育(不考虑相关税费)。

实训十六

引入“购销存管理模块初始化”账套；分别以“LQ03 兰兰”“LQ04 宜斌”的身份登录，进行相应的操作。

2020 年 7 月库存业务如下。

1. 材料领用

7 月 3 日，生产车间向材料库领用红章塑料 800 千克，用于生产提款箱；领用红章塑料 400 千克，用于生产大赛套章；领用造币纸 1 000 千克，用于生产练功券。分别使用 3 个出库单，编号默认。

2. 产成品入库业务

7 月 9 日，产品库收到生产车间生产的大赛套章 900 套，练功券 500 箱，提款箱 300 箱，作为产成品完工入库。

3. 产品成本计算

材料投入 100%、直接人工和制造费用按完工程度 50%计算约当产量，在产品数量为大赛套章 400 套，练功券 400 箱，提款箱 200 箱，由于本实训不涉及人工费及其他费用的发生，所以只分配期初的人工和制造费用(分配率保留 4 位小数，单价保留 2 位小数，每类成本项目的尾差计入在产品)；同时在总账系统手动将生产成本明细科目按项目进行对应结转。

4. 期末业务

对采购管理、销售管理和存货管理进行期末结账；对材料库和产品库进行月末仓库处理。

参 考 文 献

李爱红. ERP 财务供应链一体化实训教程(用友 U8V10.1)[M]. 北京：高等教育出版社，2016.

刘凯. 会计电算化[M]. 北京：科学出版社，2012.

王新玲，肖艳红，宋建琦. 会计信息化实务(用友 U8V10.1)[M]. 北京：电子工业出版社，2020.

钟爱军，徐亚文. 会计信息化应用教程(第三版)[M]. 北京：科学出版社，2014.